闵惠芬纪念文集

主　编　　王次炤
副主编　　刘振学　于红梅

中央音乐学院出版社
·北京·
CENTRAL CONSERVATORY OF MUSIC PRESS

图书在版编目（CIP）数据

闵惠芬纪念文集／王次炤主编． —北京：中央音乐学院出版社，
2015.12 （2025.2重印）

ISBN 978 - 7 - 81096 - 736 - 5

Ⅰ．①闵…　Ⅱ．①王…　Ⅲ．①闵惠芬(1945～2014)—纪念文集
Ⅳ．①K825.76 - 53

中国版本图书馆 CIP 数据核字（2015）第 273655 号

MǏNHUÌFÊN JÌNIÀNWÉNJÍ

闵惠芬纪念文集

主　编　王次炤

副主编　刘振学　于红梅

出版发行：中央音乐学院出版社
经　　销：新华书店
开　　本：787 × 1092 毫米　16 开　　印张：18
印　　刷：三河市金兆印刷装订有限公司
版　　次：2015 年 12 月第 1 版　　印次：2025 年 2 月第 2 次印刷
书　　号：ISBN 978 - 7 - 81096 - 736 - 5
定　　价：168.00 元

中央音乐学院出版社　　北京市西城区鲍家街 43 号　　邮编：100031
发行部：（010）66418248　　66415711 （传真）

目　　录

序 ……………………………………………… 王次炤（1）

纪　念　篇

艺术的丰碑　时代的楷模 ……………………… 于红梅（3）

行　者

　　——闵惠芬之歌 …………………………… 唐柯贵（6）

巨星陨落　琴欲何方

　　——沉痛悼念世界弦乐大师闵惠芬 ……… 李明正（13）

再读闵惠芬

　　——写在闵惠芬先生逝世一周年 ………… 李景侠（22）

一个时代的强音

　　——纪念人民音乐家闵惠芬 ……………… 牛苗苗（27）

知行合一，感念闵惠芬先生艺境之源 ……… 于　汉　于海音（34）

当代二胡艺术的丰碑与种子

　　——深切缅怀二胡演奏家闵惠芬先生 …… 张　丽（44）

"江河水情长"

　　——追忆恩师闵惠芬 ……………………… 谢亦森（51）

人民音乐家，国乐大师——闵惠芬 …………… 李明正（54）

琴音沧海：一种缘分　二重叙事

　　——为二胡演奏艺术家闵惠芬而写 ……… 郭树荟（61）

闵惠芬时代 ……………………………………… 刘光宇（71）

回忆与闵惠芬老师的几次对话 ………………………… 宋 飞（85）

艺 术 篇

博大境界的民族风骨神韵

　　——闵惠芬二胡表演艺术美学断想 ………… 季维模（91）

中国文化界的旗帜性人物

　　——闵惠芬的二胡艺术人生 ………………… 刘再生（106）

精湛作品的隐秘结构系列研究之一

　　——"微"视角下闵惠芬二胡润腔艺术力度形态解析 …… 张 丽（111）

闵惠芬二胡音乐的受众群体与传播机制 ……………… 李秀清（119）

身教与言传

　　——论闵惠芬二胡教学艺术 ………………… 汝 艺（130）

弓弦上的瑰丽人生

　　——闵惠芬与20世纪二胡艺术 …………… 乔建中（136）

技巧与风格的超越　艺术与人格的完美

　　——为闵惠芬《二胡艺术研究文集》作序 …… 王次炤（144）

尊师　楷模　丰碑

　　——记二胡演奏家闵惠芬 …………………… 朱昌耀（149）

闵惠芬二胡艺术的美学研究 …………………………… 张 前（153）

琴弦上的梦幻

　　——论闵惠芬二胡艺术成功之道 ………… 刘再生（166）

诗因乐起　诗中有乐

　　——记二胡演奏家闵惠芬的诗乐人生 ……… 张 丽（180）

永远的闵惠芬 ……………………………… 李肇芳　岳 峰（191）

世家　专家　杂家　大家

　　——从音乐人才学探析闵惠芬的大师成功之路 …… 施 咏（196）

情·深·意·长

    ——闵惠芬印象 ·· 王建民（202）

生命的旋律——闵惠芬的艺术道路 ······················· 刘长福（205）

闵惠芬老师演奏艺术的三个里程碑 ······················· 程秀荣（209）

刘天华道路的卓越践行者

    ——闵惠芬（代序） ·· 张 前（221）

三个高峰 三座丰碑

    ——赏析《江河水》《新婚别》《长城随想》，

      走进闵氏博大境界的二胡艺术 ············· 季维模（226）

手挽明月做长弓 足遍天涯奏心弦

    ——闵惠芬先生演奏艺术感怀 ····················· 邓建栋（242）

二胡艺术的闵惠芬时代

    ——论闵惠芬二胡艺术及其对中国民乐发展的历史贡献 ········ 方立平（247）

闵惠芬演奏艺术审美创造的三个飞跃

    ——论《江河水》《新婚别》《长城随想》演奏的

      艺术境界 ·· 林 聪（263）

序

　　闵惠芬老师逝世一周年之际，民乐系主任于红梅老师希望中央音乐学院出版一本闵老师的纪念文集，以表达学校对闵老师的怀念和敬重。在征得闵老师的丈夫刘振学老师的同意后，即刻联系中央音乐学院出版社，并着手编撰。经过各方面的征集和收集，并由出版社邢媛媛老师整理补充，最后结集了这本由33篇文章组成的纪念文集。

　　闵惠芬老师是一位令人敬仰的音乐家。她不仅是杰出的二胡演奏家，也是卓越的民族音乐家。她所致力的事业不仅仅限于舞台，还在于她对发展中国民族音乐事业相关的广泛的社会活动和在她内心深处永存的用之不尽的艺术使命感。闵惠芬老师也是一名不可多得的音乐教育家，她在二胡演奏领域对年轻一代的影响，远远超过了一般的师徒关系，她用艺术的大爱影响着一代又一代的二胡学子。闵老师对二胡演奏艺术和中国民族音乐有她自己的思考，她曾经提出过许多精辟的理论观点。她善于创新、勤于研究、虚心好学、与时俱进；她从不沾沾自喜，也不以大师自居，始终在设计着新的艺术进程；在闵老师的艺术档案里充满着进取和探索，满怀着深情和执著。

　　闵老师曾经和我同在中国音乐家协会主席团兼职共事，闵老师给我的印象是正直、善良、严谨、敬业和一丝不苟。她从不信口开河，每次发言都有充分准备，而且言简意赅、切中要害。闵老师有一颗善良的心，她对求学者总是抱有一种责任，曾经听她讲过关于慕名远道而来的陌生人向她求学的故事，许多感人的事迹依然记在我心中。闵老师曾对中央音乐学院的二胡教学和民族音乐学科建设给予无私的帮助，她曾在中央音乐学院胡琴音乐节上举行专场音乐会并为师生举办学术讲座。为此，学校聘她为中央音乐学院客座教授。

　　我曾为闵慧芬老师的《二胡艺术研究研究文集》撰写序言，题为"技巧与风格的超越，艺术与人格的完美"。至今我依然认为，理解闵老师的二胡演奏艺术，需要从此四个方面来入手，即技术、风格、艺术和人格的相互关系。毋庸置疑，闵老师的演奏技术是高超的，并且在技术训练和运用上有自己独到的见解，对此，我们可以在她所编辑的《二胡练习曲集》中体会到。在技术的支撑下，闵老师的演奏形成了自己独特的风格。体会其风格，我们可以发现她对声音的追求，对音乐内在精神的追求和对不同音乐品种独特品性的追求。在娴熟的技术的支撑下，不仅使演奏得心应手，而且使风格体现得淋漓尽致，宛如自身所拥有的另一副歌喉，把二胡的"声腔化"体现得如此完美。这时候，再来体味闵老师的二胡演奏艺术可以发现，她永远在不断地自我超越，因为她的视野在扩展，所要表现的内容在更新，由此，她的演奏技术与风格也在不断地变化。但是，音乐中所表现出的内心述说和中国文化的底蕴却越来越强，越来越鲜明，而支撑这一不断进取精神的基础便是她那永不满足、永不服输和永不放弃的性格。

　　闵老师身患重病，在与病魔的斗争中，二胡成为了她的一件有力的武器。她认为，二胡拉出了她的第二条生命。她是视二胡如生命的人，也是用二胡走出自身生命意义的人，由此而形成了她的二胡人生。我深深被她的这种音乐人生所感染，也希望通过此文集能够让闵老师的二胡人生感染到更多人！

王次炤

2015 年 11 月

纪念篇

艺术的丰碑　时代的楷模

于红梅

　　闵惠芬老师辞世一年了，但在我心里，她却从未离开过。这一年多来，全国各地音乐人以不同的方式纪念和缅怀闵老师，以延续她的音乐，继承她的精神。闵惠芬老师是中国二胡发展史上的一代宗师，她用毕生的精力和热情为二胡事业开辟了一片崭新而广阔无垠的天地，开启了当代二胡发展的新篇章。听过她演奏的人无一例外地不为之感动，操习二胡的人无一例外地不受之影响，她的名字将伴随二胡的琴声万年流长，她的精神将伴随中国民族音乐的发展发扬光大。

　　在构思这篇文章的时候，唤起了我与闵老师相处的许许多多美好的回忆，也引发了我的遐想、感悟和深沉的思考。我与闵老师的交往，虽然不很多，但都记忆犹新。生活中，她性格开朗、活泼、热情洋溢，有时甚至很可爱俏皮；大家在一起时她喜欢讲故事，笑起来像个孩子。她积极、热情、快乐的情绪会感染到身边每一个人。是啊！乐如其人。音乐中，她何尝不是用热情和热爱去演奏出每一个音符，何尝不是用一腔热血去浇灌艺术之花；而她的一生何尝不是用最真挚美好的音乐谱写最绚烂多彩、宏伟壮阔的生命篇章呢！

　　由于我一直生活在北方，虽然没有机会向她经常求教，但是她的音乐人生对我有着深远的影响和榜样的力量。第一次看到闵惠芬老师的演奏是在电影《百花争艳》的荧屏上，当时我只有五六岁的年纪。她身着一袭朴素而淡雅的蓝裙，一束追光素静如月光似地照在她的身上，整个荧幕上纯粹静雅，没有其他多余的装饰。二胡饱含情感的声音直抵心扉，演奏者全身心地沉浸在音乐当中，痛彻肺腑的音乐令人感动、震撼。此声此情深深地震慑到我幼小的心灵，完全为之感染，而久久不能忘怀。从此之后，我记住了闵惠芬这个响亮而美丽的名字，同时也对二胡这件乐器产生了浓厚的兴趣，从而与之开启了一生一世的不解之缘。

　　我学习二胡之后，经常听前辈和师长们提起闵老师，谈到他们之间的相处和往来。我的老师蓝玉崧先生、张韶教授都说到过闵老师年轻时向他们求教学习的事情，他们称赞闵老师成名后仍一直虚心好学、勤奋刻苦、积极进取。记得那时张韶老师喜欢录音，他随时随地带一个小盒式录音机把他所有听到的二胡音乐，包括各种音乐会演出甚至考试、上课都录下来。在那个没有互联网，罕有媒体宣传的时代，这些盒带音响资料是多么的难得而珍贵！在他那里我听到了闵老师不同时期、不同年龄段的演奏。有时学习演奏一首作品的时候，我会把闵老师录音拿来翻来覆去地聆听，逐字逐句地模仿；有时就像临摹一样会学得很像，试图用这样的方式去体会和分析她对音乐的理解和演奏的感受。对于一首音乐作品来说，演奏者会有很多不同的诠释，而其中较为成功的版本都有其一定的道理值得研究。因此，对前人成功演奏的分析、学习和借鉴，是我上学时候很喜欢做的功课。从这些录音资料当中我体会并学习到：闵惠芬老师的演奏技术扎实娴熟，音乐刚柔相济富于张力，韵味十足，意蕴深邃，表现力极强，声音富于无穷的变化，所有演奏技巧的使用都融入于音乐表现和人文意蕴之中，对每一首乐曲都有深入和独特的理解，既有自然大气，荡气回肠的宏观布局，又有精心设计，细致入微的细部刻画。每一个音都是发自内心的真诚的歌唱，感人至深、引人共鸣，令人久久回味。

在1989年文化部组织的"ART杯"国际民族器乐观摩赛中，当时17岁的我作为年龄最小的选手参加了专业青年组的比赛，闵惠芬老师担任评委。听到我决赛演奏的《江河水》之后，闵老师很激动地对我说："你拉得非常好！我被你感动哭了！这么小的年纪演奏得这么好，真为你高兴！希望你坚持下去不懈努力，将来一定会成为很好的演奏家！"我对她说："其实闵老师您一直是我未谋面的老师，我一直在听着您的录音向您学习。"她听后惊喜地哈哈大笑起来。之后，她又耐心地给我的演奏提出了意见和建议，真诚地给予我鼓励。看着她温暖和蔼的笑容，感受她平易近人的关爱，心中顿时增长了无穷的力量和勇气，而这些话语也成了我进步的动力。很多年过去了，我了解到闵老师虽然一直工作在演出团体，可她从未间断地去做大量的民乐普及工作，注重对新人才的扶植和培养。当今无论是在校学生还是专业院团的演奏员、青年演奏家，很多人都得到过她的悉心指教。作为当代民乐大家，她关心下一代的成长和传承，毫无保留地把经验传授给新人，无私奉献、倾情付出，高尚的人格和高超的艺术并举，不愧是艺术的丰碑，时代的楷模。

近些年来，我和闵老师一起参加了一些学术活动、演出和比赛评审工作，闲暇时间我们经常聊天，听她讲述自己的事业经历，我也会向她请教学术方面的问题。从而增加了彼此间的了解，也增进了感情。

2012年11月，中央音乐学院举办的首届胡琴节邀请闵老师参加演出并举行学术讲座，我院王次炤院长亲自向闵老师颁发了客座教授的聘书。记得之前我作为艺术总监给闵老师致电邀请，她欣然接受，而且在她来京参加其他活动时，特意提前安排了一次会面，同我和民乐系拉弦教研室主任田再励老师共同商量音乐会和讲座的具体内容。她还把音乐会取名为《集韵汇珍》。经过我们精心的策划，闵老师与学生乐团认真而耐心地排练，音乐会和讲座座无虚席、精彩纷呈、盛况空前，集中呈现了她在演奏和理论等多方面的艺术高度和事业成就。闵老师十分高兴地对大家说："中央音乐学院的胡琴节办得非常好！你们为全国和海内外的胡琴届搭建了一个互相学习和交流的平台，为胡琴届的共同进步和发展做了件大好事！希望一定要坚持长久地办下去！"值得一提的是，因为胡琴节是学术活动，所有音乐会和讲座都是免费开放，毫无盈利，所需经费都是由学院有限的科研项目经费提供支持。闵老师了解到这个情况，除了接受很少的劳务费，她从未提起和要求有关报酬和待遇的事情。她的敬业和无私奉献的精神使我们看到她崇高的人格品行，从而更加敬佩和敬重她。

可万万没想到的是，一年多以后，闵老师因病离世。这是整个民乐界和民族音乐文化事业的巨大损失。而首届胡琴节上的演奏也成了她在北京舞台上的绝唱。实在太令人痛心！她有生之年为音乐世界留下了最真挚美好的声音，为二胡和民族音乐创建了丰功伟业，做出无人可以代替、永远不可磨灭的贡献。她那崇高的艺术品格和对民族音乐事业的巨大贡献将为后人树起丰碑，鼓舞世世代代的民乐人奋勇前进。中国民族音乐的道路将会越走越开阔，越来越光明。

在此，向闵惠芬老师致以崇高的敬意和深切的怀念！

2015 年 8 月 22 日

于红梅：二胡演奏家、教育家。中央音乐学院教授，硕士生导师、民乐系主任。中国音乐家协会二胡学会副会长。中国民族管弦乐学会胡琴专业委员会副会长。

行　者

——闵惠芬之歌

唐柯贵

路
大路
小路
崎岖路
亡羊路
目不斜视
心无旁骛
终身拉二胡
永走朝圣路
性喜一人千面
情气格韵同步
器乐演奏声腔化
戏曲民歌是宝库
转移多师八面来风
琴会知音义无反顾
任凭你风吹浪拍雨打
任凭你潮起潮落潮住
重继承勇开拓任重道远
为民乐为民族心往一处
海可枯石可烂我心不可转
向四海向九州向千家万户

——2014 年 12 月

诗·内·诗·外————————————————————

数十年如一日，肩上背着二胡、拖着行李箱走南闯北，把美妙乐声播向四海，用自己的行动践行着民族音乐先驱刘天华先生的理想：音乐要走进寻常百姓家，中国民族音乐要与世界音乐并驾齐驱。

——顾冠仁《身背二胡走天下　民乐之声播四海》

"行者" 题解

○ 居其宏《光明行者的人生咏叹》：即便病魔缠身，长期与死神作殊死搏斗，即便二胡和民族音乐一时遭遇挫折、陷入困境，闵惠芬也不堕凌云之志，内心依然一片光明，从未放弃对于理想和目标的追求，因此而到处开音乐会，作讲座，为民族音乐的振兴奔走呼号。（《闵惠芬二胡艺术研究文集》第三卷序）

○ 李肇芳《艺胆·乐魂·琴风——写在闵惠芬二胡独奏音乐会之后》："圣手"一词在拉丁语中另一同义是"苦行者"，在器乐上当圣不易，当民族器乐圣手更是要苦行万里。（《音乐爱好者》1994 – 6）

（按：中央音乐学院刘长福教授为《闵惠芬二胡艺术研究文集》第二卷题字"华夏奇葩　丝弦圣手"）

目不斜视　心无旁骛

○ 朱道忠《闵惠芬的艺术思想和风格》："孔子不语怪力乱神。"闵惠芬也不奏怪力乱神。在我们民乐界式微的那些日子里，闵惠芬目不斜视，坚守园地。（《闵惠芬二胡艺术研究文集》第一卷）

终身拉二胡，永走朝圣路

○ 闵惠芬《永恒的朝圣》：1927 年，一位民族音乐的伟人如是说："一国的文化……必须一方面采取本国固有的精粹，一方面容纳外来的潮流，从东西的调和与合作之中，打出一条新路来，然后才能说得出进步这两个字。"我终身拉二胡，终身沿着这位伟人"打出"的这条"新路"走，这位伟人就是刘天华！（《闵惠芬二胡艺术研究文集》第一卷）

○ 张前《刘天华道路的卓越践行者——闵惠芬》（代序）：纵观闵惠芬自 20 世纪 50 年代开始的半个多世纪所走过的艺术道路，人们不难发现，她是刘天华道路在 20 世纪后半叶和 21 世纪初最富创造力和最卓越的一位践行者。（《闵惠芬二胡艺术研究文集》第三卷）

性喜一人千面，情气格韵同步

○ 梦雪《和者众——闵惠芬》："我可以跟你说，好演员是一人千面，糟糕的演员是千人一面，那么我所终生追求的就是要一人千面。我们所有的乐曲，我都要有准确的人物形象，有特定的艺术环境，包括思想境界，我都要区别。"（《相约名人坊·音乐戏曲人物卷》，2005 年）

○ 闵惠芬《博大境界中的民族神韵——论二胡协奏曲〈长城随想〉的演奏艺术》："在进行演奏的时候，我为自己定下了一些表演的原则，集中起来可简化为四个字：情、气、格、韵。……这四者实际上是不可分的，是为了同一个目标——准确生动地塑造音乐形象服务的。"（《闵惠芬二胡艺术研究文集》第一卷）

器乐演奏声腔化，戏曲民歌是宝库

○ 梁茂春《当代二胡与闵惠芬》：1975 年 3 月，闵惠芬突然接受了一件极其重要的秘密工作——为病中的毛主席录制二胡演奏的京剧唱段……有关方面还专门派了京剧大师李慕良来指导闵惠芬。在李慕良的悉心教导之下，闵惠芬用二胡移植了京剧唱段《卧龙吊孝》《逍遥津》等 10 段音乐，全部录了音。（《闵惠芬二胡艺术研究文集》第二卷）

○ 刘莉娜《民族音乐是我的地气》：对民间艺术学不知厌的闵惠芬立刻开始跟着李慕良先生学京剧，不仅如此，她还抓住机会向当时同样因接到"任务"而被安置在一起的室友蔡瑶冼的指导老师傅雪漪学习昆曲唱段，这段经历她直到今天说起来还是神采飞扬。"我那段时间就像掉进了一个巨大的宝库，可以和这些领域真正的大师们面对面、一对一地学习，简直就像上了硕士生、博士生课一样高兴！"

这次"特殊任务"给闵惠芬制造了另一个重要的契机，就是使她产生了"器乐演奏声腔化"的想法——尝试用戏曲唱腔来拓宽二胡演奏的空间。她深深地感受到，民乐要延续生命力，必须要既有传统又有创新，而"器乐演奏声腔化"也许正是二胡可以走的一条新路。闵惠芬说："经过这个事情，我就开始思考，我因为机缘从前辈大师们学到的那些艺术传承都是宝啊，可不能浪费了。声腔是我们民族最宝贵的传统，为了保存这些传统，必须把它发展下去。"为此，闵惠芬专门跑去青海听花儿，到广东听五架头，到海南岛听裙戏，去四川看川剧高腔，听扬琴、清音，只要碰到能显示出民族特性又适合二胡演奏的唱腔，她都不会放弃收集。经过这些积累，1977 年元旦，闵惠芬上演了自己编曲的《洪湖主题随想曲》。（《上海采风周

刊》记者）

○ 萧梅《国乐三女性》闵惠芬："我数了一下，我的戏曲音乐编成的二胡曲有14首。民歌编的不晓得有多少首，台湾民谣有8首，民间音乐的东西，像《寒鸦戏水》《一点红》，都编成二胡曲。而且我会十八板，我走到任何地方，几乎都能掏出一个曲子来拍当地的马屁。到西安我就拉迷胡调、采花调，跑到安徽拉黄梅调，到浙江《宝玉哭灵》，到广东拉红线女的《昭君出塞》《寒鸦戏水》……真的，这一生，这是我非常大的乐趣。"

转移多师八面来风

○ 杜甫《戏为六绝》其六：未及前贤更勿疑，递相祖述复先谁？别裁伪体亲风雅，转益多师是汝师！

○ 八面——东、西、南、北民歌和戏曲的四大声腔"昆曲"、"高腔"、"皮黄"、"梆子"。

○ 闵惠芬《天梯》：第二年初二时，我看到初三的师兄陈大灿有机会师从内蒙古歌舞团请来的四胡老师学四胡，我羡慕得垂涎三尺，就死皮赖脸请求他教我。陈大灿受感动，真心诚意做了我的小老师，结果他一本教材让我全部学了一遍，至今我还记得其中"秀英"和"苍鹰"等曲调。（《闵惠芬二胡艺术研究文集》）

○《海峡两岸文化名人访谈，带你走近著名二胡演奏家闵惠芬》闵惠芬：在中国艺术团的时候，我经常会傻傻地看着刘德海弹琵琶，看着刘明源拉二胡，看着胡天泉吹笙，傻傻地看，实际上就是"偷师"呀！我有一个从小到大都会的事情，就是"偷师"。根本不该轮到我学的东西，我只要一发现它好，我马上就——"定身法"就定住了，就要去听，就要去学，就要去模仿。

○《李慕良与闵惠芬的师生琴缘》：从那以后，闵惠芬的作品中陆续产生了《洪湖主题随想曲》《宝玉哭灵》《新婚别》等一批具有声腔化特性的二胡曲新作。而闵惠芬的演奏，也在原来清丽委婉、深沉激越之中逐渐凸现一种雄浑豪迈、大气磅礴的气概，达到了一种博大精深的更为高远的艺术境界。

○ 刘再生《琴弦上的梦幻——论闵惠芬二胡艺术成功之道》：1979 年春，……闵惠芬决定将越剧《红楼梦》中《宝玉哭灵》移植、改编为二胡曲。这是著名越剧艺术家徐玉兰的经典唱段。闵惠芬非常爱听徐玉兰的唱腔，晚上钻在被窝里还听录音，揣摩唱腔韵味有半年之久，并两次请教徐玉兰和她的琴师李子川先生。（《闵惠芬二胡艺术研究文集》第三卷）

○ 闵惠芬《仙逝遗韵永留芳》：我从小痴迷郭鹰先生的演奏，甚至我的同学，只要练习郭鹰先生传授的古筝潮乐，我总要凑上去听，以此过过瘾。郭鹰先生为了让我更深入学习潮乐的韵味，专门约我到他家中，对着录者机、亲自操琴（椰胡）录下了《寒鸦戏水》和《一点红》。其中神韵妙不可言，对我的入门和未来的创造奠定了基础。（《闵惠芬二胡艺术研究文集》第一卷）

〇 李默《你的音乐，岂止令生命动听！》：举凡她的这类"声腔化"演奏，都是自己先拜各戏曲剧种名师，自己学懂了唱，才交由双手拉二胡的，由《宝玉哭灵》《卧龙吊孝》《逍遥津》至《昭君出塞》等，至今年 4 月我在深圳听她演奏《游园》……都可谓集京、昆、越、粤之代表作。（《闵惠芬二胡艺术研究文集》第二卷）

情会知音义无反顾

〇 闵惠芬《我的第二个艺术春天》："从 1987 年至今已整整 10 年了，这 10 年是我人生历程中最有意义的 10 年。我逢上了最好的时光，投入了改革开放的历史洪流，背着二胡走遍天下，交会了国内外千千万万知音。在民族文化、高雅艺术处于低谷的时期，坚定地、义无反顾地一步一步攀登艺术的高峰。我要寻求天下的知音，要为千千万万的广大观众演奏。"（《闵惠芬二胡艺术研究文集》）

任凭你风吹浪拍雨打，任凭你潮起潮落潮住

〇 闵惠芬《天梯》："1966 年'文革'开始了，我完全没有思想准备，这个'革命'竟是这样的。全国上下，工人不生产，学生不学习，演员不练功，我们学校几乎听不到琴声，只有高音喇叭的冲、杀、打、砸、抢声。我受不了了，为了陪伴关在'牛棚'里的瘦弱如灯草的王乙老师——我的主课老师，使他度过严重被摧残的岁月，我搬到关押他的地下室上一层的一间朝西北的洗脸间住下，用琴声给予他一丝安慰。这样，7 年中虽中断舞台演奏，总算没有荒废退功，还学会了板胡、京胡、坠胡，甚至还'啃'了一阵小提琴。这个历史时期我被誉为'贺绿汀的宠儿'、'运动的逍遥派'。"（《闵惠芬二胡艺术研究文集》第一卷）

〇 新加坡·张玉明《音乐审美对二胡演奏方法的影响》：当二胡领域出现审美偏离"走火入魔"的时候，她扎根中国民族民间音乐，不受任何潮流影响，坚持正确的音乐审美，始终起到拨乱反正的作用，使二胡艺术朝着正确的方向发展和成长。她的追求是扎根于中国传统、民族民间、戏剧风格、风土文化等，在这样的文化基石上来借鉴其他素养，才会使其演奏具有长久不衰的生命力，具有跨时代的历史意义。（《闵惠芬二胡艺术研究文集》第三卷）

○ 中国台湾·陈郑港《气韵·真情·风范》：闵惠芬老师常常表现出不忍坐视危亡的使命感与正义感，真心流露着对于民族音乐艺术的追求和热爱，因此对于不尊重别人的演奏、有辱艺术者，她敢于直言无隐，态度就是疾恶如仇、厉声呵斥。尤其针对近年在娱乐产业思维下陆续冒出的时尚音乐团体，闵惠芬老师立场坚定地认为："艺术不是靠露肚脐眼的美女上阵、蹦蹦跳跳包装出来的。"如果只是以传统乐器为道具，借用操持二胡、琵琶、扬琴、笛子的雅致形象，生产出娱乐性很强的流行音乐，"不管是走着拉，还是蹦着拉都不是要害，民族乐器如果脱离了民族风格、民族韵味，即使会造成一时轰动，也肯定难以长久"。（《闵惠芬二胡艺术研究文集》第三卷）

重继承勇开拓任重道远，为民乐为民族心往一处

○ 张前《刘天华道路的卓越践行者——闵惠芬》：闵惠芬具有一颗炽热的爱心，她对生活、对事业、对她的音乐听众始终怀着一颗热烈而纯真的爱心，对老师、对亲人、对曾经关心过她、帮助过她的人永存一颗感恩的心，而对她的学生、对后辈则永存一颗关爱和促其向上的心。正是这种极其可贵的爱心，成为闵惠芬终生为振兴与发展民族音乐事业而奋斗不息的动力之源。（《闵惠芬二胡艺术研究文集》第三卷）

○ 马濬《琴圣耶？》：闵惠芬的为师之道：闵老师以有教无类为教学态度；以栽培有潜质的学生为己任；以延续发扬、普及和开拓胡琴艺术及民族音乐为使命。她教学极其认真，在病榻时也坚持继续授课，甚至把珍藏的名琴赠予学生，给以鼓励和支持。她往往拖着病躯，也要到学生家里视察学生的进展，又或亲身陪学生"上京考试"，矢志培养学生成材。除了繁忙的演奏活动，她马不停蹄，走遍国内外，百忙中也不忘教授胡琴。她只管耕耘，不计收获。是一个伟大的"师表"。（《闵惠芬二胡艺术研究文集》第一卷）

○ 沈世纬、赵兰英《一个顽强生命的旋律》：是什么力量驱使闵惠芬对后继者作这样无私的奉献？闵惠芬说："我坚信他们今后会带着我们的心意，以勃勃奋战的姿态，走在开拓、振兴民族音乐事业的道路上的。"（《闵惠芬二胡艺术研究文集》第一卷）

○ 闵老师对年轻一代艺术传承的寄语：

——1985 年题刘光宇音乐会："师生情，骨肉亲，天长地久。重继承，勇开创，同一目标。"（乐海琴韵《诗词 11》）

——1999 年"听贤徒光宇二胡新曲《流》，欣喜难抑，乃索句凑成拙诗一首，

以激志明誓，并与之共勉曰："幽谷闻滴泉，飞瀑击空岩，寒鸦戏春水，千帆逐浪尖。冰消汇百川，雪融萌绿原，大河奔腾急，驾风志海天。"（乐海琴韵《诗词10·无题》）

——2001 年题刘光宇音乐会曰："树严谨治学之风，扬堂正浩然之气，走继承开拓之路，展中华国粹之光。"（2001.11.29 人民日报《山城之恋》）

——1986 年为程秀荣二胡独奏音乐会题词说："继承开拓、奋发有为。"并又去信鼓励曰："在民族音乐不景气的情况下，你敢于树立信心战斗，这十分难能可贵。你的勇气和拼搏精神值得我们大家学习！"（莆田文化网 2014.06.20《著名二胡演奏家程秀荣》）

——2005 年 9 月《程秀荣二胡交响演奏会》题词说："重继承，需有海纳百川的胸怀；勇开拓，需有江潮奔腾的气概；弘扬民族音乐是我辈神圣天职，生命不止，奋斗不息，师生共携，不遗余力。"（《闵惠芬二胡艺术研究文集第二集·从"红旗渠水绕太行"曲试论闵惠芬老师的演奏特点》）

海可枯石可烂我心不可转，向四海向九州岛向千家万户

○ 诗经《邶风·柏舟》：我心非石，不可转也。

○ 闵惠芬《仙逝遗韵永留芳》："从此《寒鸦戏水》成了我最重要的保留节目之一，我的同事们经常看到我背着一面潮州大铜锣、一个小小狗叫锣、一副扁扁大铙钹，行进在祖国大地，飞出国门，走向天涯海角。"（《闵惠芬二胡艺术研究文集》第一卷）

○ 闵惠芬《在民族音乐低潮的岁月——为陈朝儒先生八十华诞而作》：二十几年来，我一直背着我心爱的二胡，无比愉快地飞翔在祖国大地，甚至万里之遥的海外，把民族音乐的优美乐声传播天涯。（《闵惠芬二胡艺术研究文集》第一卷）

○ 1988 年 5 月 18 日与大家分享原载于宜兴乡讯第五○二期有关二胡演奏家闵惠芬的一篇感人故事《闵惠芬曾经七次来台——用生命演奏二胡的人》：背着二胡走天下，闵惠芬这一走就已经 11 年，上海所有高校都留下过她的琴声。她 7 次到台湾演出，每一次带去不同曲目，让更多的台湾人民了解优秀艺术。青海、甘肃、安徽、广西、河北、山东、河南、北京、香港，江南塞北，三山五岳，兵营田头，校园工地，都留下她不倦的足迹和美妙的琴声。（宜兴讯）

唐柯贵：音乐学者。

12

巨星陨落　琴欲何方

——沉痛悼念世界弦乐大师闵惠芬

李明正

> 惊闻巨星陨落，不觉潸然泪下。
> 为民族哭，为世界泣。
> 天伤国乐，人绝丝弦。
> 民族乐坛，谁主沉浮？
> 二胡之走向，欲将何方！
> 《逍遥津》《牡丹亭》，已成绝响，
> 《江河水》，漩波涛，如何流芳。
> 此时情，虽难比，《卧龙吊孝》，
> 愿伯牙，与子期，知音长存。

　　我与闵老师初识在 2003 年，在上海举办"闵惠芬从艺 50 周年音乐会"与学术研讨会。这场震撼人心的音乐会，囊括了百年二胡史各历史时期的代表曲目和艺术珍品，展现了中国二胡独奏艺术的历史画卷，体现了闵惠芬 50 年来，遵循刘天华先生的美学思想，继承传统、融会中西、承上启下、开创未来的民族精神。对弘扬中华民族优秀的文化传统探索二胡艺术宏观发展走向、史论研究、建立二胡表演艺术美学体系，具有深远的意义

　　在几十位专家、学者、仅一天时间的学术研讨会上，却为我安排了一次 20 分钟的重点发言。深感闵老师的重视、上海乐坛的期待。让我惶恐的是，虽闵惠芬的盛名早已闻名遐迩，但此前我并无深入地接触和研究，尤其是上海乐坛深受西方音乐思潮的影响，唯恐言多有失。然而让我出乎意外的是，整个学术会场上洋溢着民族音乐文化传统的热潮。尤其是一曲京剧唱段《逍遥津》，使人耳目一新。在十分热烈的学术研讨会上，来自全国各地和上海本市的二胡界专家、教授、音乐理论界人

士争相发言。难以置信的是，大家的发言丝毫没有受西方无调性音乐的影响，而是大谈中国民族音乐传统与戏曲音乐。一位上海电台的记者，用他仅有的几分钟发言高声谈道："闵惠芬的成功和重大转折，在于她50多年的二胡艺术生涯中，曾有个惊人之举，那就是拜著名京胡演奏家李慕良先生为师。"

更让我感动的是，在专家荟萃的丰盛晚宴上，闵老师来到我们桌敬酒，便没再离开，亲切地与我探讨发言中提出的几方面问题，并玩笑地说："你不讲清楚、说明白，我就不让你回北京。"让我为之惊叹，这与礼贤下士"一字之师"的梅兰芳大师是何等的相似。就在这频频敬酒、欢庆喧闹的盛宴上，我们探讨了世界戏剧舞台的三大表演艺术体系。即以斯坦尼为代表的"体验派"学说，主张"当众孤独"，制造人为幻觉，所谓"第四堵墙"理论；以布莱希特为代表的"表现派"学说，主张"陌生化间离效果"，与斯氏相反，完全与观众交流，拆掉"第四堵墙"；而以梅氏体系为代表的中国戏曲，既有体验又有表现，与观众之间根本就不存在"第四堵墙"。提出了建立中国二胡表演艺术美学体系，进行史论研究，学科建设等宏伟蓝图。我们真是一见如故、一拍即合，就像神交已久的亲密知音。为此，在首卷《闵惠芬二胡艺术研究文集》中，我由衷地撰写了《中国二胡艺术的化身闵惠芬》的文章。

20世纪的中国音乐，是中国古典音乐冗延、发展的漫长历史长河中音乐形态转变幅度最为明显的一个世纪。面临炮声中的"西学东渐"，一种新型的音乐文化，在中西音乐的冲撞和融会中诞生和发展。20世纪的中国音乐深陷在"中与西""古与今""雅与俗"等矛盾交错之中。此间，以刘天华为代表的国乐改革家，是正确处理古、今、中、西，继承与借鉴等矛盾的典范。他提出了"与期国乐世界音乐并驾齐驱的音乐主张"。自觉走上了一条立足传统，融会中西音乐文化的发展道路。创作二胡"十大名曲"与琵琶曲，成为中国现代民族音乐和开创二胡独奏艺术的一代宗师："使二胡臻上品，让外人知国乐"，从伴奏到独奏，从民间走向了"大雅之堂"。

不幸的是，刘天华先生英年早逝，这未竟之业就落在了他的亲传弟子和八代传人的肩上。作为第三代传人的佼佼者闵惠芬，是继承和实现刘天华美学思想的典范。她在历代前辈艺术家成就的基础上，把二胡演奏艺术美学推向了历史的高峰，并跻身于"世界伟大的弦乐演奏家"的行列，为刘天华"与世界音乐并驾齐驱"的遗愿，画上了一个圆满的句号。

音乐艺术的表现在于表演。闵惠芬舞台音乐表演的二度创作，赋予了音乐作品以强烈的生命力。她动用了娴熟而高超的表现技巧，调动了深厚的民族音乐底蕴和思想情感上的文化内涵，将作曲家的创作从乐谱上的符号转化为具体可感的音响运动，忠实且富于独创风格地传达给观众。使观众感受到音乐作品的艺术魅力，并与音乐产生情感上的交流与共鸣，从而获得美的享受。她的音乐表演，达到了演奏者与音乐作品的和谐统一，音乐表演与音乐欣赏的和谐统一，进入了出神入化的理想境界。

欣赏闵惠芬的二胡演奏艺术和舞台音乐表演，感觉她全身心地融会于乐曲的音乐想象之中，可见闵惠芬深受斯氏"体验派"表演体系的影响。同时，她又接受了中国戏曲以梅氏为代表的既有体验又有表现的表演风格，形成了独特的思维方法和审美观念。她与二胡融为一体，使观众感觉到她就是二胡艺术的化身。从接受美学的理论，二胡舞台艺术的音乐表现、流派风格、塑造音乐形象的思维方式，都与戏剧舞台表演体系有着千丝万缕的联系。闵惠芬精湛的音乐表演，为探索中国二胡表演艺术体系，提供了理论依据。

时至 2010 年 10 月，历经 7 年来的学术研究和总结，出版了《闵惠芬二胡艺术研究文集》第二卷，我应约撰写了拙文《世界弦乐大师闵惠芬的美学思想与音乐批评——兼谈二胡演奏艺术声腔化的美学命题》。

我认为，从刘天华到闵惠芬，形成了一个系统化、规范化的二胡演奏美学体系。闵惠芬的成功之谜，在于始终遵循刘天华先生的音乐主张，继承并发展了刘天华的美学思想和音乐批评观念，她对以戏曲音乐为代表的民族音乐传统进行了全面地探索和舞台艺术实践，提出了"器乐演奏声腔化"的美学命题。

在古典琴论和传统的音乐观众中，一直是"贵人声"而"轻丝竹"；这是由于东晋诗人陶潜，曾有个"丝不如竹，竹不如肉，渐近自然"的千年定论。认为弦乐（"丝"）用手远于自然；管乐（"竹"）用口渐近自然；声乐（"肉"）用喉最近自然，最自然的音乐是人的歌唱。至明代，思想家李贽对这一传统思想提出了公开的挑战。他认为"论其诗不如听其声"，认为"手"（即指琴、器乐）"虽无言不能吟"，善听者即能"独得其心而知其深"，反比"口"（指歌、声乐）更近自然，更善于"吟其心"。指出了音乐艺术的特有魅力，认为"丝竹"反比"人声"更近自然。李贽否定"琴者，禁也"，否定"丝不如竹，竹不如肉"，就是主张"以自然为美"，其音乐美学思想的基础精神是重视自然。这是对道家音乐美学思想的继承与发展，也是特定历史时期人的觉醒，艺术的自觉的突出表现。

中国古典音乐的重要美学特征，就是综合艺术美，是"人声"与"丝竹"的完美结合，它们是既对立又统一的辩证关系。使我们惊奇的是，在这一辩证关系上，得以舞台艺术实践并取得巨大成就的是被世界乐坛公认的弦乐大师——闵惠芬。她从 20 世纪 70 年代就开始探索器乐艺术声腔化"人声""丝竹"的综合艺术美，提出了二胡艺术声腔化的音乐主张。使古典琴论中的"丝、竹、肉"从对立走向完美的统一。她曾说："二胡这件乐器最具歌唱性，可以十分到位地表现人声，而人声则是内心情感的演汇。我将把后半生全部贡献给器乐艺术声腔化的探索。二胡是我的生命，二胡就是我。"她还有一个惊人之举，1972年拜著名京胡演奏家李慕良为师，花了四个多月学习京剧唱腔，用二胡成功地演奏了《卧龙吊孝》《逍遥津》《李陵碑》《文昭关》《珠帘寨》等八个老生行当的经典唱段。她深切地感触到，这才是真正接触了民族文化的精髓，体会到中华民族深层次音乐文化的声律、节奏神韵和艺术精神，她开始对二胡表演艺术美学体系进行全面的探索和多方面的舞台艺术实践。京剧乃至戏曲音乐，是中华民族音乐文化传统的重要组成部分。二胡独奏艺术的史前史，即是以戏曲音乐为代表的近世"俗乐"阶段，胡琴类乐器，作为戏曲、说唱音乐的主要伴奏乐器，经历了缓慢而自然的发展演变过程，很多民族乐器都有个从伴奏到独奏的发展过程。

闵惠芬在演奏各京剧艺术流派唱腔和昆曲、地方戏曲音乐的过程中，突出作品的直观形象，以创造性的表现方法来揭示作品的生动性，追求的是美学上的情感论，主张音乐要揭示人的内心世界。中华民族文化传统所提倡的美善统一、情理统一、形神统一的美学观，所显现的均衡、适度、含蓄的艺术风格在她的音乐表演中，得以鲜明地体现。欣赏闵惠芬的二胡独奏艺术和戏曲音乐作品，感觉她全身心地融化于乐曲的音乐想象之中，她的舞台音乐表演的二度创作，赋予了音乐作品以强烈的生命力，已进入了出神入化的理想境界。

声腔一词，来自于中国戏曲，往往把声腔与剧种联系在一起。

戏曲音乐民间性的特征之一，就是声腔的多样性。在不同的地区产生不同的戏曲声腔，由此形成了戏曲声腔的多性样。但戏曲声腔又不是静止不变的，而是动态发展的。同一声腔系统的各个分支，在风格上既有不同的特点，又有共同的历史渊源，由此构成戏曲声腔的复杂性。戏曲声腔可归纳为四大声腔系统与三大声腔类型，即：昆腔系统、高腔系统、梆子系统、皮黄系统，以及民间歌舞类型、民间说唱类型、少数民族戏曲声腔。这种复杂性是民间音乐可变性的产物，是戏曲音乐的一种特殊艺术现象。

二胡演奏声腔化，不仅是音乐方面的内容，也包含戏曲的表演和二胡表演艺术美学的种种因素，因为戏曲音乐不是"纯音乐"，它包含了音乐与戏剧的双重属性。戏曲是要用节奏化、音乐化、舞蹈化这样的一种形式来表现生活的。它不是单纯抒情的音乐与舞蹈，而是戏剧化的音乐与戏剧化的舞蹈。戏曲表演程式，就是音乐、舞蹈与戏剧性的矛盾统一。

16

戏曲的表演体系，既是一种体验的艺术又是一种表现的艺术。中国的表演体系，是用舞蹈化、节奏化、音乐化的一种表现方法来反映生活的。闵惠芬演奏的戏曲音乐作品，就深入到戏曲的表演体系之中。用二胡演奏戏曲音乐唱腔，即是闵惠芬的首创。

在2005年举办的"刘天华研究会"成立大会与学术研讨会上，闵惠芬又有一个"惊人的"发言，她把刘天华先生十大名曲的创作与京剧以及戏曲、民间音乐联系在一起，并做了与以往乐曲说明完全不同的诠释。她认为刘天华二胡创作音调来源都与京剧唱腔和江南丝竹有关，并做了较为细致的曲调分析。不过，并没有引起二胡界重视。

应该说明的是，半个多世纪以来对刘天华创作的二胡"十大名曲"及三首琵琶曲，仅有简单的乐曲说明，并没有深入到民族音乐文化底蕴的层面，作系统、科学的理论分析，尤其对刘天华的创作思维和对戏曲音乐的运用上，从来无人问津。而她的发言却使人耳目一新，她说："为什么刘天华先生的十大名曲被公认为传世之作，我以为其中的一个神秘奥妙是充满了戏曲音乐。"她认为："《病中吟》中的两处大滑音，非常突出醒目，是戏曲中念白在二胡上创造性运用，奏法比较含蓄、强烈而夸张，从而使尾声处激情推向极致，似乎一声深长的叹息。而第64小节的打音是慢起渐快，很像京剧音乐中的神韵。再如《独弦操》中第三段带有京剧韵味。而《苦闷之讴》多处旋律都隐含着江南丝竹的某些因素。"

《悲歌》在刘天华的二胡创作中，显得很奇特，刘北茂曾说："天华学习戏曲，丰富了自己的创作。在这方面最显著的例子莫过于1927年他写的二胡独奏曲《悲歌》与1932年他的绝笔之作《烛影摇红》了。这两首二胡名曲均借鉴了戏曲音乐中的散板表现形式，并加以发挥创造，从而提高了二胡的演奏技巧。"《悲歌》的表情提示是慢板，板稍自由，也就是说节拍处理上给有一定的自由空间，而这种松松散散、紧拉慢唱的自由节奏，正是中国戏曲音乐的精髓。

由于闵惠芬深受京剧音乐的影响，她在演奏《悲歌》与《烛影摇红》时就显得与众不同，把散板、摇板的节奏处理得流畅而自由。她认为，"刘天华先生在这方面的功底是超常的，是积累到了随心所欲的地步"，"二胡曲运用戏曲音乐、曲艺音乐等优秀传统神韵的本领是惊人的。《悲歌》这首乐曲，刘天华出神入化地把中国式的节奏、中国式的声腔韵味加以了运用，以及对二胡最高把位的运用、左手指法大压揉模仿戏曲哭腔的运用，都把二胡的演奏技功和表现力推向一个前所未有的高度。"

时至2013年，《闵惠芬文集》第三卷又与读者见面了，对于我已学习研究了10

年之久"闵惠芬现象"的理论工作者来说,已到了一个总结性发言的时候了。为此从宏观的角度撰写了《闵惠芬与中国二胡艺术的发展走向》一文。二胡是民族的,也是世界的。它不仅是中华民族的艺术瑰宝,也是世界艺术宝库中的重要组成部分。二胡音乐形态作为音乐整体的存在方式,浓缩了中华民族的艺术精神和特定时代音乐形态的不断变异与动态发展的美学特征。

闵惠芬在 50 多年的艺术生涯中始终没有脱离以戏曲为代表的中华民族音乐传统,在继承和发展刘天华美学思想的前提下提出来二胡艺术声腔化的音乐主张。她在中国二胡艺术发展史上创造了一个时代,为中国二胡的宏观走向,开启了宽广而辉煌的发展道路。

闵惠芬现象,值得深思。她演奏的《逍遥津》令人神往,把人们带入了"父子们在宫院伤心落泪"的凄楚、哀伤而又激愤的情绪之中。她不仅是在演奏二胡,而是深入到汉献帝这个人物的心灵深处,这琴声是人物的咏叹,是人物的内心独白,她已忘却了观众,如痴的体验着十几个"欺寡人"的凄楚、悲愤……

而在《寒鸭戏水》等乐曲中,她又善于与观众交流,体现了中国戏曲既有体验又有表现的舞台艺术风格。

她演奏的昆曲曲目《游园》,"以乐景写哀,以哀景写乐,倍增其哀乐"的对比写法,不仅对杜丽娘这一音乐形象和内心哀怨,表现得淋漓尽致,还体现了昆曲艺术曲牌体音乐结构的风格特征。

她演奏的地方曲音乐、说唱音乐,涉及吴歌、南音、粤曲等民族民间音乐领域,如:云南花灯、歌仔戏、二人台、广东粤剧、粤曲、越剧、锡剧等。归纳为昆腔、高腔、梆子、皮黄四大声腔系统,与民间歌舞、民间说唱等声腔类型。

在探讨闵老师演奏的昆曲《游园》过程中,惊闻此曲来源于甘贡三先生。并且是她在幼年坐在甘老的怀中,以为甘老辫胡子,才肯学为条件的玩闹中学来的。不仅大为感叹,原来"姹紫嫣红开遍"取得了"世界弦乐大师之一"的盛誉,不只是来自京剧艺术的文化底蕴,也来自名门望族、世代书香的甘家大院和闵老先生的艺术熏陶,来自百戏之祖——昆曲艺术。

昆曲音乐"远承汉魏,近取宋元",继承了中国古代歌舞大曲、南北曲、戏曲说唱音乐的优秀传统,把戏曲音乐两大结构之一的曲牌体音乐推向了成熟的阶段,标志着戏曲音乐曲牌体发展成熟。以昆曲启蒙的闵惠芬,幼年就表现出对戏曲音乐、民间乐曲的无限"痴迷"。闵惠芬幼年习琴,9 岁时,拉得最好的是戏曲曲牌〔八差〕和西藏舞曲,显示出地方戏曲音乐方面的音乐文化底蕴。从此,14 岁偷学四胡;15 岁痴迷古琴吟唱《阳关三叠》,又迷上沪剧;16 岁酷爱民歌,能模仿各地方言来唱；17岁（1963年）贺绿汀亲授《二泉映月》，同年获"上海之春"二胡比赛一等奖。

"文革"时期民乐走向低谷，她有幸拜著名京胡演奏家李慕良先生为师，用二胡演奏了以《逍遥津》为代表的八段京剧唱腔，成为"闵惠芬时代"的最大亮点，为"器乐声腔化"的提出奠定了理论基础。

她说："'文革'7年没有老师作指导，李慕良老师来了！他为我架起了攀登中国民族音乐艺术高峰的天梯，他引导我进入了中华传统文化之渊源，他使我确立了后半生器乐演奏声腔化的命题。"

1977年"文革"过后，中日艺术家联合排练演出，世界著名指挥大师小泽征尔听了闵惠芬演奏的《江河水》，感动得伏案恸哭，激动地说："诉尽人间悲切，使人听起来痛彻肺腑。"1978年6月，小泽征尔率领美国波士顿交响乐团来沪演出，上海艺术团闵惠芬演出了《二泉映月》《洪湖主题随想曲》，返场加演了《战马奔腾》《阳关三叠》等，引起了全场的轰动，波士顿交响乐团首席年度评论家回国后，撰文赞誉闵惠芬是"世界伟大的弦乐演奏家之一。"至此，她完成了刘天华"与期国乐、与世界音乐并驾齐驱"的遗愿，把中国二胡演奏艺术推向了历史的高峰，屹立于世界音乐之林。

20世纪80年代以来，随着改革开放的不断深入，西方现代和后现代主义文艺思潮，逐渐渗透影响了我国各文学艺术领域的思维创作。在二胡的音乐创作上，出现了旨在打破大小调式功能体系的泛调性、无调性、由自由无调性演变出的"十二音序列"、来源于"音乐三时说"的任意律、对应法的新思维音乐结构，以及立足传统、突破传统，借鉴现代音乐创作手法的全新结构形式。形成了系列而又全新思维的二胡作品，把二胡的艺术创新和演奏技巧推向了历史高峰。致使21世纪初的中国二胡艺术，仍陷入重复刘天华时代"中与西"、"古与今"、"雅与俗"的矛盾之中，并有过之而无不及，出现了现代派、传统派、通俗派二胡的文化现象。

然而，作为二胡领军人物的闵惠芬始终遵循刘天华先生的美学思想和音乐主张，在探索"器乐演奏声腔化"的过程中，走了一条立足民族音乐传统、借鉴西洋音乐和戏曲音乐和民间音乐的发展道路。她向传统名家学习京剧、昆曲、粤剧，到陕西学秦腔，到青海学花儿，到内蒙古学二人台，到湖南学花鼓戏，到海南学习琼剧，对地处江南的江南丝竹、潮州音乐、南音、沪剧、越剧、锡剧、黄梅戏都加以学习并吸收营养，为探索二胡音乐发展的新思路、新境界勤奋耕耘。

二胡与小提琴，同为世界拉弦乐器的两大代表性乐种。但由于不同的社会历史条件与中西方不同的文化氛围和审美理想，分别代表着以《乐记》物感说，"线型思维"为主体的中国单音性音乐体系和以西方模仿说为主体的复音性音乐体系。如同中国水墨画与西方油画，形成了鲜明的对比。

从音乐的存在方式在本体论、认识论的差异上，二胡与小提琴，分别代表着中国音乐美学"乐"本体与西方音乐美学"音"本体的美学特征。在中国古典美学史上，无论是代表儒家思想传统的音乐美学论著《乐记》，还是受道家思想影响的《声无哀乐论》，都是以"乐"的存在作为音乐美学思想构成的理论基础。而作为"世界弦乐大师之一"的闵惠芬，在深入探索戏曲音乐、民族民间音乐的过程中，提出了"二胡演奏声腔化"的美学命题，直指中国传统音乐的存在方式——"乐"本体的美学原则，令人惊诧和赞叹！这是心灵的感悟，艺术的升华，是来自舞台艺术实践，来自于民族音乐传统，来自于"高文化"的精辟论断。它不仅是对刘天华美学思想的继承和发展，更是为中国二胡艺术的发展指明了方向，为探索二胡演奏艺术美学体系提出了重大的理论依据。

闵惠芬在《永恒的朝圣》一文中谈道："我终身拉二胡，终身沿着这位伟人'打出'的这条'新路'走，这位伟人就是刘天华！"在她50多年的舞台艺术生涯中，始终遵循刘天华的美学思想，她激动地说："想想吧！那是1930年冬，70年前之冬，刘天华先生单枪匹马，孤军奋战，那是何等的勇气，何等的胆略！他手中的二胡琵琶，'地本庸微'，经他演奏，'乃登上品'，欧西人士有聆天华乐者，叹曰'微此君，将不知道中国之乐'！""在刘天华——这位民族音乐之圣人面前，我们没有任何理由怨天尤人，所谓不'景气'，只应引以自省，所谓'全民族文化素质下降'，更是'匹夫有责'！"并说："我们可以以此告慰刘天华先生，在您打出的新路上我辈继续在'打'，而且要世世代代'打'。"这就是"闵惠芬时代"的宗旨，这就是"闵惠芬现象"的艺术发展道路。

党的十七届六中全会指出：物质贫乏不是社会主义，精神空虚也不是社会主义。社会主义核心价值体系是兴国之魂，是社会主义先进文化的精髓，决定着中国特色社会主义发展方向。世界多极化，各种思想文化交流、交融、交锋更加频繁，维护国家文化安全任务更加艰巨。提出建设优秀传统文化、传承体系，强调对优秀传统文化思想价值的挖掘和阐发。深入贯彻落实科学发展观，牢牢掌握思想文化领域国际斗争主动权，切实维护国家文化安全，尤其是，舆论导向正确是党和人民之福，舆论导向错误，则误国误民。坚决抵制学术不端、情趣低俗化等不良风气。把文化提高到民族血脉、人民精神的高度。

党中央高瞻远瞩，好像句句都点在二胡界的"痛处"。仅以"舆论导向"为例，如把二胡大赛的规定曲目，纳入闵惠芬演奏的《逍遥津》又将如何呢？定会是参赛者寥寥无几，多数评委也会为之茫然……再退一步说，如以传统的"三月"即从《二泉映月》《月夜》《汉宫秋月》为题，能有多少合格的"试卷"呢？

我们并不排斥，借鉴西方小提琴，这是求得二胡发展实现"与世界音乐并驾齐驱"的必经之路。但不能忘记"让外人知国乐"、"洋为中用"、"以我为主，为我所用"（六中全会）的名言。更不能让二胡"一条腿走路"，而失掉民族根基的音乐传统。我们作曲家、教育家及其大赛的组织者，肩负着二胡艺术传承的重任，切不可以个人的随感和文化结构，而随心所欲，无视二胡的发展前景。有位著名二胡作曲家说："现在很多二胡作品，我听不懂。"那么，连作曲家都听不懂的音乐，还有存在的价值吗？"演戏，不是卖艺"，音乐，也不是"炫技"。小提琴、钢琴都有系统的教程，但不是都能作为音乐的作品，在舞台上演奏。"听不懂"的作品，在教学上或有很高的价值。但搬上舞台，或成为大赛的规定曲目，就不是"演戏"而是"卖艺"，不是"音乐"而是"炫技"。在"舆论导向"上，难免有"历史罪人"之嫌。

我们以时代的高度来观照历史，闵惠芬在中国二胡艺术史上，创造了一个时代，是一个极其特殊的文化现象。在新世纪之初，重复出现20世纪初，各种多元文化、音乐思潮与矛盾交错的文化背景中，在二胡与小提琴和以京胡为代表的民族乐器的古今、中西的矛盾冲突中，成功地开创了中西合璧的发展道路，为中国二胡艺术的发展走向，指明了方向，树立了通向二胡艺术殿堂的一杆"大旗"。她探索"母体"，为二胡艺术寻"根"，并承前启后，继往开来，她就是当代的"刘天华"，是中国二胡艺术的"化身"。

李正明：中国艺术研究院研究员、戏曲音乐理论家。

再读闵惠芬

——写在闵惠芬先生逝世一周年

李景侠

一年前，随着闵惠芬先生的离去，中国二胡界凝重地告别了一个具有独特舞台艺术品格的闵惠芬时代。但对于闵惠芬先生及其演奏艺术所涉及的方方面面的研讨与思考却远远没有结束，关于中国二胡，关于舞台演奏艺术，关于闵惠芬，关于中国传统音乐与现代音乐等等。客观而言，对当代中国器乐演奏艺术家进行综合且深层地研究，理论界一直缺少应有的关注。研究闵惠芬，实际上与当代中国音乐文化的整体生态紧密关联。正因为如此，刘振学老师主持的系列研究，有着远远大于闵惠芬个人二胡演奏艺术的文化意义。

新中国成立后的半个多世纪以来，几度经历了社会、政治、文化的变迁。音乐艺术活动也随国运起伏不断变幻，时而险峻，时而坎坷，在多种思潮冲击下的文化生态实际上是异常脆弱的。然而，无论社会政治条件如何复杂，在各种机遇和历史演进规律的综合作用下，物竞天择，中国文化的各门类发展仍然令人难以置信地保持着自己的节奏和惯性，从容自信地完成了一次次轮回和一次次圆满。

通过师辈和各种媒介载体，今天的我们回眸静观，依然能感受到在很多时间转折的段落，虽然充满未知，充满玄幻，甚至充满挣扎，但却始终有一批信仰坚定的文化人，包括民族器乐专业不同时期的大家们，他们燃烧着理想主义的情怀，各领风骚，各美其美，把峥嵘磨砺的生活锻造成个人艺术才华激情迸发的岁月。

1963年，17岁的闵惠芬在"上海之春"获得二胡比赛第一名，此后开始了她近半个世纪的舞台艺术实践。在中国变幻莫测的社会政治境遇中，一个音乐家的专业坚守需要对艺术真正的纯情，更需要把握机遇的智慧。正是因为她的纯情和坚守，她的智慧，让她成为民族器乐舞台上罕见的常青树，真正成为新中国成立以来二胡舞台演奏艺术的象征。毋庸置疑，闵惠芬先生独领风骚，以她非凡的艺术才情、音乐智慧和精神坚守，开启了中国二胡演奏艺术的一个崭新的时代。

作为一个划时代的人物，从某种意义上来说，闵先生的一生重点只做了一件事，其舞台生涯长至生命的终点，中国二胡占据了她生命的首要位置。在她艺术生命的年轮上，所有重要的刻度，无疑都与二胡相关，二胡演奏艺术让她的生命焕发了异样精彩，而她个人则以特殊的才情和巨大的文化能量推动了当代二胡演奏艺术的成熟与发展。

有关闵惠芬艺术活动的文章著述非常多。很难想象，一位二胡演奏家能如此长时间地受到音乐界、媒体的持续关注。从官方到民间，从业内到圈外，她是唯一一位在不同类型、不同层次的文化语境中都获得极高评价的中国器乐艺术家。

我以为，闵先生是一位对新中国成立以来二胡舞台艺术主体风格的形成起到关键作用的大家，一位接续中国器乐演奏艺术传统最全面、最杰出的演奏家，继刘天华、华彦钧之后，闵惠芬先生对中国二胡舞台艺术产生了极为深远的文化影响。

长时间以来，她从戏曲曲艺、民间音乐等最接近风格源头的音乐汲取灵感，基于对中国传统文化的丰富深厚的直接体验，在声腔器乐化方面进行了大量实践。作为一位接续传统最出色、最全面的二胡演奏家，闵惠芬先生用独特的二胡艺术语言阐释了中国音乐的文化魅力。她诠释音乐的风格温暖而重情，腔韵细腻而大气磅礴，在声响构筑的远阔时空，让音乐与人之间的关系得到了自由自在的释放。她的舞台艺术有着难以企及的中国传统器乐的大韵大美。

再读闵惠芬，我理悟到她的二胡演奏艺术之所以雅俗共赏，让人常听常觉新意，是因为在经年不断的音乐实践中，许多不同时期风格迥异的作品，经由她的舞台艺术加工，入情入理、至臻至化，总体上逐渐生成了这样一些品格特征：大情蕴深意，深意含妙趣，妙趣生雅韵，雅韵出高境，高境成大象。

重情，是闵惠芬先生独特的音乐坚守。从《江河水》到《新婚别》，她的音乐总是真解人性，真释人情。静听她的演奏，几乎能直觉到她演奏时的心理活动，音色、句法、断续、刚柔，泣诉悲怨皆关情。并不艰深复杂的技法却分寸感极强地、恰到好处、细腻至微地承载了深情和真情。她的音乐如同一脉有着情感热度的长河，真正流入人心深处。

较之古筝或者琵琶演奏的《寒鸦戏水》，闵惠芬先生改编的版本从另一个角度充分展示了潮州音乐的妙趣，她的二度创作声情并茂，音乐形象独特而鲜活，雅中有妙、妙中有趣、音韵生动，巧意天成。

几乎所有二胡演奏家都拉过《二泉映月》，总体上来说，有人在句读、音准、律动、音色等方面模仿阿炳的录音，试图靠近阿炳；有人给旋律添加过多的情调装饰，演奏的只是一幅现时人体验的明月清泉；有人以过重的面部表情和肢体动态解释这首作品，拉得苦大仇深、满腔愤慨。简言之，能给人回味的演奏太少了。在闵惠芬演绎的《二泉映月》中，没有刻意，没有矫情，你能听到两个有着不同阅历的人在特定情景中的深层对话，那是一种对人性、对情感的流畅解读，在精神交融中自然交织着的时空互换。沧润饱满，声清韵朗，流动着乐意生动的水墨大象。

闵惠芬先生一生演奏的曲目数量众多，许多曲目都已经成为中国器乐演奏艺术的经典。她用独特感悟诠释的刘天华作品，包括《闲居吟》《病中吟》等，意韵深邃、自然清雅，在众多的演奏家中独树一帜。当然，还有声腔器乐化的经典之作，如《逍遥津》《宝玉哭灵》的腔流韵转，弦歌一曲令人荡气回肠的《洪湖》，热情豪放的《赛马》《川江号子》等等。

从20世纪60年代的风华正茂到70年代浪遏飞舟，闵惠芬先生在80年代终获大彻大悟后，迎来了艺术生命中光艳熠熠的巅峰时期。这样一个圆满的结构，仿佛是一个经典的起承转合，完美地展示了一个艺术家的生命大轮回。

1987年，在首届中国艺术节上，大病初愈的闵惠芬演奏了由刘文金先生创作的二胡协奏曲《长城》。毫无疑问，新中国成立后二胡音乐创作与演奏艺术的成就与两位大家非凡的艺术才情紧密相关。他们珠联璧合，深解彼此，互相成就。

现场聆赏闵惠芬演奏《长城》，听众仿佛置身于一种悠远雄阔的音响张力场。我觉得在乐队与二胡之间，在刘文金与闵惠芬之间，在听众与长城之间，弥漫着一种庄正清严的大美，一种从心底升腾、撞击魂魄的精神气韵。在音乐发生的现场，风荡大野，云流高天，作曲家和演奏者都已然隐去，代之的是一种弥漫在空间的无形的大乐象。那场音乐会已经成为我一次无法忘却的精神游历。在《长城》中，她的自然生命和艺术生命真正同时达到巅峰。至此，闵惠芬出色地圆满了中国二胡的一个时代。

聆赏闵惠芬，音乐会现场与听录音给我们的信息同样完整、同样强烈。她以演奏所传递的音乐意义，相当完美地展示了器乐语言表达方式的独特性和独立性，更多地接续了母语表达的传统。

遗憾的是，当下转型期的社会，音乐界思潮纷涌，速成的演奏家们挤满了舞台。事实上，我们已经无法避免地走入了一个产生文化艺术大家的黄金时代的尾声，像闵惠芬先生一样的大器已然失去了生存与发展的良性空间。

再读闵惠芬，我们当然可以理性地觉察到，在今天的舞台上，这样的演奏风格已经非常罕见了。更多见的是演奏者无度的肢体动作，背弃音乐风格的夸张，过多的语言解释和对多媒体的滥用，已经对中国器乐传统独特的情感表达方式、独特的腔韵意象以及独特优雅的美学品格造成了深度割裂和深层的伤害。随着时间的流逝，我们会更加清醒地看到，闵惠芬的坚守所显示出的不寻常的文化价值。读闵惠芬，多读闵惠芬，能让我们时常扪心自问自省，让我们虔诚悟人、悟乐、悟道。

有关闵惠芬艺术人生的所有考量都指向一个事实：精神跨越极限。作为一个有个性有风骨的艺术家，她体验过疾病对生命残酷的折磨，一个音乐大家穿越生死的回归，如同凤凰涅槃，对个体生命，对当时音乐界，都是一个象征性的事件。以非凡的意志力重返舞台后，她面对的是一个几近陌生的文化环境。随着西风东渐，多元交替，名目繁多的现代音乐冲击，以及新人新形式对传统音乐和舞台演绎方式的颠覆，都让闵惠芬的坚守变得艰难和独孤。如果没有对民族音乐的深层考量，没有难以想象的内驱力和定力，她不可能如此坚定地听从内心的指引，以理想主义的情怀和殉道者的虔诚，无所畏无所惧地走向自己文化目标。闵惠芬先生选择以这样的方式，从容任性地彰显着一个大家与生俱来的自信和自尊。

我与闵老师有过不多的接触，每次交谈都值得我深思和回味。比如她对文化理想的执着与信念；对专业民乐教育的设想；对国内专业赛事的一针见血的评价等等，特别是 2003 年我登门拜访，与她无拘束地长谈了近三小时，她对艺术、人生的思考，对家人的深情以及对自然生命的大彻大悟，让我对她演奏艺术风格的形成有了新的判断和理解。

我清晰地记得 2003 年上海音乐学院为她举办专题讲座，结束后我们就传统音乐和现代音乐的话题深谈了许久。对二胡，对民乐的现状，她有困惑，有无奈，更重要的是她有非常强烈的信念和定力坚持自己的选择。

2004 年我院音乐学系举办黄白教授的学术研讨会，散会后，闵老师和我站在楼梯边，就我在会上的观点继续交谈。在发言中，我提到的民族器乐演奏专业的教学必须持续得到民歌和戏曲两门课的支撑，这是演奏家把握"味道"和"地道"的关键。这样的观点她非常赞同，并兴致勃勃地唱起影响过她的民歌和戏曲。这是我最后一次和她深谈。十年一瞬，仿佛昨天！

闵惠芬一生的舞台艺术生涯轰轰烈烈，超长时间保持着巅峰期。她技术全面，舞台驾驭能力极强。曲目涉及类型相当宽泛，为何我们在她的节目单上，几乎找不到以"炫技"为目的的作品，以及被浅解的所谓"现代派"的作品？

20 世纪 80 年代她大病初愈，什么样的缘由、什么样的勇气和激情让她放弃安逸的日子，再一次走向变数多多的舞台？

在 90 年代初舞台上开始不断涌现带有夸张的肢体语言和服装的二胡新人，面对转型期的多元文化环境和审美心理嬗变中的听众，什么样的信念让她在舞台上坚守自己的风格？彼时声誉日隆的她虽然临风面海，可眼前的时节却远远不是春暖花开。

她为何这般舍易求难？

后闵惠芬时代，未来的中国器乐舞台艺术的主体风格将会是怎样的？

中国二胡艺术的发展将何去何从？

中国音乐，中国艺术，何主沉浮？！

再读闵惠芬，正值中国音乐发展的隘口。在当代文化发展的大格局中，面对空前多元多变的社会环境，历经过大起大伏的中国器乐艺术，正面临发展格局失衡，专业教育失根，美学品格失范的危迫现实。整体上看，我们在学理探索、实践方略以及音乐生态研究方面，依旧显得情绪大于理性，务虚多于务实，权威发言疲软无力。随着闵惠芬先生等前辈大家们逐渐淡出舞台，我们匆忙地进入了又一次轮回。理想与现实碰撞，希望与危机交织，压力与动力同在，当下任何一个真正热爱母语文化的音乐人都不能不想，不能不问！闵惠芬先生的艺术信仰和音乐智慧，值得我们、我们所有中国音乐的实践者自问和思索：人生的，岁月的，生活的，艺术的……

月满天心之时，留给我们一个亲切温暖的背影，一个情韵丰饶、意趣美妙的音乐世界，留给我们精神的能量和文化的思考，闵惠芬先生远行了。

当代中国民族音乐是骄傲的，我们曾经幸运地拥有过闵惠芬，闵惠芬是骄傲的，她的演奏艺术真正地汇入了中国民族音乐生生不息的精神长河。

上海音乐学院
2015 年初春

李景侠：上海音乐学院教授。

一个时代的强音

——纪念人民音乐家闵惠芬

牛苗苗

多少年来，每当人们提及二胡，就一定首先会想到闵惠芬的名字。而今天，在提笔的那一刻，我的眼眶湿润了，我们敬爱的闵惠芬老师，已经离我们而去了。回想昔日，曾去闵老师上海家中拜访，受到她与刘振学老师的热情款待，亲自下厨为我做了许多美味可口的上海菜，让我备感温暖；再有，她曾经来西安时，我们一起畅游曲江南湖，畅谈音乐与过往，回忆她几次来西安演出以及第一次见面给我上课的情景……那些点点滴滴的往事，让心中的痛惜难以言表，蓦然回首，闵老师的音容笑貌，永远的率真、优雅，永远的风趣、爽朗，一言一行，历历在目。

闵老师去世，我曾赶赴上海吊唁，送老师最后一程。在追悼会的大厅内外，慨叹声、思念声、痛悼声，声声痛切，声声滴泪。是怎样的一位长者，怎样的艺术人生，在她生命的尽头，绽放出了那样绚丽的花！是怎样的时代，怎样的阅历，怎样的品格，造就了属于她的音乐瑰丽人生；又是怎样的情怀，怎样的理想与执着，翻开并谱写了属于她不朽的音乐篇章，深深地影响了几代人和一代又一代二胡事业的接班人。

1. 因琴结缘的师友之谊

2015 新年之初，我在家中，重温了《闵惠芬二胡艺术笔记》，思念之情不禁涌上心头，思念敬爱的闵老师——这位远离我们却又永远活在我们心中的艺术家。闵老师的文笔真挚自然，随性但不随意，正如她亲切和蔼的性格一样；她的文字通俗易懂，又从不拘泥于形式。她的谈吐风趣幽默，时常会与大家像朋友一样分享各种各样的趣闻趣事。

记得我还在西安音乐学院附中上学的时候，闵老师来学校访问，有幸得到她的指点。虽然当时已经紧张得全然不知道自己演奏的是什么，但至今让我记忆犹新的仍是闵老师说的一番话：技术当然是要不断完善的，同时还要注重传统音乐文化与地域风格的积累与传承。以我当时小小的年纪，自然是不会理解得多么透彻，但之后随着年龄的增长，逐渐领悟了其中的意义，虽然只是短暂的一节二胡课，却对我今后的学习是一种方向的指引。时隔多年，西安音乐学院举办60周年校庆的"秦派二胡"专场音乐会，特邀闵老师参加演出。记得当时她的节目顺序是比较靠前的，虽然她的身体并不是很好，本可以演奏完就到后台休息了，可她却搬了把椅子坐在舞台侧口，非常认真地听着接下来每一个人的演奏。最后一首乐曲是由鲁日融老师执棒、我与西安音乐学院民族管弦乐团合作的《曲江吟》，当我演奏结束后，一直坐在台侧的闵老师立刻站起来紧紧抓住我的手，充满激情地说："你这个昔日的小苗已经长成大树……"言谈之中的鼓励与期望，更使我感受到她对地方音乐院校二胡教学与发展方向的关心与支持。

2013年的初夏，闵老师又一次来西安，我特别邀她和刘振学老师品尝陕西当地的特色小吃。本想着闵老师是南方人，很担心她不习惯陕西饭的口味，可她却对所有小吃都很有兴趣，不论吃不吃得惯都一定要尝尝，总是喜欢新鲜独特的风味，正如闵老师自己所说，这样的风味小吃就好比是二胡乐曲中的地域风格性技巧一样，更让她能感受到正宗的秦地风土人情；在与闵老师散步于曲江步行街时，听到广播里放着西北音调的小曲儿，她便小声哼唱仔细品味其中韵律，神态愉悦、乐在其中，我想，这样接纳一切的生活态度不正是闵老师的琴声中所流露出来的艺术精神吗？辨音识人，便是如此。闵老师谈及陕西"秦派二胡"的技法与风格时，总是洋溢着对秦川风土人情的向往，对鲁日融老师的代表作《迷胡调》一曲更是喜爱。她说秦川之风高亢爽朗且幽深凄婉，其中的按指揉弦、粘捏回滑，个性鲜明而具有吸引力，刚劲激越时明朗豪迈，绵长凄婉时细腻质朴，言谈之间更是透出了她对"秦派二胡"艺术发展的关注与期待。

2. 人琴合一的艺术境界

每次在聆听闵老师的演奏时，我时常有一种感动——音乐如人生。在闵老师那些用生命时光积蕴与碰撞出的音符里，有平缓、有激昂，有舒坦、有坎坷，时而黯然伤感、时而清澈欢心，时而汹涌澎湃、时而波澜不惊，正如她那多灾多难的坎坷人生和丰富多彩的人生阅历一样。或许你会在她的音乐里品味到你的人生，感受到她音乐中的每一次呼吸，相信你一定会爱上她的演绎，因为她是在用心灵倾力地诉说着属于人生中最动人的音乐语汇。她除了对于传统戏曲的学习之外，还特别注重自我文学修养的提高，经常从古代文学诗歌中摸索音乐神韵的表达。尽管二胡作为一件独奏乐器的历史并不长，但闵老师却将它视为传承中国传统文化的血脉。那么二胡就如同她的血液，成为她生命中的底色。

《长城随想》《寒鸦戏水》《二泉映月》《新婚别》《洪湖人民的心愿》《阳关三叠》，这一首首由闵老师所演绎的经典二胡作品，每一首背后都有一段非同凡响的动人故事，一音一句，一揉一滑，满满的都是她的感情、感思、感悟。在《闵慧芬二胡艺术笔记》一书中，提及在与病魔抗争的年头里，她依然坚持练琴，可谓是"冒死"练琴，然而支撑她的是一种信念——对于二胡艺术的热爱与执着，把自己全身心的融入到二胡音乐中，没有什么可以抵挡。我不禁感慨，这就是闵老师，真正的大师，真正的大智慧，如此的作风和品格，是我心中永远的艺术家。著名音乐学者乔建中先生曾为闵惠芬老师撰文《弓弦上的瑰丽人生——闵惠芬与20世纪二胡艺术》，读后更是让我感慨万千，闵惠芬老师从对于民间音乐的热爱，到开启民族器乐演奏声腔化的尝试；从她对老师的尊重，到对下一辈二胡演奏家们的关心，以及她对二胡传承关系的重视等等，都成为她音乐人生中的支撑点和闪光点。

3. 勤勉执着的艺术追求

闵惠芬老师特有的舞台魅力和艺术情怀，基于其几十年演奏生涯中逐步形成的艺术观。从她的演奏中，可以深切地体会到音乐中最珍贵的东西，那就是——情真意切。让我们从中谛听到朴素之中的精雕细琢，低调之中的轻奢华丽。许多人都会感叹——她的演奏总能征服所有人的心！她是有一种什么样的魔力吗？记得几年前有幸与闵老师在西安相见，我也带着这个问题请教过闵老师，闵老师对我说："我每一次上台演奏，从拿起琴走上台开始到结束，我都是怀着一颗真诚的心，诚心诚意地为每一个人演奏。无论是什么样的舞台，无论听众是什么样不同阶层的人。"尊重舞台，尊重听者，这是她演奏好每一首作品的动力。闵老师认为音乐不应分高与低，贫与贱，无关欣赏水平的高低，无关音乐素养的深浅，所以田间地头、工企厂矿都有她的身影。艺术源自生活，这个哲理在她这里得到了很好的印证和呈现，同时也提醒着我们，民族艺术的根基来自民间，民族演奏家们的眼界不能离开民间，民族音乐从事者们的舞台不能离开民间。二胡作为我国传统乐器，其发展的土壤便是广大人民群众，这种源于民间的艺术形式一旦离开了其发展的土壤，必定面临着凋敝的命运。闵老师深谙这其中的道理，在提高二胡艺术价值的同时不忘回归其根本，突破狭隘的舞台概念，将与听众的沟通作为表演的出发点，并非为了表演而表演。这种艺术观念的形成，使音乐人主动放弃了"音乐家"高高在上的光环，拉近了演奏者与听众的距离，这对二胡艺术在群众之间的普及与拓展，具有积极意义甚至重要作用。

闵惠芬老师很多成功的作品都是对苦难经历的演绎，尽管生长在红旗下的她并没有经历过旧时代的苦难，但那场突如其来的癌症，使她经历了常人难以想象的苦痛。正值艺术巅峰时期的闵惠芬并没有被这个"晴天霹雳"所击倒，反而愈挫愈勇，不断地和病魔做着生死的较量，最后终于重返舞台。在我们常人看来这是一场"灾难"，而在她的眼里，这却是一笔宝贵的财富。对生命的渴望和对艺术的追求不断激励着闵惠芬，在做完手术后，她常常迈着蹒跚的步履摇摇晃晃地走入民间，听城隍庙桥楼上民间艺人的丝竹，虚心汲取着民间艺术的营养，她也常常回到毕业的母校，重新坐回音乐学院的教室"贪婪"地学习着曾经错过的知识。在重庆治疗期间，病房窗外嘉陵江畔那豪迈的川江号子每天都在她耳边回响，深深地浸入她的心灵。不久，她与成都作曲家杨宝智便合作完成了二胡协奏曲《川江》。正是凭着对二胡艺术的热爱和顽强的毅力，闵老师在经过 6 次手术，15 个疗程的化疗后终于恢复了健康。而经过这场人生磨难的她，对生活更加珍惜，并将对于生命的感悟完全投入到音乐作品中去。

4. 法贵天真的艺术品格

音乐，既是感性的、理性化的呈示，又是理性的、感性化的抒发。在与闵老师接触与学习的过程中，我不仅感受到了她豁达、开朗的性格，更领略到了她严谨认真的艺术品格。可以说，闵惠芬老师不仅用她独特的艺术魅力征服了我们，还用高尚的人格魅力感染了每一个人。我的一位学生，曾谈及闵老师的点滴往事，让她颇为意外和感动：2010 年上海音乐学院举办了"高等音乐艺术院校——二胡教学创作学术论坛"，我的一名学生回忆道，在论坛结束的那次午宴，作为旁听者的西安音乐学院学生，坐到了角落的一张桌子，而这时，闵老师却和蔼地招着手说道："来嘛，坐这里。"她有些胆怯地坐了过去，见周围都是和她差不多大的年轻学生。闵老师说："你们来了，看了，听了，有什么感受啊？最近在学什么曲子啊？"聊毕，闵老师还问及学生在上海住在哪里？还邀请去她家做客，或者也可以住她家……学生们没想到第一次见到闵老师，居然是如此的和蔼可亲。人们常说"艺如其人"，正是因为闵老师这种看似朴素的人格魅力，才成就了她真、善、美的音乐品格。我与闵老师相处交谈时，发现她不但十分关心年青一代二胡演奏者们的所思所想，还很关注二胡艺术发展的现状。她提及现在越来越趋于技术化而淡化了二胡的柔美性和音乐性，深感焦急和忧虑。

师者，传道授业解惑者也。记得有一次，闵老师让我试奏她的乐器，让我感受同一件乐器在不同力道下的不同声响，用这样的方式，让我体会拉琴应以合适的力道发出自然的音响，融于景，寄于情，寓于音，或小溪潺潺，或气势奔腾，贴近于生活，升华于艺术。让音乐在心中流淌，进而引起心灵的共鸣。在《闵慧芬二胡艺术笔记》"蓝色的雾"中有这样一段记录，她写道在她生命接近大限之前的奇遇——意识不清间见到蓝色的雾，雾中出现了她的学生，她万分焦急和懊丧，对于自己无法再教她的学生们拉琴，十分的难过。我们敬爱的闵老师在她生命的危急时刻，她依旧牵挂着二胡事业发展的未来，她想要再多些时间，为她热爱的二胡音乐事业继续贡献自己的力量，正如合唱协奏曲《音诗——心曲》（闵老师创作并演奏的二胡协奏曲，后改编为合唱协奏曲）的合唱词："啊！天国在召唤，但我的心永在人间，拨开乌云，迎接明天，阳光灿烂照心田。"

5. 兼收并蓄的艺术特色

近代国乐改进大师刘天华，结合西方乐器演奏和教学的特点，创作了一批具有时代特色的二胡名曲，并改变了传统乐器口传心授的教学模式，将二胡带入了高等学府，这为我国近代二胡的发展奠定了稳固的基础。由于二胡没有品位和指板，因此左手在演奏时可以任意地运用压、按、滑、揉等技巧来表现乐曲的风格与内容，塑造生动的音乐形象。二胡的乐器特性非常适合这种"如泣如诉"的音响表达，恰恰类似于人们说话的腔调，因此，二胡也被称为可以说话的乐器。

1963年，第一届"上海之春"全国二胡比赛中，闵惠芬老师以一首《病中吟》征服了全场的观众和评委。此后，这位从江南宜兴走出的二胡大师——闵惠芬，通过多年的舞台实践，主要还是从二胡的乐器根本特质出发，回归二胡本身，提出"器乐演奏声腔化"的观点，从而进行不断地研究与探索。她大量地研究中国传统戏曲，从中学习不同地域戏曲声腔的表现风格，并结合二胡自身的演奏特色，用二胡这件乐器本身的特质，把不同地域风格的声腔韵味与精髓，融合到了二胡的创作与演奏中。这样的认识，充分提升并拓宽了二胡艺术的音乐表现力。

我曾经多次聆听过闵老师移植在二胡上的越剧唱段《宝玉哭灵》的精彩演奏，听起来就像是用一把二胡在吟唱，真是惟妙惟肖！而正是她巧妙地抓住了诸如越剧、京剧等不同地方戏曲的声腔韵味，将其完美融入到她演奏的许多二胡经典作品中，诸如《新婚别》《长城随想》《洪湖人民的心愿》《二泉映月》《迷胡调》等，都准确而生动地演绎了极具浓郁中国色彩的二胡音乐作品，充分体现了二胡这件乐器的音乐语言特征。或许，以我的理解，闵老师用一生所追求的二胡艺术境界，并不是单纯的为声腔化而声腔化，而是她能以更长远的眼光，站在民族音乐发展的角度，坚持不懈地进行"器乐演奏声腔化"的实践、探索与研究，既有世界的眼光，又有民族的立场，而对于如今一味追求高难技术以致民族音乐性逐渐缺失的现象来说，真可谓是用心良苦！使我从中深刻地感受到她博大的艺术情怀。

6. 风范长存的艺术生命

在长期的艺术舞台上，闵惠芬形成了奔放而内敛、生动而不媚俗、夸张而不狂躁、哀怨而不神伤的演奏风格。在演奏中，能准确领略音乐要表达的意境，运用"起承转合"的节奏规律，把自己的感情同"气势"和"神韵"结合起来，通过音乐的节奏、音高、强弱及其在舞台上表演的神态去引起人们广泛想象，而这一切竟像是在一系列巧妙不间断的瞬间中自然完成的，充分体现了她那高超的二胡艺术造诣。随着时间的推移，闵惠芬也渐渐地成了"二胡"的代名词。她在学术上的严谨认真，音乐上的传承创新，影响了一代又一代的二胡学子；她亲切友善，诲人不倦，凭着对音乐的热爱，将自己奉献给了音乐事业；她不顾疾病缠身，紧跟时代推陈出新，将中华民族优秀的传统音乐文化传播到世界各地。我时常会想，是时代造就了闵惠芬，还是闵惠芬成就了二胡艺术的一个时代？其实，这二者没有矛盾，恰恰是相互依存。但是这个时代，并不是如我们所愿。音乐和人们的生活之间逐渐产生隔膜，并且这种隔膜产生的副作用愈发的明显，随着现代工业文明和商品经济的发展，高压的生活方式和趋名逐利的交往环境，使人们变得越来越浮躁、越来越功利化，认真思考的习惯仿佛已经离我们远去了，对民族音乐的关注，似乎也越来越形式化了。我想，在这样浮泛的社会现实面前，那些追求艺术独立和自由的人就显得更为可贵，真正的艺术家，也许正在孤独的远行。所以，当我在拜读了闵老师《孤独的夜行者》一文后，对她更是尤为钦佩，因为她是真正的智者，对于艺术的追求是无畏的。在当前音乐现状趋于浮躁的环境下，她能够坚持自己的音乐理想，实在是难能可贵，不愧为一代二胡巨匠！她对于音乐的态度似乎也在启迪着人们对于音乐的思考。音乐到底是什么？或许，音乐是艺术家活着的空气和勇气。音乐的意义正在于：它是我们抵抗商业化的最后手段，让我们在冷冰冰的现代机械文明中留存一些人性的温暖。与此同时，音乐也要寻找一条自己的出路：它必须年轻，必须和时代走得更近，让多数人在喜闻乐见的过程中熏陶和感受到音乐本身的魅力和无穷性。

今晚在电影频道，看了一期《世界电影之旅》的荷兰专辑。正如主持人在结尾处所说的：梵高，是唯一的，也是不朽的。如果说，这句话是对生命的意义和色彩的理解而言，我想说，其实很多艺术家都是如此，在音乐的世界里，巴赫对宗教的理解，莫扎特对人间的理解，柴科夫斯基对生命的理解……那么，闵惠芬对生命的意义和音符的理解，同样是唯一的，也是不朽的！

在这个时代，在我的人生历程中，能遇到闵惠芬老师这样一位艺术家，是我的幸运。

感谢敬爱的闵老师，永远怀念您！

2015.2.26 于西安

牛苗苗：西安音乐学院教授。

知行合一，感念闵惠芬先生艺境之源

于　汉　于海音

从此后，空有江河水流淌，再无先生琴声起。

哪堪那，乌蒙残月照二泉，九州何处觅乐神。

——题记

冬往春来，四季如常，可我们家今年春节的第一个拜年电话却不知应该打给谁，懵然察觉闵先生已仙逝近一年。正值年下，不禁想起去年此时，致电闵先生家中相约年后拜望，万未想到当年的正月里先生却突发脑溢血，自此昏迷直至病逝。而在ICU中的最后探望也成为了最后悲恸的诀别！对于我们全家而言，闵先生的音容笑貌成为了永久的回忆，而未能如愿的拜访也成了永远的遗憾。

我们是深受闵先生艺术品格恩惠的一家，年少时曾为了听一曲闵先生的《江河水》，带着面包在影院连看了7遍电影《百花争艳》① 并深深为闵先生非凡的舞台风采所折服。之后几十年，唯先生的音乐艺术独尊，并深信"前无古人"，也不知往后何时才能再有如此伟大的弦乐演奏家出现。年少时我们未曾敢想会与大师有任何交集，只是单纯无上的个人崇拜，并将先生作为引领我们走向专业艺术道路的偶像。谁知数年后，先生一家竟与我们亦师亦友，现在回想，不禁感叹岁月的神奇，恍若隔世。无数个有着灿烂阳光的午后，伴着闵先生的言传身教、口传心授，那些因为深深受教而感动的瞬间，不断变成我们人生的一个个新起点——她是如此真实亲近，却又遥不可及。当我们为自己找到理想的音乐欢呼雀跃时，闵老师已然抵达那里，对于我们来说，这是一种只可仰视不可复制的艳羡。

---

① 《百花争艳》是1976年上映的电影，由导演傅杰执导，选录了中国艺术团演出的主要节目，包括京剧《红灯记》、舞剧《红色娘子军》的选段等，闵惠芬演奏二胡独奏曲《江河水》《赛马》。

人格艺德　竞相辉映

先生半个多世纪的舞台艺术生涯跨越了数个历史时期，也历经了多次音乐艺术的变革发展，但无论时光如何变幻，先生总是以超越同代、引领现代的姿态傲然挺立在传统艺术的巅峰。在她引领下的二胡界，没有流派纷争，有的只是热火朝天的大发展、大进步。用先生自己形容的状态来说，是"目不斜视"，她确实自始至终"目不斜视"地身扛民族音乐发展的大旗，遵循传统艺术的发展规律，传承传统音乐艺术的美学思想。更为重要的是，闵先生在作为专业领域领军人物的同时，顺应并引导了中国广大民众欣赏传统音乐的审美趋向。其对二胡演奏艺术声腔化的理论主张、对创演作品精益求精的追求、对年轻晚辈不断地鼓励与提携，无不使她成为当之无愧的二胡艺术脊梁。且在中国二胡艺术发展最为迅速的数十年间，她又以一介巾帼不让须眉的顽强作风开辟了宽广而灿烂的发展道路。

多年与先生亦师亦友的交往中，我们所学所感自不胜枚举，若用最为简洁的评述言之，脑中首先闪过"知行合一"四字。"知行合一"是明朝思想家王阳明①提出的，且其同是阳明思想的核心。简单来说，"知"为知识，"行"为践行，"知"与"行"的合一，便是认识事物的道理并在现实中运用此道理。在我看来，闵先生一生的所作所为切实完美地诠释了这四字箴言："知"为先生数十年如一日的好学苦练、将专业发展到极致的研习精艺的态度；"行"则为倾尽毕生全力将所学所悟无私奉献给天下众生的修为，即所谓"学而无用，无以为功"。先生一生的功德大约就是将"知"与"行"以最为朴素的方式结合并竭尽全力播散在人间。记得首届国际胡琴节上，先生乘坐的巡游花车名为"乐神"号。而在她数以亿计的乐迷心中，她正是那播散爱乐种子的乐神吧。古代哲学家认为，"知"和"行"的统一，才能称得上"善"，所以也有"致良知，知行合一"的说法。闵先生为中国乐界所奉献的一生正是大德大善，这也正是我选用"知行合一"为题的初衷。"知行合一"是闵先生毕生践行的写照，她的"行"源自她博广的"知"，而愈加丰富的"知"也为"行"给予更加坚实的基础。王阳明认为知行是一回事，"知"中有"行"，"行"中有"知"。这种从道德层面的深刻认识恰恰也有助于我们追溯闵先生为何能够身体力行、质朴无华地全身投入到传统音乐的传承这一问题，因为行为与意识是

---

① 明武宗正德三年（1508 年），心学集大成者王守仁在贵阳文明书院讲学，首次提出"知行合一"说。

并存的，不可分离，"知"终将要转化为"行"。先生曾说："我的音乐是堂堂正正的，是拉过媚俗乐曲的人永远不会找到的状态，用你们年轻人的话来说——我要给观众带来正能量。"

毋庸置疑，闵先生在二胡事业上的专业性乃少年成名的荣耀，光辉灿烂的履历。然"知"与"行"一是对精神层面的高要求，二是对专业性的再升华，这便是闵先生"知"的高明之处。在先生那里，"知"早已超乎器乐演奏技巧或快慢强弱的基本处理，这也是为何少有评论者对先生的演奏技巧加以评价或讨论，因为她的技巧永远在为音乐内容服务并融化在音乐之中。所以说，闵先生的技巧与音乐不可分离、更不可单独论述。纵观先生数十年以来的职业生涯，首先是系统、明确的科学训练方法配以超越常人的刻苦练习，并在各学习阶段平衡着演奏中宏观与微观的实践把握，对技术、乐感、情感，包括通感的综合性认识和粗中见细、细致入微的专业分析；而所呈现的音乐艺术之最终的美是体现在整体上的，这就又需要她用坚实的文化素养功底将专业技能转化成艺术哲学与科学训练的美学理念，而且并以其丰富多彩的艺术想象力、夸张的艺术表现力和坚持不懈的信念综合而成。也正是受先生影响，我对学生的专业要求通常是二个百分之百；即，情感与技术上的两个百分之一百。

关于在专业技能上细致入微的追求、精益求精的处理，先生评价自己对专业的态度最多的一个词语就是：目不斜视。我们曾与闵先生深入请教过关于《长城随想》的二度创作问题，期间所学无处不体现出先生对专业的执着、专心，以及对艺术深远而精致的追求。

1982 年在"上海之春"音乐会上，由刘文金先生创作，闵先生独奏的大型二胡协奏曲《长城随想》隆重首演，该作是中国第一部大型二胡作品，长达 30 分钟一气呵成。这部作品将中国传统乐器的表现性能和潜力的发掘提高到了一个新的艺术境界。而闵先生在《长城随想》的创作演出期间，也正是和病魔抗争并取得胜利的那些年，最终她的生命和事业都迎来了新的春天，走向了新的辉煌，并继续领跑中国民乐走向新篇章。先生曾说："用民族器乐表现如此伟人的主题，赋予其交响乐般的宏伟气概，是一次艰辛的艺术劳动。"是啊，这首作品的音乐语言，听起来仿佛很熟悉，但又说不出具体用了什么特定的素材，时而是高亢激越的京剧风格，时而是极富声腔口语化的北方书鼓的音调，时而又使我们领略到古琴古朴高雅的神韵。单单二胡演奏中就涉猎古琴演奏的"绰注"手法、京剧中的"跺板"元素、京韵大鼓鼓点节奏和舞蹈性音乐节奏等。各种姐妹艺术间的元素互转运用，戏曲音乐及唱腔"角色感"的把握，这些在当时传统器乐的大环境中无论是在专业技术技巧还是创作理念上都是最新的突破与挑战。众所周知，闵先生在 1975 年与李慕良先生学习京戏唱腔的演奏，这段学习的经历与积累在日后为先生的演奏带来许多益处。先生说她通过此次学习，大涨功底、臂力，雄浑的劲儿也越来越足，运弓越来越厚实，长时间的练习使她的演奏具备了雄浑的气质。这些也在演奏《长城随想》时如天助一般，若无此积累，即使刘文金先生写得再好，光凭借纤细的功力是完成不了的。

以上先生的种种专业性养成，和当下流行的以一味追求更快、更强的演奏方式为代表的所谓专业性已然有了分别。因为先生说过："无论何时，专业性一定首先站在音乐艺术需要的前提下进行研习。"

闵先生在同代音乐人中的卓越是她的专业技艺使然，而作为如此专业的人士，先生却是曲高合众，既能阳春白雪，同时也拥有广泛的群众基础。她的乐迷所从事的行业分布之广，年龄跨度之大无人能及。先前我曾与非乐界的学者谈论过这个现象，大家得出的结论是：演奏家和大师的区别在于，"家"的乐迷构成更为固化，更多是基于对这位演奏家的个人喜好而崇拜。而大师演奏的音乐则是谁都喜爱，他们的演奏兼济所有人的感受。其所呈现的即是受众所需要的，殊不知在兼济所有人的背后，大师闵先生的付出却是惊人的。

作为专业顶尖的专业人才，先生不仅独善其身，更是兼济天下，展示出她作为大师的学术风范以及从民间来、到民间去这种将传统艺术植根乡土的责任感。闵先生从少年就对音乐的热爱到青年时对事业的敬业以及贯穿她整个生命历程的献身精神，可谓她践行知行合一的基石。我们在教育学生时，始终在提及先做人再学艺的道理，殊不知，艺术的点滴也正是人格魅力的体现，在上述所提及的《长城随想》案例中，先生对作品的理解认知而后内化，再通过演奏呈现的过程，也正是她对艺术与生活态度的体现。

高尚的艺术品格一定是建立在完美人格品质之上的。闵先生对自己的评价从不是以首演了《新婚别》《长城随想》而驰名天下的艺术家，也从不炫耀在常人看来如此灿烂光辉的事业历程。她说："自己一生最重要的，是做了大量的民乐普及工作，要是民族音乐在我这一代灭了，那我闵惠芬也是罪人。"先生在多元文化纷纷踏入大陆的 20 世纪 80 年代，就以一己之力，单枪匹马，下过西北的矿、去过农民的地头，在小学跟孩子们打成一片，也去大学社区普及推广……她明明可以只优雅从容高高在上地当她的演奏家，在聚光灯下接受乐迷的鲜花掌声，却依然带着那份纯粹质朴的情感反哺着曾经滋养她艺术生命的民众。品格的高尚正是艺术高下的镜子，闵先生的艺术境界之高尚，无不体现于将职业的专业性登峰造极之势赋予自己植根于乡土的责任，将滋养她艺术成长的传统音乐文化经过自己多年理解、内化、升华之后再以更加高的品质带回民间、反哺这些滋养过她的民众。

植根传统　修为深厚

要得知先生艺术境界为何如此之高尚，必然要从她的文化源头追溯，以我们这些年与先生的交往，认为有如下三个方面，也即文化修为的精髓：一是深厚的家学渊源；二是在对传统音乐艺术的追求过程中的把握与认知；三是先生个人文化修为的深厚积淀。

闵先生出生于江苏宜兴，与二胡先驱刘天华先生的家乡江阴相距不过百余里，是名副其实的"二胡之乡"。先生日后酷爱江南丝竹及南方戏曲大抵与幼年时期耳濡目染不无关系。而更重要的是闵先生的家学渊博，她的父亲（我们也亲切称为老闵老师）闵季骞先生是二胡演奏家、教育家，南京师范大学音乐学院教授，南京乐社社长，长期从事民族器乐教学，精通二胡、琵琶、三弦等各类器乐的演奏。老先生早年在南京国立音乐院随储师竹先生学习二胡，储师竹是刘天华的嫡传弟子，老闵老师便是刘天华的再传弟子，所以闵惠芬先生对刘天华的作品自然见地最为纯正、理解最为到位。闵先生少年"夺冠"①，其取胜之道众人嗟叹其年虽少音乐却老成，当年的评委之一，如今97岁高龄的二胡界泰斗张锐老先生曾和我们聊天时说道："当年小闵人小鬼大，小小孩童并非只是演奏技巧超群，而是她小小年纪，演奏的音乐内涵相当丰富，音乐成熟这一点尤为突出。"正如张锐老先生所言，从日后闵先生大放异彩的舞台生涯看来，她着实是有着卓越超凡的音乐表达功力，超天才的二胡演奏家也绝非虚名。而这些品质的养成一方面是闵先生的好学苦练，更有不得不正视的一方面，便是良好的家庭音乐教育开蒙以及专业的早期音乐训练。

之后数年，当闵先生离家远行并在事业上取得更大成就时，也深具家庭的优秀的品质。如果说家学深厚是闵先生事业的起步，那么日后贯穿她大半艺术生涯的"器乐演奏声腔化"和演奏时追求"情气格韵"两个美学理念则充分展示了她对于传统音乐艺术的准确把握和认知。

先生移植改编过越剧唱段《宝玉哭灵》，粤剧唱段《昭君出塞》及昆剧中经典的《游园》、京剧名段《逍遥津》等等，自此，以戏曲唱段为主体的各类民间音乐精华被闵先生或移植或改编或选取素材编创，以各种形式丰富进她的二胡演奏艺术中，并在长期的积累中形成体系，此称之为"二胡演奏声腔化"。

---

① 闵惠芬曾于1963年第四届"上海之春"全国二胡比赛中荣获一等奖，时年16岁。

闵先生曾在自己撰写的文章和各类采访中多次提及她在 1975 年跟随李慕良先生学习京胡演奏的故事，也正是从那时起先生开始进行器乐演奏声腔化的实践与创作，后来我们跟随先生学习《宝玉哭灵》《游园》等作品时，先生依然是按着当年自己学习唱段演奏时李慕良先生教授的方法指教我们：首先要学唱，对唱腔的吐字、呼吸、装饰等熟记于心，再用演奏准确再现演唱，追求器乐技术及美感。但即便是模仿唱腔的演奏，依然是艰巨的过程，可见先生多年以来精益求精孜孜不倦的追求绝非一日之功。例如当年跟随先生学习由越剧唱腔改编而成的二胡独奏曲《宝玉哭灵》，虽说我无限热爱她音乐中的善，她的伤，她的壮，她的悲，可就是学不像。因为我无法像先生那样清楚记得每一句唱词、每一个场景、每一个动作，甚至每一个音和字的处理，更不要说像她那样将这悲恸融进自己的内心，化为自己的血液了。无论是唱词中"金玉良缘将我骗"的"骗"字爆破音与在琴上的处理方式，还是"害妹妹魂归离恨天"的哭泣感与演奏的操作手法，都只有亲自聆听她的讲解和演奏，才能知道何为"不信人间别有悲"。何况先生数十年来所移植改编的作品包含了中国各地精粹，南北兼收，东西并序，除了研究曲调，更有方言、民歌等韵律的变化，为了完美展现器乐声腔化演奏，先生更对演奏时需要的技术手段进行极大的拓展与丰富。在艺术需要及严苛的自我要求之下，所做的一切皆是饱含了先生对艺术追求的满满信念和志气。

　　闵先生一生所求其实现在看来都不是独立存在而是相辅相成的。正如之前说到她的知行合一，是将所学所知广施与天下的胸怀，在上述的演奏艺术声腔化的技术前提下，自然而然孕育出她又一个艺术追的高峰，便是她在演奏艺术中所追求的"气、韵、神、形"。有不少文献曾论证先生这一美学观点，在先生本人于 1985 年病中完成的《博大境界中的民族神韵——论二胡协奏曲〈长城随想〉的演奏艺术》[①] 论文中，她充分阐释了自己的美学追求，即"情、气、格、韵"，也是我拜读最多次的一篇。"情：指演奏时情感要真切，要有分寸感，要情动于中，声情并茂，自然流露。气：要气韵通达，气质纯正，心随弓运，意到声发，隐迹立形地树立起丰满的音乐形象，生气远出，从而达到传神之妙境。格：要有一个高尚的格调。韵：指音乐的韵味，要在传统的基础上，寻求我们民族的神韵，着意于民族音乐的语言美和器乐声腔化。"先生行文的特点即是：用最通俗的字眼去描述最伟大的真理！

　　我们受先生此番理论震撼已久，认为先生所言足矣，遂今时有意愿受此启发对先生演奏神形兼备这一感念与众分享。形，有各种技术技巧的形态之说，但总指演

---

　　①　发表于《中国音乐学》1992 年第 1 期。

奏的形式，以及如何的树立起丰满的音乐形象。神：有神态神采的表象所指，更指先生演奏风格如何凸显中国乐器民族的神韵。古语中有无数关于"形"与"神"的论述，如"形神兼备""形为运动之道"等；拳法中更有知名的形意拳、十二击形掌等等，这些都在技艺运用时凸显出"形"的重要性。但是，单丝不成线，若想将技术艺术化，就一定要有形以外的感受。于是乎便有"形似方可神似"，"形不开则神不现"、"有神无形神不显"等更多形容形神兼备的美学理论出现。闵先生对演奏形态形式的追求对于她音乐信息的传播力度是非常巨大的，我们也运用从闵先生那里感悟到的形神兼备的方法，即便是学生练习中也要求他们在情感引导下的形体动作去操作困难片段，就会非常容易地"冲过去"！很多在台下无法解决的"疑难杂症"，到了舞台上，特别是当演员"入戏"后，这些所谓的疑难杂症，便会在不自觉的情况下迎刃而解了。当然，虽然有"不疯魔、不成活"的演艺箴言，但是演员的精力是有限的，有这么个笑话说：好的演员在台上疯、台下静。"那台上台下都疯的呢？""那是真疯！"笔者长期留心观察闵先生演出前的长时间练习和之后在舞台上的呈现这一系列动态和演奏心理活动，体悟到先生演奏在舞台上时刻充满着热情和激情的练习秘诀是：是戏三分生。如何理解呢？即情感的投入，在舞台下练习过程中，千万不可无节制的滥用，通常这种情感的完整投入，要把它用到关键之关键的刀刃处，就是将最完美的阐释绽放在聚光灯下，从而使"情感"这一艺术表现中的稀世珍宝，能够在舞台上时时保持它的新鲜感和热情度，并能在舞台上需要之时，马上就能够全面而充满真情地投入。通常只有这样保持着它的神秘感，我们才能够真正地在需要时（表演时），实实在在地打动观众和听众，并能够让这种神秘、关键而珍贵的"情感"招之即来、来之能战、战之必胜，并让情感与技艺一同引领着演奏者和听众在所想象的艺术道路上驰骋。当然，这个问题同时也是我们众多从事教学与表演的同仁在"动态操作"过程中时常较难逾越的关口。这其中包括极为细小的行动与非常细微的神态变化等，我们已将这些体悟加以整理，待不久之后专文论述。

古人常以"弦外之音""味外之韵"来比喻艺术作品之妙。而闵先生的演奏情感之丰沛，不仅源自家学深厚和她在专业上的不懈追求，更是她植根传统文化使然。与先生相熟的人都知道，先生爱好之一便是读诗写诗，而她的诗词创作，大多也从乐中来，因乐而发。大家最为熟知的先生之佳作是表达其表演美学观念的六言诗："神接天宇之气，韵含山河之光，情寄万物之灵，乐映千古之源。"无论乐中诗间，她的琴弓和笔下都流淌出浓郁的"民族神韵"。

记忆尤为深刻的是，一年春节在闵先生家中聆听她赏析《琵琶行》，虽是诗词解析，但是完全超乎文学语义的理解范畴，所有的评析皆是建立在她演奏艺术炉火纯青的功底之上，以演奏家的才情来赏析。比如"转轴拨弦三两声，未成曲调先有情"，先生说："这不就是我们在演出进入音乐之前的准备动作吗，这不仅是我要教你的，而且是古人千年前就传承下来的。"再如"大弦嘈嘈如急雨，小弦切切如私语。嘈嘈切切错杂弹，大珠小珠落玉盘"这句，先生说："这琵琶女哪里是乐妓的水平，俨然就是演奏大师啊。在这几句诗词中完全道出音乐演奏二度创作的精髓，其中既包含了演奏技法中的揉、滑、顿、挫，更有乐曲处理时的轻重缓急、强而不炸、弱而不虚、音色圆润等要求……你们看是不是这些演奏的处理的道理方法都隐含在诗句里了。"而"此时无声胜有声"，先生对应的则是演奏中情绪与气口的关联，要做到"音断情不断"方才是真正的"无声胜有声"……不得不说，先生关于艺术的品位审美，正印证着她所强调的：音乐的完美不只是技术指标的更快更强，只有艺术境界的深邃精深才能造就独特灿烂的自己。在这博大的二胡演奏领域，先生的热烈真诚，谦敏好学，执着坚忍是最终铸就属于她闵氏"中国气派"的音乐世界。这气派更是正气，是胸怀！

先生曾说，她首演过的很多作品都必须有中国式的胸怀才能演奏出，而现在的年轻人所受到的教育大多是"乖宝宝"式的，欠缺人生的经历，这是要想尽办法补课的，要爱国家和民族，要多读古诗词。当年她和刘文金先生正是带着这样爱国甚至悲壮的情绪，带着音乐人的责任感，把爱国主义情怀用音乐表现出来，才有了永留万世的《长城随想》。

斯人已逝 希冀未来

说到年轻演奏者的传承，有无数追随者用心良苦、发奋努力，只为模仿闵先生的音乐，着实很辛苦。其实一直以来闵先生总是乐意将自己的演奏手法甚至思考方式分享给她的乐迷和学生。先生在世的时候常常说："我愿意也乐于毫无保留地与你们分享我毕生所学所感，只要你们愿意学，我有时间的时候你们就住在我家里，咱们一起拉琴一起吃饭一起学习，老祖宗的宝贝你们年轻人若是喜欢，那我也是欢喜得不得了……"

只是可惜，先生不在了，当她终于能有些时间在家休息的时候，谁又能料到那竟然是她人生中最后的一点时光了。更是可惜，吾辈追随先生者，我们不是她。思想，心灵和感官，是不可复制的，不论怎么学习，人们永远无法重走她的人生经历、心路历程和如烙印般深刻在人心中的生活点滴。

闵先生在乐界素来以全面的演奏素养闻名。她不仅对民族传统素材深挖精学，在每个时代的音乐浪潮中，她也始终走在最前沿，引领了一个又一个音乐潮流。早在20世纪80年代关乃忠先生《第一二胡协奏曲》问世之初，闵先生就在关先生亲自执棒下与香港中乐团合作完成现场全版演出并录制唱片。所以先生真正是"有技而不炫技"，全情投入于音乐本质的表达，而闵先生的演奏技艺和艺术美学思想的传承，以及对新生代演奏者的寄望，其实也很早就流露过。先生曾说："当代作品很大程度就是需要炫技，展示技术技巧是应该的，追究高端技巧也是无可厚非的。"她演奏关先生的《第一二胡协奏曲》就是这样一部作品，有高超的技术技巧，同时也很优美，有民族风情。当然，先生也说了："我一早确立了自己毕生将要追求的主题，那就是器乐演奏声腔化，所以如果只追求技巧、快速，也是不可取的。中国的文化，是需要传承的，如果等老人家们都不在了，你们年轻人又上哪里去学习呢？比如江南丝竹等，你们就算喜欢，年轻人也达不到那个水平，老艺人用一辈子去磨合的传统艺术，年轻人即使蜻蜓点水学一下也是好的。"

先生生前说过她最想送给年轻人的学习精神是：自觉！勤于积累很必要，她的一生都是在有兴趣地、自觉主动地学习，甚至"偷"艺，然后引发自己的联想。先生给我们讲过她14岁时听红线女唱《昭君出塞》的故事："当时红线女一个人在一个大广场上清唱了十多分钟，我被这音色深深吸引，就问当时坐在身边的著名男低音歌唱家温可铮先生红线女为什么那么受欢迎，她好在哪里？温老师回答了三个字：穿透力。"这三个字就给了闵先生很大的启发，也可见先生其实在生活点滴中就接受了如此高端的教育。后来先生出版唱片时，将积累的很多唱段编辑在一张中，其中就有《昭君出塞》，这正是先生从小就有的主动学习意识为她积累下的成绩。

美最终的体现是在整体上，如先生一样在学习中不断累积各方面优势，去不间断地完善、补充、丰满自己，再能加上本人的创造性思维衍生的技艺、作品，才有可能使自己领先别人一步，也只有领先，才能超越。先生正是步步领先才成就了卓尔不群的辉煌艺术人生。

我们曾经斗胆问过闵先生："为何您每次上台，琴声未响，观众已经欢呼热烈至极？您有什么舞台秘诀吗？"闵老师带着笑意说："我每次上台，面对观众，心里总说这一句'能来到这里为亲爱的观众演出，我是真高兴啊，感谢你们来看这场演出'！"这恐怕就是一个伟大演员的秘诀：带着感恩的心、善良的心和孩子般纯真的心面向观众。一个真性情的音乐家，总能最大限度贴近你的生活，同时又展现出深刻的人性光辉。

尼采说过：没有音乐，生命将是个错误。我们很幸运地生活在有闵慧芬音乐的时代，敬重、学习、欣赏先生，然后遵循着先生的教诲："去吧，努力成为自己吧！"闵先生给我们带来的财富，在唱片里、在乐谱上，更在无时无刻的生命里。她的音乐带来的不只是音乐，我们带着耳朵，敞开心扉，怀抱善意，专注于她的专注，唤醒自己的生命张力，足矣！

数日以来，随着文字的流淌，我们父女的心情也随之喜忧无常，怀想起数年间与闵先生的交往点滴，遗憾与感激充斥心间，遗憾再不能与先生学习，只能对着宝贵的资料回忆，感激在先生有限的一生中，却让我们收获了无限的艺术精神。冬去春来，也正预示着我们将传承先生之光辉，铺就后辈之前路，来不及品味的眷顾与羁绊，我们将寄望于日后继续整理出更多先生的艺术遗志。感谢刘振学老师在此文写作中提供无数宝贵资料，并不辞辛苦多次指教，有闵先生最挚亲爱人的帮助，笔下文字也更有力量了。同时也感谢宋戚、齐薇莴等好友，在行文过程中给予专业性的建议和帮助，使之不断完善。

遥想曲终人不散，满座唏嘘泪花噤。

于　汉：南京艺术学院音乐学院教授、硕士生导师、民乐系副主任。
于海音：北京歌剧舞剧院民乐团青年演奏家。

当代二胡艺术的丰碑与种子

——深切缅怀二胡演奏家闵惠芬先生

张　丽

一、为二胡艺术"独特之美"寻根的演奏家

二胡被视为可与西方小提琴相媲美的中国民族乐器。二者都是弓弦乐器，都历史悠久，但是小提琴作为西方弦乐之王，其在演奏技术、曲目积累甚至演奏美学等方面已硕果累累，走向学派与体系化。与此相比，二胡从民间草根乐器，走向专业民乐代表性乐器，仅百年历史，在演奏技术、曲目积累、表演美学等方面还有很长一段路要走。

任何艺术种类的发展，都面临着对其"独特之美"的追问，二胡艺术独特之美的根在哪里？刘天华英年早逝，没来得及回答这个问题。阿炳一生为生活所困，也没有回答这个问题。但在刘天华和阿炳的艺术之路上，闵惠芬先生洞察到了千年二胡发展的独特之美，那就是"器乐演奏声腔化"[1]。

在刘天华之前，二胡只是民间戏曲的伴奏乐器，传统薄弱且不明朗，其主要魅力是通过对戏曲声腔的器乐化演奏，产生托腔效果。除此之外，历史留给刘天华的是"一穷二白"[2]。刘天华之前二胡没有独奏，故这个传统没能完全展现出来。闵惠芬看到了这个问题，她敬重传统，遵循中国传统艺术发展规律，自觉为二胡寻根，自觉在活态音响层面寻找与中华母语关联的认知结构和操作方式，她发现了二胡艺术的精髓在于其声腔化传统的神采，她为专业二胡表现中国音乐神韵寻找到了可操作性方法，成功地把千百年来积淀的声腔传统带到现代，让二胡这件弦乐乐器进入到世界级水准。

闵惠芬为二胡艺术"独特之美"寻根，结出了累累硕果。自1975年明确提出"器乐演奏声腔化"艺术理念以来，她积极务实地揉声腔艺术理念于创作、演奏、理论中。她根据京剧、昆曲、粤剧、越剧、锡剧、沪剧、黄梅戏、歌仔戏等戏曲声腔及歌剧、琴歌、民歌等经典声腔编创二胡曲二十余首、在国内外电台、录音棚留

下百余首富声腔色彩的力作。在 21 世纪前 10 年，又高密度推出声腔命名的专辑、音乐会、研讨会。并撰文多篇进行理论阐述，指出声腔是二胡艺术的"中国功夫"、"必须万分重视"[3]。

值得提及的是，闵惠芬是二度创作领域的典范，其坚定地探索二胡艺术声腔化已涉及二胡艺术的创作、演奏、教学、研究并及中国传统音乐未来的发展趋向。闵惠芬提出并实践的"器乐演奏声腔化"（即"二胡艺术声腔化"），与周大风、于会泳、沈洽、杜亚雄、董维松、许讲真、王耀华等学者在理论层面的探索；与周文中、刘文金等作曲家在一度创作层面的探索，共同向世人展示了中国音乐家在寻找民族音乐神韵、构建民族音乐语言、传承发展民族音乐文化遗产等方面取得的阶段性成果。这一艺术理念对勃兴中的音乐表演美学学科建设、非物质文化遗产视域下传统音乐的活态传承与保护、21 世纪中国专业二胡的发展等将产生积极的影响。

笔者认为，闵惠芬先生提出的"器乐演奏声腔化"这一命题的价值，不在于彰显演奏家的个性，更不在于要提出什么新的艺术理论，标新立异，而在于，一个艺术家，要为中国传统音乐的载体之一"二胡"的体系化建设寻根溯源，以保证其发展的有效性。在闵惠芬先生内心深处，她的"器乐演奏声腔化"真正的目的可能是："理解我的人，当他借助于这些命题——踩着它们——爬过它们之后，最终认识到它们是没有任何意义的（可以说，在登上梯子之后，他必须将梯子弃置一边）。他必须放弃这些命题，然后他便正确地看待世界了。"[4]这应是闵惠芬先生提出"器乐演奏声腔化"这一艺术理念的深层诉求。"器乐演奏声腔化"是二胡艺术"独特之美"的根，也是二胡艺术当代发展的根，不管你是否意识到它的存在，它就在那里，并且还将永在那里。因为它就是中国传统音乐神韵的载体，是客观的存在。

或许是因为当代人们对专业二胡的发展与传统之根的忘却已经太久，才使闵惠芬在"器乐演奏声腔化"之路上，走得有点寂寞，才使人们把"器乐演奏声腔化"看成了深奥的艺术理论。

二、怀有赤子心、民族魂的演奏家

"人生在世"既是个哲学命题，也是个美学命题，它是演奏家从事二度创作的前提和出发点。在二度创作中，演奏家与作品的关系是"他如何存在，就如何理解；他如何理解，就如何存在"[5]。演奏家在流动的音响中传达他的"人生在世"，不管他是否意识到这点，他在艺术领域中的所作所为，都在表达着自己"如何在世"这一信息。"人生在世"是闵惠芬先生从事二胡演奏艺术的前设，若缺了它，对闵惠芬二胡演奏艺术的理解将是不完整的。

闵惠芬是新中国高等专业音乐院校培养出来的第一代二胡演奏家。少年时深受民族音乐的洗礼，盛年时亲历了民族音乐发展的跌宕起伏，其个人的成长与当代二胡艺术的发展同呼吸共命运。但不论外界如何变幻，她身上时时刻刻流淌着一位民乐演奏家对传统文化的赤子情怀，她时时刻刻坚守在民乐阵地，目不斜视、义无反顾地一步一个脚印向着民乐艺术的高峰攀登，这就是二胡演奏家闵惠芬先生对她人生在世的回应！中国二胡因有了以闵惠芬为领军人物的坚守，挺过低谷与磨难，依然健行发展。在此意义上，二胡界以"里程碑、旗帜"称闵惠芬先生，实至名归。

在闵惠芬先生留下来的一百余首①作品中，二胡协奏曲《长城随想》无疑是一首回应二胡演奏家闵惠芬先生"如何在世"的代表性作品。《长城随想》由《关山行》《烽火操》《忠魂祭》《遥望篇》四个乐章组成，是公认的一首反映民族精神、描绘民族魂魄、具有里程碑性质的佳作。闵惠芬先生对此曲更是格外珍爱。因此，也就没有什么能阻挡她演奏的脚步。首演是在1982年"上海之春"音乐节，那时的闵惠芬已是恶性"黑色素瘤"在身，刚经历第一次手术，从右肩到右肋割出一条七八寸长的口子，术后右手无法抬起，而长长的刀口又三四个月不愈合，主治医生说"要做好不能拉琴的准备"。闵惠芬不信，"艺术第一，生命第二"早已是浸润于她骨子里的高贵信仰。她一心想的是：一定要如约首演这部为她量身定做的中国首部二胡协奏曲，一定要让这首承载着她那代人对祖国、对艺术深情与眷恋的作品搬上大舞台，死也无憾！

闵惠芬是感性的，这种感性，使她不论在舞台上，还是在生活中，都能感染你、感动你。每一个与她有过交往的人，都能感受到她那份为二胡、为弘扬民乐流淌的赤子情怀。20世纪80年代是民乐发展的低谷，闵惠芬先生说："唤起中华民族爱国主义精神，用音乐的力量激发中国人自尊、自强的志气，又历史性地落到我们这群中年人的肩上。"[6]而这时的闵惠芬正经受着严重的生命危机，1982至1987年，5年6次手术15次化疗，这要付出怎样的毅力！经历怎样的磨难！但传承民乐、发扬民乐的担当与使命燃烧着她，她说："如果民乐在我们这一代人手中断了，我们就是民乐发展的罪人。"当闵惠芬奇迹般地从困境中走出，她没有丝毫的犹豫和倦怠，奋不顾身张开双臂投入繁忙的演出和普及音乐工作中来。1987年9月17日首届中国艺术节（北京），是闵惠芬先生大病后的首场大型演出，半个小时的《长城随想》

---

① 数字统计来自：上海音像资料馆"名人名家作品库"。

收获的是掌声、鲜花和泪水，很多观众是含着泪听完的，这是对闵惠芬先生崇高精神，真挚艺术的致敬。次日闵惠芬先生在给父母的家信中写道："我是专业演奏员，拉好二胡是我的本分，平时我对国家贡献甚微，却获得这样崇高的荣誉，在我第二次艺术生命开始的时候，我的心中升起一种崇高的使命感，一种神圣的事业责任感。我的生命是祖国、人民抢回来的，报效祖国，报效党的事业将是我后半生的一切！"她是这么说，也是这么做的。

1982 至 2013 年：闵惠芬"普及讲座音乐会"已逾千场。

2001 年：在浙江嘉兴创办中小学音乐教师培训班（闵惠芬称其"母鸡工程"）。

2004 年：搭建"长三角"地区民族乐团展演平台（每年一次），闵惠芬参与策划了 9 次。

2005 年：促成"刘天华研究会"成立（江阴）。

2009 年：成立"闵惠芬音乐工作室"（深圳）。

……

艺术家报效祖国的方式其实是一颗心。一颗火热、真挚、赤诚、崇高的心。

闵惠芬先生一生求真、求善、求美，这是流淌在她人性中的闪光点。"神接天宇之气，韵含山河之风，情寄万物之灵，乐映千古之源。"这是艺术上的大境界，有大境者才有大作为，这是我们在闵惠芬先生的二胡艺术中得到的启示。

有人说："你所站立的地方，就是你的中国；你怎么样，中国便怎么样；你是什么，中国便是什么；你有光明，中国便不再黑暗。"[7] 闵惠芬所站立的地方，就是她的中国，就是她半个世纪如一日的二胡梦、民乐梦。那流淌在《洪湖主题随想曲》中的憧憬、《阳关三叠》中的真情、《长城随想》中的赤诚、《草螟弄鸡公》中的灵动、《游园》中的神韵，无不承载着闵惠芬先生对祖国、对时代、对民族、对艺术深深的赤子心、民族魂。

三、撒播二胡艺术种子的演奏家

二胡演奏家闵惠芬先生是中国二胡界"母亲"级的人物。

在当代二胡艺术发展中，专业二胡从幼苗走向茁壮、从小品走向大作、从国内舞台走向国外舞台，离不开闵惠芬母亲般的呵护。在二胡艺术倍受冷落的 20 世纪 60 年代，少年的她每天练琴到"凳子湿透"；在二胡曲目匮乏的 70 年代，她为二胡创作、改编、移植十多首作品；在民族音乐低迷的 80 时代，她以匹夫有责的担当，冲锋在振兴民乐的前沿；在民乐走向振兴的 90 年代，她给我们留下一首首经典；在民乐走向勃兴的 21 世纪，闵惠芬化成二胡界的一杆旗帜、一座丰碑、一种精神。她的离世乃是中国二胡界乃至中国民乐界巨大损失。

闵惠芬先生开启了"女性二胡时代"，开启了"一个时代美学的典型"，这早已是学界共识。不是人人都能开启一个时代的，歌德说："要在世界上划出一个时代来，要有两个众所周知的条件：第一要有一个好头脑，第二要继承一份巨大的遗产。"[8] 划时代的闵惠芬自然具备这两个条件，她既有一个好头脑，又继承了一份巨大的传统文化遗产。生于江南的她，音乐却融汇了北方气质，女性的她却能奏出男性般的刚毅与力量。她被视为二胡界的传奇，"南人北曲，女手男音"是二胡界对闵惠芬二胡演奏艺术传奇性的评介，因其境界高远、融会贯通、功夫了得，开创一个时代也是一种必然。

闵惠芬先生是"第三代刘天华学派"南派二胡代表人。刘天华在她心目中居于极高的地位，每次的刘天华音乐会、每次的江阴行（刘天华家乡），闵惠芬先生都把它们视为一次"心灵的洗礼""永恒的朝圣"。闵惠芬即深得刘天华二胡演奏艺术之精髓，又时时践行着刘天华"与世界音乐并驾齐驱"的二胡艺术精神。1974年，费城交响乐团指挥奥曼迪先生称她是"超天才的演奏家"。1977 年，指挥家小泽征尔赞她的演奏"诉尽人间悲切，使人痛彻肺腑"。法国评论界赞："连休止符都充满音乐""具有不可抗拒的魅力"。但同时，她又心中有观众，时时践行着刘天华"把音乐普及到一般民众"的理想，在闵惠芬二胡艺术炉火纯青的 20 世纪 90 年代和晚年，她仍把大量的时间放在工矿、农村、工地、学校、少年宫、部队、赈灾地区。在我和闵惠芬先生相识的 7 年中，我现场观看她的演出多是在二、三线城市，如镇江、昆山等地的少年宫。这些演出多是为孩子，为百姓的义演或公益性的民乐普及活动，闵惠芬视这类演出是"非常美好的回忆"。而且闵惠芬还掷地有声地告慰刘天华先生："在您打出的新路上，我辈继续在打，而且要世世代代打。"

闵惠芬的二胡艺术是高雅的、殿堂级的、是真正的阳春白雪。她是中国首届"金唱片"奖获得者；她是世界万张唱片比赛第一名获得者。她在十多个国家的大舞台、录音棚留下过琴声；她演奏过的作品（1915 至 2006 年，百年二胡的 100 余首作品）以数字化形式永久地保存在上海音像资料馆"名人名家作品库"；她把很多作品都演奏成了经典。不仅《长城随想》《江河水》《二泉映月》《洪湖主题随想曲》《宝玉哭灵》《阳关三叠》《新婚别》《逍遥津》等成为几代人心中永恒的经典，而且她以其艺品、艺德影响了当代二胡家群体的成长，在中国当代二胡演奏家中，每个人都不可否认，他们个人的艺术成长，多多少少都受到闵惠芬先生的影响。

同时，闵惠芬先生的二胡艺术又是草根的、接地气的。她追求喜闻乐见，追求人民性，她从来没有忘记过渴望音乐滋养的普通大众。我曾追问：一个国宝级、大师级的演奏家，为什么用大量时间、精力，为孩子、矿工、士兵演出？为什么要把大量的舞台空间放在"非大雅之堂"？在我和闵惠芬先生相处中，我有一个深深的感触：因为闵惠芬，我走进了二胡、刘天华、阿炳、民族音乐的深处；因为闵惠芬，我感受到那隐藏于刘天华、阿炳、刘文金等音乐中的民族魂、中华韵；而且在和先生相识的7年中，我个人的精神成长、生活目标、人生价值都深受闵惠芬先生本人和她音乐的影响，这就是闵惠芬存在的价值，她让千万个普通如我者走进了民族音乐；让千万个普通如我者领悟到传统文化的神韵与魅力；让千万个普通如我者的精神成长与传统文化共生……如果她仅在"大雅之堂"演出，心中没有百姓，不走近百姓，那么，芸芸众生如我者，何时能深谙民族音乐的灵魂？何时能感受传统文化的魅力？何时能使千年积累的传统音乐健行当下，走向世界……

和闵惠芬先生最后一次交谈是2013年11月中旬，她问我的第一句话是："为什么现在的二胡学生不演奏老百姓喜欢的作品？"我把它称为"闵惠芬之问"。这个问题闵惠芬先生不止一次地问过我，因为我是地方师范院校的音乐老师，问这个问题最适合。她坦诚的质疑，值得我们反思。我们培养的二胡学生，演奏的作品，老百姓听不懂、不愿听，没有观众的二度创作是不是艺术的浪费？学生以后走向社会，又有多少独奏、协奏的机会呢？二胡本生于民间，在民间沃土中繁衍生息，至刘天华乃登上品，它是一件雅俗共赏的乐器，如果二胡远离了根，远离了百姓，是不是二胡艺术的悲哀？

闵惠芬先生发扬蹈厉传承二胡前辈的民乐精神，现在这一精神的接力棒已传到我辈手中，踏着闵惠芬先生前行的脚步，我辈如何做？怎么做？

"闵惠芬"自20世纪60年代，就不仅仅属于一个人、一个家，她已属于一个时代、一个民族。她是二胡艺术的一座丰碑，更是二胡艺术的一粒种子，"一粒种子，历经人世沧桑，终归大地，但那份向着梦想倔强生长的精彩，仍将长留人间，启迪后人"[9]。一个人的伟大不仅在于其成就，更在于其品格与精神，闵惠芬先生为当代二胡艺术发展的使命与担当，为当代二胡艺术发展上下求索的高贵情操，如同她的艺术成就一样令人敬重！

2014年5月12日，母亲节后的第一天，为中国当代二胡艺术发展做出巨大贡献的二胡演奏家闵惠芬先生永远离开了我们，她的音容笑貌、她的音乐、她的精神，她的一切都定格在历史中。当她离世的消息铺天盖地地卷来，当缅怀她的消息铺天盖地地传来，更让无数个与闵惠芬先生有过交集的人们泪如泉涌……

闵惠芬，永远的经典……

闵妈妈，永远的怀念……

参考文献：

［1］"器乐演奏声腔化"又称"二胡演奏声腔化"。详见拙文《闵惠芬"器乐演奏声腔化"艺术理念的考察与分析》，《交响》，2012 年第 1 期。

［2］梁茂春：《当代二胡与闵惠芬——为 2006 年 7 月"第二届闵惠芬二胡艺术研究"学术会议而写》，《中国音乐》，2006 年第 4 期。

［3］闵惠芬：《清秋时节》，转引《闵惠芬二胡艺术研究文集》（第三卷），上海：上海音乐出版社，2013 年版，第 25 页。

［4］〔奥〕维特根斯坦著，韩林合译：《逻辑哲学论》，北京：商务印书馆，2013 年版，第 120 页。

［5］郏而慷：《音乐演绎的忠实性与创造性研究》，合肥：安徽文艺出版社，2011 年版，第 170 页。

［6］闵惠芬：《风雨同舟筑长城》，转引《闵惠芬二胡艺术研究文集》（第一卷），上海：上海音乐出版社，2004 年版，第 13 页。

［7］卢新宇：《在怀疑的时代依然需要信仰》，《国家人文历史》，2014 年第 4 期。

［8］朱光潜译：《歌德谈话录》，北京，人民文学出版社，1978 年版，第 43 页。

［9］维涛：《一个人和一粒种子》，《国家人文历史》，2014 年第 7 期，第 95 页。

刊于《中国音乐》2014 年第 3 期

张丽：博士，周口师范学院音乐舞蹈学院副教授。

"江河水情长"

——追忆恩师闵惠芬

谢亦森

有道是"男儿有泪不轻弹",但为了《江河水》这首二胡名曲,我至少掉过三次眼泪。

第一次是 20 多年前家父去世时。办完后事,独坐阳台,遥望茫茫星空,想起父亲茹苦含辛操劳一生,待儿子们成家立业该享清福之时,竟不肯"麻烦"我们而匆匆离去,不禁悲从中来,潸然泪下。于是操琴奏起《江河水》,一声声,一遍遍,泪水打湿了乐声,乐声承载着哀思,在无边无际的夜空久久飘荡……

第二次是今年 5 月 24 日,在告别恩师闵惠芬的悼念仪式上。挽幛如云,哀思如潮。这是中国二胡之祭,这是世界弦乐之殇!低回的哀乐响过之后,随着一声撕心裂肺的内弦空鸣,恩师亲自演奏的《江河水》响起了。我像触电似的浑身一震,泪水登时喷涌而出!我捂住嘴强忍着不哭出声,随着人群缓缓向前走去。近了、近了,望着那慈祥的面容,那安详的神态,突然有一种想跪下去的冲动!心里呼喊着:老师啊,您累了,永远地睡着了,再也不能教我拉琴了……

第三次是告别闵老师回到南昌不久,有一次和琴友在赣江岸畔相聚。望月色惨淡,听江水奔流,突然想起闵老师了,情不自禁又拉起了《江河水》。心,在颤抖。泪,在流淌。连我自己都感觉到这一次拉得特别投入、特别虔诚,因为我是完全按照闵老师教我的技法拉的,因为我觉得只有这样拉才能表达我对老师的无限哀思和深切怀念……

那是 2011 年在徐州举办的第四届国际胡琴艺术节上。经闵老师推荐,我在徐州音乐厅演奏了由我自己改编、由高韶青老师编配的二胡协奏曲《渴望》,中途响起三次掌声,结束时全场喝彩。我知道,这当然不是由于我的演奏水平有多高,而是来自全国各地的二胡大师们对我这个身为市委书记的业余爱好者的肯定和鼓励。第二天闵老师对我说:"开始我也替你紧张,但听你拉出第一个音,我就放下心来了。"然后问我:"你练练《江河水》好吗?"

我当然求之不得。但有点奇怪:为什么指定要我练这支曲子?

"从你演奏《渴望》的音乐品质看,我觉得你适合练这个曲子。"闵老师说,"还有,改编《江河水》的黄海怀先生是萍乡人,而你在萍乡当过市委书记,你学会拉这支曲子不是很有意义吗?"

太好了!因为急于赶回去开会,当时来不及详细请教,直到两个月后有机会到上海出差,这才如愿。我刚出机场还在吃午饭,闵老师的电话就来了:"快点啊,别喝酒,别在街上闲逛,我在家里等你!"我只好匆匆扒了几口饭,赶到宾馆住下,行李箱还没打开呢,那边电话又催了:"怎么还没来啊?快点快点!"我连连答应着,心里却想:乖乖!别看老师慈眉善目笑眯眯的,管起我来比省委书记还厉害呢!

一到老师家,老师就为我播放原汁原味的管子演奏《江河水》。这是我从来没有听过的,觉得别有一种凄楚、悲凉的韵味。老师说:"听出来了吧?管子奏出的声音密度大、情绪性强,二胡演奏时可以模仿和借鉴。"说完示范演奏一遍,为我传授真经,"最根本的是三条:第一,凡揉弦处全部用抠揉,这样就能接近管子演奏的效果。但是要注意,只有这一曲适合用抠揉,其他曲子该用滚揉还是用滚揉,该用压揉还是用压揉,可别搞混淆了,把手势惯坏了。第二,所有由下而上的滑音,速度要慢,两手要配合好,奏出那种柔婉、悲伤、倾诉的味道。第三,第二大段的表情符号是呆滞、若有所思,运弓时弓段要短,时断时续,时轻时重,气息要配合好,表现出一个不幸的妇女悲伤欲绝之后那种麻木、无助、无奈的音乐形象。把握住这三条,其他都好办了。"

接下来便一招一式地教我练。说实话,抠揉本来就是我的"拿手好戏",因为小时候习练二胡没拜过师,只是模仿村里的叔叔伯伯们瞎练一气,用的全是抠揉法,长大后经别人指点才慢慢改掉这个毛病,学会了滚揉和压揉。现在要我用回抠揉法,那还不是易如反掌?但其他方面就惨了。尽管从前拉过无数遍《江河水》,可到了大师面前,无论节奏还是音准、力度还是韵味都一塌糊涂。整整一个下午,闵老师和她先生刘老师围着我指点了又指点、纠正了又纠正,弄得我比接受干部考察还紧张,身上的衣服都湿透了。

从此,繁忙政务之余,一有空我就练,一有机会出差上海就去老师家上课,终于慢慢拉得像点样儿了。那年我市举办月亮文化节,闵老师应我之邀前来举办讲座并演奏,其间还邀我和她同台合奏了一曲《打猪草》。这是我何等的荣幸啊!老师以 DA 弦拉女声,我以 CG 弦拉男声,一唱一和,声情并茂,博得台下长时间的热烈掌声。更让我感动的是,本想让老师好好休息几天,观赏一下明月山的美丽风景,但她念念不忘我的《江河水》，我一有空就拉着我去她住处上课。我哪怕有点小小的进步她都很高兴，说："好好练，再上两节课就差不多了！"

老师的鼓励更让我信心倍增。一直盼着那两节课，但一直没有到来。后来两次去上海出差，老师都躺在医院里。我当然不好意思提上课的事情，老师仍以虚弱的声音为我讲解。到今年3月再去仁济医院看她时，老师却发不出声音了。阴森可怖的重症监护室里，老师浑身插满了管子，脸色苍白，双目紧闭，没有知觉。我俯在她耳边哽咽着喊道："闵老师，我来了！您可不能走啊，我还等您给我上课呢！"且见她左腿一动一动，眼皮一抬一抬，我知道她听见了，却不能回答我了……

打那以后，我更加发奋地习练《江河水》，面对滔滔赣江练，跟着老师的演奏视频练。因为我觉得不拉好这支曲子就对不起老师，我要用自己的努力来弥补那两节课的缺憾。只不过，幽幽乐声之中，我脑海里出现的并不是那位望江哭夫的苦命妇女的形象，而是闵老师——一位饱受病痛折磨而矢志不渝地为二胡献身、为事业奋斗的伟大艺术家的形象，一位上善若水、大德如山、爱徒如子、诲人不倦的良师益友的形象！是真的，老师，运弓按弦之间，我仿佛看见第一次在上海与您相识的情景，您亲自打电话约我这个素昧平生的"老表"市长到家里做客，不厌其烦地指导我练习刘天华十大名曲，还亲自下厨为我做饭；仿佛看见您千里迢迢亲临萍乡给我上课，并在黄海怀墓前为我们演奏《赛马》和《江河水》；仿佛看见您出席中国二胡学会成立30周年纪念活动时，百忙中仍抽空与我促膝长谈，并送我琴弦和定音器；仿佛看见您一次次教我练琴时那专注的神态、严肃的表情和殷殷期待的目光；仿佛看见您每年春节为我亲笔题写的那一张张充满深情的贺卡，其中一首诗是这样写的："日月光华天地明，春江韵染山色新。千曲尽诉悲欢事，万众长歌人间情。"……

抠揉、不揉、吸气、吐气、平缓、高潮……老师，您听见了吗？引子部分，我奏出的是震惊和悲切，像一石激起千重浪；第一部分，我奏出的是追忆、缅怀和回味，像一江春水滚滚向东流；第二部分，我奏出的是失落、遗憾和凄凉，像退潮的江水发出压抑的呜咽；第三部分，我奏出的是控诉和呐喊：为什么天不佑好人？为什么让这么伟大这么高尚这么善良的艺术家这么早就匆匆离去？像波浪汹涌惊涛拍岸发出阵阵吼声……

老师，您听见了吗？听见了吗？我奏出的，是心中奔腾不息的"江河水"，是绵绵不尽的感恩和思念。

刊于《中国二胡通讯》

2014年11月15日

谢亦森：曾任江西省人大常委会副主任、宜春市委书记。现任江西省总工会主席。

人民音乐家，国乐大师——闵惠芬

李明正

习近平总书记强调：乐民之乐者，民亦乐其乐；忧民之忧者，民亦忧其忧。世界上没有一个政党像中国共产党这样，从诞生开始就把"人民"镌刻在自己的旗帜上，并且90多年栉风沐雨、峥嵘岁月，一以贯之、持之以恒。我们党的根基在人民，血脉在人民，力量在人民。并指出：道德最高标准就是爱人民，为人民服务。同人民群众保持血肉联系，把智慧奉献于人民、力量根植于人民，情感融汇于人民……

世界弦乐大师闵惠芬，作为优秀的共产党员、全国"五一劳动奖章"、全国中青年德艺双馨文化工作者的获得者，她的一生和50多年的艺术生涯中，历经"文革"前后两个历史时期和新世纪、新时期多元文化思潮中，始终不渝地遵循刘天华的美学思想和他的未竟之业——"把音乐普及到一般民众"。源于民间，还于民间，立足人民与人民同呼吸共命运。并"一以贯之，持之以恒"，以党和人民的利益为己任。

原文联主席周巍峙先生，在《闵惠芬文集》（第二卷）序中，指出："难能可贵的是：40余年来，她一直坚持不懈地贯彻先进文化的发展方向，对民族音乐水平的提高和艺术创新，怀有一种历史责任感和使命感，即便是她在生命遇到死神的严峻挑战时，也没有放弃自己的理想和抱负，表现了一个忠于人民的革命文艺战士大无畏精神和奉献精神。"音乐理论家肖兴华先生在《题词》中有这样的评语："你能在二胡演奏艺术上取得如此巨大的成就，我以为那是因你对这个世界充满了爱和对艺术的忠诚，通过你对艺术的创造，增加了人们思想中的真挚与善良，这就是你的历史功绩。我永远祝福你这位人民的二胡艺术演奏家——闵惠芬。"

张前先生在《刘天华道路的践行者——闵惠芬》（代序）中谈道："早年一曲《迷胡调》使她魂牵梦萦，从此与高亢、沉郁的秦川音乐结缘；到海南岛演出时，她跑到当地琼剧院去观听琼剧；到青海为听到花儿的演唱，竟使她兴奋得三天三夜难以入眠；去内蒙古听二人台，她感动得热泪盈眶；在重庆治病期间，她还从病房偷偷出去听高腔和清音；后来一个机缘使她迷上了京剧，她如痴如醉地跟着名师和老唱片练唱和模奏京剧名家的经典唱段。""闵惠芬学习与发扬刘天华的精神，践行刘天华先生'把音乐普及到一般民众'的志向，为把二胡艺术普及到现代中国民众之中，使二胡成为具有广泛群众性的民族乐器，她做出了突出的贡献，创造了多种演出形式。半个世纪以来，闵惠芬作为一位二胡演奏家，以高度的热情、极大的爱心，背着她的二胡，走遍祖国的山山水水，不仅在大中城市的音乐厅演奏，而且经常去农村、厂矿、学校和兵营，为工人、农民、学生和士兵举行多种形式的音乐会。"

她对少数民族学生、边远地区、老革命根据地，对农村的学生，以对人民深厚的爱投入到艺术实践之中。

她的伟大人格的魅力，正是中华民族伟大民族精神的生动体现，她厚德载物、宽宏大度。

她以二胡为人民服务，为祖国的音乐伟业服务，用二胡寄托自己的情感，为中国的音乐事业做出了不朽的贡献，我们永远怀念她。

她说："我终身拉二胡，终身沿着这位伟人打出的这条新路"走，这位伟人就是刘天华！而刘天华先生的主导思想则是："要说把音乐普及到一般民众，这真是一件万分遥远的事。而且一国文化，也断然不是抄袭别人的皮毛可以算数的，反过来说也不是死守老法，固执己见就可以算数的，必须一方面采取本国国有的精粹，一方面容纳外来的潮流，从东西的调和与合作之中，打出一条新路来，然后才能说得出进步这两个字。"

她深入民间虚心向民间音乐家求教，曾向潮州音乐家郭鹰先生学习了《寒鸭戏水》；向鲁日融先生学习了《迷胡调》《秦腔主题随想曲》；她在上海音乐学院期间"杰出的民间音乐家孙文明（二胡）、周治家（二人台四胡）、张埃宾（二人台笛子）、张小牛（苏南吹打）和婺剧音乐以及王秀卿（盲人音乐家，三弦，大鼓），丁喜才（榆林小曲）……被请进上海音乐学院高等学府"。民乐系学习民间音乐蔚然成风。真正是在实现刘天华先生的遗愿："音乐要走进百姓家"、"要使我国的民族音乐与世界音乐并驾齐驱"。

琴曲《阳关三叠》的开头四句唱的是唐代诗人王维《渭城曲》的送别诗：北国长城关外，丝绸之路漫漫，古塞箭楼重重，戈壁沙滩无尽。她把古琴、歌唱最具特征的表现加上二胡最擅长的表现方法"要语不惊人誓不休"。她从古典音乐、戏曲音乐之精神中，找到了极富表现力的古风乐韵，使没有唱词、纯音乐的《阳关三叠》充满想象力，达到很高的艺术意境。

她在《诗在弦上吟》一文中，谈二胡叙事曲《新婚别》的演奏艺术。她认为，《新婚别》用音乐揭开了唐代"安史之乱"的历史画面，塑造了一位新婚少女因强行征兵，造成"暮婚晨告别"的悲剧故事。

　　她在《天梯》一文中，提到"'文革'中我唯一一次见到杨荫浏先生，他告诉我，阿炳肚子里装着成百上千的民歌、戏曲、民间音乐，并问我，你掌握多少？我惭愧而无言以对。"尤其是"'文革'7年没有老师指导，李慕良老师来了！他为我架起攀登中国民族音乐艺术高峰的天梯。他引导我进入了中华文化传统之渊源，他使我确立了后半生器乐演奏声腔化的命题。"这是她艺术生涯中的一次重大转折。

　　中国二胡艺术，是一个博大精深的艺术体系。这不仅因它拥有一个二胡独奏艺术的百年史，更重要的是，它脱胎于戏曲音乐为代表的民族音乐传统。它的史前史，是一个被称之为"戏曲俗乐"音乐形态的漫长历史阶段，凝聚了以审美意象为中心中国古典美学范畴和以诗、乐、舞三位一体的综合艺术特征。20世纪初的中国音乐，是中国古典音乐在冗延、发展的漫长历史中音乐形态转变幅度最为明显的一个世纪。中国传统音乐文化与古典音乐美学，进入了成熟的总结性时期；并随着中国进入封建社会末朝——清朝的解体和炮声中的"西学东渐"。一种新型的音乐文化，在中西音乐的冲撞和融会中诞生与发展，而成为明显的转型期。这种转型，不仅是音乐艺术自身的发展规律，更为重要的则是社会思潮与多元音乐文化思潮的整体需求。

　　19世纪，以康有为、梁启超等为代表的维新派开始登上了历史舞台，并逐渐成为社会新思想的代言人。历经种种文化上的批评运动之后，至"五四"新文化运动时期，出现了一个多元的思想文化时代。20世纪的中国音乐文化，深陷在民族虚无主义和国粹主义思潮的矛盾交错之中，"古与今""中与西""雅与俗"等矛盾，曾有个"难以适从"的历史阶段。刘天华先生就是在这种时代风云和历史文化背景中孕育出来的中华文化名人，开创中国现代民族音乐和"改进国乐""使二胡臻上品、让外人知国乐""与期国乐与世界国音乐并驾齐驱"的一代宗师。把二胡这件"受人鄙视"的乐器，从伴奏至独奏，从民间走向大学课堂，体现了"中学为体，西学为用"，并要"顾及一般民众"的平民思想。刘天华一生经历了辛亥革命、五四新文化运动，迈过了文化启蒙的20世纪20年代并于动荡的30年代为抢救民族音乐而英年早逝，给我们留下了多少遗憾和未竟事业。……幸运的是，刘天华先生的亲传弟子乃至几代再传弟子至第三代传人的佼佼者闵惠芬，继承并发展了刘天华二胡学派，尤其在演奏上推向了历史的高峰，形成了一个系统化、规范化的二胡演奏美学体系。这位"超天才二胡演奏家"在 50 多年的艺术生涯中，始终没有脱离以戏曲音乐为代表的民族音乐传统，在继承和遵循刘天华美学思想的前提下，提出"器乐演奏声腔化"的美学命题。并且取之于民，用之于民，源于民间，又还于民间，始终与人民和中华民族同呼吸共命运。

1978 年 6 月，二胡演奏家闵惠芬和作曲家刘文金随中国艺术团到美国访问，他们在联合国大厦的一间休息室里见到一幅几乎覆盖着一面墙壁的巨幅长城壁毯，它金碧辉煌、气势宏伟，强烈震撼着来自祖国的艺术家们。更激起了二胡演奏家闵惠芬与作曲家刘文金强烈的创作欲望。他们当场相约，要创作一部以长城为背景表现民族精神的民族器乐作品，由闵惠芬首演。

刘文金先生的二胡协奏曲《长城随想》，是 1982 年在第十届"上海之春"由闵惠芬首演。这正是她"不断地病魔所缠，被困于病床和手术台，中断了二胡演奏，生活充满磨难的痛苦。然而，伟大的长城和为之讴歌的协奏曲却总是萦绕心际，给予慰藉和欢乐"。在她心目中，长城，是中华民族团结和力量的象征，它犹如巨龙，蜿蜒起伏于世界的东方。她与作者刘文金"以深厚的爱国主义情感和诗人、歌手的气质，表现了长城的博大、壮观、苍劲、深远。"她说："长城在我心中，只要我生命尚存，将坚持执行人民所赋予我的神圣艺术使命——为发展我国二胡艺术而不休止地去追求，去创造。"

刘文金先生，以强烈的爱国主义情怀和深厚的民族音乐功底，以戏曲音乐为基础，谱写了"博大、壮观、苍劲、深远的《长城随想》，再通过闵惠芬的二度创作，使我们在音乐中感受到对千古兴亡与民族苦难的无限感慨，更可以听到气壮山河的民族英雄的颂歌"。

"老百姓喜爱二胡，闵惠芬便为老百姓演出。去过高邮湖，登过设置在船上漂泊无定的水上小学。在船上，她为渔家孩子拉琴。她拉得恭敬甚至虔诚，置身船舱仿佛置身国际大厅。……去过甘肃镍矿，乘着卡车跑了 5 个矿井。戈壁为剧场，车厢为舞台，她为矿工演出。获得上海文联授予的'德艺双馨'称号，颁奖仪式，她请来甘肃镍矿矿工。她说，从矿工手上接过荣誉证书，是她的最高荣誉。去过以干旱贫穷闻名于世的'三定地区'，为西北农民演出。坐在一座红柳沙檄上拉琴。"（赵恺）

闵惠芬提出的二胡演奏艺术声腔化，是从二胡接近人声、富有歌唱性的特点出发，更重要的是，深入到以戏曲声腔音乐中来，走了一条探索二胡以民族民间音乐为本体的发展道路。然而，这以戏曲音乐为代表的民族音乐传统，则是博大精深的艺术体系。戏曲音乐民间性的特征之一，就是声腔的多样性。在不同的地区产生不同的戏曲声腔，同一声腔系统的各个分支，在风格上既有不同的特点，又有共同的历史渊源，由此构成戏曲声腔的多样性与复杂性。戏曲声腔可归纳为四大声腔系统与三大声腔类型，即昆腔系统、高腔系统、梆子系统、皮黄系统，与民间歌舞类型、民间说唱类型、少数民族戏曲声腔。

用二胡演奏戏曲音乐唱腔，即是她的首创，又是个深入到高难度艺术领域的开始。因戏曲音乐不同于一般的"纯音乐"，它来自情节，又从属于情节；必然受到一定的戏剧化人物性格和规定戏剧情境的制约。音乐和戏剧是戏曲的两大基本因素，是音乐的戏剧化，戏剧音乐化的辩证统一，是表现的主观世界的意境性和再现的统一，它的形态特征是时间与空间的统一，音乐戏剧性的综合美则是戏曲音乐的创作原则。因此，把演员在舞台表演的戏曲唱段，移植到二胡的演奏和表演上，是一个高难度的课题。在闵惠芬50多年的二胡舞台艺术生涯中，在面对新时期的现代派音乐、无调性音乐，她始终没有脱离中华民族的音乐传统。其美学思想和二胡艺术声腔化的音乐主张，为二胡演奏艺术通向浩如烟海的中华音乐传统架起了桥梁，为中国二胡艺术的宏观走向开辟了宽广而辉煌的发展道路。

她演奏的戏曲音乐、说唱音乐及其民间音乐，涉及吴歌、南音、粤曲等各地方民族民间音乐。

戏曲是以表演艺术为中心的，是用诗化、音乐化、舞蹈化的表现方法来反映生活的，"动则舞，静如画"是戏曲表演的美学特征。闵惠芬用二胡演奏的戏曲音乐唱腔，所体现的是以戏曲意象美学为代表的民族音乐传统，探索的是以"乐"本体和以中国古典艺术美学"意象"为中心的美学原则与综合艺术观念。

闵惠芬现象值得深思，以昆曲启蒙的闵惠芬在幼年就表现出对戏曲音乐、民间音乐的无限"痴迷"。17岁时，能在1963年"上海之春"音乐会强手如林的条件下夺冠，让我们不能不赞叹"姹紫嫣红开遍"的艺术魅力。

"文革"过后，世界著名指挥大师小泽征尔听了她演奏的《江河水》感动得伏案恸哭，激动地说："诉尽人间悲切，使人听起来痛彻肺腑。"

翌年，小泽征尔再度率领美国波士顿交响乐团来沪演出，上海艺术团闵惠芬演奏了《二泉映月》《洪湖主题随想曲》，返场又加演了《战马奔腾》《阳关三叠》等乐曲，引起全场的轰动。波士顿交响乐团首席评论家回国后，撰文赞誉她是"世界伟大的弦乐演奏家之一"。

习主席强调，社会主义文艺，从本质上讲，就是人民的文艺。文艺要反映好人民的心声，就要坚持为人民服务，为社会主义服务这个根本方向。文艺不能在市场经济大潮中迷失方向，文艺不能当市场的奴隶。

闵惠芬的一生，是坚持"为人民抒写、为人民抒情、为人民抒怀"的一生；闵惠芬时代是党的"一以贯之、持之以恒"坚持"根基在人民、血脉在人民、力量在人民"的年代。她在改革大潮中，始终坚持把"社会效益放在首位"，在市场经济大潮中从未"迷失方向"，不做"市场的奴隶"。她的二胡演奏"像蓝天上的阳光、春季里的清风一样，能够启迪思想，温润心灵，陶冶人生，能够扫除颓废萎靡之风"。

闵惠芬生前曾流露过："我的终生遗憾是后继无人……"她最为关注的是二胡艺术的发展走向。当前世界多极化，各种思想文化交流交锋更加频繁，维护国家文化安全更加艰巨。尤其是舆论导向正确是党和人民之福，应把文化提高到民族血脉、人民精神高度。反映在二胡领域，舆论导向、美学追求决定了二胡艺术的发展方向。

我们并不排斥借鉴西方小提琴，这是求得二胡发展实现"与世界音乐并驾齐驱"的必经之路，但不能忘记"让外人知国乐""洋为中用""以我为主，为我所用"（十七届六中全会）的名言，更不能让二胡"一条腿走路"，而失掉根基民族的音乐传统。我们的作曲家、教育家及其大赛的组织者肩负着二胡艺术传承的重任，切不可以个人的情感和文化结构而随心所欲，无视二胡的发展前景。有位著名二胡作曲家说："现在很多二胡作品我听不懂。"那么连作曲家都听不懂的音乐，还有存在的价值吗？演戏不是卖艺，音乐也不是炫技。小提琴、钢琴都有系统的教程，但不是都能作为音乐的作品在舞台上演奏。"听不懂"的作品在教学上却有很高的价值，但搬上舞台或成为大赛的规定曲目，就不是"演戏"而是"卖艺"，不是"音乐"而是"炫技"。在"舆论导向"上难免有"历史罪人"之嫌。

二胡作为中华民族音乐传统的"子系统"，来自民间，应还于民间，来自伴奏，应体现音乐、戏剧双重属性的艺术发展规律。小提琴的音乐作品，二胡能拉，且可"与世界音乐并驾齐驱"。小提琴不能拉的作品，更能体现二胡艺术的美学特征。不用说传统的"三月"（《二泉映月》《月夜》《汉宫秋月》）、《江河水》《秦腔牌子曲》《河南小曲》《草原上》《山东小曲》等等作品，小提琴因受指板限制无法演奏，就是《长城》《红梅随想曲》《蓝花花叙事曲》等大型协奏曲，用小提琴演奏也很难体现二胡的民族风格。二胡的揉弦，体现出戏曲声腔剧种与民族民间音乐对其产生的影响，多彩多变，是小提琴所不能胜任的。

我们以时代的高度来观照历史，闵惠芬在中国二胡艺术史上创造了一个时代，是一个极其特殊的文化现象。在新世纪之初重复出现20世纪初的各种多元文化、音乐思潮与矛盾交错的文化背景中，在二胡与小提琴和以京胡为代表的民族乐器的古今、中西的矛盾冲突中，她成功地开创了中西合璧的发展道路，为中国二胡艺术的发展走向指明了方向，树立了通向二胡艺术殿堂的一杆"大旗"。

在这"社会主义就是人民的文艺""政治上完全信任文艺工作者"政治文化的大好形势下，应给予闵惠芬以人民音乐家、国乐大师的历史定位，以告慰这位为人民，为中华民族音乐文化奋斗一生并做出卓越贡献的在天之灵。

李明正：中国艺术研究院研究员、戏曲音乐理论家。

琴音沧海：一种缘分　二重叙事

——为二胡演奏艺术家闵惠芬而写

郭树荟

2013 年 12 月的最后几天，我和闵惠芬老师约好去她家聊聊，她在电话中便欣然答应。其实，在上海的近 30 年中，无论是在舞台上，还是会议中，甚至在民族乐团和音乐学院里，笔者和闵老师的相见应算是非常多的，但真正能够坐下来深谈的机会，还真是不多。以至于常常让我觉得，和演奏艺术家之间保持一定距离的接触，更能够从音乐中寻找较为纯粹的客观话语，多年来，这几乎成为一个不似惯例却已经养成的个人习性。就要去见闵老师，一连几天，都在想着怎样和她聊，她会怎样讲？看着诸多的文献资料，三卷的《闵惠芬二胡艺术研究文集》，几乎记载了她所有的艺术故事和不同时期的艺术历程，这些研究中她自己写的《二胡艺术笔记》就有 27 篇，已经断断续续读了十几天，这些充满着感性真实的文字，留下了许多可以研究的第一手资料，再听着她的二胡音乐的全集，似乎和闵老师访谈的那一天就这样过去了一年。事实上，在我们这次见面的仅一个月后，闵老师就昏迷住院了，至今远行的她走了整整一年了，而这一年似乎从未在记忆中跳过，时间定格在我们面对面访谈的画面中，所有的思绪飘然而至。

闵老师的家舒适宽敞，她的嗓门很亮，脸上和蔼的笑容和舞台上女神般的表情判若两人，近距离与她在一起的情形是那么的亲切。想起经常在舞台上呈现出的艺术形象，一把二胡、飘逸的衣裙、闵式的演奏风格及个人姿态，突然在如此真实的生活中相见，不由得生出许多感慨。还在紧张恍惚中的我，已经被她快速的问话拉回来："怎么样啊？今天我们谈些什么呢？""闵老师，您可以随意地说，都可以。"我赶紧说道。当然，我们彼此都知晓，二胡这个话题是中心内容。虽然，关于闵老师传奇的故事，不论是艺术还是她生病的种种经历都有所了解，但是，与闵老师面对面的交流，确是非同一般。当你面对历经风雨沧桑的艺术大师，你的敬畏之心不由升起，这似乎是在文章中、在他人的感受中，像电影中过往的镜头般。抬头望着闵老师书房里那些平静地、挂在橱柜里的二胡，它们是陪伴主人一生的知己，在它们发出的声音中，记载着闵惠芬二胡艺术世界时空转换的点滴瞬间。平常对她的理论、文献、音乐会、唱片、传说的研究都在近距离中放大。

一、民间艺术意味的缘分与生成

像一个小姑娘那样，近 70 岁的闵老师可爱的表情和调高音调的嗓音，你不会觉得她的年纪，更不会觉得她曾经得过大病，她开心地说："其实，我常常觉得自己能够到今天，已经是赚回来了，没有理由不好好地继续我热爱的艺术！"8 岁时，家乡的民歌小调，家中父亲的二胡演奏，就已经陪伴着她欢乐的童年，与民间音乐天然的缘分，一直持续在她的一生中。她说起自己的"第一张剧照"，"那花裙子、那翘着的二郎腿，哈哈，好玩着呢"，"父亲教我的童谣叫小麻雀，到现在我都还记得唱词是'小麻雀，麻雀小，不会走路只会跳，不会唱歌只会叫'，音调全部记得。所以证明那个时候虽然小，但是音乐的感觉是准确的。"① 她边说边唱起来的民谣，以及描述自己当时悄悄听父亲拉琴时的神情，充满了儿童般的可爱与天真。或许正是这般的纯真，这种天真再带些执着、接着地气唱歌奏乐，使得民间音乐在孩提时代注入的因子，在今后生活、事业的起落中，一往情深地陪伴着她。在民间音乐的初始学习中，大多是从喜好、从个人听觉感性出发，从个人的感性体验中获得。对于民间音乐自然的接纳，与她生长的故乡那丰厚的民间文化大环境有着直接的关系，古琴、昆曲、丝竹点点滴滴流入，家庭从小给予的民间音乐熏陶构成了和谐的纯真世界。

"记得初三的时候，拉刘天华的《病中吟》，阿炳的《二泉映月》都是附中高中的大哥哥大姐姐学习演奏，还轮不到我啊，那时候小啊。"② 在学院学习，只知道像《空山鸟语》这样有技巧的乐曲，一定要好好学习，好好练习的，民间与学院的关系是怎样的，对十年少的闵惠芬并非有清晰认识。但是，她是那样的幸运，在附中学习就遇到了中国民族音乐的大师卫仲乐先生、陆修棠先生、王乙先生、汪昱庭先生，他们对这个聪慧的女孩儿给予了专业学习成长路上的悉心指教。闵老师说："汪昱庭先生了不起，在当时，二胡新曲目较少，凡是社会上一旦有新曲，他就会带着我们去学，现在的老师也应该继承这样的传统。比方 1960 年，是全国二胡教材会

---

① 采访口述。
② 同上。

议，来了许多各地二胡演奏家，汪昱庭先生就带我去看了从西安来的鲁日融，当他面对面演奏、讲解他编曲的《迷胡调》时，我当时十分兴奋，眼睛盯着看他的手法，耳朵听到不一样的音韵，那种新奇真是太惊喜了。"① 对于听着江南民间音乐长大的闵惠芬，着实感受到了不一样的民间音乐，这个时空像看万花筒一样，是如此的不一样，从孩提时听的、看的就在自己熟悉的生活里，而现在听到、看到的民间音乐是这么大的世界，喜欢的、熟悉的转换成要学习的一门艺术了。附中的学习对于一个学生基础奠定至关重要，进入专业学习阶段，在对民间艺术的认知上，她又遇到好的教育家，她动情地说："我们学习民间音乐，要学深学透学到家。""这是1958 年闵惠芬在附中开学典礼上，老校长金村田的讲话，从此这句话成为她从艺终身的座右铭"②，"这么多年过去了，在任何场合，我还是要说，这句话对我一生的重要"。

如果说在少年时期的学习民间是感性，而非是理性的学习，那么在历经附中、本科的学习，她不仅是在民族乐器的学习上，对其他民间艺术方面，也充满了好奇，她在许多场合中都提到："在大学时代有幸跟江明惇、黄白两位民歌专家学了两年的民歌，对自己理解学习不同地方的民间音乐有着非常大的作用，民歌演唱的那些小腔儿常常在自己演奏中发挥作用。"③ 无论是当时的大环境还是学院的小环境，学习民间音乐的热情在他们这一代艺术家中，是奠定演奏艺术生涯的重要且美好的时期。那时，上海音乐学院在陆修棠担任主任时，先后邀请了"民间音乐家孙文明（二胡）、周治家（二人台·四胡）、张埃宾（二人台·笛子）、张小牛（苏南吹打）、婺剧音乐以及王秀卿（盲人艺术家，三弦、大鼓）、丁喜才（榆林小曲），在民乐系学习民间音乐蔚然成风，这对我们学习从事民族音乐专业打下了重要基础，是有深远效应的"④。闵惠芬对于民间艺术的喜爱也发生着变化，她不是孩提时期的以兴趣学习，而是广泛地学习和接纳其他地域的音乐、方言、润腔。比如他们去甘肃学"花儿"，去湖南学"花鼓戏"（当然不失时机地也看琴师的伴奏，看"花儿""花鼓戏"的伴奏指法技法）⑤，"比如我拉广东的曲子，拉《寒鸦戏水》，

---

① 采访口述。
② 方立平：《闵惠芬二胡艺术与她的"大中华心结"》，载于《闵慧芬二胡艺术研究文集》傅建生、方立平主编，第 259 页。
③ 2004 年 9 月"上海音乐学院民族器乐教学座谈会"上的发言。
④ 《闵惠芬二胡艺术研究文集》，《忆恩师陆修棠先生》第 26 页。
⑤ 《闵慧芬二胡艺术研究文集》（第一卷），27 篇自己写的二胡笔记，载于《闵慧芬二胡艺术研究文集》傅建生、方立平主编。

郭鹰先生传授的，拉《昭君出塞》，模仿的红线女，像里面有很多不确定音高，是民族音乐中特殊的东西。当时他们艺人的民间的音律跟我现在不一样，所以会不习惯，你讲全像钢琴一样是绝对不好听的，全是半音当中的，其实是写（记谱）不出来的。拉得好像喉咙发不出音，这样才有魅力。"① 在叙述这段往昔时，她显露出无比的欣慰，这些学习的点点滴滴成为她日后艺术道路上最为重要的认知，也在长期的实践中形成了她特有的"民间艺术意味"，这个观念与意义成就了她在一个更为宽广的层面上，支撑着强大的心理基础，行走在当代音乐的前沿地带。

二、民间艺术学习的续接与再度诠释

从 1962 年 19 岁那年开始真正学习演奏《二泉映月》，这首乐曲伴随闵惠芬一生，此后，这个学习几乎没有间断。儿童时代听父亲的演奏，好长很悲的这首曲子留下了难以忘怀的记忆。附中高二那年："《二泉映月》学习时，贺绿汀院长曾亲自给我上过一次课，在院长办公室。但是就这一次的课也是终生难忘。记得贺老说《二泉映月》不是描写风花雪月，他是阿炳用琴声来抒发他一生坎坷命运的一种愤懑的情绪，和对于光明的期盼。对这个乐曲如何理解，我觉得是最重要的启发。尽管话不是很多，但是这几句话引导了一生，更由于那么小就能够受到贺绿汀院长给我的期望，这种鼓励是一生的动力。"② 并非是一般意义上的关心与指导，贺院长对闵慧芬与《二泉映月》给予了最初的旨意，不仅体现在他对中国传统音乐的热爱，更显现出一个作曲家对中国音乐的深深理解，贯穿于他自己的钢琴曲、歌曲、管弦乐曲等作品以及创作思想之中。而此次对年轻的闵惠芬来说，无疑是她深刻认知学习民间音乐艺术最为崇高的理性旨意。10 年之后的 1972 年，冥冥中相遇，她从同学那儿神秘地得到杨荫浏、曹安和先生为阿炳录制的唯一的唱片，在上海电影乐团小小的昏暗房间中，拜录音的阿炳声音为师，在守候着唱片学习的近半年多的时间里，阿炳的音乐世界里多了一位如此执着的知音。作为再学习的民间音乐，二次创造的不断演绎，让闵惠芬更加认识到是民族器乐与民间艺术之间的亲缘关系，与其说这是一个耐人寻味的故事，不如说这是二胡艺术中的一个重大的文化事项，在这个路径的探寻上，注入了传统音乐续接新生命的重大意义。从此，这首乐曲相伴二

① 采访口述。
② 同上。

64

胡艺术，相伴闵惠芬的演艺生涯。

"这个学习的缘分，是闵老师的幸运、二胡这件乐器的幸运、阿炳的幸运，更是中国音乐的幸运。当年杨荫浏、曹安和先生的录音，将口传的、无声的民间音乐在极其特殊的场境中留存了声响，如果没有经过以闵慧芬这样的二胡大师们的再演绎，这首乐曲的声音存在方式很可能是另一种情形了！走出历史的情境，走出无锡的传播，走到更广泛的世界，年轻的闵慧芬对中国民间音乐的执着与热爱，造就了这首乐曲再现中国音乐舞台最初的生命力！"① 如今，音准、音色、节拍、弓法这些技术在学院专业化学习下，有着系统的操练方法，有着青出于蓝的缤纷天地，但又有多少演奏家能够很好地把握阿炳的音乐自诉，而恰恰这是最难以控制和寓意的，虽然音乐总是被人们描绘成抽象的意义。闵惠芬从少时流淌在心灵的"民间艺术意味"，成为她再度诠释的解码，这种续接和持续在中国专业音乐学院培养的年轻演奏家中，的确成就了一个最为个性化的"闵惠芬现象"。

《江河水》虽然也是在附中高三的时候就学习过，但是没有听过这首乐曲最初的东北双管演奏，对于其中的音腔并没有真正的理解。闵惠芬说："实际上，我真正开始理解《江河水》是听谷新善吹的。当时是我在中国艺术团的时候，突然听说谷新善来了，马上去打听他的房号，见到他后我请他把《江河水》吹一下，他很高兴，大家面对面，他的双管由两个管子一样长，同时放在嘴里，两个哨子，音色非常的悲戚。吹奏后他给我做一些讲解，我们两个围绕着管子的'涮音'和二胡的'压揉'进行了探讨，虽说这个奏法是黄海怀先生的创造，但是怎样压揉，在音色、韵味上如何把握，很久没有找到感觉，听谷新善吹奏，清楚地感受到它不是我们二胡通常演奏的颤音，管子演奏音腔的幅度很大，频率特别快，棱角比较激烈。"《江河水》在双管吹奏的演绎中，管子悲戚的声音与人声有着相近似的声响，模仿哭泣的奏法，是管子独特的音色表现力，最早在辽南笙管乐中，最初的民间吹奏以人声的哭诉为观照，声音的构型清晰的透视出双管的特定情境。由二胡再次改编《江河水》后，闵惠芬的再度诠释，融进了二胡声音的特色，融入了自身个性的演奏特色，这个学习、思考、再创造的过程穿越不同的地域性、不同乐器的声音特点、不同情感的差异性表达方式，成了二胡独奏艺术的经典作品。向双管吹奏的学习，为二胡艺术的表现，有效的寻找到与民间艺术接壤的途径，这是一种续接、补充、延伸，闵惠芬对民间艺术所持有的认真态度，成为《江河

---

① 郭树荟：《规约　感知　想象——以陆春龄、闵惠芬二度创造的审美取向为例规约、感知》，载于《南京艺术学院学报》，2014 年第 1 期。

水》情感表现的某种象征意义。可是，这是多么大的挑战，每每在舞台上演奏，她都要有着极其饱满的情感进入境界，使乐曲的寓意在不同的时空转换中，释放出强大的情感宣泄。

我问她："《二泉映月》《江河水》从你年轻时拉到现在，最深的感受是什么？"她感慨地说："几十年来坚持演奏《二泉映月》《江河水》，这两首曲子拉了大半人生，至今觉得还是没有拉好，觉得太难了！"这两首作品在大大小小的舞台上、唱片中不知演奏多少回，但每一次，闵惠芬先生的演奏都是那么的认真投入，把民间的曲调一次次变成"充满情感的艺术作品"。闵老师说："作为演奏家，很多音乐是当时、当地，在那个环境中，不是每遍都一样，但是，每遍都有它的时期的特殊性。"① 我想说，这两部源于民间音乐家、民间艺术的曲调，在闵惠芬的二胡艺术中，为中国的二胡"作品"做出了卓越的再创造。"'音乐作品'这个概念还包含着一种东西，那就是作品的整体完整性。对这种完整性决定作用的是各个阶段结构的性质。达到这种完整性的方法在历史上是变化着的，在不同体裁的音乐中都不同。在其间的蓬发着、奔涌着热情和诗意。"② 在这热情和诗意下，反复的琢磨、声音呈现，给人以强烈的震撼，化作"闵式"的特有符号，她的个人性格在特定的时代、特定的环境中，将特定乐曲的声音纳入，把民间音乐特有的概念、语汇最大限度地挖掘出来。

三、音乐艺术观念的叙事与轮回

20 世纪 70 年代闵惠芬提出了"器乐演奏声腔化"的观念，这是作为一位二胡艺术演奏家在理论上的新想法、新思路。我们知道，许多演奏家在表演与实践上有着辉煌道路，但是与艺术表演理论的研究存在相对的距离。闵惠芬对于"声腔化"这个主题概念的思索，事实上是她多年以来的内在体验：还在中学时，她已演奏了京剧曲牌《八叉》，使她一直对京剧音乐有着特别的喜爱，同时对器乐语言与声腔语言、二胡与人声中特有的声音润腔、特有的表现特色着迷，她一直在寻绎着这两种艺术之间的相通与相合，试图在器乐化语汇原有的语言表达上，借鉴戏曲声腔的润味，加大二胡声腔的表现力。这个概念的提出背后有着深厚的文化内涵、文化传承，并非偶然，是自然自觉意识下孕育出来的，是闵惠芬艺术观的显示。连波先生

---

① 采访口述。
② 卓菲亚·丽莎著，于润洋译：《音乐美学新稿》，人民音乐出版社，第16页。

曾写道："闵惠芬仿奏的京剧唱腔，除了《卧龙吊孝》，还有别的流派唱腔，如高亢激越高（庆奎）派等，这对他开拓多样的演奏风格很有好处。比如后来她仿奏的越剧《宝玉哭灵》、黄梅戏《打猪草》、粤剧《昭君出塞》以及迷胡调、二人台等南北不同风格的音乐都能够很好地表现出来。"[1] 听这些戏、学习这些声腔，成为丰富她器乐表演的另一个场域，在这里二胡音乐的体裁、题材、演奏等成为她鲜明的审美取向，并包容了更多中国传统音乐文化的事项。因此，"声腔化"的艺术理念使她的演奏实践更为纯粹，尤其在演奏了诸多与情感象征意义相关联的乐曲之后，她对悲喜传情、音韵旨意的认知有着更为理性的思绪。在民间，中国人的听觉惯常"喜形于腔、悲诉于腔"，没了腔的调儿、没了腔的曲儿，音的意义、声的意义，缺失了最赋予生命力的情感表现，这与闵惠芬的二胡艺术始终贯穿的音乐思想是一致的，是吻合的。"器乐演奏声腔化"基于表演实践，对民族器乐尤其是拉弦乐器的表现性上有着普遍意义，从语义上、声调上强化了弓弦乐特有的内在特征。这也是闵惠芬在后期二胡艺术中，大多选用不同戏曲声腔剧种的经典段落，学习、移植、改编成二胡独奏曲的原因，这些音响的相关特性，渲染和加深了二胡音腔的表现力。歌唱的内心与手指操琴的相合，在她诸多二胡独奏曲的表演中，在左手滑揉、右手运弓上集结着如诉如泣的音腔运动，情感表达自然、自如、自在。

她感慨地说："有一半人拉琴，我称之为'操作（音乐）符号'，我是最反对的。他的动作只是在那里动一下。如果那些动作也好，音乐的线条感也好，真是自己的音乐境界发自内心的才好，这是我一直强调，也跟我的学生们反复说。我说你们动作都对，就是不动人。"[2] 内心的动感和外在的动感，对于情感的表达意义也有着不同时代的理解，老派演奏家与新派演奏家不同审美观念下有着个体的心理取向，但是在传统音乐文化的建构上，确是值得深思的。在当代中国音乐中的确存在困惑，于今日，这已经是一个无法回避的事实——重意向、重传神这些特有的中国美学资质，被弱化在技术操练的表现主义活力中；器乐化的技术又是在当代大多数艺术、大众群体注重的方式。这在文化意义上就有一定的难度。在学院内、学院外，专业与民间，两条线路在闵惠芬老师那儿，民间艺术却像是一个滋养乐心的乐园。比如，凡是外地来请教闵惠芬二胡的民间艺术家，几乎都有着一个不成规矩的"规矩"，

---

① 傅建生，方立平主编：《闵慧芬二胡艺术研究文集》，上海音乐出版社 2004 年版，第 244 页。

② 采访口述。

那就是必须向闵老师留下当地的民间音乐，一首民歌、一个唱段、一两句方言。为戏曲伴奏的胡琴，那些充满多重意义的声腔，都是闵惠芬学习的兴致，参照的符号，在声腔、音腔互补搭配，合理共存。京剧《逍遥津》《卧龙吊孝》《斩黄袍》，越剧《宝玉哭灵》、黄梅戏《打猪草》、粤剧《昭君出塞》等，哪些不是由声腔发出的二胡艺术？不论是还原还是再现，抑或是再创，旧有传统的再生还是新传统的新生，都足以窥见声腔艺术对这件乐器的深厚影响。民间音乐是她立足之地的根，在专业化的环境中得到升华，在大半生的艺术理念上养育了精神和灵魂，并以此填补了专业化教育的不足，凭借这份质朴的心，执着走自己的路，发出自己的声音。

不论"民间二胡""文人二胡"还是"学院二胡""专业二胡"，较之于其他中国民族乐器，二胡率先在专业、非专业、职业与非职业、学院与民间中走出属于自身的表演途径，也形成了二胡艺术特有的"音乐文化模式"。相比较其他乐器的生存现象，是相当突出的。更由于随着二胡业界几位大家特有身份的出现，他们几乎都是集创作、表演、学院、民间为一身的二胡艺术家，众所周知那些脍炙人口的二胡曲，在中西文化交融的宏大命题下，置身于民间的土壤发酵：有刘天华这样的大师融中西一体，带来了百年二胡的发展态势，在风云变幻的时代中，或浮出水面，或激流涌动，留下浓重的被续接的痕迹，在历史中过往；有阿炳这样的大师，在江南民间音乐的土壤里自由生长，历经半个世纪里恢宏壮观，听得见不息的回声，或被改编成协奏，或与交响相合，人人感慨这是最原始的中国音乐的表达方式；有孙文明这样的大师，他留给后人那技巧繁华、内容丰厚的十首二胡作品，足以震撼二胡炫技的斑斓世界，不论是非乐音、手指弹弦，还是箫声、八度定弦，恢宏壮观，如潺潺流水为后人惊叹；更有闵惠芬这新时代的艺术大家，将那些植根于泥土芳香的传统经典，架构了一片看得见、摸得着的彩虹。"有人说闵惠芬的《二泉映月》《江河水》《长城随想》是她艺术生涯的三部曲，这三首乐曲不仅是她艺术水平的代表，也是她人格魅力的写照。作为一位 20 世纪中国专业音乐培养出来的最具代表性演奏家之一，无论在学院还是大众，对二胡音乐的认识、对闵慧芬先生的这三部乐曲的熟悉，已经转换成'二胡音乐的特定语汇'，"① 当这些中国音乐中的经典走进每一个人时，闵老师以及他的同行前辈们所努力传承的历史事实，所画出的民间艺术那宽厚、朴实的大地，带给后人具有生命力的思想命题。更使她动情地回忆："当

---

① 郭树荟:《规约　感知　想象——以陆春龄、闵惠芬二度创造的审美取向为例规约、感知》，载于《南京艺术学院学报》，2014 年第 1 期。

年代父亲去看望杨荫浏先生时，他的问话几乎成为我一生的激励，杨先生说，阿炳的肚子里有千百首民歌、戏曲，你有吗？我顿时觉得汗都给他问出来！但是这种震撼是一世的！这也是为什么我会一直这么努力地学习民间音乐、戏曲音乐，和这都有关系！"① 这是一种精神，是成就闵惠芬二胡艺术的基点，与民间艺术相生，与民间艺术相遇，叙事着她艺术生命的轮回。

结　语

有很多东西注定要成为记忆的，或者封存，或者遗忘，或者散落，或者淡忘，或者还会被误解。这就是历史，在被评说和被理解的过程中，我们幸运的是，那些留存的音乐，那些音乐中的情感阐释，历久弥新。民间音乐中最富有记忆的就是世代传承的东西，而专业音乐最善于的是用技术用创新去解读。年青一代的二胡艺术家很多，旁证了二胡几乎成了中国民族乐器中独奏艺术发展最快的专业。从闵老师第一代专业院校培养出的二胡艺术家，到今天一代代年轻的二胡演奏家，新的作品越来越多、新的技法越来越丰富，舞台的华丽、服饰的时尚、乐队的庞大、弓法与指法不断地超越。在传统音乐与当代音乐对接与交错中，闵惠芬以她以个人的姿态走在人们的视线中，走在这个时代的前沿地段里。今天，我们很难用一个什么定义或一个合适的比喻来形容她、概括她，即使有这样那样的评判，都显得过于概念化、符号化。事实上，在许多关于她的研究中，都有着这样的倾向，而对她艺术生涯形成的途径及其对二胡艺术当代历史格局的影响，则需要更深度思考，这也是中国民族器乐文化在当代艺术化、专业化教育体制下值得思考和反思的。在半个世纪的演奏艺术历程中，几经风雨彩虹，迈过坎坷与病痛的磨难，她却始终在艺术的舞台上展示个人独特的魅力，在社会变革中以艺术的表达阐释自身，她的存在不仅是中国当代二胡艺术的代表，是上海音乐学院、上海民族乐团的骄傲，更是解读中国近代二胡艺术作品、创作、传承、实践、表演的真实范例。巴金说过"我愿化作泥土，留在人们温暖的脚印里"。闵惠芬的二胡琴音，在中国浩瀚的琴声中，化作"大地茫茫，河水流淌"，将《二泉映月》、《江河水》永远地留在了人们的听觉中。不知是谁说过：记住一个人，也就记住了一个时代！手机里还存着闵老师2014年春节大年初一发来的短信："唱一首二人台名曲以示节日祝贺。过罢大年头一天，我和我的

---

① 采访口述。

69

树荟老师来拜年，一进门，把腰弯，左手挽来右手牵，呀子依儿呀呵，师生相交拜的是什么年依呀呵。闵惠芬。"而今，她已远行，她是一个精神上的勇士，她极具感染力的二胡艺术总是在人们心中回响。回顾、思考、传承是真正意义上的，不可忘却的纪念。

2015 年 1 月 19 日第一稿
2015 年 3 月 22 日第二稿

郭树荟：上海音乐学院音乐学系教授。

70

闵惠芬时代

刘光宇

引言·闵惠芬生平简要

二胡，体现了中华民族的精神寄托及审美认同。

闵惠芬，是当代二胡的象征。

闵惠芬时代，是闵惠芬作为一个历史现象，以其音乐艺术的特征、价值和影响为依据来划分的时期，也是个人生命的时期。

作为时代开创者，闵惠芬为中国民族音乐奋斗了一生，引领中国二胡艺术发展半个多世纪，用丰富的作品拓展了二胡的文化视野，用卓越的演奏打开了二胡的历史空间，用执着的追求成就了民族音乐的里程碑，用对生命的热爱升华了精神境界，铸就了高贵人格，在我国音乐史上树立了光辉的丰碑。

闵惠芬（1945—2014），生于江苏宜兴。8 岁随父学习二胡，先后师从王乙、陆修棠、刘明源、李慕良等。13 岁考入上海音乐学院附中，后跃级考入上海音乐学院本科。1969 年毕业后，曾在中国艺术团、上海乐团、上海艺术团担任二胡独奏演员，1978 年调入上海民族乐团，是我国著名民族音乐家。

其代表作有：《江河水》《新婚别》《长城随想》《红旗渠水绕太行》《赛马》《阳关三叠》《逍遥津》《卧龙吊孝》《宝玉哭灵》《洪湖主题随想曲》《寒鸦戏水》《音诗——心曲》《二泉映月》《病中吟》《游园》《第一二胡协奏曲》等。

一、闵惠芬的艺术贡献

本节从典范性、时代性、声腔化、人民性阐述闵惠芬的艺术特征和贡献。典范性所讲的境界是起，时代性所讲的作品是承，声腔化形成的突破是转，人民性达到的艺术目的是合。

（一）典范性

典范性是闵惠芬二胡艺术的境界所在。它的核心是其艺术境界及所包含的情感、气运、格调和韵味。这种神韵与内涵，是"法无定法"的硬功夫、真功夫，也是诗外功夫。

艺术境界的生成，离不开对手中"器"乐的认识定位。二胡是线性乐器，按《乐记》"物感说"属线型思维类，也是中国单音文化体系中的一种。与之相似、不同门类的还有书法，"一画之笔迹，流出万象之美"。这种没有其他手段辅助的艺术，其"留白"甚多，是特点更是难点，因而只能靠缜密的思维，过硬的功夫和神韵，去纵横"水平线的恬静，垂直线的庄严，扭曲线的冲突，弯曲线的柔软"（《美学原理》帕克），来达到相应的境界。

艺术境界的生成，离不开艺术处理的若干原则，闵惠芬将之确立为"情、气、格、韵"：

情，汉语写法左为心，右为青，是生理与心理的升华，是人的喜怒哀乐的反应，也是心境，更是对事务的牵挂。闵惠芬强调："情，指演奏时情感要真切，要有分寸，要情动于中，声情并茂，自然流露"。艺术必须被情感包裹才能产生艺术的效果。情是感性的根本，是艺术的首要切口，是演奏者与听赏者共鸣的要冲，感情对感情说话，感情才能被感情了解（费尔巴哈）。将"情感的自然表现"切转为"情感的艺术表现"，既需先天更是后天的智慧通化。"音乐表演中的投情，应根据艺术需要，呼之即出，挥之即去，挥洒自如，变化有序。它以表演者的真实情感作为种子，同时又与提炼、升华了的音乐中的情感融为一体的艺术化情感"（张前）。动情动心，真情真心，方能深入进行审美活动，方使"悦耳悦目"进入"悦心悦意"的新阶段。"声情并茂"是为艺术的生命。

气，在天形气，精神成气，也是构成人和维持人的自然生命、思想活动最基本物质，更具有景象意义。闵惠芬指出："气，要气韵通达，气质纯正，心随气运，意到声发，隐迹立形地树立丰满的音乐形象，生气远处，从而达到'传神'之妙境。""墨出青松烟"，气是艺术的源，有气才有命，有命才能生，"人之生，气之聚也"（《庄子》）。她把哲学讲的气韵和美学讲的气质并举，使旋律在气韵中呈现气场、气度、气势和锐气、勇气、志气的万千气象，在自然之气、社会之气、文化之气和生命之气中拥有艺术灵魂。音乐在浩然正气中，气贯长虹。

格，指标准、品质、局面和拥有，也是精当的追求与修围。闵惠芬说："格，高尚的格调，使音乐有'人格''性格'，具有'角色感'，音乐应该通过轻重疾徐、抑扬顿挫的音响描绘对象和特定环境，表现人们的各种思想和情趣。当我们演奏时，要努力进入'角色'，除了留下一根审视自己的神气外，应不遗余力地投入音乐。"这里讲清楚了规格、功能与法度。特别是将斯氏的"体验"，布氏的"表现"，梅氏的"虚拟"综合的"角色感"来将演奏"人物化"，进而统一着"两个自我"（一为演奏者，二为人物），将音乐带向复合，随之产生功能。这种功能是将审美活动引向"悦神悦志"的规格，形成文化人的品格，达到艺术养心的法度。

韵，《说文解字》：和也，从音员（圆）声，古与均同。最具历史感，生地气，合音律，致风情。闵惠芬强调："韵，音乐的韵味，要在传统的基础上，寻求我们民族的神韵，着意于民族音乐的语言美和器乐声腔化，把二胡的'弹、注、吟、揉、顿、挫、滑'等传统技法发挥得更具魅力。"闵惠芬从戏曲、歌剧、民歌、小曲、曲牌中发展二胡音乐，开创了器乐演奏声腔化思想的理论与实践，使二胡更加贴近人声及人情，更加透出声律的风格和风骨，更加具有中华民族的神采与神韵。说到底，韵，直接体现了乐感，也包含了我国各民族的、各地区的、丰富的生活姿态、文化特征、艺术提纯，是中国民族音乐最精华、最独特的体现，是音的浓度，乐的醇度，时间的广度，空间的厚度，韵能"醉"人。

"情气格韵"是共同为艺术的感动服务的，它的目标是准确生动地塑造音乐形象，是闵惠芬二胡艺术灵魂——神韵与内涵的支柱，也是艺术境界的支撑。

"情气格韵"不仅属于演奏能力，也属于文学造诣，乐涵诗性，诗助乐化。将音乐过程在诗化中，也正是音乐的特点，掌握者是诗事乐，物我化一。

艺术境界的生成，最终是半个世以纪来闵惠芬始终以中国美学的意象为本，以中国音律的礼乐为根，以"情气格韵"为法，以"打出一条新路"为径，拥有了不同凡响的神韵与内涵，生成了她的时代现象、发展道路和高峰典范。

（二）时代性

时代性是闵惠芬二胡艺术的生命之源。闵惠芬与时代同命运、共呼吸，为时代而歌，推出了一大批引领和满足时代需求的音乐，丰富了二胡作品的思想内涵，打开了二胡曲库的历史空间。

引领时代，其根本还是靠作品说话。

纵观闵惠芬代表作，其"主旋律"是以时代需要为线索来进行积累、走向丰富和成熟，又尤以创作占绝大多数，包括改编和移植。创作是她主动性的特征，非把视野拓展到一度不可。她的实践令人信服地证明她是一位具有强烈参与意识和创作热情，具有鲜明个性和价值观引领的成熟、负责任的艺术家。不论历史题材或是现实题材，无论浪漫主义还是现实主义，为她所处的社会发生深刻和快速变化做出客观反映。在其演奏和创作题材中，有新兴水利改变山河的赞叹，有歌唱劳动丰衣足食的喜悦，有动物生态喻事拟人的描绘，有上下千年纵横万里的咏叹，有痛定思痛"文革"政治的反思，有聚焦战乱家国流离的患难，有融会贯通化唱为奏的出新，有灵魂升华生死浑忘的翻卷。这40余首代表作"能使秋月白，能使江水深"，口口可唱，人人可拉，曲曲可传，既代表时代先进性，但又不孤芳自赏脱离实际。

如，讲老百姓故事的《江河水》，将"小我"化"大我"，将原是个体的、女性的哀怨化为群体的、民族的意象、人民的不幸，又在以"我就是"来"现场控诉"，具有强烈的时代特性，石破天惊地确立了闵惠芬演奏风格。

具有史诗成分的《洪湖主题随想》，她将时代中人的愿望植入到一度并充分发育。这种依靠旋律结构原则，采用曲调连缀的手法，是对声腔化中华神韵的阐释和再造，迎来"自古英雄谁无死，留取丹心照汗青"的普遍而深刻的认同，30年后依然是二胡舞台的经常性曲目。

首开时代先河的第一部大型化、交响化、协奏型叙事曲《新婚别》，以大处落墨、细处精描的手法，将江山社稷这一重大题材，化以人物来描述，一反传统重山重水，而直接人物写生，直击人物内心，使社会为之一振。

一马当先，万马疾驰，气势昂扬，时代奋发的《赛马》，经闵惠芬设法抢救、演出而绝处逢生。这首超微型作品拍拍精巧，句句精道，每演精彩，举世经典，具有放之大下而公认的知名度，成为亿万人民的喜爱，创中国二胡演奏率之最。

不重复别人，不重复自己，古为今用，他为我用的《逍遥津》，变戏为乐，以奏为唱，在人物的且恨且痛，声腔的亦顿亦挫，演奏的即收即放中，将历史叙事和戏曲功夫，在二胡运弓走指中做出了"声腔化"的大学问，形成了特立独行的演奏法，化出了时代的新境界。

将潮州音乐为本，西安鼓乐为形的《寒鸦戏水》，以喻物言志的生命赞美，春暖鸦知的人格化提炼，把民间音乐的基因再造，是传统音乐的时代新解。音律的准——不准——准，寓意艺术源于生活——高于生活——用于生活。在潮州大铜锣、狗叫锣的"陪嫁"中风行于天涯海角。

"以我观物，故物皆着我之色彩"的时代巅峰之作《长城随想》，将浪漫主义——理想的胜利推向极致，更以心有多大天有多大的有我之形来化无我之境。长城之上，君临万物，她的第一弓即捕尽五千年沉浮，又以绝无仅有的生死体验，"拉出我第二条生命"，以血肉之躯再铸弓弦长城。

之所以成功地将《长城随想》推向了中国民族音乐划时代的最高峰，那是因为闵惠芬做好了历史性准备，包括生命的牺牲，大势必发，大成必然。她指出："一个从事演奏艺术的人，应该把写在谱纸上的音符，把作品的意蕴情趣，把作曲家的乐思和在作品中倾注的情感，把自己心灵中最生动、最真挚、最富内涵的思绪化作琴声，再现出来，显示其内在的美和灵气，把人们引向崇高的艺术境界，从而激起人们心灵的回响。这是我的艺术志向"（见《闵惠芬二胡艺术研究文集》第一卷，72页）。这样的志向形成了《长城随想》惊天地、泣鬼神、博大精深的演奏神韵。

神韵，是《长城随想》核心，即使在生命垂危的1985年，闵惠芬将这一认识概括进了《博大境界中的民族神韵——论二胡协奏曲〈长城随想〉的演奏艺术》的万言书中："《长城随想》那思潮滚滚的激情和柔肠寸断的心曲，与我们中华民族的灵魂是那样地贴近，那样地吻合，那样地让人引起共鸣。只要循着乐思的发展去挖掘其深刻的内涵，依据我们民族的音乐思维传统去体味妙处，当能不同程度地悟示一种精神来，这精神便是民族的神韵。而要发展民族音乐，最要紧、最不可忽视、最需下功夫的即在于保持和发展这种神韵。外来体裁的借用，传统手法的运用，技术技巧的施展，都不应离开这一最可宝贵的特质。另一方面，时代在发展，人们的生活内容和精神气质都在不断地变化着、丰富着，因而民族音乐的风格、技法自然需要随之变化，要不断充实它、发展它，使其具有现代生活气息和精神素质。《长城随想》之所以能经受群众和二胡界同仁检验，我认为主要出于上述原因。"她的艺术思想与演奏实践，成为《长城随想》的最高原则和价值遵循。

还应该注意到，天人合一的还有《二泉映月》。"望断天涯路，何处是归宿？茫茫长夜行，誓言慰孤独。"《二泉映月》承载的是中国自鸦片战争以来，积弱积贫的呻吟与呼号。且听40年前，"文革"当中，年少的闵惠芬与阿炳的灵魂对话（见闵惠芬《孤独的夜行者》）（无锡语）：

"阿炳先生，我要为您演奏了。"

"我来了，你小小年纪，已晓得人世的苦恼，罪过人啊！"

"我哪里比得上您吃格苦，你俚一生一世一个人，只有胡琴陪伴你。"

"现在倒好了，我在奈何桥那边，连阎罗王都喜欢听我拉琴。"

"这年头，我这样拉适时不适时？"

"何谓适时？适时者，乃合天意，合民心也。你看天下，田园荒芜，哀鸿遍野，人心浮动，国无宁日，不堪忧伤。琴音含人心，哀音惊世人，我等应立正祛邪，至少出淤泥而不染。"

"请教您，格调真谛如何？"

"速度则初徐缓而渐紧缩之，音韵则刚柔而相济之。刚者，音质抱朴若拙；柔者，行韵清微含凄。第一曲调与第二曲调循环轮转，旋律强弱依音势走向随之起伏。轮回到第五次，须全神贯注，弱起渐强，丝丝紧扣，步步紧缩，激情勃发，气冲霄汉。最后一个轮回你俚奏得比我慢，这样甚好，学我者生，似我者死，你俚音中透出了你格大慈大悲之心，我听得出格，你对我格同情和你自家的苦恼孤独已融为一体，真是难得，历史长河不会断格，你多拉几遍，我再助你一点神气。"

这是闵惠芬与阿炳的神缘，是与阿炳的灵犀，只有神灵交通，日月修炼，方才将凡间物理之声，化作天籁之音。

有人说判断历史的功绩，是根据他们是否比前辈提供了新的东西而对后世的影响。闵惠芬的创新实践及次次超越，不仅拥有宗教般的制高点，也揭示出中国二胡20世纪下半叶的发展轨迹，二胡的一番番历史叙事都与她的名字相关联，二胡的一部部经典华章都以她的解释为永载。在古与今、雅与俗、巨与微、悲与喜的推来拉去中，她把二胡艺术提高到一个前所未有的新水平、新境界，"有筋骨、有温度"（习近平论文艺）让其突破了乐种的限制，使之影响力和震撼力空前超群，成为时代艺术的象征。

这些中国功夫的成因及其对时代主旋律的表达，源于闵惠芬懂得中国、懂得时代、懂得舞台、懂得民心。是中国，就要考虑国情、考虑观众，就得按照中国人的习惯来时代化。现在看来，若没有不断理解生活、理解时代的坚韧努力，就创造不出来真正的艺术。闵惠芬在舞台上创造出了浓郁贴切的生活情调，创造出了有血有肉的真实形象，从而完成了艺术家的使命担当，展现这个时代的人性及民族的精神世界，进而被时代推崇，更成为划时代经典。

（三）声腔化

声腔化是闵惠芬对二胡既有定式的突破，是对二胡艺术独特而重大的贡献。它以崭新的样式，丰厚的内容，独具的特征，打开了二胡的历史空间。

声腔化源十对戏剧的研究，而戏剧又是一个巨大的领域。从创作的角度看，写戏就是写人，写人的性格，写人心理行动背后的心理动机深度。从行动的角度看，有音乐的时间，还有音乐缺少的空间。从体验和体现包括虚拟的角度看，它有鲜明的典型性人物呈现。闵惠芬立主脑，密针线，从京剧入手，掌握戏剧的基本要素：立意（主题思想）、要给观众什么（最高任务）、怎么给（贯穿）和结果（思想的目的）。她从唱段切入，研究出"唱"是由"人物"内心的"愿望"开始，否则是"无病呻吟"，她避免了从内到内——只有情绪，或是从外到外——只有形象，把"唱"这种外部活动转入内心活动，终"唱"出角色的语言感，音乐的行动性，戏

76

剧的人物化。这一戏剧思维的建立，使她的弓弦像说话般地将自己扮成一个事件的目击者向围观者说明事发经过，同时还将围观者——台下观众视为共同范畴，让他们在走出剧场后被寄予了一同改变世界的期望。这是多么大的戏剧音乐化力量。闵惠芬从京剧深入，再从京剧化出，横跨歌剧、粤剧、越剧、沪剧、迷胡、锡剧、川剧、黄梅戏、云贵花灯、昆曲、民歌……这些宽口径、多纵深的各地戏剧和民间音乐探索，使她的思想产生的愿望、进而产生的演奏及情感得到最终统一，揭开了戏剧寻找人的精神生活中的若干谜底。说到底，是建立了二胡的灵魂——歌唱性——器乐演奏声腔化体系，从而使二胡呈现出更富民族性、艺术性，更动人、更感人的中华民族音乐品格。

将声腔通化在弓弦中，闵惠芬的办法是先会唱（节奏尺寸，吐字气息），再会拉（规划弓指法、揉弦法、力度感、音色感），先有形似，再有神似，神似的手段就是"角色感"——表现人物，"性格感"——一人千面，"润饰特征感受"——精妙韵味，"语韵感"——中国四声（ˉ ˊ ˇ ˋ）。将各地生活提纯变成了弦上歌咏，因而"道生一，一生二，二生三"地千变万化出《卧龙吊孝》等8首京剧音乐和《昭君出塞》（粤剧）、《宝玉哭灵》（越剧）、《绣荷包》（沪剧）、《迷胡调》（迷胡）、《双推磨》（锡剧）、《打猪草》（黄梅戏）、《游园》（昆曲）以及泛声腔化作品《夜深沉》《川江》《阳关三叠》《草螟弄鸡公》《洪湖主题随想》《锡调吴韵》等琴歌、民歌、歌剧的独奏、协奏的各种形态音乐，丰富了二胡的艺术内容，拓宽了二胡的文化视野，使中国戏曲与中国音乐结合，浪漫主义与现实主义统一，内心因素与外化因素一致，成为二胡艺术崭新的系列。

以上是从艺术方面看。再从声腔化的文化价值看，它固守了中国人的宗姓。

有人曾说，1840年以来，民族自信被摧残，中国在物理上曾被占领，文化上也存在着可能集体意识上自我殖民的危险。这话并非耸人听闻。现在，假如有人说在美国有一半的影院在演中国影片，这一定认为是在开玩笑，反过来呢？人家的东西已占据我们半壁江山。文化艺术是世界性、时代性的，但更是民族性的，没有民族性就没有世界性，如果一个民族文化消失了，这个民族将会怎么样？历史唯物主义的基本原理认为，人的社会存在决定人的社会意识。不可忽视，东西方地理位置不同、人种不同、历史不同、文化及意识形态就不同。在经济的世界"通婚"中，如何保障文化上自己"基因"的独立，举什么旗、走什么路、固什么基，上层建筑和文化界必须牢牢把握。要在继承传统基础上改革创新，是进行中国化的创新，而非全盘西化。文艺发展中，传统与创新从来不是两个极端，要继承先前时尚潮流合理成分，否则就不能成其为发展。中国的现代化及现代化下的文化只有积极关注中国的问题，才能得到时代和观众的共鸣。声腔化恰好以中国式的形式创新做到了这一点，它以一种精神家园的坚守，呼唤民族性的复归。声腔化扎根中国，为了中国，忠于中国。

（四）人民性

人民性是闵惠芬二胡艺术的根本目的。体现在为人民演出上，在演出中实现艺术愉悦于人、艺术服务于人、艺术教诲于人、艺术升华于人的目的。这是她二胡艺术的最高任务。

二胡的"二"看似简单，但在简单中告白了必需的过程：两弦的统一，两手的统一，琴人的统一，进而是台上与台下的统一，音乐与目的的统一，艺术与生活的统一。二元法是二胡的基石。她运用二胡构建二元法的艺术观及前进方向。

纵观闵惠芬所处的社会的变迁，中国民族文化遭遇了几次冲击。从"文革"时期的把历史文明中的精华和糟粕一并视为有罪，到20世纪八九十年代，唯经济主义使文化边缘化，这是历史的教训。

改革开放之初，国门洞开，思潮泛起，"向西看"和"向钱看"充斥社会，民族文化极度弱化，民族音乐无人问津。一边倒的流行音乐，在娱乐第一中，使人心物化，人文精神随之流失，这使得民乐业者或沉溺，或弃而从它。在此背景下，闵惠芬深刻意识到，大国崛起，一定包含文化的崛起，而文化的某些原则和理想一旦发生动摇和不稳定时，就会产生各种潮流，泥沙俱下侵蚀意识主干，这已经从此前的经历中得到警示。她把握着趋势，她走在了前面，她进行抢救式地推广和普及。上百场"三无"式的（无人邀请，无人委派，无有报酬）义演！每年！她奔走校园、奔走工矿、奔走田间、奔走营房，不论东西南北，不论夏酷冬凉，一弓一指，亦曲亦讲，声声绕梁，句句心长，一场一场，百场千场，水滴石穿，化人心房。她要让人们知道，中国人要姓自己的"赵钱孙李"，文化属"文"绝不属"商"。她从人的愿望出发，以人性人文的沟通，以一个个故事表达和一对对性格矛盾来引起观众的共鸣，不可思议地把隔壁大喊大叫、声光刺激的流行音乐给比了下去，把青年拉了回来。在上海财经大学，她和大学生们谈心，绘声绘色地讲了高山流水，伯牙碎琴的典故，然后说："我觉得俞伯牙似乎太死心眼了（这时学生们大笑），他完全可以迈开双脚，寻求新的千百个知音。我不敢与俞伯牙相比，可我要寻求天下的知音，要为千千万万的广大观众演奏。于是我来到你们中间，谁说大学生不喜欢民族音乐（此时学生们热烈鼓掌）！我今天受到你们的热烈欢迎，使我感到了无限幸福。"（见闵惠芬《我的第二个艺术春天》）。她以"唤起民众"的劝化和心灵的按摩，使民族音乐薪火相传，这是闵惠芬的历史贡献。

　　她怀着仁爱之心，把身段下沉到最渴望艺术的地方。一次在甘肃定西，一个非常干旱和贫瘠的荒漠地区，闵惠芬吃着咸菜和手擀面，自带录音机放伴奏带为乡亲们可亲地演出，连牛都听得大吼了一声！1992年隆冬，安徽利辛，她心中惦记着治河工地上的农民，执拗地提出上一线慰问，她被冻得脸部肌肉发僵，手指发疼，农民兄弟把她团团围住，越围越紧以抵御寒风，闵惠芬掏心窝地连拉八曲，琴声温暖，感天动地。1999年在西北镍矿矿区，为了让每个工人兄弟都听到二胡，她不辞劳苦，在主场与大乐队演出后，主动地一个矿接着一个矿地连轴演出，一把椅子，一把二胡就是装备，那坝子里，房顶上，成千上万的人欢声雷动。在浙江的一次露天演出，人们打出大横幅"爱民乐就爱闵惠芬"，反映出她的人民性和代表性。她把音乐普及到儿童，将音乐会变为故事会，她讲道："我的家乡可美了，有水，有竹林，鸟儿在竹林里歌唱。"于是她学起了鸟叫，小朋友顿时欢腾起来。她接着说："有一首乐曲就是表现鸟叫的，它叫《空山鸟语》。谁写的？一个叫刘天华的人，他非常了不起，我拉给你们听。"小朋友听懂了《空山鸟语》，响起热烈掌声。她的信念是"凡是有人的地方我都要去演"——哪怕有一次观众只有13个人。

　　闵惠芬对人民鞠躬尽瘁，死而后已。仅看一些统计（见《闵惠芬二胡艺术研究文集》第一卷31页、180页）：1982年12月，她虽绝症术后复发，但仍坚持在清华、北大、人大、北师大、中央音乐学院、中央民族大学等7所高校举办讲座式音乐会；1987年3月，她化疗还未结束，即进入大中小学普及；1994年演出176场；1995年演出228场，讲座式音乐会14场，观众216,450人；1996年演出180场，讲座式音乐会25场，观众169,930人；1997年演出103场，讲座式音乐会19场，观众154,030人。这些巨量场次是她常常一天连演4场拼下来的！这是明明不可为而为之，是生命的透支，进一寸则短一尺，折寿啊！2004年她策划了每两年一届的徐州国际胡琴节，其中12辆二胡花车和1500人的二胡齐奏及长达4公里的大游行，创吉尼斯纪录。自2005年起发起长三角地区民族乐团汇演，第一届400人、20支队伍，第四届1800人、50支队伍，第七届已是3000多人、76支队伍并吸引了海外和国内其他地区参加，已成为民乐界的"人民战争"，她使活动成为品牌并不断持续了下去。当某一天，民族音乐拥有天下的知音时，请不要忘记这是闵惠芬们用生命去做的铺垫。"笑也不争春，只把春来报，等到山花烂漫时，她在丛中笑。"这是二胡也是闵惠芬最大的政治，是最大的公益，是向人、向社会注入信仰、文化和爱心。这是向所有努力认真活着的人们的致敬。闵惠芬用数据承担了艺术家为人民的责任，用奔命拓展了民族音乐的受众群，用感召激发了一大批民乐工作者的信心与责任感，实现了她艺术人民性的政治担当。

典范性、时代性、声腔化、人民性，这一闵惠芬在艺术上起承转合的结构、控制和实践，最终形成在人性上悲欢离合的诠释，在时间上春夏秋冬的纵横，在空间上东南西北的覆盖。现象与实质、主观与客观、形而上与形而下的规律把握，使她完成了民族音乐艺术的时代贡献。

二、闵惠芬的精神境界

精神是人的重要心理特征，境界指达到的程度或表现的情况。闵惠芬的精神境界在"天人合一""知行合一""情景合一"中，追求真、善、美的统一。

真善美，属哲学范畴，其定义在《价值事物的三种基本类型》中指出了人类的三种划分：思维有序化、行为有序化和生理有序化。闵惠芬在真善美的精神上，追求真实、真理、天真无邪；善心、善智、意善无私；美德、美学、美无杂染，是真者见智，智者大善，善者有知，知者有觉，觉者皈依的统一。在真善美的艺术上，追求真，艺术的真实性，反映生活本质；善，艺术的倾向性，对社会的意义和影响及导向；美，艺术的完美性，在个性中创新、形成、发展，是真之与正，善之与同，美之与共的真情、善于、美妙的统一。在真善美的最终检验上，从社会效果和实践结果看，她做到了认识活动追求真，意志活动追求善，情感活动追求美，使知识价值、道德价值、审美价值最终为人、为社会服务，完成了长远性、全局性、主观性、客观性的统一。"闵惠芬一贯坚持真善美的统一，内涵美与形式美的统一，演奏技巧与艺术表现的统一。在她身上集中体现了中国当代音乐艺术家的优秀品质，并当之无愧地成为新时代民族音乐艺术家的楷模。"（张前：《刘天华道路的卓越践行者——闵惠芬》）

真善美聚焦在人格体现上，又使人格成为艺术的支撑，"人欲善其艺，必先立其品。"她说："我常常主动去体验老百姓内心的感情，他们崇高的心灵是什么，我去想象，再去追寻，我要去代言，所以坏事我从来不做！"人格的高尚更促进了她跨越生死、超越自我、不趋利益、不计得失的精神实现。因为去追求真善美的人格，才有真善美的作品，才有真善美的实践结果。

人不能完全摆脱动物性，但人性的程度在于摆脱了多少动物性。这一自我摆脱的过程，是她以社会属性战胜自然属性的过程。"我背着二胡走遍天下，交会了国内外千千万万知音，我没有虚度，我没有气馁，而是义无反顾地一步一步攀登艺术高峰，为迎接文艺百花的盛开播种、耕耘。"她在修正自我，完善自我中，形成并发展了精神的境界：正义、公道、担当、舍生、无私、仁爱、诚实、勤奋、谦虚。

她单纯，甚至是天真，从不算计。如在她担任全国重大二胡比赛评委或主任时，从不会因有自己学生参赛假公济私而却总是公而忘私、公而无私。她说："心地不善良的人是不配搞艺术的。"灵魂吃饱，心绪夺定。

30 年前，因患癌症的闵惠芬经历了 6 次大手术，15 次化疗，生命危在旦夕的她决意不能把艺术带进另一个世界，便挣扎在病榻上写论文、搞创作、教学生。仅在1985 年，她呕心沥血论《博大境界中的民族神韵》在全国二胡邀请赛上经人代为宣读，成为演奏《长城随想》的纲领性文献和教科书；她把躺在丈夫怀中，亦醒亦梦时发出的那些蓝色的旋律谱成了摄人心魄的生命之歌《音诗—心曲》；她冒着 39 度持续不退的高烧，在病房中让学生耳朵贴在她嘴边气息奄奄的叮嘱再叮嘱……她以超人的大善大德，实践"生命不息、艺术不止"的诺言："生命对于我更大的诱惑就是事业，离开心爱的艺术，生命又有何意义？我感到一种前所未有的紧迫感，更强烈的使命感。可剩下的时间不多了，但是民族音乐的发展还不够，我要拉琴到永远，直到我背不出乐谱的那一天——永不断弦！"

在她起死回生，战胜病魔后的第一次复出排练的那一天，"当我穿越乐队走向我的座位时，止不住热泪盈眶。合乐第一遍演奏，我完全在不正常的情绪之下，几乎全身发抖，喉头哽咽，第二遍才进入正常情绪——这铭心刻骨的音乐使我又回到了一种崇高的精神境界中……"这是死亡擦肩后生命和艺术回归的百感交集，是肉体与精神的彻底顿悟。在那之后的又一个 30 年里，闵惠芬以超常的毅力，对虚弱身体的全然不顾，争分夺秒地投入到对二胡新的学术规划、理论建设、重大赛事、创作演出、出版发行的提高与普及这两个重任之中，特别在培养新人上，有教无类，全心提携，倾其所有。有一次，她为合乐的学生上现场课，蚊虫叮咬，她就自己端着蚊香，边走边讲，边防范边指教。就在她逝世前一年，经过艰苦编辑的《闵惠芬二胡艺术研究文集》第三卷、《闵惠芬二胡演奏曲集》简谱版、五线谱版及 CD 和《闵惠芬二胡艺术》DVD 出版，这是留给后人沉甸甸的极为珍贵的财富。即使这样，她仍还在自我励志："老家伙，跟上年轻一代，不能停，前进前进，前进——进！"她用自己的全部与二胡"神交"，所体验与创造的生活的真与道德的善和艺术的美紧密并完美地结合在一起。闵惠芬历尽 69 个春秋，以崇高的精神境界，实现了她志向高远的诗章："神接天宇之气，韵含山河之光，情寄万物之灵，乐映千古之源。"她把一切献给了音乐艺术、献给了祖国人民、献给了光辉时代。

三、闵惠芬的中外影响

文化，作为一种国家软实力，非强迫性地对外吸引和感染，对内凝聚和创造。它以无形力量，以国家基于文化而具有的凝聚力、生命力、创新力、传播力、感召力和影响力，深刻影响人们自身长远生存方式和一个国家人们对一个国家、民族的整体看法。

闵惠芬为中国文化、中国音乐"与世界并驾齐驱"做出重大贡献。她有力地展示并提升了国家"软实力"，弘扬了中华文明和当代价值观。1973 年中美外交破冰，美国费城交响乐团访华，在交流中，世界音乐大师奥曼迪评价她是"超天才的二胡演奏家"。1977 年世界十大指挥家之一的小泽征尔被她的《江河水》感动得伏案恸哭，"拉出了人间悲切，使人痛彻心扉"。波士顿交响乐团首席评论员称她为"世界伟大的弦乐演奏家"。法国报纸评论她的演奏"连休止符也充满了音乐，具有不可抗力的魅力"。苏丹总统尼迈里说："听了《江河水》，我知道中国人民的苦难与苏丹人民的苦难是相同的。"朝鲜领导人金日成赞叹："中国的民族音乐走在了朝鲜民族音乐的前面。"闵惠芬先后出访了几十个国家和地区，世界感到了中国、中国文化和闵惠芬的中国文化软实力。

半个多世纪以来，闵惠芬坚守"老百姓爱听的就是我爱做的，这才对得起老百姓"的理念。正是因为她始终把真心真意放在了音乐中"并永远自我督促"，美人之美，美美与共，因而受到了人民大众广泛和长期的喜爱，具有家喻户晓的巨大影响力。"闵惠芬"三个字是品牌、是经典，往往成为一呼百应、一票难求的文化现象。在专业领域，几十年来闵惠芬的音乐往往就是教材、就是风标、就是铺天盖地的潮流，影之随形，响之应生。大家对《江河水》模仿，对《赛马》模仿，对《喜送公粮》模仿、对《阳关三叠》模仿，对《洪湖主题随想》《新婚别》《长城随想》模仿……几乎出来什么就风靡什么。可以说，她形成了二胡的"意识形态"，在思维方式、精神内涵、积淀变化、渗透染化等方面，吸引感染，凝聚创造，引领了二胡艺术的方向，引导了二胡大众审美风尚的形成。

2014 年 5 月 12 日，当闵惠芬的生命永远停止的时刻，全国的媒体包括《人民日报》《光明日报》、中央电视台、新华社，北京、上海、重庆、江苏、浙江、辽宁、湖北、湖南、广东、四川、香港、台湾……顷刻进行大规模、高密度报道。在告别会上，巨幅挽联写道"领时代强音创国乐伟绩艺术千秋垂青史，为大业奋身为人民尽瘁情怀若谷铸丰碑。"这是组织和人民对她的概括与肯定。原国家主席、副主席，三届总理和几届副总理及上海市四大班子以及社会各界敬献一千多个花圈。一位年届九旬的老人，在子女的搀扶下，早上四点就来到殡仪馆，与不计其数的从海内外专程赶来的人们表达对她的无限崇敬和沉痛哀悼。在公交车上，一位司机说："我第一次看到她是在电影《百花争艳》里，我们这个年龄的人大都知道她。她走得太早了。"在报摊里，卖报纸的老太太说："她平时里看起普普通通，可在舞台上就光彩照人，太可惜了。"在海内外，人们纷纷举行追思和纪念音乐会深切缅怀，"一个乐坛巨人倒下了，留下的音乐，永世萦绕。新加坡华乐团，带来她的千古绝唱，敬献给在天堂微笑的闵惠芬大师。"一个人的逝世牵动那么多人的心，说明只要一心为民众，民众就永远不会忘记！

几十年的光辉历程，闵惠芬先后担任了第四届全国人大代表、第五、七、八、九、十届全国政协委员，中国共产党第十五次全国代表大会代表，第五、六届中国音乐家协会副主席兼民族音乐委员会主任，第六、七、八届上海音乐家协会副主席兼民族音乐委员会主任，刘天华、阿炳中国民族音乐基金会副理事长，中国音乐家协会刘天华研究会会长等。荣获"上海之春"第一届全国二胡比赛第一名、中国唱片公司首届金唱片奖、上海文学艺术奖、香港世界万张唱片比赛"十佳之最"第一名、文化部全国优秀工作者称号、中国文联和上海文联德艺双馨艺术家荣誉、全国五一劳动奖章、连续三届全国优秀女职工以及上海市劳模、三八红旗手、优秀共产党员、十大杰出女标兵等。这些荣誉，是闵惠芬作为时代象征毋庸置疑的客观事实。而她把这些化作"蜜成花不见"的大化境界，化作不断创新的源源动力，化作奋身艺术的时代使命。

结语·闵惠芬时代

"春蚕到死丝方尽，蜡炬成灰泪始干。"闵惠芬把生命献给了艺术，把艺术献给了人民。

作为党员，闵惠芬忠于人民、忠于祖国的理想信念，使她义无反顾地成为社会主义核心价值观、中国文化、国乐思想的继承者、创造者。她以"二为"方向和"三贴近"方法去践行"中国梦"的文化复兴，用音乐催生人的精神，不愧是先进文化传播者，弘扬了中国特色社会主义文化。

作为艺术家，所缔造的"二胡第一曲"反映了人的典型性，呈现了社会、历史、时代的普遍性。深刻表达了中国人民的内心情感，深入把握了中华文化的音乐灵魂，极大丰富了民乐经典曲目的宝库，推动了二胡学科建设的大发展大繁荣。作为一种体系，她把中国民族音乐提高到了一个前所未有的新水平、新境界，是继刘天华后振兴和发展民族音乐事业的旗帜，具有举世公认的历史地位。

纵观闵惠芬的一生，她实现了真善美的统一，实现了德艺双馨的统一，实现了人生艺术和艺术人生的统一。她的"真人"与"厚德"成为我国当代道德观和价值观的典范，值得后人所永远仰慕。

闵惠芬时代是伟大的，中国二胡赢得了世界尊重，定会载入文化史册。

闵惠芬时代是永恒的，她用艺术延展生命的长度，将永远激励人们向前。

刘光宇：重庆歌剧院院长、交响乐团团长。

回忆与闵惠芬老师的几次对话

宋　飞

闵惠芬老师去世前，我曾几次到上海看望她。在病榻前，每次都带着祈盼的意愿在心中与她交流，直到与她的遗体告别，心才沉静下来，但她的身影和音容笑貌似乎仍在我心中飘荡着，挥之不去。于是有了写这篇文章的冲动，想以这样一种追忆，来寄托我对她的思念。

因为父亲的关系，我在孩提时代就知道闵惠芬老师17岁时就在1963年的"上海之春"二胡比赛中摘取桂冠。在我心里，这成了一个理想，是一个女演奏家的向往。后来听到别人提起闵惠芬老师，常常是在我演奏之后。不少老师、长辈会说："你知道闵惠芬老师吗？""你跟闵惠芬老师学过吗？"他们经常会说："你拉琴有点像闵惠芬老师啊。"后来我找来闵惠芬老师的录音听，包括看她的演奏，我知道，我的演奏跟她并不像。不过，我想他们看到的应该是女演奏家身上的阳刚之气，是一种从音乐中透出来的气质。

第一次跟闵惠芬老师见面，我还是个小学生。那年闵老师随上海民族乐团到天津来演出。我曾经当面拉琴给她听，演奏的是《三门峡畅想曲》。当时她表扬了我一番，同时也提到音乐除了实还要有虚，要有许多的变化。从她认真、投入的表达中，我感受到二胡艺术的博大精深。对这些方面的探究会在将来等待着我。

因为刘文金老师的关系，后来和闵惠芬老师有过一些的接触。那时我还是个"小豆丁"，常常会观察她对音乐的态度，听长辈们对音乐的讨论，闵惠芬老师也很喜欢我。当时，除了拉琴我还有很多爱好，我自己设计缝制的连衣裙就得到闵惠芬老师的夸奖，并答应给她也做一件。在给她量尺寸的时候，我看到她的脸色突然暗淡了下来，说："我有一个伤痕累累的身体，你无法想象我是怎么拉琴的。我身上做过几次大手术以后，很不好看了。"我为她量完尺寸后，就问她："你是怎么能够恢复拉琴的？"她说："我当时躺在病床上，弥留之际，看到蓝色的雾、蓝色的光，脑子里想着一个旋律。后来，身体恢复后我就用这段旋律创作了一个曲子，是音乐的引领，我才又从死亡线上回归了生命。我想，即便我活过来，如果不拉琴，就没有意义！"大夫给闵惠芬老师做完淋巴腋下手术后，因为会伤到筋和肌肉，都不看好她能恢复拉琴。可是闵老师在手术后不久，就在病床上顽强地、忍着疼痛练习肢体的动作，为了能够有朝一日再回到舞台上。现在想起当时的对话，仍然让我非常感动。也是那个时候，通过和她的对话，我看到了一个坚强而传奇的生命。让我看到音乐给一个生命带来的发自内在并超乎想象的能量。所以，无论什么时候，我都在非常努力地做事，能吃苦，有耐力。我想，闵惠芬老师能再度回到舞台上，是她凭借与病魔顽强斗争的坚强意志，更是她对音乐的执着追求所带来的一种能量。

随着我的成长，我会在不同的音乐活动中跟闵惠芬老师同台演出。记得有一次在西安的民乐名家音乐会上，我跟她在后台有一段谈话，谈到当时流行音乐中的新民乐"女子十二乐坊"。对于报纸上的报道闵老师说，记者的报道不是全面真实的，她并不是绝对反对这种新的形式，而是更强调民乐的真正价值，并不在于演出形式，而在于它的内在价值和中国式的音乐表达和情怀。当时我也和闵惠芬老师谈到年轻一代对这样一种发展的思考。从民乐的角度看，人们会有不同的看法，但是从流行音乐在中国本土的发展来看，从原来最早的模仿港台欧美的乐风，到运用民族旋律创作歌曲，出现了"西北风""东北风"等，再到流行音乐表演形式中有了民族乐器的介入，这些都是流行音乐本土化发展中成功的尝试。当时闵惠芬老师还提到，"无论怎么发展，不可献媚观众，不可有妖气，特别是女性演奏家，应该有艺术家的分量。"虽然是两代人的对话，但是我能感受到闵惠芬老师对二胡事业的发展、对民族音乐事业的发展是怀揣着思考，非常关注的。这样一种交流，亦师亦友，非常难忘。

还有一次，是我调回到中国音乐学院从事教学之后的事。在一次学术活动中，她急匆匆地走到我面前，说："你怎么调到学校去了？放弃了这么好的舞台！"当时我刚从维也纳出访回来不久。在别人眼里事业是如日中天。我笑着对她说，"我没有一定要离开舞台，舞台永远是敞开着的。我心里一直有一份对教育的向往，可能是因为我得益于众多老师的教诲，就希望自己也能够像他们那样去帮助下一代人，同时把前辈的经验，总结出来、传承下去。"第二天，她又急匆匆地过来跟我说，"我想了一夜，真的很智慧！你这么年轻，回到学校一定能做大事，我支持你！"这样一个对话，说明闵惠芬老师是一个非常率真、擅于思考的人。

记得是在二胡学会于 21 世纪初主办的"盛世弦和音乐会"上，当时我身兼组织者、主持人和音乐会演奏三个角色。那天我要首演关乃忠先生《第三二胡协奏曲"诗魂"》的第一乐章"诗"。对于二胡演奏来说，这是一个全新的作品，具有新的艺术表现力，并且从技艺上、音乐上以及意境的表现上都是一个不小的挑战。闵惠芬老师在后台看我忙了很久，终于能够拿起琴来练习的时候，她竖着耳朵听了一会儿，非常执着地、真诚地对着我说，"你要花这么多精力，努力去做，还要教这么多学生，真是不容易。我演奏'二泉'、'洪湖'、《寒鸭戏水》就好了。现在真的需要你们这代人把二胡的发展、创造一直坚持下去。"当时我说："我们年轻一代，有年轻一代该做的努力和探索。你们老一辈艺术家对民族音乐事业的追求那么执着，付出了那么多，我们这代人坐吃江山是不行的。"另外，我还谈到社会环境、文化生态的变化给民乐的生存和发展带来的考验。我开玩笑地说："您就是要把'长城'、'二泉'、'洪湖'等经典拉到底，才是对我们的支持。你们这代人已经付出了艰辛的努力，二胡不会亡在你们手里，希望也不会亡在我们手里，不要亡在后人手里，所以我们要更加努力，去面对严峻的挑战和考验。"

有一次我们去参加闵惠芬老师组织的在江阴地区举办的纪念刘天华的音乐活动，当时她很高兴，说："你们那么忙，都过来支持活动。"我说："闵老师您举旗，我们当然要来，为二胡的事业去努力、做贡献。"她也和我谈到她的理想："我不是擅长教书的人，擅长在舞台上，更需要你们来支持。"我说："我们一定会支持，这是我们大家的事。"她和我谈到近期她录音的情况，谈话时，突然脸色沉重地跟我说，"我录音的时候总是不太满意，但是我心里知道我永远会不满意了。年龄大了，力不从心了。所以，你不要像我，年轻时总觉得以后会拉的更好，就没有及时录音。把音乐记录下来。你应当每年都要抽空把自己的演奏录下来，等到你年龄大了的时候，你就不会像我今天这样，心里有一份无奈和遗憾。"我说："闵老师，别这么想，你已经留下很多东西了。"但是她说："时代不一样了，现在有那么多新的作品，那么多作曲家的创作，可拉的东西那么多，你一定要多演奏、多记录。"这次对话，不但让我深受感动，并且一直影响着我。所以在我担任很多行政工作的同时，每年坚持录新作品，出教材，举办个人独奏音乐会、师生音乐会。正是因为有闵惠芬老师这样的种种鞭策和嘱托我才没有停顿。从"弦索十三弄音乐会"到"《清明上河图》中国音画多媒体音乐会"，再到"《如来梦》情景音乐会""《丛林邂逅》对话音乐会"等等，都是这样坚持下来的。首演《如来梦》时，闵惠芬老师正在北京开会，我专门邀请她来，她非常开心地观看了演奏。在上海世博会演出二胡套曲《清明上河图》中国音乐多媒体音乐会"时，她也来了，而且非常高兴。闵惠芬老师对我说："北京的舞台有非常好的氛围和发展空间，你可以做很多新的事、大的事，非常好！"

想起最后一次对话，让我温暖、执着不息，仿佛闵老师就在身旁。然而，那最后一次对话是无声的对话。今年初，我在第一时间得知闵惠芬老师病重了。二胡界的同仁都非常关心她，我也尽自己的努力帮助她，期待她能康复。清明节时，我也专程到上海去看望她。不仅带着我对她的爱，也带着我们这一代许多二胡人对她的关心。在病床上，她已经不能说话，甚至无法看我们一眼。但是，我仍然跟她说，"我们大家都在为你祈祷，你还能为二胡事业做许多事。"不可思议的是，她听后，身上竟然会有微微地抽动。我认为，二胡对于她，已经是和她的生命联系在一起了。这种无声的心灵的对话是没有障碍的，就像她能听到一样。

她的生命已经和我们大家、和广大的二胡人联系在一起。她和我的几次对话，她的音容笑貌，她的嘱托，永远留在了我的记忆中。并且成为激励我们为二胡艺术发展继续努力、不断前行的力量。就像告别仪式上那悲切的二胡声，闵老师和她的音乐一起，永留人间！

刊于《人民音乐》2014 年第 8 期

宋飞：中国音乐学院副院长、教授，中国音协副主席，二胡学会会长。

艺术篇

博大境界的民族风骨神韵

——闵惠芬二胡表演艺术美学断想

季维模

"江山代有才人出，各领风骚数百年。"闵惠芬站在时代的高度，固守民族音乐气节、操行国乐风骨神韵，以"力屈万夫，韵高千古"的二胡表演艺术之气度，比肩西乐，引领中国民族音乐堂堂大步跻身世界乐坛。"研究中国古典音乐不能不研究古琴；研究中国近现代音乐，不能不研究二胡。然而研究二胡不能不研究闵惠芬。"

在中国传统哲学、中国传统美学、中国传统文化艺术文明的烘托下，闵惠芬在数十年二胡艺术舞台表演实践中，以其对中国传统文化的自信，对民族音乐的自尊和韧性坚守，以博学、慎思、笃行的人文艺术精神操守，倾心铸就了其博大境界、充满民族风骨神韵的二胡艺术操行。闵惠芬二胡表演艺术美学（包括舞台演奏实践，二胡音乐创作、二胡艺术理论等）自成体系，在其数十年的二胡艺术审美创造实践中，产生了"反其意""一人千面"的二度创作审美理念，"器乐演奏声腔化"的二胡演奏艺术美学命题，"情、气、格、韵""神接天宇之气、韵含山河之风、情寄万物之灵、乐映千古之源"等一系列二胡表演艺术审美理想，形成了一个博大境界的二胡艺术审美理想系统。在这些二胡艺术审美理想的关照下，闵惠芬创造了诸如：《江河水》《洪湖人民的心愿》《红旗渠水绕太行》《寒鸦戏水》等雅俗共赏的水系列，《卧龙吊孝》《逍遥津》《宝玉哭灵》《昭君出塞》……深蕴传统戏曲音乐文化内涵的"声腔化"系列，《老贫农话家史》《心曲》《草螟弄鸡公》《阳关三叠》……原创、编曲系列及《新婚别》《夜深沉》《诗魂》《长城随想》等大量二胡协奏曲系列的硕多题材的二胡艺术经典。这些二胡艺术审美创造曲曲"气韵生动""熠熠生辉"，并深深镌刻着闵惠芬那轩昂气度的神采、端庄典雅的身形。笔者现仅从闵惠芬"神接天宇之气，韵含山河之风、情寄万物之灵、乐映千古之源"这一二胡艺术审美理想切入，以期能渐行渐近地步入闵惠芬那博大境界的二胡艺术审美视域。

一、神接气宇之气

"气"在哲学范畴中被认为是：宇宙生命的原质；在美学范畴中被认为是：艺术创作的本源。"气"不仅构成世界万物的本体和生命，构成艺术家精神世界和生命力、创造力的整体，而且也构成艺术作品的生命。《乐记》是我国第一部涉及音乐"气化论"的著作，其中不仅论及音乐产生于天地之气的变化与和谐，而且认为音乐的社会作用的发挥也离不开天地之气，作品之气与人生之气的相互融通与感应。南北朝美学理论家钟嵘《诗品序》说："气之动物，物之感人，故摇荡性情，形诸舞咏。"这就是说，宇宙元气构成万物的生命，推动万物的变化，从而感发人的精神，产生了艺术，所以艺术作品不仅要描写各种物象，而且要描写作为宇宙本体和生命的"气"。

闵惠芬认为：只有气韵畅通无阻，气质纯朴端庄及思想不含其他成分，才能做到"心随弓运、意到声发"。只有在"心随弓运、意到声发"的基础上，才能收到"隐迹之形"树立起来丰满的音乐形象，并从而达到"传神"之妙境。闵惠芬"神接天宇之气"这一审美心胸，即是将其纯朴端正的艺术精神气质连接宇宙间万物、万象本体之气，"心随弓运、意到声发"地实际创造出优美、崇高美、悲壮美、凄美、欢乐美……各种鲜明性格音乐美、气韵生动的二胡艺术作品。在《长城随想》《诗魂》《川江》《第一二胡协奏曲》等一些大型二胡协奏曲的艺术审美创造中，闵惠芬将"气质""气度""气韵"（美学范畴）与"有无相生""虚实结合""大象无形"的艺术哲理思考转换、气化的"气韵生动"，畅达而自然。在演奏实际场景中，每每端坐入定，气度轩昂、神完气足；气韵之通达——无雕琢之痕，自然流美；气度之行止——若长天之阵云，草草渺渺，或连或绝；气势之无垠——忽如瀑之溃泄，忽如海之倒灌。心随弓运，生气远出，意到声发，生动浩茫。

例在《长城随想》第一乐章"关山行"的演绎中，闵惠芬将气息、气势、气韵适时"气化"，以神接天宇、浑然浩茫的诗性浪漫气度："时而以徐缓、沉稳的操行登临眺望、极目天舒，吟哦上下千古之风流华章；时而以凝重、萧瑟的顿挫独步高台、壮怀人生，感叹风云变幻的世事沧桑。望长城内外，山川浩瀚，壮丽万千气象，二胡语韵，层层推出，霞蔚叠嶂；仰人文精神，风流激越，豪迈坚韧自强，琴声气

92

度，句句流露自尊高尚。"①

　　笔者在聆赏闵惠芬诸多显以气度轩昂、大气磅礴的二胡艺术作品时，脑海里常常会浮现出毛泽东那些气韵生动，气势磅礴的行草手书诗词书法艺术作品来。

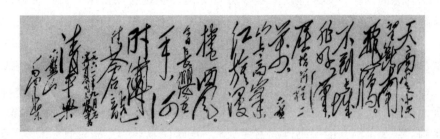

毛泽东手书诗词书法墨迹

　　唐代孙过庭在《书谱》中说："一画之间，变起伏于峰杪；一点之内，殊衄挫于毫芒。"姜夔在《续书谱》中说："故一点一画，皆有三转；一波一拂，皆有三折。"此两段话意指出书法的用笔，结体要由书家的心境，情感和学养而有婉转生动、妙造自然的变化。书法的妙韵更在由于书体的不同；如行书、行草或大草等，在章法、结构、用笔上会千变万化和字与字间的"笔断意不断"和笔意相连的"游丝"、"飞白"的"牵带"笔法，形成笔画的左顾右盼、上下呼应、承上启下等用笔的法度和审美意向。笔画流畅、通达的气息，加之墨色的变化，给人带来了或清雅、飘逸，或豪放、恣意挥洒的美感。

　　"毛泽东此幅书法艺术作品，充分地表现了诗人的革命浪漫主义情怀，反映了书家旷逸神远、博大的胸怀。飘飘然有凌云九天之志，有风旋电曳之势。用笔结体自然流美，舒展处如行云流水，激荡处如瀑泄千里，顿挫处如高山凝云……从字体的动态变化，可以看到毛泽东在书写时的激荡心情，流落在笔下的字体，跳荡飞动，激流湍湍，秋风劲拂，红旗急急舒卷；又似乐章时强、时弱、时快、时慢的演奏。白居易的《琵琶行》虽不足比拟此幅作品的音乐感，但尚可拿来比喻这幅作品的部分气势，看那大小字体的错落、跌宕，宛若：大弦嘈嘈如急雨，小弦切切如私语，嘈嘈切切错杂弹，大珠小珠落玉盘……"②

　　"异曲同工"，中国二胡艺术的审美创造与中国书法的艺术审美意境极为相通。

　　① 季维模：《三个高峰、三座丰碑》，载《闵惠芬二胡艺术研究文集》刘振学主编，上海音乐出版社2013年版，第117页。

　　② 王鹤滨：《惊世书圣》，长征出版社2004年版，第131页、135页。

例如，闵惠芬在《长城随想》第四乐章中一段垛板乐曲的二胡艺术审美创造："每及此处，闵惠芬右手强劲多变的运弓应和着'圆和迟涩'的多种揉滑，或重、或轻，或虚，或实。圆和的润饰甜醇柔润，迟涩的语韵苍辣遒劲，时或至以密不透风，风驰电掣的急促气势，时或呈现激烈凌厉、变化无端般的飞腾律动。闵惠芬以这一民族传统润饰声态的弦韵技法，纵情挥洒出沸腾起来的音势，令人情绪高涨、欢欣鼓舞……最后4小节跌宕起伏音型制造的声响、气势，犹如大江之潮汹涌奔腾，一泻千里。"① 此时，闵惠芬遒劲挥舞的运弓犹如书法艺术潇洒徐急的运笔，错落有致的弓、指技巧法度，犹如书法艺术中跌宕飞动的笔墨形态变化。气韵、气势、气度的应合，犹如书法艺术中游丝、飞白、牵带的流转，妙不可言。尤为令人称奇的是，以上举例：一为毛泽东的手书诗词书法艺术，一为闵惠芬的二胡表演艺术审美创造，同一浪漫的诗性气质和高尚的艺术气度，在不同艺术领域的审美创造上，审美意境的追求竟如此形同神合。

南北朝文艺理论家刘勰说：古人云："形在江海之上，心存魏阙之下。"神思之谓也，文之思也，其神远矣。故寂神疑虑，思接千载；悄焉动容，视通万理。吟咏之间，吐纳珠玉之声；眉睫之前，卷舒风云之色。其思理之致乎？这是说，艺术创作是一种思接千载，视通万里的想象活动，它突破了直接经验的局限。

闵惠芬"神接天宇之气"这一审美心胸为其二胡艺术的审美创造，储备了无限的艺术精神元气。例在其惊世之作《江河水》的审美创造中，闵惠芬以独特的润饰手法，将乐曲的第三、第四个"句读"谱面上的九个音 $\underline{\overset{3}{3}\cdot\overset{\frown}{\underline{5\ 3\ 2}}\ \underline{1}}$ ……$0\ \overset{6}{\underline{5\ 3\ 0}}$ 演奏成为：$\underline{\overset{32}{3}\cdot\overset{\frown}{\underline{5\ 3\ 2}}\ \underline{1}}$ ……$0\ \overset{676}{\underline{5\ 3\ 0}}$，以其极具个性的疏密、虚实的"定把滑弦"，显露出强烈的戏剧性揉滑，二指把"$\dot{3}\ 5\ \dot{3}$"三个音符的滑弦刻画为女性凄凉的抽泣，连同紧随出现的主音"$\dot{1}$"，迅速用小指对其压弦，控制力度后"尾滑"至"7"音到休止前以"盖"为"收"，以"刹"住的指法使润饰的效果产生凄惨的哽咽，直至气噎声绝！以这样对乐曲装饰音的增减，声音的强弱、虚实、疏密、松紧，抑、扬、顿、挫随台上、台下音乐气场的即兴调度，闵惠芬在其二胡艺术的审美创造中比比皆是。西方的音乐同行们被闵惠芬二胡音乐诠释中充满东方音乐美学意蕴的"有无""虚实""大音希声"及"此处无声胜有声""于无声处听惊雷"的二胡艺术哲理思考折服了，称赞闵惠芬的演奏"连休止符也充满音乐"，是"世界伟大的弦乐演奏家"。

---

① 季维模：《三个高峰、三座丰碑》，载《闵惠芬二胡艺术研究文集》，刘振学主编，上海音乐出版社2013年版，第120页。

老子认为，天地万物都是"无""有"和"虚""实"的统一。有了这种统一，天地万物才能流动、运化，才能生生不息。老子这种思想对中国古典美学的发展影响很大。"虚实结合"成了中国古典美学一条重要的原则，概括了中国艺术的重要美学特点。魏晋南北朝美学家提出了"气韵生动"的命题。"气韵生动"的气，不仅表示于具体的物象，而且表现于物象之外的虚空，没有"有、无、虚、实"的对比、结合，艺术创造就谈不上"气韵生动"。

闵惠芬将"气"之审美的"气化"理论以其二胡表演艺术审美创造的实践，经验性地阐述、解读，将自我内化的艺术精神气质，以具生命力、通达的气韵，"心随弓运、意到声发"。一些哲理思考的二胡艺术审美意识："隐迹立形""反其意""欲扬宜先抑""一人千面"……使她的艺术创造树立起独特的"风骨神采"显露出"气韵生动""生命远出"非凡的艺术审美创造力。

魏晋南北朝美学思想家钟嵘《诗品序》说："气之动物，物之感人，故摇荡性情，形诸舞咏。"这就是说，宇宙元气构成万物的生命，推动万物的变化，从而感发人的精神，产生了艺术，所以艺术作品不仅要描写各种物象，而且要描写作为宇宙本体和生命的"气"。闵惠芬这一"神接天宇之气"审美心胸，即是在二胡艺术实践中将艺术审美创造主体的"神采"与宇宙"元气"之冲合，以一种气度轩昂的艺术精神状态，将内化的精神气质与创造对象的本源之"气象"高度的契合和统一，达到"传神"之"妙境"，这种"传神"之"妙境"给人们在视觉与听觉之冲击，产生出"不可抗拒的魅力"的二胡表演艺术之美，形成了闵惠芬独特的风格倾向和二胡表演艺术美学特征，也由此奠基了中国二胡表演艺术美学的启蒙。以其惊世之作《江河水》的二胡表演艺术审美创造为例，一经问世，即构成为一个历史时空下的音乐文化背景，打动了上至国家总统、元首，影响了下至平民百姓和社会基层的各界人士。朝鲜国家首相金日成称赞闵惠芬说："你的演奏把我迷住了，中国的民族音乐走在我们朝鲜民族音乐的前头。"国际乐坛的专家、大师们赞叹："连休止符都充满音乐""诉尽人间悲切、听起来痛彻肺腑""不可抗拒的魅力、世界伟大的弦乐演奏家"。闵惠芬震撼人心的二胡表演艺术创造引发了轰动的社会效应，这在中国音乐史上是罕见的。

二、韵含山河之风

"韵含山河之风"这一审美心胸是闵惠芬在二胡艺术实践中对"韵"之审美的又一立美方法和审美追求。闵惠芬在《博大境界中的民族神韵——论二胡协奏曲〈长城随想〉的演奏艺术》一文中的"我的追求"部分中谈到她的演奏美学追求时

95

说，"韵，指音乐的韵味，要在传统的基础上，寻求我们民族的神韵，着意于民族音乐的语言美"和器乐声腔化，把二胡的"绰、注、吟、揉、顿、挫、滑"等传统技法发挥得更具有魅力。著名作曲家刘文金先生说：闵惠芬二胡演奏艺术的主要成就与特征，在于将技术与艺术融会贯通的全部过程中始终包含着她所追求的出神入化的"腔势""韵律"和丰厚的民族文化底蕴。在"韵"的审美追求上，闵惠芬植根于中国传统文化，传统音乐的基础，在长期的二胡艺术实践中，对中国博大精深的传统文化进行广泛的学习，对古典诗词歌赋醉心浸润、吟咏，有着国粹京剧、地方戏曲、民间说唱、琴曲等民族音乐文化的全面修养，大量的积累使其二胡艺术审美创造能左右逢源、融会贯通。在"韵"的审美追求上寻求我们民族音乐的风骨神韵，着意将民族音乐的"语韵美"、诗词歌赋的"格律美"以及戏剧曲调的"声腔美"，化合于二胡"绰、注、吟、揉、顿、挫、滑"传统技法中，发挥得更具有魅力。

"在中国古典美学系统中，壮美的形象不仅要雄伟劲健，而且同时要表现出内在的韵味；优美的形象不仅要秀丽、柔婉，而且同时要表现出内在的骨力。中国古典美学论书法时讲究书要兼备阴阳二气，讲究'力'和'韵'的互相渗透；论画时讲究'寓刚健于婀娜之中，行道劲于婉媚之内'……"① 在中国传统美学与艺术理论中，关于"韵"的含义和意境即被不断地变化和充实。

闵惠芬在二胡艺术审美创造实践中，理性的思索，感性地体验，不断丰富二胡音乐语韵的内涵。"神接天宇之气"和"韵含山河之风"这一审美理想有机地运化为优美、壮美、崇高美等大美的"气韵"。哲学范畴的"气"转换为美学范畴的"气韵"神妙而自然，赋予艺术作品"气韵生动"的美学品质，这种"气韵生动"的艺术美学品质，在闵惠芬创造的二胡艺术作品中始终闪烁着。

例如在《春诗》的二胡艺术审美创造中，音循田歌山歌的韵味，收起得当的运弓，心随弓运、意到声发，伸展妥帖的指法，应合"拖腔""起腔"的润饰，尽显浓郁的山野之风的声乐语言的气韵，将人们带入万物复苏，春和景明的旷野之晨。随后，疏密有致 $2\ 5\ \overset{35}{6\cdot 3}\ 2-\dot{2}-|$ 渐弱的大块"淡墨"，$\overset{2}{5}-\underline{6\ 2\ 5\ 6}\ \underline{5\cdot 5}\cdots\cdots 6\cdot \underline{2\ 5\ 6}\ \underline{3\ 2\ 1\ 2}\ |\ 5-\underline{5\ 3\ 5\ 6\ 1\ 3}\ |\ \dot{6}\cdot \dot{5}\cdots\cdots$ 几处内外弦转切，上下跌宕和虚实相间，力度变化妩媚。此曲后面部分快弓急促、激情的切入，错落有致的轻重徐缓和反差对比，表现出轻快、酣畅的渐慢轻远，犹如凝聚，汇拢的山涧之水珠帘而下，注入清澈见底的溪流涓涓远去，美不胜收。闵惠芬在《春诗》二胡

① 叶朗著：《中国美学史大纲》，高等教育出版社 2005 年版，第 65 页。

演奏审美创造中，仿佛将每个音符和乐句都注入了山河湖川春光明媚的生动气韵和诗情画意的审美意境。需要强调的是，闵惠芬此曲诠释构创时设定的章法（乐段的起承转合）和临场不断重彩（绮丽陡峭的韵饰）的挥洒点染，犹如点睛之神来之笔，弓幅展指润饰有致，内心诗性浪漫骤放，那是诗、画、笔墨都难以企及的二胡艺术风格的"韵致美"。

与《春诗》所表现出的山水自然春光的"风韵"美有所不同，在《川江》的二胡艺术审美创造中，闵惠芬让审美客体领略的是千岩竞秀、万壑争流，人融入自然山川的"气韵美"。川剧高腔的韵味及"上水号子""过滩号子"那无拖腔，句幅短，高亢激昂的律动特征，被闵惠芬那意蕴妥帖的技法，直逼川剧高腔的二胡语韵和神完气足的操行，淋漓尽致地显现。人们的心境会随着她的审美心胸，随着旋律线的起伏进入"规定情境"，投入到巴山蜀水那清风晨雾之中。叩击凌厉的操弓挥洒和合着"上水号子""过滩号子"的节拍，与激流险滩搏斗的激越场景叠影而出，闵惠芬以她那极具张力的琴声，多重色彩及铿锵的运弓，点击、勾勒和渲染着川江浊浪咆哮、汹涌澎湃的音画。

车尔尼雪夫斯基说过：构成自然界的美是使我们想起人来（或是预示人格）的东西，自然界的美的事物，只有作为人的一种暗示才有美的意义。按照这种看法，自然美就不是纯客观的东西，它包含有审美主体的思想、联想、想象的成分，也就是包含有意识形态的成分。[1]

闵惠芬"韵含山河之风"这一审美理想，显然是审美主体表述了在其二胡语韵中也蕴含着山河自然的"壮美之风"的审美追求，这壮美的山河自然之"风韵"融注于闵惠芬"妙造自然""气韵生动"的二胡艺术审美创造意境追求之中。"出新意于法度之中、穷妙理于豪放之外"。[2] 闵惠芬用"有、无、虚、实""反其意"等艺术哲理思考之心智，以敏锐的艺术触角，变幻着二胡"绰、注、吟、揉、顿、挫、滑"的传统技法，基于中国传统音乐的民族色彩，创造出大量风格迥异、音乐性格鲜活和深蕴戏剧曲调"声腔美"、诗词歌赋"格律美"和民族音乐"语韵美"博大的艺术审美境界和富涵民族风骨神韵的二胡艺术审美对象来。诸如：一曲拨动亿万人民心弦《赛马》的"欢乐美"；生气勃勃、清新流畅《红旗渠水绕太行》的"自然美"；《江河水》淘悲天泪，琴操千年江河水涌流、弦诉万民辛酸泪不平的悲怆之大写意之"壮美"；《洪湖人民的心愿》委婉的琴韵，如泣如诉的细腻情

---

[1] 叶朗著：《中国美学史大纲》，高等教育出版社 2005 年版，第 46 页。

[2] 宋代文学家苏东坡语。

震撼人心扉，洪湖苏区人民如火如荼的革命场景，粗犷气概、激情奔放、气势豪放的"声腔美"；《二泉映月》浑厚质朴、大拙不雕的"沧桑美"；《夜深沉》再现国粹京剧声腔"神韵"，表现出西楚霸王项羽与虞姬生死不渝的爱情"悲剧美"，"诗在弦上吟、悲泪千古流"①；《新婚别》的"史诗美"；博大境界、集萃民族音乐"风骨神韵"，表达中华民族新精神，接通新时代审美崇尚《长城随想》的"崇高"美……

中华民族历史悠久，幅员辽阔，山河壮丽，文化艺术文明博大精深，民族的音乐丰富多彩，各地域的音乐性格鲜明、迥异。闵惠芬以其"韵含山河之风"博大的审美心胸，倾心地塑造着中国二胡艺术高尚的美学品位。以二胡艺术承载和显现中华民族博大深邃的传统音乐文化艺术文明，是闵惠芬二胡表演艺术审美创造中重要的美学特征之一。

三、情寄万物之灵

"情寄万物之灵"是闵惠芬二胡表演艺术审美心胸的又一写照。"未成曲调先有情"，② 一句话道出富于感情的演奏是二胡艺术审美创造的重要因素。闵惠芬在二胡艺术的理论文章对"情"解释道："情，指演奏时情感要真切，要情动于中，声情并茂，自然流露。"中国古典美学肯定情感在艺术创作中的重要地位和作用，并认为情感是艺术创作的灵魂和生命。情感是人类心灵世界中一个最为丰富复杂，最为神秘玄奥、最为令人神往的领域。康有为在提到情感与艺术的关系时说："天下最神圣莫过于情感，情感是宇宙间大秘密。情感教育的最大利器就是艺术：音乐、美术、文学这三件法宝把情感秘密的钥匙都掌住了。"音乐艺术亦被誉为是"表情艺术的皇冠"。闵惠芬持掌着二胡艺术这把最宜打开感情思绪闸门的钥匙，倾情地塑造着宇宙间万物之灵性。

例在《阳关三叠》二胡音乐艺术审美创造中，闵惠芬将情感的抒发完全浓缩于二胡的两根弦上，动人的、富于诗意的、深情的吟咏，嗟叹着："北国长城关外，丝绸之路漫漫，古塞箭楼重重，戈壁沙滩无尽。征战疆场血染，边声胡笳哀怨。由来争战地，不见有人还。这里留下了无数壮怀激烈的传奇，洒下了千万将士征夫的悲泪，同时也诞生了流芳百世、感天动地的诗篇。长城内外，覆盖着中华民族最深层

---

① 闵惠芬语。

② 同上。

次的文化沉淀……琴曲《阳关三叠》的开头四句唱词是唐代大诗人王维千古传颂的送别诗《渭城曲》（亦名送元二使安西）。……在改编过程中，我感到抽去了唱词、情感的抒发完全要浓缩到二胡二根弦上了……我想到：把古琴、歌唱最具特征的表现加上二胡最擅长的表现方法，三者加在一起，才有可能创造出一个更动人的、更富有诗意的、更深情的《阳光三叠》。我拿定主意，要语不惊人誓不休。"① "或取诸怀抱晤言一室之内，或因寄所托放浪形骸之外。"② 一个更加动人富于诗意、"幽远深情"的《阳关三叠》二胡艺术审美创造经典诞生了。《洪湖主题随想曲》的编创审美追求，闵惠芬时或"情真意切"地委婉讲述，时或"情动于中"，淋漓酣畅、荡气回肠的挥弓击弦，"声情并茂"的挥洒着女英雄韩英对未来的畅想和为人民得解放甘洒热血的"豪情"。《空山鸟语》《草螟弄鸡公》栩栩如生、情趣灵动。《游园》《绣荷包》尽显吴侬声韵的"柔情"。《昭君出塞》呈现出红线女那绮丽陡峭、惊艳穿透的南粤"声腔"，尽现王昭君怀抱琵琶，西行出塞，献身安邦的"大义之情"。《迷糊调》《秦腔主题随想曲》豪爽奔放的"秦川风情"，《赛马》的欢腾激越，《庆丰收》《喜送公粮》的"欢乐之情"……不一而至。

艺术活动是情感表现的特殊形式，情感表现是艺术活动的核心内容。在自己心理唤起一度体验过的情感，在唤起这种情感之后，用动作、线条、色彩、声音以及言辞所表达的形象来传达出这种感情，使别人也体会到这种感情——这就是艺术。③

闵惠芬在二胡艺术的审美创造中的情感不是抽象的。没有生活内涵的，而是特定情景中直逼创造对象"呼之欲出"的魂灵。她说："把技巧融会在音乐表现中，以我的体会，其关键在于联想，这个联想包括对场面环境的想象，也包括对作品所特有的精神气质和内在情感的领悟刻画。通过演奏者丰富的联想，才能将感受到的东西升华为各种感情，从而转化到手上，运用娴熟的技术技巧，使乐器发出充满活力的音符。"例在《寒鸦戏水》的二胡艺术审美创造中，闵惠芬展开想象的翅膀。"乐曲开头：鸭妈妈一个'人'先出场，巡视四方，速度很慢，第二乐句为小鸭子们摇摇摆摆随鸭妈妈出场，打击乐进入以代表小鸭子们的角色……这使乐曲一开头就改变了原曲的悲凉情质，起到了'反其意'的效果……而后速度紧缩，逐渐加快，中间不住地出现一些野禽水鸟的有趣镜头，有的从高空突然落下

---

① 傅建生、方立平主编：《闵惠芬二胡艺术研究文集》，上海音乐出版社 2004 年版第 55 页。

② 东晋书法家王羲之《兰亭序》句。

③ 参见列夫托尔斯泰的《论艺术》。

滑入水中……最后一小节二胡高音三度打音逐渐升高，这是形容鸟儿拍打翅膀的神来之笔。"①

纯器乐创作最能体现音乐家对审美创造的自觉追求。美学家爱伦斯特·莫依曼在他的《美学体系》中曾举出艺术创作的一般动机："1.曾经或多或少地强烈地抓住过艺术家的心和打动过他的感情生活的艺术体验；2.想把这种体验通过艺术形式表达出来的一种本能或冲动；3.在对它的表达上想要赋予一种不朽作品形式时所做的努力。"② 这段对艺术创造动机的分析，正好说出了纯器乐审美创造的一般规律。纯器乐的技能运用正是为了要传达音乐家的艺术体验。在《寒鸦戏水》的二胡表演艺术审美实际创造中，闵惠芬在内心情感的推动下，进入一个活跃的、丰富的、深刻的审美创作状态，运用二胡传统技巧和其独特创意的各种手法，创造性地进行着音响的组合和结构。

每每听到《寒鸦戏水》的尾声部分，听（观）众的情绪总会不自觉地逐渐升温，随着闵惠芬"神形兼备""声情并茂"的演奏和那毫无痕迹的加速，紧扣心弦的审美创造动机："将逐渐紧缩的速度上升的较快，情绪热烈的高潮时收住。而到此还不算数，往往还要加个尾声，再加速、再炫技、再升温，要沸腾起来，'龙飞凤舞'起来，达到把观众情绪全部煽动的热烈效果。"③

在首届北京胡琴节——闵惠芬二胡讲座音乐会上，与会的全国各地的演奏家、专家、学者及二胡界的同仁们，有幸"心交神往"地聆赏到了闵惠芬这一曲无伴奏（未带"大铜锣""狗咬锣"和木鱼、铙，甚至不加扬琴）"清拉"的《寒鸦戏水》。至于说"有幸"，对于二胡艺术的同仁们来说，能现场听到闵惠芬先生这样的无伴奏形式的《寒鸦戏水》的演奏，无异于京剧界和绘画界能现场观摩到梅兰芳先生的京剧"清唱"和齐白石大师现场作画一样弥足珍贵。在中央音乐学院和这样规格的音乐活动中，闵惠芬隆重地又一次推出了她作为重要保留曲目之一的《寒鸦戏水》，其重视以中国传统的民族民间音乐为主要素材作为二胡艺术的审美创造的韧性坚守，可见一斑。座无虚席的中央音乐学院演奏厅，被闵惠芬精彩纷呈、神妙灵动的二胡演奏艺术创造撼动得情绪高涨，掌声不息，热烈激情的场景久久难以平静。

---

① 闵惠芬：《"反其意"的启迪》载傅建生、方立平主编：《闵惠芬二胡艺术研究文集》，上海音乐出版社2004年版，第52页。

② 龚妮丽：《音乐美学论纲》，中国社科学出版社2002年版，第74页。

③ 闵惠芬：《"反其意"的启迪》载《闵惠芬二胡艺术研究文集》傅建生、方立平主编，上海音乐出版社2004年版，第52页。

卢梭说过："音乐家的艺术绝不在于对象的直接模仿，而是在于能够使人们在心灵接近于（被描述的）对象存在本身所造成的意境。"在音乐艺术"意境"的创造中，创造主体的情感体验起着很大的作用。在音乐艺术创造构思的过程中，审美创造主体的主观情感已经浸透在音乐艺术形象中。闵惠芬以"情寄万物之灵"这一审美心胸，澄怀观照着宇宙间万象峥嵘的"意境"，并将自己体验和感受到的"意境"和"万象"升华为各种情感，从而转化到手上，运用她精湛、娴熟的技术技巧和出神入化的腔势、韵律，"情动于中、故形以声"，倾情地审美创造出同自然之万象非笔墨之能言的审美对象世界来。笔者现摘引一段听众的"闵惠芬二胡独奏音乐会"观后诗文为例：

"明明是一张琴弓，却变成了——大刀、船桨、闪电、马鞭……

明明是两根琴弦，却化作了——舷梯、虹霓、轨道、飞泉……

明明是一只琴桶，却装有——风雷、日月、江海、草原……

明明是一次二胡独奏音乐会，却阅尽了——历史和时代的画卷。"[1]

闵惠芬二胡艺术审美创造的情感之流，犹如注入给人民的一道心泉，湍湍不息地流淌向——未——来！

四、乐映千古之源

"乐映千古之源"这一审美心胸，是闵惠芬长期二胡表演艺术实践中梳理出来的又一二胡艺术审美追求。基于这一审美追求，她站在本土文化的立场，广泛地从中国传统文化，中国传统音乐、中国传统美学的内部吸收营养，寻找超越的动力。例如，她根据琴曲改编移植了《阳关三叠》，对京剧《逍遥津》、越剧《宝玉哭灵》、昆曲《游国》、粤剧《昭君出塞》的改编、移植，以及《新婚别》《夜深沉》《诗魂》《长城随想》……硕多传统题材的二胡艺术审美创造，大大地丰富和开阔了其二胡艺术创造的审美视域，将其二胡表演艺术美学体系中填充了新的语境和内容。闵惠芬说："……我从古典音乐、戏曲音乐之精神中找到了极富表现力的古风乐韵"。以《新婚别》的二胡艺术审美创造为例：

"跨越千年风尘、诗圣约会琴圣，让《新婚别》带着缠绵情意，从二弦的指尖

---

① 安栋梁：《心泉》载刘振学主编：《闵惠芬二胡艺术研究文集》，上海音乐出版社 2013 年版，第 340 页。

上出发、传得更远、更远……"① 这段文字较概括性地表述了闵惠芬《新婚别》二胡表演艺术的审美意境。此曲立意高古，根据唐代大诗人杜甫的同名诗意创作。为了能妥帖地用二胡语汇表达"安史之乱"中生死离别的故事，吃透《新婚别》的主题曲意，闵惠芬对杜甫的"三史""三别"六首唐诗进行了深入的研究，将《新婚别》中的诗情、曲意、时代背景、人物情感与二胡语汇、润饰进行了认真的对接、构思创造，并能与《新婚别》曲作者真诚、热情地合作，且介入部分乐段的修改和补充、悉心地拟定弓指法……因此，这部撼人心扉的二胡叙事曲《新婚别》的首演和诠释当是闵惠芬"思接千古""成竹在胸"的二胡表演艺术审美创造。

在 20 世纪 80 年代初的"上海之春"音乐会上，闵惠芬首演了由张晓峰、朱晓谷两位先生创作的这首大型二胡叙事曲《新婚别》，产生了强烈的社会反响，并赞有二胡版《梁祝》之美誉，首演的巨大成功与呕心沥血的二胡艺术审美创造的实践必然是为正比。闵惠芬版《新婚别》的二胡表演艺术美学特征是：将推陈出新、兼收并蓄、融会贯通的学术理念与超凡脱俗的演奏风格的演奏技法逻辑性地链接，使声腔语韵、诗情画意、乐映千古的审美追求与出神入化的演绎风格结构性地吻合。闵惠芬这般以诗情、声腔入"韵"的《新婚别》问世，拉开了多元化、大型化及交响化的二胡演创序幕，揭开了中国二胡表演艺术的新纪元。自此，闵惠芬那练达不苟浮华、深刻不拒时尚、苍扑兼具典雅、绮丽相随委婉的二度演创审美理念，被二胡界竞相追崇。

在"乐映千古之源"这一二胡艺术审美心胸的观照下，闵惠芬一些各具特色、情景交融、生动传神，融叙事性、文学性、戏剧性三味一体的"器乐演奏声腔化"二胡表演美学特征的审美创造应运而生。

例如：1975 年她学习京剧唱腔录制了《逍遥津》《夜深沉》《文昭关》《连营寨》《卖马摔铜》《李陵碑》《卧龙吊孝》《斩黄袍》《绝谷探道》《珠帘寨》……这些民族乐器仿奏京剧唱腔的艺术审美创造源于中央的决定：毛主席因患老年性白内障，视力不济，深感不安。为了让毛主席安心养病，调集各地有关艺术家，在北京成立录音组，录制中国古典诗词音乐和用民族乐器仿奏京剧唱腔，由于起初闵惠芬对京剧并不熟悉，所以请了京剧名家李慕良先生前来指导。据当时担任录音组的编曲和录音监制的连波先生回忆：闵惠芬随李慕良先生从内容到唱腔，一字一句，细心揣摩。经过努力学习，对所表现的内容及唱腔风格有所理解，然后从模仿中摆脱出来，

---

① 闵惠芬：《诗在弦上吟》载傅建生、方立平主编：《闵惠芬二胡艺术研究文集》，上海音乐出版社 2004 年版，第 65 页。

再根据二胡性能，加以创造性的发挥，于是成了一首首独具魅力的二胡独奏曲。毛主席是诗词和京剧的欣赏大家，而听了闵惠芬《卧龙吊孝》等二胡仿奏京剧唱腔曲目，虽然耳熟能详，却又别样风味，可谓"青出于蓝而胜于蓝"，甚为赞赏。亦正由此机遇，闵惠芬确立了"器乐演奏声腔化"这一二胡艺术美学命题。

著名高胡演奏家余其伟说："闵惠芬的琴艺与风采，笔墨言辞难述其妙。"能亲临现场观赏，聆听闵惠芬的二胡舞台表演艺术，是难得的艺术享受。一些"声腔化"的艺术作品，更是让你饱赏到"人格""性格"和具有"角色感"、丰满的闵氏二胡音乐艺术的无穷魅力。在二胡大师闵惠芬"上海之春"获奖50周年祝贺音乐会上，闵惠芬《逍遥津》这首"乐映千古"的"声腔化"二胡艺术审美创造的"经典"，又一次在上海音乐厅隆重推出。为能现场聆赏闵惠芬这场音乐会，笔者特地从千里之外赶赴上海。一出上海人民广场地铁站，远眺上海音乐厅，即深切感受到闵惠芬那神完气足的艺术精神气质。这曲《逍遥津》的演绎是与已故京剧音乐大师，京胡圣手李慕良之子李祖铭先生合作，当是绝佳的拍档。闵惠芬那令人神往的二胡"声腔"一起，立刻把人们带入了"父子们在宫院伤心落泪"的凄楚、哀伤而又激愤的情绪之中，琴声如人声，京剧高（庆奎）派高亢的调门，气力足，嗓音宽厚洪亮，唱腔铿锵有力，节奏鲜明的流派特征。唱腔中十几个"欺寡人"就有十几种变化。与京剧特有的锣鼓点、京胡伴奏、板式变化（二黄导板、回龙、二黄原板转慢板、散板）的应对、嵌挡、衔合精妙无比，声腔旋律上的切字出音，字重腔轻的京剧声腔艺术特征表现得淋漓尽致。"第一是声音，第二是声音，第三还是声音"，① 此刻音乐厅里回响着闵惠芬那"乐映千古之声"，饱含历史"尘封"深蕴时代"包浆"的二胡琴声。

哲人说：音乐是流动的建筑，建筑是凝固的音乐。闵惠芬首演大型二胡协奏曲《长城随想》，在她的艺术生涯中犹如一座造型宏伟、高入云霄的标志性建筑。万里长城纵横两千年，绵亘十万里，它犹如巨龙，蜿蜒起伏于世界的东方，是人类历史上的伟大建筑奇迹，是中华民族团结和力量的象征。闵惠芬说："我要用我的二胡高唱一首伟大祖国的颂歌"、"大千世界有各种各样的美，而伟大的艺术则往往有一种崇高的美，壮丽的美。《长城随想》的艺术价值主要即在于此"，"这部作品把我心中二胡所有的一切全部解放出来了！"闵惠芬将《长城随想》此曲的二胡表演艺术审美创造的意境，高达"高山仰止"的境界。

以二胡艺术承载和显现中华民族博大深邃的传统音乐文化艺术文明是闵惠芬对

---

① 闵惠芬语。

中国民族音乐文化的巨大贡献和主要的二胡表演艺术的美学特征！《长城随想》的首演和诠释，即是最集中地体现了闵惠芬二胡表演艺术的精髓和成就。现让我们随着《长城随想》第一乐章"关山行"的二胡主奏，走进闵惠芬"乐映千古之源"审美心胸观照下的二胡艺术创造的意境：一弓"C"音先声夺人，震颤出恢宏的气势，撼动肺腑的"绰、注"技法感天动地……独奏二胡曲首的"do"音，闵惠芬略带音头的这一弓遒劲、坚实有力拨千钧的牵带之势，弓行至前半段"mf"时，蓄力提顿挥就，弦颤气震，真乃匠心独运，这一"生气远出、意到声发"的音效顿显坚定如盘的气势，这一弓激发出的质朴、厚重的音色、气质和神韵，顿显上古商周青铜铸器的古朴、凝重，沉稳之大气，先秦、楚汉文化的雄浑、浩茫、豪放之气度。这一弓亦有"心事浩茫连广宇、于无声处听惊雷"之音效。随后，闵惠芬以沉、稳、深、长的"气息"，整合着抑、扬、顿、挫的走弓操行和严谨风雅的"吟、揉、绰、注"，将人们带入华夏民族千秋风云、万世沧桑的回望。

"艺术是要以一个完全整体向世界说话的。"[①]

回观闵惠芬《长城随想》四个乐章的二胡表演艺术的审美创造，是那样的绚丽烁目。"神接天宇之气，韵含山河之风，情寄万物之灵，乐映千古之源"这博大境界的审美理想，铸就出气宇轩昂、雄浑浩茫气度闵氏特质的二胡音韵和语汇，从而创造了这博大、壮观、苍劲、深远、壮丽意境的二胡艺术审美对象世界来。四个乐章独奏二胡的音韵，色块分明而又气势贯通。每个乐章的音势、基调清晰，层次分明而又富于变化，每个音符的色彩、气度、声效都演绎的那么严谨、扣人心弦。随着闵惠芬独奏二胡那极具强烈个性魅力的第一个音，人们自然而然地随着她的二胡艺术审美创造进入了"规定情景"。此时此刻，即席的乐队，听（观）众及闵惠芬自身也都随着撼人心魄的琴声穿越时空、神游于壮丽的"长城"。

泰戈尔说："人在必然世界里有一个有限之极，人在希望世界里则有一个无限之极。"

由于中西方历史文化背景的差异，中国传统哲学与西方哲学不同，西方哲学注重于研究事物的精微本体，中国哲学则崇尚事物间关系的思想视域。受哲学思考的影响，中西音乐艺术的审美风尚也当有迥异的侧重和不同的倾向。中西弦乐器二胡与小提琴的物理结构：一个简约、质朴，一个精美、华丽。就音乐艺术审美创造的哲理思考而言："旷世奇才"小提琴演奏家海菲兹的演绎和诠释，充分彰显着西方弦乐器小提琴艺术审美创造所追求的辉煌、美丽的音色，高超精妙的技法和对音乐

---

① 〔匈〕李斯特语。

作品准确、严谨的演绎。"千古绝唱"二胡表演艺术家闵惠芬的审美创造，则充分展现着其诗性浪漫、恢宏灿烂的音韵，出神入化、炉火纯青的技巧法度，对音乐作品缜密严格的诠释。这两位中西弦乐器演奏巨擘亦是殊途同归：在技术、技巧拓展的科学合理的动力定型范畴这个"必然世界里"给我们刻画了一个"有限之极"，以自身手中的"道器"，用各自深刻的历史文化意蕴和艺术哲理思考的音乐语汇向世界说话。而较之海菲兹，闵惠芬更是"弦外有音，音内有心"，①"胸中具上下千古风，腕下具纵横万里势"，"以追风摄影之笔写通天尽人之怀"，利用我们中华民族博大精深的文化艺术文明的优势，在二胡表演艺术的审美创造上，给我们指定了一个在"希望世界"里的无限的创造空间。

纵观闵惠芬数十年的二胡表演艺术审美创造：在"神接天宇之气，韵含山河之风，情寄万物之灵，乐映千古之源"这一系列的审美理想的观照下，闵惠芬以博大、崇高、胸罗宇宙、思接千古、雅俗共赏等等艺术审美心胸，及其刚柔并济、气韵生动、雄浑豪放的二胡表演风格美学特征，审美创造出大量具有情感强烈、气势恢宏、抒情流美……，亦高雅亦通俗，既有先秦文化雄浑气势，亦有小桥流水江南之风的细腻韵味的二胡艺术作品。这些审美创造可谓曲曲神采照人，声声撼人心扉，诗情、曲意、音韵、精神，尽随弓弦流注指端。

"神接天宇之气，韵含山河之风，情寄万物之灵，乐映千古之源"这一博大境界的审美理想是闵惠芬二胡表演艺术美学体系中重要的审美创造追求，它连同"器乐演奏声腔化"等美学命题，于长期的二胡表演艺术审美创造实践，成就了其"博大境界的民族风骨神韵"美学特征的闵惠芬二胡艺术操行。"博大境界的民族风骨神韵"是闵惠芬二胡艺术精神和表演风格的高度概括，是闵惠芬二胡表演艺术美学的核心价值。"博大境界的民族风骨神韵"的闵惠芬二胡表演艺术为中华民族留下了丰富和宝贵的二胡艺术遗产。

2014 年 12 月 20 日

季维模：安徽省弓弦乐委员会理事，会刊《二胡艺术》主编。

---

① 音乐家、作曲家朱践耳语。

中国文化界的旗帜性人物

——闵惠芬的二胡艺术人生

刘再生

旗帜是时代精神的象征，无论在炮火纷飞的战场，在热火朝天的工地，在知识弥漫的课堂，在花团锦簇的舞台，一面有形无形的旗帜总在人们心中飘扬，它迎着漫天风雪，迎着电闪雷鸣，迎着汹涌波涛，迎着万道霞光，发出哗啦啦的声响。这是人世间最为柔美的音乐，也是极为壮丽的号角。它浓缩成一个符号——驰名世界的弓弦乐器大师、中国文化界的旗帜性人物闵惠芬二胡艺术的人生。

少女时代　一鸣惊人

音乐是人类在漫长进化过程中创造的听觉文明，也是所有文化中最为抽象的艺术。世界上任何艺术比赛，总是以参赛者整体的高水平来衡量大赛之含金量。1963年第四届"上海之春"二胡比赛，是新中国成立60余年来所有全国性二胡比赛中高手云集、强手如林最为密集的一次，闵惠芬时年18岁，以一等奖第一名力压群芳，金榜题名。正如担任评委会主任的著名音乐家贺绿汀所说："别看她年龄最小，她的演奏最有音乐！"她的获奖，拉开了中国二胡艺术进入一个崭新时代的帷幕。这届二胡比赛也成为中国二胡音乐由传统向现代转型的时代缩影。闵惠芬之所以能够一举夺魁，是和她家庭的音乐熏陶，个人的艺术天赋与刻苦勤奋，江南水乡的人文地理环境以及得到闵季骞、王乙、陆修棠三位名师指点打下扎实基本功与演奏技艺分不开的，从此确立了她二胡艺术独特风格与美学倾向基调。闵惠芬志存高远，她将这次比赛视为人生新的起点，更加严格地要求自己，日夜刻苦练习，从舞台实践中积累经验，吸取民族音乐元素，极大地扩展了艺术视野，在二胡演奏艺术领域逐渐走向成熟。1974年她调入中国艺术团，在外事演出中演奏《江河水》等乐曲，以大幅度感情起伏，鲜明力度对比，浓郁的民间音韵，歌唱性的出色发挥，将乐曲深沉悲愤的情感抒发得淋漓尽致。美国费城交响乐团指挥大师奥迪曼观看演出后说："美丽的闵惠芬小姐，是位超天才的演奏家。"世界著名指挥大师小泽征尔听后伏案恸哭，说她的演奏"诉尽人间悲切，使人听来痛彻肺腑"。尤其是1975年电影舞台艺术片《百花争艳》拍摄完成在全国各地放映后，她的名字在中国家喻户晓，以其光彩夺目的艺术形象和感人肺腑的音乐魅力产生了巨大社会影响，在中国二胡史上开辟了一个以女性形象为主体的"闵惠芬时代"，影响了中国半个多世纪二胡音乐艺术的发展。

青年时代　登峰造极

任何国际级演奏大师都有自己演奏艺术的辉煌时代和百听不厌的经典名曲，在音乐生涯中登峰造极，成为时代艺术的里程碑。大型二胡协奏曲《长城随想》既是作曲家刘文金音乐创作的里程碑之作，它超越了自刘天华开辟中国二胡音乐专业创作以来的所有作品，也是演奏家闵惠芬二胡音乐演奏的里程碑。乐曲的创作动机与形式选择，是他们两人几乎在同一瞬间"心有灵犀"萌发而出的灵感。1978年夏末，中国艺术团赴美国访问演出之际，在参观纽约联合国大厦时，一幅巨大的万里长城彩色壁毯几乎覆盖了大厅正门的整个墙壁。它气势雄伟、光彩夺目，一种强烈的民族自豪感注入了人们每一根血管。刘文金说："当大家带着沉思缓缓走出大厅时，我和同行的闵惠芬同志几乎不谋而合地想到，应该用我们自己的民族器乐形式，去抒发当代人们对于古老长城的感受，讴歌中华民族光辉的历史和未来。出于专业的敏感和本能，天才的二胡演奏家闵惠芬竭力主张采用二胡协奏曲的体裁。我同意了，并达成了将来由她担任主奏的'君子协定'。"乐曲以《关山行》《烽火操》《忠魂祭》《遥望篇》四个乐章结构全曲，用慢板与快板的交织和二胡擅长于抒情性和歌唱性特色，在展开与变化之中表现中华民族精神永恒不灭的灵魂。闵惠芬于1982年首演时说："这部作品把我心中对二胡所有的一切，全都解放出来了！"笔者于同年7月在济南山东剧院观看了她的演出，那是一次令人终生难忘、刻骨铭心的记忆。那种镇定自若的大家风度，运弓揉弦的出神入化，感情发挥得淋漓尽致，高潮迭起的一气呵成，30余年来依然余音袅袅，不绝于耳。哲人曾说：音乐是流动的建筑，建筑是凝固的音乐。闵惠芬首演的大型二胡协奏曲《长城随想》，在她的艺术生涯中扰如一座造型宏伟、高入云霄的标志性建筑，至今都使得许多优秀二胡演奏家感到难以超越。

闵惠芬在 1979 年即调入上海民族乐团担任二胡独奏家的使命，她的艺术生命是在演出舞台上。同时，她经常深入工矿、农村、部队、学校，为广大基层群众演出，奉献美妙的二胡音乐，她的心和人民大众始终紧密相连。每到之处，总是人山人海，掌声如雷，受到工农兵群众热情欢迎。1979 年 10 月，上海民族乐团赴浙江演出时，闵惠芬决定将越剧《红楼梦》中《宝玉哭灵》移植、改编为二胡曲。浙江是越剧的发源地，也是当地观众最为熟悉与钟爱的地方戏剧剧种。演出时她在台上演奏，观众在台下跟唱，甚至泪流满面，场面极为动人。每一个文艺工作者，只有心里装着广大群众，才不会迷失自己前进方向。闵惠芬每次下基层演出，总是不顾劳累，笑容满面，风度翩翩，琴声迷人。她所以成为出类拔萃的二胡艺术大师，是由于她始终扎根于她所热爱的中华大地之上。

二胡是中国传统的弓弦乐器，有着独特的民族韵味与现代气派的演奏技巧，闵惠芬经常为外宾演出。英国前首相爱德华·希思一生曾 26 次访问中国，在他任内（1970—1974）中英两国建立了外交关系。希思本人又是一位爱好演奏小提琴的高手，闵惠芬有幸在希思访华时由邓小平陪同观看演出，希思对她的演奏十分赞赏。中国二胡和西方小提琴是那样默契地以音乐为纽带联结在一起，闵惠芬作为中外音乐交流的"文化使者"，在国际舞台上也同样享有崇高的声誉。

中年时代　挑战生命

人生的命运总会有曲折起伏。正如孟子所云："天将降大任于斯人也，必先苦其心志，劳其筋骨，饿其体肤，空乏其身，行拂乱其所为。"（《孟子·告子下》）闵惠芬正当全力以赴攀登二胡艺术高峰之际，命运却偏偏捉弄了她。1980 年秋，闵惠芬正开始刻苦投入《长城随想》的练习时，在 1981 年 8 月参加全国政协会议期间患病，医生确诊为"黑色素纤维瘤"，1982 年元旦进行第一次手术。任何一位演奏家，双手是他们赖以维持艺术青春的生命。闵惠芬得癌症后，为防止癌细胞扩散，医生为她手臂做了淋巴细胞切除手术。手术后手臂无法自由伸缩，更何谈演奏啊？闵惠芬硬是在病床墙上将手指慢慢一分一寸地向上移动，以便恢复肌肉能力，这需要有何等坚强的意志与精神力量呢！就这样，她和病魔展开顽强搏斗。同年 5 月，闵惠芬带病在"上海之春"音乐节首演《长城随想》，获得意料不到的巨大反响。在国际乐坛上，以色列著名小提琴家伊沙克·帕尔曼 4 岁得小儿麻痹症，成为终身残疾，却以超常毅力学习小提琴，成为世界上最引人注目的小提琴艺术大师。他无法站立在舞台上，每次演出时拄着双拐上台，再坐着轮椅演奏，音色纯净，感情细腻，气质高雅，受到世界各地人们的欢呼与敬仰。闵惠芬何尝不是中国的帕尔曼呢？自1982年至1987年的5年时间内，她相继动了6次手术，15次化疗，多次与"死神"擦肩而过。然而，闵惠芬却硬硬地挺过来了。她有着开朗乐观的性格，超越常人的毅力，永不言败的意志，挑战生命的勇气。无论在历史和现实中，能够像她这样有与病魔搏斗的精神和毅力者为数并不很多，闵惠芬无愧是中国文化界的旗帜性人物。

闵惠芬病情也得到了党和人民的巨大关怀。在党和国家领导人中，有不少对音乐极为爱好的人，叶剑英、邓小平、江泽民、朱镕基、曾庆红、李岚清等都曾听过闵惠芬的演奏。她是一个闲不住的人，1987年病情虽然奇迹般恢复，病前病后心中想的却始终是二胡艺术。1985年正是她与病魔搏斗、身体极为虚弱的岁月。11月16日至26日，赴京参加"北京二胡邀请赛"担任评委。在数百人盛会上宣讲论文《博大境界中的民族神韵——论二胡协奏曲〈长城随想〉的演奏艺术》（请人代为宣读），并亲自示范演奏《长城随想》。超极限的体力透支，使她当场晕倒，由飞机送回上海，病情日益严重，整日昏迷不醒，医院给家属下了"病危通知"。然而，她始终不接受"教训"。2012年11月，中央音乐学院举办首届"北京胡琴艺术节"，闵惠芬担任讲座并参加音乐会演出，还被聘为中央音乐学院荣誉教授，回上海时却直接送进了医院病房。2013年10月，她身体刚有恢复，却又去无锡担任中国音乐"金钟奖"二胡比赛评委工作。为了中国的二胡艺术事业，她像春蚕那样吐尽最后一根丝，像蜡烛那样流尽最后一滴泪。春蚕丝尽，蜡炬泪干，无怨无悔，或许是闵惠芬人生归宿的自我抉择。

暮年时代　炉火纯青

闵惠芬与二胡艺术的情缘，是一生一世的情缘，是须臾不离的伙伴，是不断攀登的高峰，是执着追求的境界，音乐与生命合为一体也是她作为二胡艺术大师最为显著的特征。早在1975年3月，她开始录制二胡演奏京剧唱腔音乐，中央派著名京剧艺术家李慕良先生做她的京剧艺术指导教师。在随李慕良学习过程中，闵惠芬真正认识到了中国传统音乐中最为深层的精粹——尤其是名家唱腔的神韵。她用二胡演奏言菊朋唱的《卧龙吊孝》、高庆奎唱的《逍遥津》，1979年又随越剧著名演员徐玉兰学习《红楼梦》中《宝玉哭灵》的经典唱段，1986年随潮州音乐名家郭鹰先生学习潮州筝曲《寒鸦戏水》的演奏韵味……在广泛汲取中国传统音乐神韵基础上，闵惠芬提出"二胡演奏声腔化"的理论。所谓"声腔化"，是闵惠芬长期在二胡演奏艺术实践中的感悟，其本质在于对中国传统音乐精华的深刻体验与认知。我国传统音乐的神韵保存在戏曲、说唱、民歌、民族器乐等活体传承的"声腔"之中，这是一个取之不尽用之不竭的艺术宝库。有一事使闵惠芬铭记终生：1974年左右她去拜访国学泰斗杨荫浏先生。杨先生对她说："民间音乐家阿炳（华彦钧）的肚子里有成千首民歌和民间曲牌，你会吗？"最后这三个字，闵惠芬记了一辈子。于是她开始认识到学习民间音乐的重要性与急迫性。在不断地学习与实践过程中，她积累了一批"声腔化"的二胡演奏代表性曲目，如《洪湖主题随想曲》，京剧曲牌《卧龙吊孝》《逍遥津》《珠帘寨》，越剧唱段《宝玉哭灵》，潮州弦诗《寒鸦戏水》，刘念劬创作的二胡协奏曲《夜深沉》（由《夜深沉》《南梆子》《乌江赋》三个乐章组成），还有《阳关三叠》《渔舟唱晚》《新婚别》、二胡协奏曲《川江》、二胡与乐队《音诗——心曲》《打猪草》《游园》《昭君出塞》等等，为"声腔化"的理论创意奠定了坚实的演奏实践基础。闵惠芬的二胡演奏艺术达到了炉火纯青的地步，她对中国二胡艺术做出了极为重要的贡献。

朱镕基总理是一位京剧迷，他从国家领导岗位退下以后拜京胡名家为师，经常自己操琴演奏，也是闵惠芬的知音。2013年7月，闵惠芬丈夫刘振学主编了一套《闵惠芬二胡艺术集成》（包括收录了闵惠芬50余年演出生涯实况录像的《闵惠芬二胡艺术》和三集《闵惠芬二胡艺术研究文集》）出版，这是她留给中国音乐事业最为宝贵的财富。闵惠芬在舞台上那种灿烂的笑容将永远留在人们的心中。

挑战是人类精神内聚力和膨胀力的一种外化表现，挑战自我、挑战艺术、挑战时代、挑战病魔、挑战生命、挑战极限，一个孱弱的血肉之躯能够承受住泰山压顶的巨大重量吗？但是，闵惠芬作为中国文化界的一名旗帜性人物，她的精神力量凝聚着历史的使命、民族的希望、时代的信念与改革开放的巨大动力，这些能量汇聚于一起，不正是新时代中国人精神气质的化身么？这是一股知难而进、不可战胜的时代潮流。

刊于《中国民乐》，2014年4月28日

刘再生：山东师范大学音乐学院教授。

精湛作品的隐秘结构系列研究之一

——"微"视角下闵惠芬二胡润腔艺术力度形态解析

张 丽

中国当代杰出的二胡演奏家闵惠芬先生是二度创作的典范，是"善于把作品演奏成经典"的丰碑性人物，在其引领中国当代二胡艺术发展的半个世纪中，其公开发行音响作品 100 余首，其中有 30 余首成为当代二胡艺术二度创作领域的典范。中国当代二胡艺术经典曲库的构建与扩充直接与闵惠芬先生精湛的二度演绎有着密切的联系。

音乐艺术的独特性在于其是"声音的艺术""音响的艺术"。精湛的二度创作一定是以声音为出发点，并且对声音本体的处理一定有其独特之处。闵惠芬先生在谈到二胡表演艺术时曾说："第一是声音，第二是声音，第三还是声音。"[1]鉴此，考察精湛作品（二度创作）的艺术价值，需要以"声音"这一感性材料为起点（"美学"Aesthetic 的原意就是感性学），进而推及到二度创作的整体。所以，本系列研究将从"微"视角出发，量化考察隐秘于闵惠芬先生二胡润腔艺术中的"力度、速度、音高"形态结构。因为这些隐秘于闵惠芬先生二胡声腔中的"声音本体"的结构，恰是被誉为"四海有知音""余音绕梁"的闵惠芬先生推出一部部"二胡好声音"背后的本质因素，揭示出这一本质原因，对理解、研究闵惠芬二胡声腔艺术，理解"二胡好声音"有一定的启示性。

本篇着力于"力度形态"的量化解析。

一、偏离与回归的力度形态美

"偏离与回归"是音乐美的规律之一。格式塔（gestalt）心理学派发现：产生美感的重要原因是对"简约格式塔"（brief gestalt）的偏离与回归。格式塔意译为"完形"，即完整的形象。简约格式塔又称"好的格式塔"，如圆形、三角形、四边形、S形、M形、W形等。一方面，对于这些简约格式塔，在欣赏时完全撇开或完全忠

111

实都不会使人产生美感；另一方面，对于"不好的格式塔"，人们在知觉中会产生一种将其组织为"好的格式塔"的需求。格式塔心理学派把对"好的格式塔"的偏离称为"完形压强"；相反，当不好的格式塔向简约格式塔转换时，这种完形压强就会趋于减弱或消失。心理压强的增加与减弱，是产生美感的重要源泉。

力度形态中对"好的格式塔"的偏离与回归，是指某一单位（或以乐汇、乐节、乐句、乐段或以作品整体为单位）的音乐进行中的这样一种现象：在力度强弱变化中总是隐伏着一个中心，音乐的进行总是围绕中心作上下偏离与回归的运动。这很像"价值规律"中价值与价格的关系：价值相当于不变的中线，价格与价值不会完全相等，通常会或高或低于价值，于是，就形成了价格围绕价值中线做上行或下行的曲线运动；当价格离开中线时，形成偏离，但偏离不是无限的，而是受事物内在规定性的制约，当达到内在规定性的最大值时，则会形成向中线的回归，但回归后不会停滞，仍会继续前行，再次形成偏离，于是形成"偏离与回归"的循环。偏离时，心理压强增加，接受者会产生不满足之感。回归时，心理压强减弱，接受者会产生满足之感。在这种心理压强的产生与消失的交替运动中，美感产生了。

下面以《江河水》①为例阐释闵惠芬先生在实际演奏中，在力度形态上呈现的"偏离与回归"之美。《江河水》是闵惠芬先生二度创作的杰作，是一首被载入中国当代音乐史册的"拉出了人间悲切，让人痛彻肺腑"的经典之作。

此曲中，闵惠芬先生对力度形态的"偏离与回归"的阐释是，或以乐汇或以乐句为单位，开始音的力度值作为基础力度，结束音的力度值几乎等同于这一基础力度。同时，在音响进行中，力度会以开放的姿态，自由地做上下偏离基础力度（中线）的运动，并以回归基础力度（中线）为归宿。

以《江河水》的第 21 小节第四拍至 23 小节第三拍的音乐为例，乐谱如下（谱例 1－1）：

谱例 1－1：《江河水》第 21 小节第四拍至 23 小节第三拍

---

① 说明：本文所用谱例均来自《闵惠芬二胡演奏曲集》，闵惠芬编著，上海音乐出版社2013 年版。所用的音响如无特别说明，均来自于获世界万张唱片第一名的《江河水》专辑（2001年录音）。

112

这是一个弱起乐句，闵惠芬先生对这个乐句在力度形态上做了偏离与回归的处理。乐句力度图示①如下（图1－2）：

图1－2：《江河水》第21小节第四拍至23小节第三拍（力度形态）

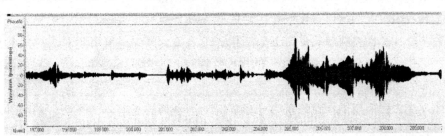

从上图中，我们可以"看"到：乐句开始的十六分音符"g^2"音，其力度值（大约相当于8mg）是该乐句的基础力度，经过多次的偏离与回归的交替，至乐句结束时，力度值又回归到这个基础力度。如果以基础力度（大约为8mg）为中线的话，那么，这一乐句的力度就围绕这个中线进行或上或下的动态运动，并以回到开始音的基础力度为归宿。如果我们像画家们临摹壁画那样，用一个具有细格子的网蒙在上图上，以一个细格为一单位，就完全可以具体地量化出数字来了。

这种单位内力度趋向，在《江河水》中几乎遍布全曲。其规律是，以单位基础音量为中线，做力度上的强弱调节，力度上的强弱调节又形成对基础音量的偏离与回归。心理压强在这种相对于基础音量的偏离与回归中，处于增强与消失的更迭，形成一个类似价值规律的曲线运动，美感就产生了。

力度上的"偏离与回归"是一种艺术分寸感，哪里需要强上去？哪里需要回旋？哪里需要下抑？演奏家凭着艺术敏感自然知道。这当然是演奏家的习惯，更是演奏家的敏感，因为，如果不这样做，她就感到不舒服，只有这样做，她才能感到满足，闵惠芬先生的艺术敏感和优秀的操作功夫在此得以充分体现。

___

① 说明：本文所用"力度形态"均由"Speech Analyzer 3.1"自动生成。横坐标代表时间（以秒为单位），纵坐标代表力度（以mg为单位）。

二、动态平衡的力度形态美

黑格尔的《美学》对形式美的论述代表着德国古典哲学对艺术形式研究的最高成就，其成果对我们探讨二度创作中声腔的力度形态有重要的启示。黑格尔把形式美分为两类：感性材料的质量之美与结构质量之美。其中，黑格尔对于"结构质量之美"的论述中提到"平衡对称"的规律性存在。所谓平衡对称，指"对立面的交替"[2]一种动态的平衡。

体现在力度形态上，就表现为"由局部的不平衡构成整体的平衡"的一种动态平衡。我们知道，相同的东西，即使具有美的属性，如果持续不变，时间长了，也会造成"审美饱和"或"审美疲劳"，会削弱美感。相反，如果由相同的东西维持一个再现的定点，经过一定的时间间隔，遥相呼应，形成对下一个定点的呼唤，则易使人获得美感。

《喜送公粮》是闵惠芬先生在20世纪70年代的代表作。闵惠芬先生在《喜送公粮》尾声部分即第105—114小节的艺术处理，在力度形态上阐释了黑格尔的"平衡对称"之美。乐谱如下（谱例2-1）：

谱例1-2：《喜送公粮》第105-114小节

总计13小节均衡的十六分音符，快弓演奏，闵惠芬先生的力度处理图示如下（图2-2）：

114

图 2-2：《喜送公粮》① 第 105-114 小节（力度形态）

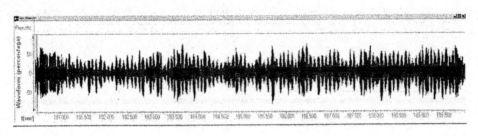

在上图中，我们可以"看"到：一方面，每相邻两音的时间间隔几乎相等，仅在力度细节上体现着差异；另一方面，相同力度在相隔数音后，会再次出现。于是形成了由相同力度值维持一个再现的定点，经过数音间隔，前后力度值遥相呼应，形成对下一个再现定点的呼唤，不同力度的间隔性出现，强弱的有序交替构建了一种有序、平衡对称的力度，视觉上也展示了一种有序、丰富的美感。

这段 13 小节的快弓用时近 10 秒（180.5 秒—190.0 秒处），力度上的时间间隔与强弱交替如此稳定和均衡，看不出因换弓造成的痕迹，同时，力度上也没有受到弓头力度弱、弓尾力度强这种客观性的制约。闵惠芬先生在力度上强弱自如的交替与控制力，一方面显示动态平衡这一美的规律，另一方面显示了闵惠芬先生精湛的技术操作功力。

三、黄金分割的力度形态美

在所有的数列比例中，黄金分割比是最能引起美感的数列比。因此，0.618 被公认为最具审美意义的比例数字。黄金分割有顺分割、逆分割两种。顺分割的比例是 0.618：0.382；逆分割的比例是 0.382：0.618。

《洪湖主题随想曲》是闵惠芬先生于 1976 年，根据歌剧《洪湖赤卫队》中女主角韩英的主要唱段《看天下劳苦大众都解放》改编的一首二胡佳作，它是闵惠芬先生最爱的作品之一，是闵惠芬先生在舞台上演奏的最后一首作品（2013 年 11 月 21

---

① 《喜送公粮》音响版本：《20 世纪胡琴传奇闵惠芬》中国科学文化音像出版社，ISRC CN-A23-05-523-00/A. J6。

日，上海音乐厅，上音附中建校 60 周年民乐专场音乐会）。这首作品中磅礴的气势，大无畏的精神，寄托着闵惠芬先生的中国梦、民乐梦。作品的最后一音，是全曲的高潮音，也是主音，自由延长，*ff* 的力度要求。闵惠芬先生的力度处理如下（图3）：

图3：《洪湖主题随想曲》最后一音（力度形态）

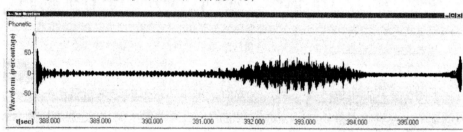

闵惠芬先生对这个自由延长的主音的处理呈现了一个"顺黄金分割"的典型案例。一个单音，演奏用时 8.5 秒（387.5 秒—396.0 秒间），力度的制高点在 392.500 秒—393.000 秒之间，并且，在力度至高点的前后，有着较为完善的力度的预备和解决。而图中所示的力度的制高点处所的位置恰是该音时值的黄金分割点（387.5 秒 +0.618×8.5 秒 =392.753 秒）所居的时间点前后。闵惠芬先生在一个时长 8.5 秒的拉弓中，展示了一个完美的黄金分割的力度形态，真让人拍案叫绝！

同时，在闵惠芬先生的二度创作中，也有逆黄金分割的力度形态案例。如根据同名昆曲唱段移植的《游园》是闵惠芬先生于 20 世纪 80 年代推出的一首韵味醇厚、精致典雅、不可多得的二胡小品。在第 1 小节第三拍至第 2 小节第二拍中，闵惠芬先生的在力度形态上呈现了一个完美形态的逆黄金分割形态。乐谱如下（谱例4－1）：

谱例4－1：《游园》第 1 小节第三拍至第 2 小节第二拍

这是一个有装饰音的四拍长音，闵惠芬先生的力度处理如下（图4－2）：

图 4-2：《游园》第 1 小节第三拍至第 2 小节第二拍（力度形态）

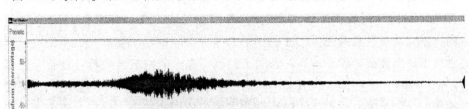

　　闵惠芬先生把这个时长 7.5 秒（5.750 秒—13.250 秒）的单音演绎成另一种完美形态的力度结构："逆黄金分割"。在 7.5 秒的时长中，闵惠芬先生大约在图中所示的 8.000 秒处完成全音进程的力度的制高点，同时，围绕这个制高点，依然有着完美的预备和解决。这个 8.000 秒处与全音的逆黄金分割点（5.750 秒 +0.382×7.5 秒 =8.615 秒）仅差 0.615 秒，这个时差，于人耳听觉相比，可以忽略不计。因此，这一音的力度形态可视为一个典型的逆黄金分割案例。

　　在上述闵惠芬先生的实际演奏中，她不仅在一音之中呈现了力度的细微变化，造成了音响的流动性，而且这变化中又蕴含着黄金分割的规律，这是多么高超的演奏功力啊！

结　　语

　　美是以掌握规律为前提的，优秀的艺术包含更多的规律。为此，本文采用由现象到本质的思维方式，通过分析存在于二胡大师闵惠芬先生二度创作中的力度形态，揭示了隐秘于力度结构中的"偏离与回归""动态平衡""黄金分割"三个音乐美的规律。需要强调的是：其一，存在于闵惠芬先生二度创作中音乐美的规律非仅止于这三点；其二，这三点虽具有相对独立性，但也非截然分开，三者间往往会相互结合，从而产生复式结合的声腔形态美。如文中"偏离与回归"的图例中，隐含着"黄金分割""动态平衡"；文中"动态平衡"的图例中，隐含着"偏离与回归"；文中"黄金分割"图例中，存在着明显的"偏离与回归"，特别是图例 3 中，闵惠芬先生不仅创造了一个完美形态的"黄金分割"，而且也创造了一个完美形态的"偏离与回归"：一个用时 8.5 秒的音，开始与结束处的力度值几乎完全相等（50mg），在音乐的进行中，围绕这个基础力度（50mg）偏离与回归进行了两次循环后，又回归基础力度。

闵惠芬先生的二度创作不仅经得起听觉分析，也经得起物理的、科学的、视觉的"微观"分析（观音菩萨的"观音"，在现代科技中真正实现了）。耳朵是不会骗人的，本文通过闵惠芬先生二度创作中"这一次"的一个音、一个乐汇或一个乐句在力度形态角度的考察，进一步证明了闵惠芬先生的精湛技艺行走在符合艺术规律之路上。因为声音的艺术，其美的根源在于乐音及乐音的艺术组合中，"优美悦耳的音响之间巧妙关系，它们之间的协调和对抗、追逐和遇合、飞跃和消逝，……这些东西以自由的形式呈现在我们直观的心灵面前，并且使我们感到美的愉快"[3]。这种看似随心所欲，实则需要极强的操作能力和高超的演奏技巧支撑。恰如费尔巴哈所说："如果你从艺术那里夺去了它的金子的基地——手艺——，那么，你还给艺术留下什么呢？"[4]这句话中"金子的基地"就是指每一种艺术所独有的操作能力的工艺性特性。在闵惠芬先生的力度形态中，我们"看"到：无技不成艺。

但闵惠芬先生并不是为技术而技术的演奏家，她对"声音"的完美阐释使她真正做到了从"纯正的声音"到"变化的声音"最后到"超越的声音"[5]，她完美实现了"使音乐表达到至善至美境界的可靠保证"[6]的技术与表现的统一。她对声音的"精雕细凿"，实则是追求二胡艺术的"中国神韵"。她把中国神韵建立在优秀传统"润腔"艺术的基础上，视润腔化演奏为民乐演奏的"中国功夫"[7]，有了这种严谨真切的中国功夫，创造出一首首韵味醇厚的中国经典民乐，也是一种必然。

参考文献：

［1］王次炤《技巧与风格的超越，艺术与人格的完美——为闵惠芬〈二胡艺术研究文集〉作序》，人民音乐，2010 年第 3 期。

［2］茅原《未完成音乐美学》，上海人民出版社 1998 年版，第 100 页。

［3］〔奥〕汉斯立克《论音乐的美》，人民音乐出版社 1998 年版，第 49 页。

［4］茅原《未完成音乐美学》，上海人民出版社 1998 年版，第 185 页。

［5］同［1］。

［6］张前、王次炤《音乐美学基础》，人民音乐出版社 2004 年版，第 200 页。

［7］闵惠芬《清秋时节》，转引《闵惠芬二胡艺术研究文集·第三卷》，刘振学主编，上海音乐出版社 2013 年版，第 25 页。

"2014 年国家社科基金艺术学一般课题《闵惠芬二胡艺术润腔研究》"阶段性成果

张丽：博士，周口师范学院音乐舞蹈学院副教授。

闵惠芬二胡音乐的受众群体与传播机制

李秀清

闵惠芬二胡音乐一直是为广大人民服务的，可称为人民的艺术家。闵惠芬二胡音乐是人类为自己创造的精神生活的一部分。一门器乐艺术如果缺乏自己的欣赏群体，也就意味着在走向消亡之路。二胡从刘天华开始到现在不到一百年的时间里，蓬勃发展成为能与琵琶、古筝、古琴等历史悠久的器乐艺术并驾齐驱的艺术门类，跟二胡深受广大国人的喜爱是分不开的。可见，闵惠芬二胡音乐的受众群体，即喜欢二胡音乐的欣赏群体与二胡音乐传播密不可分，因此，闵惠芬二胡音乐的受众群体（或者传播对象）是二胡音乐传播的核心要素之一。在本文中我将对闵惠芬二胡音乐的受众群体（或者传播对象）进行论述和分析，并在此基础上阐释闵惠芬二胡音乐的传导模式。

一、闵惠芬二胡音乐 受众群体是二胡音乐的传播对象和载体

闵惠芬二胡音乐的受众群体包含专业音乐群体之外的音乐爱好者、音乐创作、演奏学习者，以及音乐的欣赏者。而这些音乐的受众群体在接受闵惠芬二胡音乐与对音乐的态度存在较大差异，因此有必要进行详细的划分，以理解不同层次的人的音乐态度，以及音乐群体中的不同角色对闵惠芬二胡音乐发展的所起的作用。

1. 不同年龄阶段的人对闵惠芬二胡音乐有不同的态度，老中青都是闵惠芬二胡音乐传播的主要群体

从文化美学的视角看闵惠芬二胡音乐艺术

首先，闵惠芬认为不同文化系统有它的各自主体性，而美追求与呈现是有其文化性的。

其次，她认为美既有其文化性，则谈论系统内艺术的成就，即不宜与用其他文

化系统的美学理论来做横向嫁接的诠释。

再有，闵惠芬感知美从来不是孤立于文化的其他面相而存在的，对它的表现，领略与诠释都必须回归到"艺术是文化的一环"这个基点来做讨论，也就是说艺术家的作为不可能是完全自我的，它的时空背景、文化底蕴构成了其艺术表现的基底。

一个时代美学的典型

闵惠芬的胡琴在风格上激越与内涵相结合，她擅长拉的《江河水》是个代表，中国人传统的哭腔在文人层次要哀而不伤，只有俚人百姓才会如此将情感彻底外放宣泄，新中国建立后，由于革命的背景以及强调向工农兵学习，外放激越的美学乃成为主流，然而闵惠芬则提倡激越与内涵相结合。

闵惠芬在演奏中主张音乐要揭示人的内心世界。中华民族文化传统所提倡的美善统一、情理统一、形神统一的美学观，所显现的均衡、适度、含蓄的艺术风格在她的音乐表演中，得以鲜明的体现。

闵惠芬提出的二胡演奏艺术声腔化，一方面是从二胡接近人声、富有歌唱性的特点出发，更为重要的是深入到中华民族音乐传统戏曲音乐声腔中来，走了一条探索二胡民族民间音乐的发展道路。

闵惠芬演奏艺术的三个里程碑：①《江河水》标志着闵惠芬独特演奏风格的形成和确立。②《新婚别》当代二胡艺术一次重要尝试与发展。③《长城随想》是闵惠芬二胡艺术上的巅峰。

她的音乐如同一杯醇厚的佳酿，饮后回味无穷；

她的音乐如同扑面而来的春风，令人精神振奋；

她的艺术魅力慑人心魄；

她的音乐表演独具一格。

闵惠芬的音乐充满了激情，如《赛马》，每个音符栩栩如生，每根线条伸展自如；

闵惠芬的音乐散发着柔情，似江南溪流那样清澈，蓝天白云那样无瑕，如《新婚别》；

闵惠芬的音乐显现出真情，这是对民族音乐的热爱之情，对祖国和人民的赞美之情……如《长城随想曲》。

闵惠芬用二胡演奏的《游园》，不仅把杜丽娘这一少女的音乐形象，表现的完美无瑕，而且体现了昆曲艺术的梦幻之美与风雅之美。

在闵惠芬演奏的各地方音乐中，从音乐美学思想的继承与发展角度观察，美学思潮在她音乐领域中的具体反映。意在超越音声，追求弦外之意，对后世产生深远的影响，使我们惊奇的是，在这一辩证关系上，得以舞台艺术实践并取得巨大成就的是被世界乐坛公认的弦乐大师——闵惠芬，在她从 20 世纪 70 年代就开始探索声腔艺术器乐化，器乐艺术声腔化的音乐中深刻体现。

闵惠芬在审美再创造的综合心理活动中，她的审美观念、理想、趣味，直接影响了感知、体验、想象、领悟等心理因素，具有主体与客体创造性交融的综合审美观，强调整体把握与综合感受。在她演奏每首乐曲中主客体的情感交流，主体对课题审美情感的体验与传达，都体现了以情动人的审美观。

因此，不同年龄阶段的人对带音乐的态度和理念有明显的差异，尤其随着年龄的增加，听音乐和进行其他的文化活动已不是单纯为了游戏而是向认识的、文化的追求高度的移行。笔者发现，高龄听众与中龄听众在二胡音乐审美态度和音乐评定结果上是存在明显差别的。笔者通过对不同年龄组听众调研发现也存在同样的问题。

少年儿童的二胡音乐活动特点是在教师的指导下有组织地进行各种音乐活动：二胡独奏、齐奏和合奏。年龄稍大一些的儿童，常参加少年宫的演出、比赛等，这些活动都是在成人的指导下进行的。儿童的音乐学习起初多是服从家长安排，而并没有感觉二胡音乐的社会性意义，即使喜欢音乐也是为了游戏或者愉悦。这些活动都没有离开闵惠芬普及和提高做出超人的努力。

青年二胡音乐听众群体也是一个重要组成部分，他们思想活跃，积极地从事各种二胡音乐活动。这些人自由地、无拘束地接受广播、电视、电影和各种音像制品所传播二胡音乐的影响，参加各种音乐活动和音乐社团活动，并从事各种音乐艺术活动。在这类音乐听众中，有职业作曲家、表演者和理论、教育家。这类人员在整个社会中影响大、能量大，在社会音乐生活中占支配地位。闵惠芬为普及和提高二胡音乐欣赏水平到全国各高校演奏讲座。

中老年群体的音乐欣赏也具有自身特色，他们的二胡音乐活动显得更加成熟、稳重，其二胡音乐兴趣显得稳定而持久，不少人对一些新的音乐现象、体裁、流派看不顺眼或不轻易表态。他们对旧有的传统二胡音乐艺术有较深厚的感情。他们注意广播节目报，常常定时地收听（看）他们所习惯、所热爱的东西。在购买二胡盒带、唱片时常有非常严格而执着的选择。在这一类人员中，也包括一部分职业音乐家。几十年闵惠芬开过多少场音乐会她自己也数不清，从东到西、从南到北、从工厂到农村、从大学到幼儿园都留下了她的足迹。

可见闵惠芬二胡音乐，对不同年龄阶段的人态度和理念有明显的差异，表现出不同的二胡音乐接受特点和爱好特征，其中青年和老年是二胡音乐的主要传播群体。

2. 不同地域的人对闵惠芬二胡音乐有不同的理解，城市听众是二胡音乐传播的

核心群体

按照地域划分，中国的二胡音乐听众可以分为五个构成部分：城市听众群、边远少数民族听众群、农村听众群、军队听众群和国外华人听众群。这五个部分的确立，已经把整个文化素质相对较高的城市听众与农村、边远少数民族听众相区别，把相对较多地保留着一定古风遗俗的某些少数民族文化特征与走向现代文明的其他民族文化特征相区别，把人口高度集中的城市地区与人口相对分散的农村地区相区别。最为独特的是，把具有特殊的思想文化传统、严谨的生活节奏、艰苦的工作环境、特殊的社会职能的中国军队，这样一种特殊群体与其他社会群体划分开来。

城市、农村和边远少数民族地区的音乐听众在数量、接受程度、欣赏水平等方面存在较大差异，我们不停地会看到或听到闵惠芬二胡音乐，在人口密度的明显悬殊条件下，各地区居民的生产、交换、分配、消费状态对个人的行为、在人口密度方面，上海市市区是 9589 人/平方公里，北京市市区 7837 人/平方公里，河南省郑州市市区 1158 人/平方公里，而四川凉山彝族的美姑县农村是 20.8 人/平方公里。在这种人口密度悬殊的显示条件下，我们就会从总体上感到各地区中人的交往程度、社会流动程度和文化背景上的明显差别。尽管几十年以来由于改革开放的新形势，促进了各地经济的发展、生活水平的提高、音乐生活、文化生活欣赏水平也在提高。比如，在农村和边远的居民主要在乡邻里进行文化活动，活动范围一般是村镇几十里周围的空间，相互之间的关系具有较重的情感、族系色彩，因此封闭的系统空间使得二胡音乐的繁荣与传播较慢。在城市是一种多元化的文化背景，致使城市居民的思想趋向于开放乐于接受新事物。而农村、边区社会生活的单一性和封闭性，农村居民一般趋于保守。文化空间的差异是导致闵惠芬二胡音乐在城乡之间存在较大差异的根本原因。

二、潜在从业者群体为闵惠芬二胡音乐文化的
传播贡献了巨大的力量

笔者曾对闵惠芬已出版的 14 种唱片和多种海内外各时期的演奏录像进行了反复地聆听、观看、研究、分析、比较、梳理，最后得出的结论是：就闵惠芬综合技巧而言，无疑堪称世界顶级的演奏大师。她左手运指干净、清晰，揉弦丰富多彩，尤其对各种滑指技巧掌握得更为精到；她右手运弓松弛、饱满细腻、生动，尤其是快

弓、顿弓、跳弓、抛弓、飞弓等高难度运弓技巧已达到出神入化的境地。同时，她右手运弓气势宏大、感情豪放，并给人以内在及独特的戏剧性效果。在双手配合方面，无论是速度、力度的同步进行，还是非同步进行等，都能协调得很好，尤其是在快速换把、换弦、换指时，双手同样是十分的协调，以至到达极其灵活、自如、精确等效果。

翻开闵惠芬的演奏史，我们可以看到：她于 20 世纪 60 年代初在"上海之春"全国首届二胡比赛中演奏的《空山鸟语》，包含着在当时年代中的高度技巧。在该曲的第三、四两段中，以 ♩=126 的速度进行着同音换指、换把（包含四分音符三连音的连续进行）等，不仅在过去的年代里拿下它很艰难，就是现在，也不可能轻而易举地拿下它，必须得花一定的气力。因为，其高度的音准及快速换指移把的要求，一不小心或稍有配合不当等，就会使演奏者发生误用和滥用的现象，换指移把时，力度的均匀与三连音各音之间时值的均匀等，如配合得不恰当，会直接导致演奏者陷入一种迟缓或不确定的状态。然而，闵惠芬既奏得轻巧、清晰、富于颗粒性，又很恰当、巧妙地把握住连续性的三连音之间时值的均匀与力度的均匀，并能随着谱面要求的力度而自如地减弱或增强。

20 世纪 60 年代中期，她演奏的《豫北叙事曲》和《三门峡畅想曲》两首乐曲，就纯技巧而言，已经达到当时二胡演奏界的某顶点。在《豫北叙事曲》中，无论是第一乐部三个乐段在情绪、速度、力度上的转换和控制，还是第二乐部两个乐段在高把位换把、跳把、速度、力度、休止符、装饰音等方面的操控都显得十分精确和自然。尤其是在第三乐部开始的散板处，力度上的渐弱、渐强，速度上的渐快、渐慢都显得很稳当，并与乐曲内容及情感有体现很贴切。在《三门峡畅想曲》中，首先是"引子"部分处理得特别巧妙。长音中间夹着十六分音符的琶音，把位的变化、力度的变化、速度的变化、内外弦的变化几乎在同一时刻的进行，闵惠芬都处理得非常细致，而且给人以开阔饱满、激情奔放之感。

20 世纪 70 年代末期，陈耀星的《战马奔腾》是闵惠芬在音乐会上常演奏的一首乐曲。当时，闵惠芬刚刚 30 岁出头，正处年轻力壮、精力充沛阶段，乐曲中的"大击弓""快速双弦抖弓""连软弓""抛弓"等技巧被闵惠芬发挥得淋漓尽致。尤其是在速度和力度方面的超常发挥及自身的爆发力，完全可以与壮男儿相媲美。

20 世纪 80 年代初，她首演了刘文金的二胡协奏曲《长城随想曲》，80 年代末，她在国内首演了关乃忠的《第一二胡协奏曲》等，都展现了她对当时高难度技巧驾轻就熟、神弓痛宰的风姿。在演奏这两首协奏曲的各种音阶、半音阶及大小七和弦、减七和弦的快速分解琶音时，她的左右手均如魔术一般，都能以精确的音准和干净的音质将每个音演奏得清晰、扎实、利索、稳定。尤其在演奏《第一二胡协奏曲》时，展开部中的主导动机经常地快速分解、和弦不断地变化、调性频繁地转换，闵惠芬都能很有把握地从技术上将它们连贯起来，统一起来，并做到既有风驰电掣般地速度，又有颗粒性和弹性，以至达到了令人瞠目的程度。

2003 年 12 月 25 日晚，她在"艺海春秋五十载——闵惠芬二胡独奏音乐会"上，足足地演奏了两个小时之久。这场音乐会不仅集中地展现了闵惠芬的艺术成就，而且还呈现出她多种精湛而又魅力无穷的演奏技巧。同时，她还把中国民族音乐的美沁入至广大听众的心灵深处。该场音乐会的指挥王永吉在第二天的"闵惠芬从艺 50 周年学术研讨会"上深有感触地说："昨天晚上的音乐会太好了，闵惠芬把心灵的音乐带给了大家，我在指挥《长城随想》时已经流泪了，不仅我的心灵受到感动，我感到全乐队演奏家的心灵都受到感动。"我们稍稍浏览一下世界弦乐演奏史全会知道，无论是帕格尼尼、海菲兹，还是奥伊斯特拉赫、梅纽因都无法史料能证明上述四位世界顶级弦乐演奏大师在与闵惠芬同一年龄段时举行过超越两个小时的个人独奏音乐会。从这个角度上看，闵惠芬不仅超越了世界上所有的弦乐演奏大师，也超越了自己体能的极限，而遨游在"二胡音乐"的海洋中。

闵惠芬音乐的受众群体、二胡音乐文化的潜在从业者群体是指正在接受闵惠芬二胡音乐专业学习和培训，在未来的职业规划上将二胡作为终生职业的群体。该群体对二胡音乐文化的社会生产有着不可忽视的重要作用，这是因为：首先，该群体的主要任务是对闵惠芬二胡音乐进行重复的表演；其次，将闵惠芬二胡音乐文化继续学习、继承；最后，对闵惠芬二胡音乐进行新的创作。可见闵惠芬二胡音乐文化的潜在从业者群体是二胡音乐文化得以继续发展和生产的重要载体。

可以说，目前在全国从事二胡音乐学习和训练的学生不少，一个是对闵惠芬二胡音乐影响，另一个闵惠芬二胡音乐艺术影响之大。

具体而言，有如下因素影响到二胡音乐的潜在从业者群体：笔者在郑州市调查研究发现：

1. 年级的高低对二胡音乐的潜在从业者群体的影响

在郑州市艺术小学学习二胡音乐专业的学生多是低年级的学生，高年级相对较少，这主要是因为低年级相对而言课程较少，难度也不是很大，学生的学习压力较小，课余时间比较丰富。伴随着年级的增长，升学的压力也越来越大，学校的课程也紧张起来，课余时间也就逐渐减少，另一方面也是因为随着年级和年龄的增长，学习二胡的盲目和从众行为都逐渐减少，但是学过二胡学生没有不知道闵惠芬老师二胡音乐的。

2. 家长意志对潜在从业者群体的影响

家长意志之所以能够影响潜在从业者群体，主要是来源于父母对闵惠芬老师二胡音乐的极大兴趣，所以在孩子学习内容上有决定权。他们在培养孩子二胡艺术兴趣问题上，更多的是考虑到孩子的未来发展和对孩子正面积极的影响。但是由于生活背景、艺术素养的不尽相同，在学习二胡方面家长意志也表现出不同，大致可以将其分成以下几种类型。

培养孩子能力型：该类型的家长对闵惠芬老师二胡音乐产生极大兴趣后，通过让孩子学习二胡来提高孩子的音乐艺术修养和陶冶艺术情操，同时让孩子跳出现有的狭窄的生活范围，接触到更多的人群，促进孩子与同龄群体的交流，培养孩子的社会能力。

培养孩子才智型：该类型的家长让孩子学习二胡是多听多看闵惠芬老师二胡音乐，想通过学习的过程让孩子的才智和潜能被充分的开发和激励，与此同时又可以满足孩子的兴趣，丰富孩子的业余时间和日常生活。

望子承父业型：该类型的家长自身对音乐特别是对闵惠芬老师二胡音乐有浓厚的兴趣，可他们的一部分人中由于生活环境和社会背景的影响，没有接受该方面的专业训练，从而希望自己的孩子能够满足他们的愿意，了却心中的遗憾。另一部分家长自身就从事二胡专业，他们希望自己后继有人，孩子能继承自己的事业，从而让孩子学习二胡。

3. 不仅仅是家长意志呈现出多样性，孩子对学习二胡的兴趣也是表现各异

一是只有部分孩子对学二胡很感兴趣，这些孩子主要是对闵惠芬老师二胡音乐产生兴趣；二是能学到一些新知识；三是有些孩子很有天赋，教师家长均得到认可；四是有些孩子能够找到同伴玩等等，有的是家长逼着孩子去学，学生根本不感兴趣。由此可见，闵惠芬二胡音乐对学生的是否"学二胡"，有很大影响。

4. 闵惠芬二胡音乐传播要素构成了二胡音乐的传播模型

在闵惠芬二胡音乐的社会传播过程中，其深层都有一种内在机制调节与传播现象构成一种客观因果关系，解剖闵惠芬二胡音乐的传播机理，探索闵惠芬二胡音乐传播的本质，有目的地促使其发展是闵惠芬音乐社会学研究应体现的科学实践职能之一。因此，对闵惠芬二胡音乐的传播模式进行探索具有一定的理论和现实意义。

三、闵惠芬二胡音乐传播的核心要素

1. 品格与道德

世界上一切民族都是推崇和热爱道德的，因为道德代表着人的渴望进步、自由、和谐与完善的愿望和要求；世界上一切进步人士都向往一种真正的合乎人性的道德。闵惠芬也不例外，并且比常人做得更好。她常常从行为实践入手，身体力行地推崇和提倡道德，并试图以此来感染和带动一大批人，净化美化道德环境。

在闵老师的品格中，既有中国传统品格中的忠孝、仁爱、信义、和平等成分，也有社会主义品格中的无私、勇敢、勤奋、公道、诚实、谦虚、豁达、惜时等成分。她常常不断地对自己提出高度的严格要求，追求更高的精神境界，并以此来进行品格的自我锤炼。如她在随团外出演出的过程中，一贯反对和谢绝一切提供给她的特殊化待遇，坚持与大家同甘苦、共享受。她在仁爱品格方面也是非常突出的，在日常生活中，闵惠芬不仅常常置身处地为同行、朋友、学生着想，而且还常常助人为乐，尊重别人，方便别人，并从来不摆大师的架子。同时她所表现的不怕苦、不怕累、敢于挑重担，敢于负责、伸张正义、主持公道等等，都是勇敢品格的直接体现。

2. 传统和创新

无论是做学问、搞研究或是搞创作、练技能，闵老师都有一种钻研不怕累的精神。如拉《长城》，为了体验中华民族五千年的那种浓厚苍茫的历史积累，以及博大精神的文化底蕴，她做足了准备工夫。首先她想到了古琴。古琴是最能体现中华传统文化的一种乐器，我看称之为中华文化之魂也不为过的。她拜龚一为师，几个月时间里，她一头扎进古琴的幽幽天地里，废寝忘食，焚膏继晷。为了拉《一枝花》，她又把任同祥老先生缠得唉声叹气。为了拉《卧龙吊孝》，她跟着李慕良一板一眼地套、一字一句地唱。多少神情，多少分寸，一招一式烂记于心；几分心思，几分感悟，三腔六调了如指掌。闵惠芬那种寻根问底、挖地三尺的钻研精神和贴近民间、博采广集的治学作风，使她除了练就一身文武兼蓄、刚柔并济、通古达今、中西互动的本领外，也给二胡领域开拓了更广阔的天地。

闵惠芬的二胡艺术声腔化无疑就是在继承传统精致文化的基础上所做的大胆创新，从而拓展了乐器的功能，使二胡除了以原有的演奏方法进行乐曲的演绎外，还可以比较形象地做到诗在弦上吟、歌在弦上唱、剧在弦上演、风在弦上飘。这为二胡的表现力开辟了新的领域，也给经典声腔的传播开辟了新的途径增添了新的魅力。

126

闵惠芬经常演奏的曲目始终突出两个方面，那就是旋律性和韵味性。

闵惠芬二胡音乐的传播模式有三个核心环节，即二胡音乐的激发环节——A，二胡音乐受众群体的社会心理倾向环节——B，被传播的二胡音乐作品本体环节——C，这三个环节构成了闵惠芬二胡音乐传播模式的核心要素，三方面相互依存、相互制约，形成了闵惠芬二胡音乐传播效应的内在机制，舍去任何一方都不能形成闵惠芬二胡音乐的广泛传播。

闵惠芬二胡音乐的激发环节，主要是音乐传播活动的主体，它由音乐创作、音乐演奏、音乐听众的接受行为三类构成。

闵惠芬二胡音乐受众群体的社会心理倾向环节是一种即将实现某项社会行为的心理准备状态，一种"需求"，一种"愿望""期待"和所"追求的目标"。有的心理学家认为，有效传播的实现应当给予参加传播的人一种外来刺激，而这种刺激，必须迎合着人们心理的潜在需要（定势）。如果某种刺激能满足人们对自己的承认与威望、自我暗示、自卑感的补偿、新经验的获得、求得心理上的安慰、出人头地、从众等等的潜在需求，那么连锁式的有效传播效应就可能开始振荡。当然，还必须考虑的因素是受众群体的民族、地区、年龄、职业、文化层次等相关因素。

被传播的闵惠芬二胡音乐作品本体环节，是作品本身的旋律、节奏、节拍、速度、力度、音区、音色、和声、调式、调性以及曲式结构等因素相互包含、相互制约、相互参与，构成了特定的闵惠芬二胡音乐形态，这种形态对闵惠芬二胡音乐的传播也起着重要的作用。

总之闵惠芬二胡音乐的有效传播与二胡音乐的音乐创作、音乐演奏、音乐听众的接受有密切的关系，它所表现出来的、为待定的社会心理定势所对应的情感、情绪、内容必将移植、物化在作品的平面、立体结构上面。作品的这种艺术结构总是与某项社会心理定势结构丝丝入扣、天衣无缝。不同的人们对不同作品的评价，如"旋律美""意境深"，等都是作品与社会心理定势和谐、融合的结果。

四、闵惠芬二胡音乐传播的模型建构

1. 普及与提高

闵惠芬说，我到了广东就拉《昭君怨》，到了西安就拉"迷糊调"，到了安徽就拉"黄梅戏"，到了浙江就拉《宝玉哭灵》。她到工厂、农村、社区、校园所做的表演，给大众提供审美愉悦的同时，也帮助提高了他们的音乐鉴赏能力。

"她是真正的人民艺术家"，为普及与发展民族音乐做出了巨大的努力和贡献。民族音乐振兴的希望在青少年身上。为在青少年中培养知音，闵惠芬琢磨出一种新的演出形式：三人演出专场。扬琴伴奏是丁言仪，上海音乐学院作曲系教授钱苑任讲解员，她自己示范演奏。这种讲座式独奏音乐会，深入浅出，融二胡的历史、作曲家介绍及名曲欣赏为一体，生动活泼，青少年易于接受。十几年来，闵惠芬开过多少场这样的音乐会，她自己已记不清了。从东到西、从南到北，从工厂到农村，从大学校园到少年宫、幼儿园，都留下过她的足迹。

作为民乐的一代大师，闵惠芬很敏锐地抓住了普及民族音乐的"瓶颈"——培养年轻观众。大学生群体在社会文化上常常能够引领时代潮流，针对具体的情况，闵惠芬决定以高校作为普及民族音乐文化的突破口，并以此为龙头，带动全国性的普及。

闵惠芬经过精心策划，决定采用讲座音乐会的形式，到各个高校进行巡回讲演。闵惠芬大胆地采用边演奏边讲解的形式，声情并茂地进行民族音乐文化的宣传和普及。以《新婚别》为例，这首叙事诗出自唐代著名诗人杜甫之手，是以"安史之乱"为背景来创作的，讲述的是一对新婚夫妻之夜，丈夫被强征兵役，留下妻子独守空房的悲剧。用音乐语言完美表达原作的文学意境，如果时间允许，她还会解答大学生们现场的提问，使讲座向着现代交互式方向发展。

在闵惠芬开展普及教育工作的 50 余年来，她的足迹踏遍了上海 40 多所高校和外地数不清的著名高校、不著名的高校。

2. 教师与学生

在民族音乐普及的对象中，之所以要把民乐教师单独列出来是因为他们起的作用非常特殊。师者，传道、授业、解惑者也。闵惠芬一向非常重视教师队伍的培养和建设，因为他们将直接面对下一代，他们的业务素质的高低和对民族音乐文化理解的深浅将直接影响下一代的欣赏趣味和音乐素质。尤其是中小学音乐教师如果自身业务不过关，传道不正宗，授业不准确，解惑难以服人，那么这个误人子弟的罪过是难以原谅和弥补的，因此她做了大量的工作。

闵惠芬常常到小学里为小学生们举办音乐会，为了让孩子和她产生亲近感，闵惠芬极其尊重孩子们的兴趣。针对孩子们的教育，闵惠芬提出了一种实践证明比较成功的模式—对答音乐会。实践证明，每次的对答音乐会都很受小朋友们的欢迎，这个结果当然喜人，可闵惠芬也没有忘记受教育条件较差的农家孩子。闵惠芬惊喜地发现这些农渔民的孩子们竟如此的有灵性，他们的音乐感觉一点不比城市孩子差，有许多人都是很好的音乐苗子。由此为农家孩子普及民族音乐并从中发现人才的信

128

念在闵惠芬心中加强了。

3. 民乐与洋乐

如果没有创新民族音乐的发展将是死水一潭。一个时代应当有一个时代的代表作,《二泉映月》《良宵》这些曲子是20世纪上半叶的作品。为了紧跟时代,闵惠芬在出新上进行了有益的探索,二胡协奏曲《长城随想》充满了时代气息,由刘文金作曲,闵惠芬首演。

由于新的作品,特别是大型二胡交响乐作品,借鉴了许多西方音乐的特色,因此,闵惠芬决定跨出国门,到各个国家开音乐会,办讲座。

20年来,闵惠芬总是马不停蹄地在世界各地来回奔波,她从来没有停止过宣传和普及中国民族音乐。

综上所述,随着现代化传媒与二胡音乐的传播发展,由点到面,由小到大,通过传播的途径和方式,极大地促进了闵惠芬二胡音乐传播迅速的发展。无线电广播跨越了空间的距离,将闵惠芬二胡音乐带到了千家万户;而唱片的出现则促使闵惠芬二胡音乐跨越了时间的限制,为闵惠芬二胡音乐留下了有声的乐谱;电视的普及则使闵惠芬二胡音乐通过电视这种新的传播手段普及起来了,随后CD、VCD、DVD等存储方式的出现使闵惠芬二胡音乐的传播克服了时限性的特点;由于互联网的出现,大大改进了闵惠芬二胡音乐理念的改变,演奏技巧的发展审美理念的转变。互联网作为信息载体对二胡音乐的发展,有着极大的前景,它在客观上延长与扩展了二胡音乐的传播链条,促使二胡音乐的突飞发展,更会使闵惠芬二胡音乐艺术发扬光大,硕果累累。

李秀清: 河南艺术职业学院博士、教授。

身 教 与 言 传

——论闵惠芬二胡教学艺术

汝 艺

闵惠芬，中国二胡享誉世界的一面旗帜。自 1963 年始，历经数载奉献无数传世经典，至今依然昂扬勃发，令人难及。

闵惠芬，中国二胡界恩泽八方的一棵大树。感动和影响无数人，或像甘霖般洒向二胡学习者们的心中，或像春雨般沁入二胡热爱者们的心田，润物细无声地滋润着每一位音乐人。

中国有句名言：言传不如身教。是的，闵惠芬老师多少年来用她无可比拟的身教——演奏，感动着无数人，相信每一位二胡人都受到了闵惠芬老师的影响。同样，多年来她也在用满腔的热情倾心教授着无数学生，闵惠芬老师体现了身教与言传的完美统一。在多年与闵惠芬老师的学习和感召下，对其演奏和教学有了许多心得和体会。总其所感，闵惠芬老师二胡教学艺术在"广、妙、精、准、容"几个方面给我以极大启发和感受，在此集写成文向闵惠芬老师表达我的真诚敬意，不妥之处请各位专家和同仁不吝指正。

广——广征博引

将每首作品赋予生命是闵惠芬老师二胡演奏与教学的理念之一。听闵惠芬演奏会有直入心扉、不可抗拒的召唤和感动，仿佛处于一个巨大的磁场之中，牢牢地吸附着你。观闵惠芬讲课会有一种纵横论述，广阔时空的感觉，仿佛所要指出的问题、阐述的知识点、相互的逻辑关系都在谈笑间豁然而释。例如：闵惠芬演奏的《江河水》悲愤哀怨，扣人心弦，仿佛一字一弓都透着滴滴血泪。当她在教述这首乐曲时通常会采取三个步骤：第一，首先指出乐曲演奏的技术特点，把特征性的演奏技法提炼出来，上滑音快，下滑音慢，揉弦以压为主，Do、Mi、Sol 三个音多用压弦，Re、La 两个音慎用揉弦等。第二，她会抛开前面所讲的演奏技术，而围绕乐曲讲述各种有关背景知识。闵惠芬有着广博的知识和对音乐用心的关注研究，使其对乐曲的历史背景，包括乐曲相关的人文趣事都能如数家珍般地详细道来，像乐曲的来历，如何改编，改编过程中趣事，相关艺术表演形式与二胡演奏之间区别与特点等。如管子演奏中"盖音"的特点在二胡演奏中的运用，管子演奏中揉音技法与二胡压弦的特点比较等。在这个过程中闵老师会尽量准确还原历史原貌，包括相关演出时间甚至地点。《江河水》原是一首中等速度的东北笙管民间乐曲，音乐情绪欢快典雅，常常在节庆时节和红白喜事的时候演奏该曲。后来由谷新善、朱广庆、王石路三人用中国民间音乐中典型的加花放慢手法改编成双管独奏曲，音乐情绪也随之变为悲愤的倾诉。在 1960 年的广州羊城花会公演时被黄海怀听到并马上约请他到武汉讲学，进行二胡移植，从而诞生了现在的二胡独奏曲《江河水》。当年谷新善在羊城花会的演出很多人都听到了，但只有黄海怀慧眼独具，成就了这一二胡的传世经典。为此有人感叹，有人敬佩，还有人遗憾并开玩笑地说"为什么当时我就没有发现这首乐曲的价值所在呢"。这些传说和典故加上闵老师绘声绘色的叙述，学生们听得非常入迷，有些事情乍听起来似乎与演奏《江河水》关系不大，但是闵老师认为这是加深学生对乐曲理解，形成对乐曲综合立体的感知和理解的重要环节。第三，帮助学生确立音乐情绪和形象。闵老师会用非常精准的词汇来形容乐曲的音乐主题情绪，还是以《江河水》为例，闵惠芬老师用"悲而不惨，愤而不怒，哀怨恨仇，滔滔倾诉"概括全曲的音乐情绪。使全曲不会由于过分强调某一种情绪造成主题情绪的偏离，从而让乐曲表现环环紧扣，一气呵成，通贯全局。通过这三个步骤的教述，学生的演奏无论在技术运用、音乐表现、演奏状态上都会得到明显的提升，而这三个步骤中第二个步骤又是至关重要的。我们经常会碰到这样的情况，当老师教述了乐曲相关演奏技术及音乐情绪和形象后，学生还是不能理想的演奏或不能恰当地把握音乐表现，或演奏技术和状态失衡。究其原因，是因为缺少第二步骤的中间环节。如何运用某项技术手段，何种程度恰到好处，为什么要这样表现，这都不是一蹴而就、一教而成的，学生需要的是一种鲜活的立体音乐形象和表现概念。闵惠芬这种"讲故事"式的教学方式，恰恰填补了学生，尤其是现在的学生（距历史远，离民间远，与社会远）最需要的全面均衡的知识营养。把学生们对音乐形象和乐曲情感的被动表述，变为一种自觉自愿的自我表现。这种自觉自愿会使学生在演奏时有一种贯通全身、气力协调、放松自信的效果，因为这时学生已将所演奏的作品赋予了生命，这是理想的教学效果和目的。

妙——妙趣横生

幽默是智慧的体现，是才情的最高表现形式之一，听闵惠芬老师演奏有一种大气磅礴、激情四射之感，再悉心听来，音乐中还透着智者的淡定与从容。无论是气宇轩昂的《长城随想》，还是委婉感人的《新婚别》，无论是深邃悠远的《阳关三叠》，还是情趣盎然的《寒鸦戏水》等，闵惠芬老师总是让我们在感动中得到深悟，一种大胸怀的达观与诙谐。这与闵惠芬老师执着于二胡事业和生死开合人生经历密切相关。"笑对人生，了然于世"的达观胸怀与闵惠芬老师不凡气质相对接，人生之妙，音乐之妙便就自在相容于身了。因此，闵惠芬老师的演奏和教学也就满身自在、妙趣横生了。许多初见闵老师的学生都是在紧张局促的情绪下演奏完第一首乐曲，当闵老师几句言语之后，这种惶恐之感就会随即消失。一方面闵老师平易近人完全没有大师的架子，另一方面就是闵老师那种天成的幽默之感。同样一件事情不同的表达方式会有截然不同的效果，例如：《长城随想》第二乐章"烽火操"，这是各项二胡大赛规定曲目之一。学生通常会将这一乐章演奏成炫技式的快板，似乎速度飞快，声音干净准确便是乐曲的最高标准。闵老师会幽默地告诉学生，"不要把这一乐章演奏的像赛跑比赛似的，好像谁跑得快谁最好，这样不就成了战败了看谁逃跑的快了吗"？一句诙谐幽默的话语，犹如道破玄机，学生们立时顿悟并对乐曲有了全新认识。"打仗不是比谁穿戴整齐，不粘灰尘，不流血汗的游戏，而是到处血肉横飞，砂石漫天，泥血满身的惨烈。那种兵器相交的铮铮声，杀声阵阵的呐喊声及战马奔跑的嘶鸣声交织在一起才是真正的战争烽火。"到此，学生们对乐曲音乐形象已经有了清晰轮廓了，接下来闵老师再讲具体技术特点。"快弓时弓毛要贴紧琴弦，发音扎实，即使音色有点毛糙也没关系，更加能够增加战争场面的激烈之感嘛！"好一个复杂激烈的战争场面在闵老师轻松诙谐的循循善诱下使学生们容易掌握。尤其是这一乐章最后四句的演奏处理：

$$0 \quad \underline{2345} \mid 30 \quad 0 \quad 0 \quad \underline{2345} \mid 30 \quad 0 \quad 0 \quad \underline{671\dot{2}} \mid 70 \quad 0 \quad 0 \quad \underline{671\dot{2}} \mid 70 \quad 0 \mid$$

闵老师称这四句犹如"幽灵飘荡般"。一天的激烈厮杀，尸横遍野，夜晚的战场在月光惨照下，一种肃杀的寂静，很有些悲凉和恐怖。绘声绘色的描述加上闵老师形体动作的表演，让学生们听得"毛骨悚然"，但收效奇好，学生马上就能领会并做到八九不离十。再如《寒鸭戏水》是一首移植于潮州筝曲而风格独特的二胡独奏曲。闵老师一改以往乐曲那种文人志士借景寓心的高远忧乡深邃意境，而以轻松明快，典雅风趣并带有卡通形象的音乐风格。由于移植于古筝因此有许多演奏效果借鉴于古筝技法，像"吟颤""快滑""点音"等。这些不同的技法所掌握的分寸和表现效果学生很难较快理解和掌握，闵惠芬老师在讲解乐曲时不但语言幽默，还经常亲力亲为用形体动作来启发学生的想象力。无论是乐曲开始描写小鸭子探头探脑的顽皮形象，还是鸭妈妈率领一群小鸭子大摇大摆一路走来的憨态可掬，闵老师都能形象地用形体和表情展现给学生，这种惟妙惟肖的模仿、幽默诙谐的教授使本来有些紧张古板和枯燥无味的课堂好似变成了一种尽情尽兴、妙趣横生的游戏，大大开启了学生的想象力和学习效率，让学生真正在轻松快乐的氛围中不知不觉地学习并领悟了音乐的本质。

精——言简意赅

闵惠芬的演奏心怀坦荡，大气磅礴，同样她的教学也是单刀直入，精简去繁。

学生在学习过程中最怕的就是繁杂，教师把一个问题说的深奥复杂，看起来似乎很有学问，面面俱到，但学生却无所适从，不知如何是好，反而效果大打折扣。简练明了的语言表达才能收到最大效果。闵惠芬对音乐作品的理解表现，形象刻画与演奏教学的概括有着非凡的见地，可谓是言简意赅。例如《长城随想》是一部四个乐章的二胡协奏曲，结构庞大，丰富的音乐表现和深刻的思想内涵，如何准确地把握并确立这一作品的音乐形象是演奏好《长城随想》关键所在。闵惠芬说"演奏《长城随想》要有大胸怀，丈夫气概"，好一句"丈夫气概"，一语抓住整部作品的灵魂所在。"演奏《二泉映月》不能'软骨头'"，一句话树起了阿炳的傲然与正气，道出了《二泉映月》的桀骜与孤独，言简意赅的语言表达确实有一种对音乐特征"漫画"式的勾勒与突出，使学生马上就能准确地抓住音乐形象，从而更加深刻地表现音乐。

同样，在具体教学上也是如此。例如有的学生揉弦时每个手指不能很好地连贯演奏，使旋律的歌唱性受到影响，这其实是每个手指揉弦时用力和幅度大小不均，揉弦的频率快慢不匀，力点支撑不稳等原因造成的，如果针对每个手指不同问题都一一做出详细分析和不同的解决方法，这样看起来似乎方方面面都很正确到位，其实不然，学生可能面对这种情况相反无从下手，教学效果不一定会好。闵老师则通过观察和分析找出其中一个方法正确或相对正确的手指让学生观察和体会。然后让其他的手指都去模仿学习这个手指的方法和感觉，例如：二指的揉弦方法正确。闵老师就会说："学习二指好榜样。"这种大白话语言表达使学生们立刻就会明白，从而很快就知道应该怎样去做，自然也就非常有效果了，殊不知这种"大白话"凝结了闵惠芬老师多少对二胡演奏艺术全身的执着研究和潜心的分析提炼。

准——一语中的

准确的观察和表达是智慧的又一种表现形式。作为演奏家来说，准确地认识和感受音乐作品并运用准确的技术手段来表现对音乐的不同感受是至关重要的。而对一个教师来讲，观察和发现学生演奏的优点和问题，并用准确的语言表述出来同样也是至关重要的。闵惠芬老师不光是对每一首乐曲的风格特点，演奏的技术分析把握十分精准，还对每一个人的演奏特点，风格气质看得非常准确，可以说是一针见血。一语中的，从而采取有效的因人施教之法。通常我们都会重视不同问题不同对待的教学方法，而闵惠芬老师除了注意这一点之外，还特别重视同一个问题可能会是不同原因引起而采取不同对待的教学方法，这需要具有非常敏锐准确的判断和有效的解决办法。例如：在解决演奏《洪湖人民的心愿》所需的歌唱性这一问题时，闵老师会根据学生在不同乐句所表现出的问题采取不同对待，如许多乐句可能是回滑音与换把之间协调配合问题。有的乐句是呼吸问题，有的乐句是弓段分配问题，有的乐句是揉弦问题，甚至有的问题是对歌词内容不知而产生的问题等。闵老师尤其强调对原曲的模仿学唱这一重要环节，很多装饰音包括各种滑音和各种弓指法都是根据唱腔而来，音乐的情绪变化处理是根据歌词意义而来。即使没有歌词，对旋律曲调的歌唱也是演奏好乐曲非常重要的步骤之一。经常会听到闵惠芬老师在上课时感情充沛的歌唱，这些演唱即是对乐曲准确的释解又充满感染力，从而使学生对音乐产生由内而外的体会和理解，提高了演奏水平。

容——有容乃大

千门百派，有学无别，闵惠芬老师经常说："我见到谁好，我就虔诚的虚心向他（她）学习，有时没有条件见到本人，我就会利用一切可能的条件学习，包括听录音和唱片。"正因为如此，不论是戏曲民歌还是琴筝笛管，只要是对二胡艺术表现有益，她就虚心求教，潜心学习，二胡艺术声腔化成功之所正是这一理念的最好体现。

百人千面，有教无类是闵惠芬博大胸怀的又一体现。闵惠芬老师说："只要他（她）真心喜爱二胡，想学习二胡，不管什么门派，水平高低，无论南北东西，我都会毫无保留地把我所知，倾心相授。"以民族音乐事业为本，以二胡艺术发展为重是闵惠芬老师大公无私的胸怀所在。在与闵惠芬老师学习期间，总会不时听到她对别人的赞扬，不论是对她的长辈、同辈和晚辈。她总是说要善于看到别人的优点，更要学习别人的长处。她非常重视并积极鼓励学生们有自己的音乐语言，经常会对学生说千万不要什么都和我一样，当看到学生哪怕一点点的闪光个性，她都会大大地放大，并拍手叫好。她从不吝啬赞扬学生，经常在闵老师给学生上课时听到她对学生说这一点你比我演奏的好，那一点你比我表现的更有特点等，给学生带来了极大的鼓舞，从而使每一位受到闵惠芬老师指导和教授过的学生都对音乐和二胡有了一份热爱和快乐。

我不禁想起艺术大师齐白石先生的一句名言："似我者活，像我者死。"闵惠芬教授的不仅是二胡演奏技术，更是一种观念，一种对音乐认识和表现的观念；一种精神，一种二胡艺术的精神；一种人生，一种坚定执着百折不挠的人生；更是一种胸怀，一种容百象而更宽广的大胸怀。

载于《人民音乐》2014年第6期

汝艺：上海音乐学院民族音乐系副教授。

弓弦上的瑰丽人生

——闵惠芬与 20 世纪二胡艺术

乔建中

　　十余年前，我写过一篇《一件乐器和一个世纪——二胡艺术百年观》的长文。写作的出发点是把这件旧时代地位低下的民间乐器放在 20 世纪中国文化由传统向现代全面转型的背景下，追溯它为什么能在不到一百年的时间里取得如此巨大的历史进展？以及为此献身的几代二胡艺术家在创作、表演、教育传承和理论研究方面做出了哪些贡献？借以探求一门器乐艺术与一个变革时代之间的相互关联。然而，就在这一领域在近十余年间继续大步向前、收获了更多优秀的二胡作品、培养了更新一批二胡演奏家、出版了更动听的二胡唱片之际，我们却失去了与二胡相伴 60 年、驰骋二胡舞台 50 年、深受千千万万二胡人钟爱、被西方媒体誉为"世界伟大的弦乐演奏家之一"、令我们十分尊敬的闵惠芬老师，2014 年 5 月 12 日上午十时，她永远离开了我们。

　　她的走，结束了二胡艺术的一个时代，但留下了属于她的"时代琴音"，让我们反复听赏，从中汲取教益；她的走，同时也留下一系列话题和一份宝贵的遗产。在中国民族器乐艺术的现代演进历程中，一位伟大的演奏家对一门正在走向成熟的演奏艺术具有何种意义？两者存在哪些相互补益、促进和提升的关系？当代的优秀二胡名家们应该向闵惠芬学习什么？等等。

　　于是，闵惠芬与 20 世纪二胡艺术就成为我本人继《一件乐器与一个世纪》之后自然引出的一个新论题。我想，不仅是我自己，这也是二胡界同仁应当认真思考并予以回答的问题。这里既包含了我们对闵惠芬二胡艺术历史贡献的总结，也有我们从"闵惠芬精神"中获得激励、动力并争取二胡艺术有更大发展格局的种种抉择。

一

二胡作为 20 世纪才成长起来的一门独奏艺术，闵惠芬之前，已经有前半个世纪的周少梅、刘天华、阿炳、蒋风之、陈振铎、刘北茂，1950 年以后的张锐、孙文明、张韶、王乙、项祖英，以及略早于她的蒋巽风、鲁日融、黄海怀、汤良德、王国潼等二胡艺术家出现。无疑，由这样前后三代人组成的现代二胡艺术阵容已经十分壮观，除了周少梅、刘天华、阿炳在 1950 年之前先后离世外，其他各位在 1952 年至 1962 年间，不是导师，就是青年才俊，大家齐心努力把这门演奏艺术推向它的第一个历史高峰——1963 年的全国二胡比赛。谁都没有想到，一次比赛竟然涌现了十几位优秀的演奏家，十几首二胡新作和多种多样的技艺风格。更没有想到的是，大赛的第一名是不满 18 岁的上海音乐学院附中女生闵惠芬。

很显然，这一轰动全国的荣誉成为青年闵惠芬艺术生命的新起点。

那么，她如何对待这份荣誉？如何理解这个"新起点"呢？无论从以往的报道、访谈中，还是在研究文献中，我们都没有看到相关的记录。即使在我 2011 年 3 月 17 日两个多小时对她的专访中，她也几乎一字未提。不仅未提 1963 年的比赛，就连此后的许许多多的"殊荣"也未着一言。而谈论最多的，反倒是她终其一生都对中国民间音乐丝毫不减的眷恋，是她对每个阶段教过她、没教过她的前辈、老师的敬重、怀念和感激，以及她在数十年演奏生涯实践中逐步形成的艺术观，等等。我想，以上三点也许正是闵惠芬几十年来克服重重艰辛、最终登上当代二胡演奏艺术高峰的根本原因，或许也是我们"解读"闵惠芬二胡演奏艺术内涵的一个新视域。我当时就强烈地感受到，在这位大演奏家心里，哪个是目标如一的人生追求，哪个是可以轻看的"身外之物"，她在年轻时代就已"拎"得很清了。

她告诉我，5 岁以前她生活在苏南宜兴乡间的一个很小的村落里，但乡间的各种"声音"却让她十分难忘：算命盲人的"笛声"、卖牙糖小贩的叫卖声、老太太拜佛的"诵经声"、道士们演奏的"十番锣鼓"、庙会上的百人"丝竹乐"演奏声、乞讨者的"春调"、"哭丧婆"们逼真的"代哭"声、妈妈为宣传婚姻法编唱的小调、南下干部唱的北方小曲以及在电影《陕北牧歌》里听到的《崖畔上开花》，当然，还有她的"爹爹"闵季骞先生每次回家为她演奏的二胡、琵琶、笛子音乐等等，对这些 60 多年前"乡下的声音"，她不但记在心里，而且张口就唱，兴趣浓烈。也许，我们幼时也听到类似的歌唱或演奏，但对于闵惠芬而言这些流入心底的

"乡音"却别有一番滋味。依照她的看法，正是因为有这些"声音记忆"才让她在进入专业院校以后，几乎对所有的民间音乐有一种天生的敏感和兴趣，以至看了红线女的《昭君出塞》就立即移到二胡上拉，听了隔壁琴房郭鹰先生给学生教潮州筝曲《寒鸦戏水》就拿上二胡去助奏。我以为，对中国民间音乐这种生了"根"一般的痴迷、尊重、投入才是她1963年的那个"新起点"的"元点"。有了这份挚爱，才让她有了从不放弃的执着，也才有了发誓要把民间音乐的精微一点点注入自己演奏艺术之中的崇高目标。所以，她认为自己获奖的原因之一是自幼受到民间音乐的熏陶浸染。为此，她进入大学后，向民间音乐学得更起劲了。

她的另一个人格"坚守"就是对前辈、老师们艺术造诣的尊重、敬仰。她很早就学会了《二泉映月》和《江河水》这两首绝世名作，而且经常登台表演。但在1972年得到一张阿炳演奏的《二泉映月》老唱片后，竟然用了半年的时间反复听、反复琢磨，尽力发现阿炳技艺的真谛，寻找自身的不足。如此这般，才确立了自己演奏该曲的风骨韵味，并在二胡界称誉数十年。同样，《江河水》早就是她的保留曲目，但她从未自满，直到1973年有机会见到演奏原曲的双管演奏家谷兴善，立即向他求教，内心流露的喜悦有如僧人取到了"真经"。经过多年打磨，她演奏的《江河水》达到了真正意义上的琴心合一、感人至深之至境，也才有小泽征尔在1977年听罢演奏的感慨："拉出了人间悲切，听起来使人痛彻肺腑！"不仅如此，在我们那天的长谈中，她先后道出十几位曾经教过她的老师：二人台艺术家周治家（艺名"邋遢地"）、张爱兵（艺名"吹破天"），沪剧艺术家吴景德、许国华，婺剧艺术家张小牛，民歌老师江明惇，主课老师王乙、陆修棠，同行前辈张韶，京剧艺术家李慕良等，以及教过她一阵四胡的同学陈大灿。她都要没有遗漏。一个艺术家如果不在内心保持这样一种"尊师重道"的圣洁之情，要获得成功恐怕很难。

其三，闵惠芬有她本人明确而朴素的表演艺术观。对于自己的演奏，每曲每句乃至每个音符都要求极高，几近严酷，表现出高度的专业、敬业精神。但对于听众她却一律视为亲人、朋友、知音，从不以名家、大家自居。她最爱说的一句话就是"音乐要走进寻常百姓家"。同时加上一句："无论在山沟里还是在大剧场，国内还是国外，你都要对听众有一份爱。"而在舞台上："如果你的演奏人情味少了，那你的音乐就和中华大地的大好河山不相匹配了。""寻常百姓""人情味"，不过寥寥几个字却道出她对艺术、对听众的真情爱心。话虽说的直白，却有值得所有表演艺术家三思的真理性。

二

闵惠芬8岁开始随闵季骞先生学习二胡,至今已逾一个甲子;自1963年获奖,到今年2月生病住院前,她一直活跃于舞台,以职业演奏家的身份在弓弦间拼搏砥砺整整50年,为当代二胡艺术的全面推进贡献了自己的一生;她作为女性二胡演奏家,不仅改写了这门演奏艺术的性别史,并为此后大批巾帼从事这一事业赢得了不容忽视的地位和尊严;她的舞台生涯时间之长、推出新作之多、演绎作品之精、个人风格之醇、在听众中的影响之大,实为当今二胡领域第一人。

闵惠芬对20世纪二胡艺术最重要的贡献无疑是她完美精致的演奏。50年间,她先后出版音响、音像专辑共20余部,这些专辑包括了刘天华、阿炳、刘文金以及古曲、筝曲、歌剧、昆曲、京剧及地方戏唱腔移植作品共六十多首,[1] 至于在舞台上演奏的作品已经无法计算。所演作品的体裁和乐队形式也是多种多样:独奏、协奏、重奏;叙事曲、协奏曲、二胡与乐队;民族管弦乐队、西洋管弦乐队、京剧乐队、潮剧、越剧乐队等。

其中,功劳卓著、影响最大的就是在1980—1994年十余年间,她先后首演的四部大型二胡新作,即《新婚别》(张晓峰、朱晓谷曲,1980年,上海)、《长城随想》(刘文金曲,1982年,上海)、《第一二胡协奏曲》(关乃忠曲,1989年,香港)和《夜深沉》(刘念劬曲,1994年,上海)。

《新婚别》之前,从20世纪初到1979年,二胡领域至少有了百余首脍炙人口的佳作,但全部是十多分钟左右的短篇。《新婚别》两位作者将篇幅扩展至16分钟,又是以唐代大诗人杜甫同名诗篇的内容作底本,通过三个各具鲜明个性的段落叙咏了一千多年前的悲剧故事。加上大型民族管弦乐队的协奏,使该作在内容的戏剧冲突、音乐的叙事容量以及结构内涵方面均与此前的作品划开明确的界限,堪称20世纪二胡音乐的第一部大型作品。经闵惠芬的出色演绎,在20世纪80年代初产生过不小的影响,也成为闵惠芬本人经常演奏的曲目。同时,它也可以看作是两年以后二胡协奏曲《长城随想》出现的前奏。

刘文金四个乐章的二胡协奏曲《长城随想》的创作、演出是20世纪二胡界甚至是中国民族音乐领域的一件划时代大事,也是当代最具影响力的一位作曲家和一

---

[1] 这个统计数字仅限于闵惠芬老师先后送给我本人以及在网上查检到的,肯定有疏漏。

位杰出的二胡演奏家完美合作的一件盛事。早在酝酿期间他们就有过较深入的交流，作曲家进入创作以后"预约"的首演者恰好也是闵惠芬，由此也成为"长城"获得成功的重要因素之一。全曲四个乐章，长度超过 28 分钟。作曲家借长城的伟岸、雄浑咏颂中华民族尚新、自强、坚韧的伟大精神。作品首演至今 30 余年来，获奖多，评论更多，而所有评论均为正面的赞誉。表达了社会大众对这首世纪名作的充分肯定。我还清楚记得 1982 年底"长城"在北京红塔礼堂演出的空前盛况。音乐刚一结束，场内就沸涌如潮，观众为作品中的恢宏气度、长大构思、新颖语汇所震撼，也为闵惠芬驾驭大型作品的判断力、丰富经验和精湛演绎所折服。她曾对我说过自己处理一首新作品的心理思绪："我自己的音乐风格有那么一种天生的大气，不哆不粘，爽快果断。一个有经验的演奏家处理乐曲要先立大局，自我感觉是诗人、歌手、大元帅。以'小操作'而求'大境界'。"① 这是对自己数十年舞台实践体验的高度概括，也是对音乐艺术"二度创作"中演奏家与作品关系的精确把握。演奏家当然要尊重原作、体会原作的内在精神和技术要求。但这只是"二度创作"的前提，一旦进入表演就应该是舞台上"主角"，以自己的技艺、理解将作品表达到一种极致。鉴于此，她所谓"诗人""歌手""大元帅"的比喻，我觉得是恰当而又准确的。

关迺忠《第一二胡协奏曲》的首演是在"长城"发表的 6 年之后。作曲家采用西方标准的"协奏曲"规格写成此曲。三个乐章分别为奏鸣曲式、三部曲式和回旋奏鸣曲式。独奏部分用了难度很大、倾向于"现代"乐思的旋律语汇，与闵惠芬一向熟悉的技法语言有较大的距离。更重要的是，她在此前身罹恶疾，多次手术、多次化疗，身心遭遇极大的摧残。大病初愈就"啃"这块"硬骨头"，究竟需要多大的勇气，多大的毅力，可想而知。但她同样出色、圆满地完成了首演。多年后回忆往事，她仍然坚定地表示：与香港中乐团合作演奏《第一二胡协奏曲》，对我来说是一个自我超越，最后是我胜利了。如果说，"长城"首演是一桩文化辉煌，《第一二胡协奏曲》的首演则是艺术家的精神奇迹。

5 年以后，闵惠芬又在上海首演了时长半个小时、三个乐章的二胡协奏曲《夜深沉》。这也是老同学刘念劬专门为她创作的。借用古典戏曲、音乐中的一个十分普遍的主题，《夜深沉》的作者为项羽这位"失败的英雄"唱出一曲悲壮哀婉的颂歌。擅演大型历史题材的闵惠芬把这部风格浓郁的协奏曲演奏得尽善尽美，当

---

① 文中凡用双引号又未注明出处者，皆来自 2011 年 3 月 17 日本人与闵惠芬老师在江阴喜来登酒店的交谈整理稿。

年的"上海之春"也把创作奖和优秀演奏家颁发给作曲家和她。但她更加看重的是《夜深沉》在圆满完成作曲家的创作意图的同时，还为她在此曲中全力发挥"器乐声腔化"提供了更大的表现空间。她说："《夜深沉》是'声腔化'里程碑式的作品。"

从1980年到1994年，14年间闵惠芬首演了具有开创意义的四部大型二胡的优秀新作。这是她为20世纪二胡艺术做出的一项伟大业绩，它是一项贡献，更是一种风范。在此前后，陆续有不少大型二胡作品问世，也有不少二胡演奏家参与首演，但公正地说。他们都是在以上各位作曲家创作和闵惠芬演奏的带动、引导和影响下相继接续的。风范是一个无形的榜样，中外音乐史上曾经出现过很多由优秀表演艺术家引领出的新作、新风、新乐，在中国20世纪后半叶舞台上，闵惠芬的二胡艺术就是最杰出的风范之一。

三

闵惠芬对20世纪二胡艺术的另一个重要贡献就是她持续了40余年的对"器乐演奏声腔化"的追寻、探索和实践。作为首倡者，闵惠芬既有她本人极为多样广泛地试验，也写过专题论文进行阐释。同时，在二胡界，许多同行也给予积极回应并展开讨论和评述。

通过与她本人的当面交流，以及对以往二胡界论文的研读，我想提出的问题是：闵惠芬为什么花了几十年的演奏实践追逐这样一个演奏家的理想之梦？"声腔化"最终要达到什么样的艺术目的？对于20世纪二胡演奏艺术来说，"声腔化"实践会给这门艺术做出怎样的贡献？

要回答以上追问，离不开两个背景因素。一方面是历史文化的，其中包括：一、中国传统音乐数千年的成长历史中，声乐和器乐相互吸收、相偕进步，但在总体上，声乐的品种多，它对器乐的影响也大，很多曲目都是从声乐移植到器乐上演奏的，这样的例子很多；二、中国古代人对音乐的表现能力的排列是"丝不如竹，竹不如肉"，认为人的歌唱在更直接地打动人心方面优于器乐；三、具体到二胡这件乐器，20世纪以前它是一件伴奏乐器，与各类声乐品种配合默契，天然地富有歌唱性。但自有了专业作曲家的新作以后，二胡那种天生的、具有传统歌唱性质感的特色似乎略微减弱。

另一方面则源自闵惠芬本人对中国传统音乐的感性体认和她对二胡表现力的特

殊追求。如前文所述，她自幼听到那些"乡下的声音"，无论她意识到与否，实际上对她日后音乐价值观的确立起到了一种"基底性"的作用。等到她选择了二胡作为自己终生的"职业"以后，以前的感性积累让她对戏曲、曲艺、民歌中"一吟即出"的地方特征和歌唱性有常人不及的敏锐感。所以，当1960年全国二胡教材会议在上海召开，王乙老师带她向鲁日融老师学习《迷胡调》时，她立刻就生出了"穿人心肺"的强烈感受，并认为《迷胡调》是"把戏曲音乐化为二胡的音乐语言，把声腔艺术化为二胡韵味的创造性的成功的探索"。①

闵惠芬在二胡演奏上自觉进行"声腔化"的试验始于20世纪70年代中期。一开始，就碰到融多种声腔于一体，又蕴藏了不同行当、不同流派唱腔资源的京剧，将它作为"声腔化"探索的主要对象，实在是她的一次"知音"之遇。加上有京剧大家李慕良的直接指教，闵惠芬实现多年的理想就有了最好的保障。以她的演奏技艺和敏锐听觉，掌握起来当然很快。但真正要连"流派"的韵味都能演奏到位，却必须对这种人类音乐文化中少见的"声音现象"有入木三分的把握。这方面，李慕良先生的真知灼见和数十年的操琴经验起到关键作用。比如，关于"言（菊朋）派"《卧龙吊孝》诸葛亮唱段，李先生指出："言腔刚柔相济。剧中人物诸葛亮在这里一面表功，一面佯装假哭，声泪俱下，英雄'动声色'而不动心肺，这种复杂的内心和外在表演要认真体会才可以通过演奏表现出来。"这里既有对流派声腔一针见血的判断，又有对具体角色心理的精彩分析，一语中的，让闵惠芬终生难忘。而更为深刻的是她"自省"式的感悟："不仅仅是拉一个剧种，就是换一个流派，我都要求自己换一副骨头！""要把这样的艺术内核表现出来，很费劲。但费劲也要学，'费劲'说不定也会成就一种特色。"

"换一副骨头！""成就一种特色！"这话，掷地有声，真诚感人。如果每一位演奏家乃至每一位专业的谦卑态度，都能下"换骨头"的决心，我敢断言：中国当代音乐会是另外一个面貌。

那么，闵惠芬"声腔化"的最高目标是什么？质而言之，我觉得她是要让二胡更富于歌唱性，即要让手指下的"丝"与人的歌喉具有同等质地、同样美感的表现力。进一步说，她的目标，还不仅仅是一般意义上的"歌唱性"。而是中国人的歌唱性。这种歌唱性的"根"在哪里？闵惠芬的答案是在中国各种地方戏、说唱、民歌里，为此她追寻了数十年。当我们欣赏了她演奏的京剧等十余种剧种唱段之后，再听她的《长城》《新婚别》《夜深沉》《江河水》《二泉映月》，我们才能体味出她

---

① 闵惠芬《西北吹来秦川的风》，1999年9月26日《文汇报》。

142

把"中国人的歌唱性"在自己的演奏中发挥到了怎样的韵致。

因为这一点，我突然想到，几个世纪以后，也许有人想知道 20 世纪后半叶二胡艺术家留下的音响。他首先选择的，一定是闵惠芬的演奏的《长城随想》《江河水》……因为，她是这个时代二胡艺术的杰出代表，她留给后世的，是真正的"时代琴音"！

刊于《人民音乐》2014 年第 6 期

乔建中：中国艺术研究院音乐研究所研究员。

技巧与风格的超越　艺术与人格的完美

——为闵惠芬《二胡艺术研究文集》作序

王次炤

　　闵惠芬老师一直是我心目中的艺术楷模和人格偶像。10 年前，我主要从电视、电影和报刊文章中了解闵老师，从她出版的唱片、磁带、录像以及后来的 CD、VCD、DVD 等录像资料中感受到她的艺术。1999 年在中国音协第五次代表大会上，我和闵老师同时当选为中国音协副主席，她负责民族音乐委员会，我负责理论委员会。5 年后，我们又同时连任第六届音协副主席。在这 10 年音协主席团的工作中，我们有过许多面对面的交往和谈话，这无疑加深了我对闵老师的了解，对她的敬佩之心也自然更加诚挚。前不久，在一次音协主席团会议上，闵老师要我为她出版的二胡研究文集作序，我欣然答应了。这并不是因为我觉得自己有资格为她写序，而是因为对于闵老师的艺术和人生，我是有感受的。常言道：有感而发！这是我写这篇短序的主要出发点。

　　闵老师的艺术和人生可以从各个方面来总结，我也读过一些别人写的关于她的文章，虽然角度不同但都十分感人。我想作为序言，更多的还是谈一些关于学术问题的感想。为了加深对闵老师的了解，我一口气看完了她送给我的四张 VCD 的演出录像，这是历史的记录，也是她的舞台生涯的缩影。看完后，我十分感动，脑海里浮现出对闵老师学术评价的 16 个字：技巧与风格的超越、艺术与人格的完美。

　　技巧对从事表演艺术的人来说是头等重要的事，但运用技巧不是单纯的目的，它永远是为了表现的需要；同时，当传统技巧满足不了表现需要的时候，就会产生新的技巧，从而实现超越。闵老师对二胡技巧的理解，正是从这三个层次上来把握的。首先，她十分重视二胡技巧的基本训练，并从实践中总结出一套二胡演奏技巧训练方法。比如，"快速换把时直上直下""速度越快运弓幅度越小""强时加宽运弓的幅度和压力，弱时减少运弓的幅度和压力"等等。对二胡演奏左右手技巧的运用提出了十分精辟的见解。这些总结，不仅为学习者提供要领，而且也贯穿在闵老师的演奏过程中。无论是《空山鸟语》的快速换把，还是《二泉映月》的浑厚长弓，都使听众感觉到那是超载了技巧的表现。正因为如此，闵老师对技巧的理解，也超出了一般意义上的手指或手臂的运动。这里有两点值得我们深思，第一，闵老师认为技巧不仅体现在快的功夫上，也同样体现在慢的功夫上，她非常重视长弓的音色和揉弦的变化。在她的《二胡练习曲集》中，有一首专门练习长弓的练习曲，富有浓郁的江南风格，闵老师把它起名为《忆江南》。这首练习曲使我想起肖邦的《E大调练习曲》，它们同样都是慢板的乐曲，之所以把它当作练习曲，完全是为了训练慢功夫，从而引导练习者用心去感受音乐。第二，闵老师认为技巧不仅体现在外在的肢体活动上，也同样体现在心理活动之中。她还说："心到、意到、手到，是音乐记忆，不是音符记忆，演奏中，把声音转换在手指上是要有个过程的。"

其次，在对技巧的理解上，闵老师认为技巧是为表现服务的，同时这两者又是相辅相成。没有好的技巧、也就没有运用自如的表现能力；缺乏表现力，再好的技巧也如同嚼蜡，我曾多次聆听过闵老师演奏的《江河水》，那运弓快慢所表成的张力、指力的轻重所形成的音色变化、弓弦摩擦的松紧所产生的刚柔交替，以及变化多端的揉弦和运弓力度，使这首如诉如泣的民间乐曲达到情景相融、忘却自我的极高境界。闵老师演奏的《病中吟》更是一种超越了语言的诉说，这里既包含了运弓用指的极其细微的技巧运用，更包含着丰富的表现力。假如我们把听觉转向闵老师演奏的《赛马》和《一枝花》的话，也同样感受到技巧与表现的完美结合。《赛马》曾经是一首家喻户晓的二胡作品，我听过许多演奏版本，但总觉得闵老师演奏的这首乐曲与众不同。她不仅把赛马的情景表现得淋漓尽致，更主要的是，闵老师把这部作品的时代背景表现出来了。《一枝花》在闵老师的演奏中也同样体现出欢快情绪以外的民间韵味和民俗风情。

闵老师曾经在谈到二胡表演艺术时说过："第一是声音，第二是声音，第三还是声音。"我想这里包含着两层意思，第一，是指声音的物理属性方面的因素，即音质、音色、音的力度变化等等，这是把握好二胡演奏的声音的基本要素；第二，是指声音的艺术属性方面的因素，即物理属性以外的表现因素。这使我想起了美国朱丽亚音乐学院的办学口号："第一是技巧，第二是技巧，第三还是技巧！"当然，这里所指的技巧，已远远超过了单纯的技巧训练，也就是手指运动，气息运用和肢体技能等与人的生理机能有关的技巧范围，它还包括艺术表现的技巧和心理技巧。闵老师谈到的"第一是声音"，显然指的是一种"纯正的声音"，也就是体现出物理属性的基本的声音特色；她谈到的"第二是声音"，应该是指一种"变化的声音"，也就是指随着音乐表现的需要而作的各种变化的声音。杨光熊老师在总结闵老师演奏艺术时说得好，"以变化了的揉弦、运指力、弓速、弓长、擦弦力，创造了二胡的演奏空间"。这扩充了的演奏空间显然是为了表现的需要。这使我想起闵老师演奏二胡协奏曲《长城随想曲》时，为了表现的需要而对二胡声音所做的丰富多彩的变化处理。闵老师谈到的"第三还是声音"，显然是指一种"超越的声音"，也就是当技巧被融化在音乐中的时候，它实现了声音的超越，达到了忘我的境地，这是声音的最高境界！正如闵老师在谈她的一次演奏《江河水》时的感受时所说："那是一遍成功，没有一个音是败笔，情感极其投入，……完全忘我，半天都拔不出来，自己内心痛彻肺腑，很长时间都浑身颤抖，无法平静，我超越了自己！"

在对二胡演奏风格的理解和把握上，闵老师也有超越性的思考和实践。首先，闵老师对传统二胡曲有非常精深的研究，这里既包括由民间乐曲改编的二胡曲，也包括刘天华、阿炳创作的二胡作品。闵老师认为音乐风格的把握，是音乐艺术变得丰富多彩的调和剂。在闵老师的艺术生涯中，曾改编和移植过许许多多的民族民间音乐，包括京剧、粤剧、越剧、潮剧及江南丝竹和广东音乐，尤其是对戏曲音乐的移植，给二胡艺术带来新的演奏风格。闵老师也是二胡艺术创新和传统与现代相结合的倡导者和实践者。她曾经说过：刘天华先生所提出"要以期与世界音乐并驾齐驱"，"要从东西方的调和与合作中打出一条新路来"的主张，依然是当代民族音乐家所要努力的方向。闵老师是一位开拓型的演奏家，她十分重视演奏当代的二胡新作，她在拓宽二胡演奏风格上积累了许多宝贵的经验，为后人提供了范本。在当代最有影响的二胡作品中，有许多是闵老师首演的。比如：二胡协奏曲《长城随想》《新婚别》《川江》，二胡曲《喜送公粮》《红旗渠水绕太行》等等。这些作品，从创作风格上来说，大多是借鉴了西方的作曲方法，无论是体裁、结构，还是和声与多声部的写作上都充分体现出中西的"调和"与"合作"，同时又都具有深刻的时代内容。闵老师与作曲家共同探讨当代的二胡表演风格，在保持二胡演奏传统特色的同时，在中西合璧中"打出一条新路"。闵老师不仅实践了刘天华先生的理想，还在二胡演奏风格上提出了新的理论；其中关于"二胡声腔化"的理论与实践，在我国二胡演奏风格的研究和探索领域中独树一帜。闵老师提出"二胡声腔化"的理念，首先是基于二胡的声音与中国人的语言与情感的关系之上，她认为：二胡"它的魅力在于它特别接近我们中国人的情感，它的音色像我们中国人在说话歌唱"。其次，这个理论的提出也是出于她对民间音乐的风格韵味的体验。闵老师最早产生"二胡声腔化"理论设想，是在听了京剧高派唱腔高庆奎演唱的《逍遥津》以后，她曾回忆说："当时，高庆奎的演唱，让我吃了一惊，人声幽咽，与二胡之神采何其相仿。"闵老师先后移植了京剧唱腔《逍遥津》《卧龙吊孝》，越剧唱腔《宝玉哭灵》，昆曲唱腔《游园》，粤剧唱腔《昭君出塞》，二人台唱腔《打金钱》，黄梅戏唱腔《黄梅小调——打猪草》，以及评弹、锡剧、花灯等民间戏曲、曲艺、歌舞的唱腔。除了对民间剧种的唱腔移植以外，闵老师还尝试在用声乐素材创作的作品演奏中的"声腔化"尝试。比如：《洪湖主题随想曲》的创作素材来自歌剧《洪湖赤卫队》的唱腔；《川江》的音乐主题来自民间歌曲《川江号子》。在演奏这些作品中，闵老师大胆实践了"二胡声腔化"的理论，并取得了极大的成功。闵老师不愧为二胡演奏风格的创新者和超越者！

我一直认为闵老师的二胡表演艺术是完美的。这并不是说闵老师在艺术上完美无缺，而是从学术上、从音乐审美的本质上看闵老师的演奏，它确实达到了完美的境界；因为她是用心在演奏，而且是充满了文化底蕴的演奏。假如我们注意到的话，就会发现闵老师每次演奏都好像在倾听着自己的心声。她那种专注的神态和凝神的目光本身就好似音乐，即便是无声的录像人们也能从中听到她心中的音乐。王甫建在评价闵老师演奏《二泉映月》时有一段非常精彩的论述："只有真正用心感受的有缘者才会从中汲取的精髓而融会贯通、发扬光大。在我看来闵老师就是这样的有缘人，在她的演奏中我始终能够感受到传统文化给与她的深深印痕，尤其是《二泉映月》，每次演奏她都端庄虔诚、屏息静心，每个句头每个呼吸都那么沉稳，每个装饰音每个运弓都非常细腻，就像是在和阿炳对话。……一切都很自然，但每个音都像是从内心唱出来的。"王甫建说得非常好，闵老师除了用心在演奏外，还用传统文化的精神在演奏。闵老师在论文《博大境界中的民族神韵——论二胡协奏曲〈长城随想〉的演奏艺术》中，深刻地阐述了文化精神与表演艺术的关系。

我也一直认为闵老师的人格是完美的。这并不是说她没有缺点，而是作为一名艺术家，她在人格的自我塑造上是我们每个人的楷模。这不仅体现她与病魔做斗争的顽强意志上，也体现在她视艺术为生命的人生追求和为民族音乐事业的发展而忘我工作的艺术使命感上。我们都知道，闵老师曾患重病，从1982年至1987年她先后做了6次手术，15次化疗她用超人的意志战胜了病魔，并带着更加充沛的精力投入到民族音乐的表现、创作和研究工作之中。这5年间，闵老师从来没有停止过工作，动完第一次手术不久后就登台演奏二胡协奏曲《长城随想》，之后又相继完成了新作品的创作和论文写作。同时还继续参加各种社会活动和音乐普及活动。闵老师曾经说过："我的生命依恋着许许多多的生命……是二胡拉出了我第二条生命……对于我来说民乐、二胡已经是我生命中的一部分，我生来就属于它们……我的生命已经和它们交融在一起了，我生来就是属于这项事业的。"这是何等高尚的人格，她把生命赋予了事业，又让事业的光辉照亮了生命之路！闵老师虽然是一位大名鼎鼎的艺术家，但她在任何时候都十分重视听从的感受，她说："作为舞台上的职业演奏员，要在任何地方演出与当地相对应的作品，使听众有亲切感。"为此闵老师移植了许多地方民间音乐的二胡曲，用地方乡土的音乐语言拉近了与听众的距离。闵老师真是每个听众的贴心人！我和闵老师相识已久，在我的印象中闵老师是一个不谈过去只谈未来的乐观者，她总是在往前看，总是在谈论将来要做什么，总是在展望灿烂的明天……我深切地希望闵老师身体永远健康，永远在民族音乐的舞台上绽放光彩！

刊于《人民音乐》2010 年第 3 期

王次炤： 中央音乐学院院长、教授，《人民音乐》主编。

尊师　楷模　丰碑

——记二胡演奏家闵惠芬

朱昌耀

二胡演奏家闵惠芬是我国当代二胡大师，也是我国民族音乐界的杰出代表，她为二胡艺术的发展，为弘扬中国民族音乐事业，为中国民族音乐及二胡艺术走向世界，做出了重要的贡献。她是中国二胡的一面旗帜，她以其坚实的演奏功力所创造出的二胡演奏艺术，她用顽强的意志创造出的无限的生命力，她以锲而不舍的追求与探索、进取与攀登，所创造出的艺术高峰，引领和推动当代二胡艺术的发展，不断激励年轻的二胡演奏家们植根坚实的民族沃土，领略时代的气息，在继承、创新、发展的轨迹上阔步向前，成为我们的尊师、楷模和二胡艺术的丰碑。

一、尊师

我第一次领略闵老师的艺术风采还是在大学时代，此前，虽然闵老师的大名如雷贯耳，但一直为未能听上或看上一次闵老师的演奏而感遗憾。我考取了南京艺术学院的二胡专业后，真正算是进入二胡专业的学习领域。记得是1975年的一天，我在观看电影《百花争艳》时看到了闵老师的精彩演奏，那如诉如泣的《江河水》，那奔腾热烈的《赛马》，使我受到非常的震撼。我更忘不了的是1976年的那一天，老师甘涛对我说，让我拿着琴，带我来到了南京师范大学闵季骞老师家里，我才知道是要去见闵惠芬老师。我的心情非常激动，见到闵老师后，看到的是她正帮助家里的两位老人在做家务，我心里更是一阵感动。那天，我给闵老师演奏了正在学习的《二泉映月》，作为那个学期期末考试的曲目。我自认为已仔细听了很多版本的演奏，音准、节奏及音乐处理上已比较到位，考试时老师也给了我较高的分数，虽有些老师认为我的演奏"深度不够"，我对此却不以为然。所以，我想让闵老师来给我鉴定一下。听完我的演奏，闵老师笑而不答，信手拿起我的琴，也给我拉了一遍《二泉映月》，然后讲起她对乐曲的理解：一声长叹，在木然之中透露出沉重及压抑，表达了阿炳"望断天涯路，何处是归宿"的内心，速度开始要徐缓，随着情绪的推进而渐紧。音韵要刚柔相济并衔接贯通，既有哀叹忧伤，更有愤而不平，既有凄婉心酸的感慨，也有激情冲天的荡气，这就是《二泉映月》，这就是阿炳！听了闵老师的演奏，我不仅为之折服，更为自己的不以为然和不服气所羞愧，自己也仿佛明白了什么叫作"深度"！从那以后，我不断努力，细细体会音乐的内涵，并努力提高自己的艺术素养，今天我演奏的《二泉映月》能够得到老师、同行和广大观众的认同，受闵老师的影响很大。我的演奏在很多地方的理解和处理都和闵老师相似，就连经常演出的版本、删节的长短，都和闵老师一样。后来，我读到闵老师《孤独的夜行者》一文，我才知道她在多年前，就已深深地研究过《二泉映月》和阿炳了，正是有这样刻苦的研磨，演奏上才能够有如此的"深度"、理解上才能够有如此的"深刻"。

1982 年 4 月，我随"江苏代表队"到武汉参加"全国民族器乐独奏比赛"，我记得是在比赛的前一天晚上，闵老师来到她的家乡队——"江苏代表队"的驻地看望我们。当时，我正在为参赛曲目的事而烦恼，在为《二泉映月》《战马奔腾》和《江南春色》三首曲目中演奏哪两首乐曲而拿捏不定，如果以《二泉映月》和《战马奔腾》或《江南春色》和《战马奔腾》搭配，一文一武，有快有慢，且能显示一定的技术技巧，比较符合常规。闵老师了解了我的烦恼后，当即一锤定音：就演奏《二泉映月》和《江南春色》！并鼓励我说：你从江苏来，《二泉映月》你有着深刻的理解，《江南春色》是你自己创作，自然得心应手，可以说两首乐曲皆是江苏的土特产，别人无法比拟和取代，完全不必为不能完全发挥出自己的技术技巧而担心！闵老师的指点，顿时让我信心大增。第二天的比赛果然获得了很大的成功，出现了两曲奏完，观众和评委们掌声不断。要求返场，最后我如愿获得了"优秀表演奖"的二胡第一名，从而也证明了闵老师的慧眼决断。我记忆犹新的是，那次比赛中，19 名二胡选手演奏最多的曲目是《新婚别》，但在后来听完闵老师的示范演出《新婚别》后，我深深感到，我们这些年轻的二胡选手，比起闵老师来，"深度"上的差距真是太大了，二胡演奏不只是比技术技巧，只有不断加深自己的艺术素养，不断加深对音乐内涵的理解，才能做一个真正的演奏家！

闵老师是我的尊师，是所有年轻的二胡演奏者们的尊师！

二、楷模

　　1982 年"全国民族器乐独奏比赛"后我才知道，闵老师当时已因患"黑色素肿瘤"动过一次手术了，不久后，1982 年 6 月的"上海之春"音乐节上，闵老师又与上海民族乐团首演了二胡协奏曲《长城随想》。我们都知道，演奏《长城随想》除了要有一定的艺术造诣和艺术功力外，还需要一定的体力，闵老师能在大病手术后能够完美地呈现《长城随想》，真令我敬佩不已！可令我更为惊讶的还在后面。不久后的 1983 年初，闵老师就又住进医院，接连动了两次大的手术，术后不久，闵老师赴重庆进行中医治疗。其间，她并没有一味地休养，而是邀请作曲家杨宝智谈创作、谈构思，促使他完成了二胡协奏曲《川江》。在 1984 年底至 1987 年初两年多的期间里，闵老师又相继动了三次大手术。从 1982 年至 1987 年的 5 年间，6 次手术、15 次化疗，病魔并没有让闵老师屈服，癌症却不得不向她低头！此间，闵老师创作了《音诗——心曲》，写作了《博大境界中的民族神韵——论二胡协奏曲〈长城随想〉的演奏艺术》，跟郭鹰老师学习了潮州音乐，担当了北京的全国二胡邀请赛的评委，到高校去进行普及民族音乐的演出……当 1987 年 9 月 17 日我在北京首届中国艺术节中央民族乐团的音乐会上看到闵老师成功地演出《长城随想》时，我的心里充满了无限的激动和感动！

　　是什么使闵老师在死亡线上奇迹般地复生，使她创造出一个又一个的艺术高峰？是二胡，是中国民族音乐，是闵老师对二胡艺术执着追求的精神，是闵老师为中国民族音乐发扬光大的崇高情怀。正如闵老师自己所说："是二胡拉出了我第二条生命。我的一生充满了对中国民族音乐的崇敬和向往，艺术就是我的生命，离开心爱的艺术，生命又有何意义？"闵老师的这种人生理念，充分证明了她对二胡艺术的酷爱与追求，充分说明了她对事业、对社会具有强烈的责任感。

　　闵老师是我的楷模，是我们年轻的二胡演奏者们的楷模，是我们从事民族音乐工作人们的楷模！

三、丰碑

　　闵老师是二胡界的一面旗帜，她的演奏、她的作品、她的艺术风格、她的美学追求，是一座二胡艺术的丰碑。

　　纵观近代中国二胡发展的历史，在闵老师她们那个时代，要成为演奏家已很难，要成为女演奏家更难，要成为有特性、有风格。有代表作品的女演奏家更是难上加难。闵老师有太多的首演，并成为长演不衰的二胡作品，如《喜送公粮》《红旗渠水绕太行》《新婚别》《长城随想》《川江》《夜深沉》《诗魂》等。这些作品从一定的意义上来说，至今仍无人超越。闵老师还有较多的虽不是首演，却因经她演奏后，让全国、全世界的人们知晓。更为难得的是，闵老师还创作改编了不少的二胡作品，如《阳关三叠》《洪湖主题随想曲》《寒鸦戏水》《音诗——心曲》《老贫农话家史》等，这些精彩的作品，加上闵老师更精彩的演奏，已成为学习二胡的必修名曲。我特别要提到闵老师作曲的一首二胡作品《忆江南》，讲到《忆江南》，可能大家都不一定知道，此曲只是在大家所熟知的《二胡练习曲集》上作为"长弓练习"发表，但它却是一首非常完整、非常道地的江南风格的乐曲，在我的大学时代，我不知练过多少遍，对我的影响不能说不大，我创作的《江南春色》（和马熙林老师合作），受其启发也是显而易见的。闵老师的这一部部二胡的代表作品，还有她关于二胡声腔化艺术观的代表作品，如《卧龙吊孝》《逍遥津》《宝玉哭灵》《游园》《昭君出塞》等，构成了她的特性、她的风格，是她毕生的艺术追求！我深深感到：闵老师的追求，应该成为我们后辈二胡演奏者们的追求，我们应该接过闵老师手中民族传统的接力棒，一代一代地传下去，把我们中华优秀的民族艺术发扬光大！

正因为有闵老师这样的二胡代表性人物不懈的追求，才有了二胡的百余年来的迅猛发展，才有了二胡的后浪推前浪，才有了二胡的青出于蓝而胜于蓝。二胡才成为世人最喜爱的中国乐器之一，二胡音乐才成为中国音乐最具代表的音乐。这一切，闵老师功不可没！

闵老师是二胡艺术的丰碑，是中国民族音乐史上的丰碑！

刊于《人民音乐》2010 年第 3 期

朱昌耀：江苏省演艺集团副总经理，江苏音乐家协会主席。

闵惠芬二胡艺术的美学研究

张　前

　　闵惠芬是一位二胡演奏大家，她不但琴艺完美高超，而且很善于学习和思考。在她的演奏实践以及谈论演奏体会的一些文章里，实际上已经提出并且正在实践着一些十分重要的音乐表演美学思想，很值得我们重视并加以探讨。我的这篇文章就是试图从音乐表演美学的角度探讨其中的一些问题，以求加深对闵惠芬二胡艺术的认识，并以此求教于二胡界的各位专家、朋友。

一

　　音乐表演作为二度创作，它首要的，并且带有根本性的美学问题，就是怎样对待第一度创作，也即怎样对待音乐作品的问题。闵惠芬在这个问题上的所作堪称音乐表演艺术的典范。概括起来，我以为闵惠芬对待第一度创作及其成果——音乐作品，有这样三点特别突出。即：第一，深思熟虑，准确把握与深刻体验音乐作品的情感内涵；第二，寻根求源，深入开掘音乐作品的文化底蕴；第三，虚心求教，刻意掌握音乐作品的风格和韵味。

　　第一，深思熟虑，准确把握与深刻体验音乐作品的情感内涵。这是音乐表演作为二度创作的核心问题。音乐是一种善于表现情感的艺术，可以说每一部音乐作品都有它特定的情感内涵。闵惠芬的演奏实践表明，她作为一位杰出的演奏家，每接触到一首音乐作品，特别注重研究的是乐曲的情感内涵，既重视准确把握乐曲的情感基调，也非常注意乐曲情感的发展变化，并且运用丰富的想象力，充实和丰富乐曲的情感内涵。下面通过几个实例对这个问题做一点说明。

　　对于华彦钧的《二泉映月》这首乐曲，闵惠芬认为"孤独之感是全曲的灵魂，是能否动人心魄的感情之源"[1]（以下简称《文集》）。她进而在这个基础上进一步揭示乐曲情感的发展变化，以求完整表现乐曲的情感内涵。在《孤独的夜行者》一

153

文中，闵惠芬通过与阿炳在幻想中的对话，生动地揭示了这首乐曲情感发展变化的轨迹。似在冥冥之中，阿炳在对闵惠芬谆谆教导："速度则初徐缓而渐紧缩之，音韵则刚柔而相济之。""第一曲调与第二曲调循环轮转，旋律强弱依音势走向随之起伏，各段衍变新声处均需重视刻画。"待乐曲主题几经轮回到第五次，音高至巅处则为全曲高潮，其时须全神贯注，凝聚力量，激情勃发，气冲霄汉，乃至达到"其势如大江之潮尽情宣泄，方能荡气回肠，惊天地，泣鬼神"。

在演奏根据古曲改编的《阳关三叠》时，闵惠芬紧紧把握乐曲的情感基调——惜别，并在这个基础上对乐曲情感的发展变化做了富于层次的演绎。如她所说："我根据诗意，在二胡演奏第一叠时情感貌似平淡，内心却充满依依顾恋之情"，待到"原唱词'遄行'、'遄行'处，两个八度音程异峰突起，情绪激昂起来"。其后，乐曲把原唱词的二叠和三叠合并，在音乐中运用离调，节奏逐渐紧凑等手法，用以表现渐趋急切的惜别心情。再后则采用长乐句、宽音域，自然顺势的转调离调，以及吟唱的滑揉运用，通过调动器乐演奏与声腔艺术有机结合的手段，造成主人公内心激情的跌宕起伏，使乐曲的情感表现到达高潮。转回原调后，进入全曲的尾声，用虚实结合的手法，表达了梦魂萦绕、千里相思，无限伤感、无限幽怨的感人情景。[2]

闵惠芬的演奏实践还表明，音乐作品中的情从来都不是抽象的、没有生活内涵的情，而是特定人物处于特定情境之中发自内心的情。演奏家的重要使命之一就是要在演奏过程中重现并且丰富乐曲的情感内涵，使乐曲中的情变得鲜活生动起来。也正因为如此，闵惠芬十分强调演奏者想象力的重要，如她所说："把技巧融会在音乐表现力中，以我的体会，其关键在于联想，这个联想包括对场面环境的想象，也包括对作品所特有的精神气质和内在情感的领悟刻画。通过演奏者丰富的联想，才能将感受到的东西升华为各种感情，从而转化到手上，运用娴熟的技术技巧，使乐器发出充满活力的音符。"[3]闵惠芬演奏的《江河水》之所以不同凡响，具有极强的艺术感染力，其重要的原因之一就在于她充分运用想象的心理机制，通过联想极大地丰富了乐曲的情感与形象内涵。如她在《诉尽人间悲切》一文中所说：开始时她是根据东北民间故事来领会《江河水》的内涵的，后来当她"读万卷书，行万里路"，不断扩大自己的生活视野之后，她对这首乐曲的情感内涵有了更深刻的体验。由在长江三峡岸边看到岩石上深凹的纤痕，联想到川江纤夫拉着长长的纤绳一步一跌、挣扎向前的律动，由大邑县"收租院"塑像中一位母亲痛苦的眼神，联想到天下被压迫人民在眼泪流干，生活走到尽头时欲哭无泪，哀告无门的绝望心情，并且把这些感受融汇于对《江河水》情感内涵的体验之中，从而大大加深和丰富了对这

154

首乐曲的情感体验与形象感受。她的演奏不仅是在表现一位死去丈夫的妇女的哭诉，而且也是在抒发普天下受苦受难的劳动人民对人世间种种不平的强烈控诉，乐曲的情感内涵中不仅有悲苦，而且还有极度的绝望和痛恨，以及由此引发的满腔的怒火。闵惠芬正是通过联想，丰富了对乐曲情感内涵的体验，促进了乐曲意义的新的生成。

第二，寻根求源，深入开掘音乐作品的文化底蕴。我很同意刘文金先生在《闵惠芬二胡艺术研究文集》序言中所说的话："音乐艺术的属性，首先是文化，是人类寄予感情和意识的特殊形态的文化现象。就器乐演奏家的素养而言，其文化底蕴的丰厚或浅薄，将始终伴随着并最终决定着他的艺术品格及其实践成果。"任何一部优秀的音乐作品都产生于一定的历史时代并表现着一定的社会生活，都有它丰富的精神内涵和深厚的文化底蕴。闵惠芬作为一位二胡演奏艺术的大师，她突出的特点之一就是对于她所参与创作和演奏的每一部音乐作品，都寻根求源地深入挖掘作品的精神内涵和文化底蕴，从而使她的演奏立足于深厚的民族精神和文化土壤之中。她所写的一些谈论演奏体会的文章，如《孤独的夜行者》《诉尽人间悲切》（一）（二）、《"反其意"的启迪》《诗在弦上吟》《博大境界中的民族神韵》等为我们揭示了她为此所做努力的一些情况。

例如，她在演奏并参与二胡叙事曲《新婚别》的创作时，就对这首乐曲所表现的历史时代和乐曲所依据的杜甫原诗《新婚别》进行了深入、细致的学习和研究。作曲家张晓峰先生回忆说："为了准确表达'安史之乱'中一个生离死别的故事，闵惠芬除了认真阅读了'安史之乱'的有关历史资料外，还对杜甫的三吏三别六首唐诗进行了深刻研究，对《新婚别》中的时代背景和人物情感，做到心中有底。"[4]闵惠芬为此还认真听取了历史学家的意见，对乐曲的一些细节进行修改，以符合历史的真实。

在闵惠芬向京剧音乐大师李慕良先生学习演奏京剧名段的过程中，我们同样能体会到她对这些名段的精神内涵与文化底蕴的深入学习和探究。她演奏这些京剧名段，并不以照搬和模仿得像为能事，而是力求深入理解戏剧人物所处的历史环境，体验历史人物的在特定情境下的思想情感，细致入微地把握戏剧人物的内心活动，以神似为目标。并且下大力气，对所学唱段的一字一句、一腔一调加以细心体会和反复揣摩，以把握京剧唱腔音乐的独特风格和韵味，并根据二胡的性能和特点，加以创造性的发挥，从而成就一首首独具魅力的二胡独奏曲。

例如，在演奏《卧龙吊孝》时，她在李慕良先生的启发下，深入研究了该剧的历史背景和诸葛亮当时极为复杂而矛盾的心境：虽然是赴东吴吊唁周瑜，声泪俱下，哭得死去活来，然而却又是假戏真做，哭给别人看的。因此，在艺术表现上就要放悲声而不动肺腑，有英雄痛惜英雄的感受，但骨子里却是为了实现吴蜀联盟的政治和军事的需要。闵惠芬就是这样，通过对这个唱段的历史背景和文化底蕴的深入学习和研究，把言派（言菊朋）这段委婉深沉、起伏多变的唱腔，演绎得有声有色，把诸葛亮欲言而不能言的复杂心情表现得形象而逼真。而在演奏另一京剧名段《逍遥津》时，人物的情感和气质则完全不同，用闵惠芬的话说是"简直浑身换了一副筋骨"。这是一段表现汉献帝遭曹操逼宫，悲愤欲绝，恨不得把牙根咬碎的故事。闵惠芬学习高亢激越的高派（高庆奎）唱腔的特点，以截然不同的风格和特色，表现此时汉献帝撕心裂肺的悲伤和捶胸顿足的痛恨，给人一种人之伤痛到极致的感觉。正是对这些京剧名段的文化底蕴和精神内涵的深入挖掘和细心体会，才使得闵惠芬的演奏从形似到达神似，从模仿到达创造性表现的艺术境界。她精辟地总结出在戏曲名段的演奏中要有：角色感、性格感、润饰特征感以及语韵感这些通达音乐表演艺术真谛的艺术经验，也为她提出的器乐演奏声腔化的美学思想提供了例证，并使我们由此体会到，挖掘音乐作品的文化底蕴，既有社会生活和思想情感方面的深刻含义，也是艺术表现欲达高深境界的必经之途。

第三，虚心求教，刻意掌握音乐作品的独特风格和韵味。这种风格和韵味既来自它所依据的社会文化底蕴，也与音乐艺术的民族性和地域性密切相关，体现着独特的审美观念和艺术表现方式。音乐表演者对乐曲的独特风格和韵味的准确把握和纯正表现，是音乐表演作为二度创作的又一个非常关键的问题。闵惠芬对于她参与创作和演奏的每一首乐曲的独特风格和韵味都进行过仔细的研究，并且下苦功夫，反复地进行过认真的学习和磨炼。

在改编和演奏《阳关三叠》中，她通过借鉴古琴的"绰、注、吟、揉、顿、挫、滑"等演奏手法，并且吸收琴歌吟咏充满语韵气息的各种技巧来丰富二胡的表现力。她从古琴音乐、戏曲音乐的精华中，找到了极富表现力的古风乐韵，使由二胡演奏的器乐音乐充满想象力，达到感人至深的艺术境界。在改编潮州筝曲《寒鸭戏水》的过程中，闵惠芬反其意而用之，化去了原曲的悲凉气氛，保留了潮乐椰胡奏法的浓郁韵味，下功夫把钢丝筝的浓重颤音与椰胡上下滑音的演奏技法相糅合，并加以适度的夸张。令人叫绝的是她还从西安鼓乐《鸭子拌嘴》受到启发，为这首改编曲加上了潮州锣鼓的伴奏，用各种轻灵的鼓点表现鸭子在水中的活泼嬉戏，描绘出"春江水暖鸭先知"的情景，使这首改编曲变得更加生动幽默、妙趣横生。

由于《洪湖主题随想曲》是一首根据群众非常熟悉的歌剧选曲改编的二胡曲，为了表现这首乐曲特有的风格和韵味，闵惠芬特别强调演奏者首先要对这首乐曲所依据的原唱段反复哼唱，并在这个基础上琢磨如何在二胡上完美地"唱"好这首歌。为此她提出，要演奏好这首乐曲必须首先正确掌握音乐表达的气息感，突出旋律进行的线条感，并且细致地体现乐曲装饰音的语气感。

闵惠芬非常重视装饰音在表现乐曲民族风格和韵味中的重要作用。她说："中国是个地域辽阔民族众多的国家，各民族、各地方言的巨大差异，使音乐中的装饰音丰富多彩，呈现千姿百态。本书（指《闵惠芬二胡艺术研究文集》——笔者）中我们遇见的就有颤音、波音、前倚音、后倚音、上滑音、下滑音、回滑音等许多种，每一种还可以分为若干情况。装饰音足表现民族风格和地方特色的一个重要手段，同一种符号，演奏时对松紧、快慢、强弱也有不同的要求。这就要求演奏者多唱民歌、戏曲、曲艺，加强民间音乐的积累。"[5] 正是由于闵惠芬刻意追求每首乐曲的独特风格和特色，才使她的演奏不仅能够深刻表达乐曲的情感内涵和文化底蕴，而且呈现着浓郁的、丰富多彩的民族风格和地方特色，声情并茂、韵味十足、内涵美与形式美高度统一与协调的境界。

这里还可以补充的实例是，闵惠芬对二胡协奏曲《长城随想》在音乐语言与艺术特征上的追求与体验。她在《博大境界中的民族神韵》一文中说："该曲的音乐语言，听起来仿佛很熟悉，但又说不出具体用了什么特定的素材。时而是高亢激越的京剧风格；时而是极富声腔口语化的北方书鼓的音调；时而使我们领略到古琴古朴高雅的神韵；时而则似乎是从其他民族乐器中借鉴来的具有明显特征的表现手法。如古琴的绰注、京胡的弦法、琵琶的扫弦、书鼓的击拍节奏等等。然而，这些因素的运用决非凑合，而是化合，有机地融会于统一的乐思和格调之中，听来是那样的和谐、贴切、自然，觉得回味无穷。她们渊源于广阔而深厚的民族民间音乐的土壤，显示出令人神往的民族神韵。"[6] 闵惠芬对《长城随想》文化底蕴和风格特色之所以能有这样广博而深切的体验，并且通过她的演奏生动传神地表现出来，正是靠她平时的积累，长期而多方面的刻苦学习，以及深入研究民族文化传统和音乐艺术独特表现方式的诚心和毅力。

二

音乐表演美学又一个重要问题是表演者独具个性的创造问题。音乐表演作为二度创造，仅仅具有真实性，即对原作的忠实再现显然是不够的，它还必须与表演者的创造性相结合，实现真实性与创造性的统一。

音乐表演的创造性，首先要求音乐表演者对乐曲要有自己独到的理解和富于创造性的表演处理，并能体现出表演者鲜明的个性。这种表演个性，是音乐表演创造走向成熟的重要标志，它表明表演者已经具有清醒的自我意识，不仅对音乐作品有自己独到的理解，并且能够根据自己的条件和特长，找到最适合自己的表演方式，形成自己独特的表演个性和风格。

闵惠芬的表演实践令人信服地证明，她是一位具有强烈参与意识和创造热情，并具有鲜明个性的成熟的演奏家。这也正如闵惠芬自己所说："一个从事演奏艺术的人，应该追求什么呢？我认为，把写在谱纸上的音符，把作品的底蕴情趣，把作曲家的乐思和在作品中倾注的情感，把自己心灵中最生动、最真挚、最富内含的思绪，化作琴声，再现出来，显示其内在的美和灵气，把人们引向崇高的意境，从而激起人们心灵的回响。这是我的艺术志向。"[7]这表明闵惠芬作为一位杰出的二胡演奏家，对音乐表演创造的使命和所应具有的思想和精神境界有着深刻的理解，有着极为明确的艺术使命感。

那么，从表演创造的角度来讲，闵惠芬作为一位表演艺术大家不同于一般的二胡演奏者的地方是什么？她最值得我们学习的地方在哪里？笔者认为主要有如下几点：

第一，在认真研究、深入理解与体验音乐作品，积极进行二度创作的同时，闵惠芬还经常超越二度创作的界限，积极参与第一度创作，与作曲家进行竭诚的合作，把创作优秀的二胡作品作为自己义不容辞的使命和责任。由于她的积极参与，使得许多在当今音乐舞台上经常演奏的二胡作品的精神内涵与艺术水平得到很大的提高与完善，对二胡音乐的原创起到积极的推动和促进作用。

下面仍举几例加以说明。张晓峰先生回忆说："说来有缘，1979年，我与闵惠芬合作二胡协奏曲《新婚别》，在前后不到一年的时间里，彼此合作得非常愉快和默契，使我深切地感受她是一位才华出众、富有创意而又善于合作的人。"张先生还具体地谈道："闵惠芬是一位善于出点子的人，与她合作，时常会出现'柳暗花明又一村'的喜人景象，突然间会使人眼睛一亮。她用启发式的提示，来激发和开阔作曲者的思路，让音乐爆发出新的火花。"例如《新婚别》中的"惊变"，在第一稿时，快板乐段二胡的技巧上发挥不够，她提出修改方案，把主题音型不断压缩、模进和移位，在她亲自修改和补充下，使"有吏夜捉人"的紧张画而一下子展现了出来，这不但大大提升了二胡的演奏技巧，也使音乐更贴切紧凑而充满活力。张先生还特别提到："闵惠芬存长期的艺术实践中，积累了丰富的舞台经验，她不仅深谙音乐的真谛，而且完全摸熟了听众的思路。在合作中，她曾多次强调音乐要整块整块地、连绵不断地表达出来，要让听众始终在音乐中被吸引住……"[8]从而使《新婚别》这首大型的二胡作品能够久演不衰，长久地受到听众的欢迎。

闵惠芬改编二胡曲《赛马》的故事为人所称道。原来，黄海怀先生创作的《赛马》的主题取自蒙古族民歌，而这首民歌也被用作蒙古国军队的军歌——《红旗歌》。一次闵惠芬应邀到蒙古国去演奏，由于蒙方对《赛马》中使用他们作为军歌的音乐主题提出异议，因此成为文化外交上的一个问题。为了解决这个问题。闵惠芬找到上海歌剧院作曲家沈利群先生，共同对原曲调进行了富于创造性的改编，既保留了原曲的基本结构和风格，又使乐曲主题得到较大的丰富和发展，面貌焕然一新，从而很好地解决了这个问题，成为闵惠芬参与一度创作的一段佳话。[9]

　　二胡协奏曲《长城随想》是一部以长城为象征的伟大民族精神的颂歌，是作曲家刘文金先生的一部杰出巨作，是民族器乐创作的一座重要的里程碑。而这部作品之所以取得如此巨大成功的重要原因之一，就是由于有二胡演奏家闵惠芬的通力合作，而此时闵惠芬正被病魔缠身。在三年多的时间里，从乐曲的最初创意，旋律谱的试奏，到乐曲的加工修改和排练首演，闵惠芬克服了常人难以想象的困难，经历了种种痛苦和磨难，为这部作品的成功做出了不可替代的独特贡献。为了领会乐曲中博大的文化内涵和古朴高雅的神韵，闵惠芬特意前去拜古琴演奏家龚一先生为师，连续几个月，废寝忘食，学习古琴的演奏技法，体会古琴音乐的神韵。在《长城随想》的排练过程中，她努力调动自己长期学习民族民间音乐和多种民族乐器的体会，并把它们有机地融合和运用于这首二胡协奏曲的演奏之中。闵惠芬在总结演奏《长城随想》的体会时意味深长地写道："文章最忌百家衣"，不加思索地想当然地去创作所谓"民族音调"，是写不出富有光彩的作品的。演奏也是如此，要别具一格，不去认真探求民族的心理，不了解民族音乐的内涵韵味，不去深入理解乐曲的意蕴品格，同样不会动人心弦。[10]

　　根据闵惠芬的自述，我们了解到她把古曲《阳关三叠》改编为二胡曲时，所经历的一段艰苦的寻觅和探索过程。她先是在首届"上海之春"音乐会上听到一位少女合着古琴吟唱阳关三叠，而不觉神迷，终日念念不忘；其后找到王震亚先生编配的合唱曲《阳关三叠》唱片，而天天聆听，背熟于心；1977年，因感世风之日下，而发思古之幽情，为寻觅深情高雅之韵，决意把此曲改编为二胡曲。在改编过程中，闵惠芬意识到如果仅仅是把原曲移到二胡上照拉一遍，那就完全失去了改编的意义。然而，怎样才能在二胡的两根弦上，表达出原曲那种刻骨相思的浓重情意呢？闵惠芬说："我想到把古琴、歌唱最具特征的表现加上二胡最擅长的表现方法，三者加在一起，才有可能创造出一个更动人的、更富诗意的、更深情的《阳关三叠》。"她通过反复的试验，终于找到一条借鉴古琴的"绰、注、吟、揉、顿、挫、滑"等演奏手法，并吸收琴歌吟咏充满语韵气息的各种技巧来丰富二胡表现力的方法，深刻地表达出乐曲梦魂萦绕、无限伤感、无限幽怨的情感内涵和艺术境界。

随着音乐表演艺术的发展，音乐的一度创作与二度创作逐渐分离，作曲家与演奏家各司其职，这本已是平常之事，我们也不必勉强地对演奏家提出参与一度创作的要求。然而，演奏家如果其有音乐创作的热情和才能，与作曲家精诚合作，积极参与一度创作，那对于音乐创作无疑是一件大好的事情。特别是我国民族器乐音乐正处于一个大发展的时期，更需要演奏家和作曲家的通力合作，才能更好地推动与发展这项受到亿万人民关注的事业，闵惠芬在这方面为我们提供了又一个值得学习的榜样。

闵惠芬在长期的表演创造实践中，形成了自己具有鲜明个性的表演创造原则和风格特色。如她自己所说："在进行音乐演奏的时候，我为自己定下了一些表演的原则，集中起来可简化为四个字，情、气、格、韵。"[11] 这是闵惠芬对她多年演奏实践的经验总结和理论概括，也是理解闵惠芬演奏艺术特色的画龙点睛之笔。关于这些表演原则傅建生先生在他的论文《论闵惠芬艺术境界的框架结构》中已经做过充分的论述，本文则结合闵惠芬的演奏实践谈一点自己的认识以做补充。

首先是情。闵惠芬说："进行演奏时情感要真切，要有分寸感，要情动于中，声情并茂，自然流露。"这看似简单的几句话，却有着丰富的内涵。我以为，在理解上可以把它划分为几个层次：①要情感真切，情动于中。这是讲表演者在进行表演时要动真感情，要有发自内心的真实感情。②要声情并茂。把真实、具有丰富内涵的感情，通过艺术的、美的声音表现出来，做到情的表现与美的声音的完美结合。③情的表现要有分寸感，要自然流露。这一点同样十分重要，情感的表现要适当，不能过分，也不能不及，而是要恰到好处。自然流露则是说情要发自内心，不造作，不生硬，使音乐的情感自然而然地从演奏者内心里流淌出来。只有做到了上述三点，才能达到闵惠芬对音乐演奏中情的要求。

闵惠芬的表演美学思想中，在情的问题上还有一点值得我们充分重视。那就是将"情感的自然表现"转换为"情感的艺术表现"的问题。这是音乐表演美学的一个十分重要的问题。闵惠芬在她的表演实践中，非常重视情感表现的这种从自然到艺术的转换，并且把这种转换视为提高表演境界的关键之举。如她在淡《江河水》演奏时就说："以往的诠释往往是以一种故事性的与式，……这些作为对音乐演奏的联想，进行自我启发是有一定意义的。但我以为：抓住该曲总体布局，把握每段情感的表达层次，用音乐本身提供的悲情，激发演奏者自身的感情，这样的表现往往天地更加浩大，对听众更具震撼力。"[12] 这是闵惠芬在二胡演奏中超越情感的自然表现，达到情感的艺术表现的一个例子。可以说闵惠芬在她演奏的每一首乐曲中都为此下过大的功夫，把情感的自然表现提升为艺术表现，从而使她演奏的乐曲情深而不自满，情浓而不自溢，有整体感，有分寸感，既有深沉、强烈的动人力量，又有艺术的魅力和美感。

笔者在《音乐表演艺术论稿》一书中曾对这个问题表述过这样的看法：

当我们进一步研究表演者投入的情感时就会发现，这种感情固然是发自表演者内心的其实情感，但是它与表演者自身平素的情感还是有所不同的。人们平素的情感，是对客观事物的自然的反映，它随兴而发，转瞬即逝，不能重复，也无须有意地调度。而在音乐表演以及其他艺术表演中投入的情感，却是建立住对表演作品情感内涵的体验的基础之上的，它不仅要求表演者要善于调动自己平素的情感积累，唤起真实的情感回忆，而且在更多的情况下，还要求表演者有意识地去体验自己从未经历过的，或是体验得很不充分然而却为艺术表现所需要的情感。这样，音乐表演中的情感，就不仅是表演者自己平素真实情感的投入，而且是对远远超出个人生活局限的更为广阔和深邃的情感体验。音乐表演中的投情，应该根据艺术表现的需要，做到呼之即出，挥之即去，以达到挥洒自如，变化有序的境界。它有表演者的真实情感作为种子，同时又是经过提炼、升华了的与音乐中的情感内涵融为一体的艺术化的情感。应该说，只有这种艺术化的情感，才是音乐表演所需要的。[13]

笔者此处的自引，可以看作是对闵惠芬这一表演美学思想的一个注解和佐证。

第二是气。这是中国传统哲学和美学的重要思想之一。闵惠芬说："要气韵通达，气质纯正，心随弓运，意到声发，隐迹立形（指在演奏过程中不露处理痕迹）地树立起丰满的音乐形象，生气远出（指具有生命力的气韵贯穿和传送），从而达到'传神'之妙境。"在谈对《长城随想》第一乐章主题的演奏要求时她还说："气息要沉、稳、深、长"，这就清楚地告诉我们她所说的气，首先是指音乐演奏中的气息和气韵。气息要有控制，气韵要通达，流畅而富于变化，与音乐的进行与发展息息相通。生气远出，则是指气息不阻滞，始终处于一种通达流畅、有生命力的运行状态，这是气的第一要义。进而，气又指气质，与演奏者的气度、个性与心理状态密切相关，如闵惠芬所说要气质纯正，与音乐的情感与神韵密切相交，这样才能使音乐演奏达到"传神"的境界。闵惠芬在她的二胡演奏中，对气的运用是非常重视和讲究的，她的演奏总是给人一种气韵通达，生气远出的感觉。《长城随想》这一大型音乐史诗的出色演奏，可以说是一部气贯长虹的传神佳演。

第三是格。闵惠芬说："要有一个高尚的格调，使音乐具有'人格'、'性格'，具有'角色感'。音乐应该通过轻重疾徐、抑扬顿挫的音响描绘对象和特定环境，表现人们的各种思想和情趣。当我们演奏时，要努力进入'角色'，除了留下一根审视自己正常发挥技巧的神经外，应该不遗余力地投入音乐。"闵惠芬这里所说的格，主要是指音乐演奏要有高尚的格调，这种格调来自演奏者高尚的人格。同时，每首乐曲也都有它独自的性格，这种性格是特定人格的投射。演奏者只有把自己的人格演化为音乐作品的性格和角色感，才能充分表现乐曲的思想情感和形象意境。联系到闵惠芬本人的人格和性格，我们会发现其中有一种非常可贵的品质，那就是纯朴、率真、一颗清澈见底的心，正是由于有了这种非常可贵的人格和性格，才使得闵惠芬能够完令忘我地把自己的全部身心投入到音乐表演的创造之中，把自己与音乐所表现的思想情感和形象意境完全融合在一起，没有半点的虚假和矫揉造作，她率真的人格和纯正的艺术品格在音乐演奏中交相辉映，焕发着动人的光彩。

第四是韵。闵惠芬说："要在传统的基础上，寻求我们民族的神韵，着意于民族音乐的语言美和器乐的声腔化，把二胡的'绰、注、吟、揉、顿、挫、滑'等传统技法发挥得更具有魅力。"显然，闵惠芬这里所指的韵，主要是指音乐的民族神韵，这种神韵是通过对民族音乐的语言美和器乐声腔化等各种富于创造性的演奏技法的运用体现出来的。联系到闵惠芬的演奏实践，我们体会到对"韵"的追求在她的表演创造中占有十分突出的位置，她的二胡演奏中所具有的浓郁的民族风格和韵味，是靠她长年的积累和不间断的学习获得的。正如她在谈演奏《长城随想》的体会时所说："我们只能靠平时的积累，靠对民族民间音乐和戏曲的熟悉程度来揣摩。在此我只能说'功夫在弦外'。我以前曾随名琴师李慕良先生学过京剧，为了这个曲子又专门去弹古琴，并倾听古琴高手名家演奏。我还有意识地去看鼓书艺术家小彩舞的表演。将这些音乐表现方法和种种感觉汇集拢来，化为我所理解的音乐神韵，然后用二胡表现出来。"特别值得我们重视的是闵惠芬所提出的"器乐演奏声腔化"这一音乐表演美学思想的重大意义。闵惠芬是在刘天华的基础上，即在民歌、小凋、民间小曲、曲牌音乐基础上发展二胡音乐的基础上，进一步提出并且实践着器乐演奏声腔化，即从京剧等各种说唱和地方戏曲的基础上发展二胡音乐的思想的，这个思想的提出和实践，极大地拓宽了二胡创作与演奏的艺术基础，它将使二胡艺术更加具有民族风格，更加切近人的声音和情感，更加接近中国传统音乐文化深层次的声律、节奏和神韵，从而为二胡艺术的发展开辟出一条史加宽广的道路。

上述四点，即"情、气、格、韵"密不可分，它们为了同一个目标——在音乐演奏中准确生动地塑造音乐形象，完美地表现音乐的内涵与意境。

在音乐表演创造上，闵惠芬一贯坚持真善美的统一、内涵美与形式美的统一、演奏技巧与艺术表现的统一的美学思想。她的二胡演奏艺术为我们提供了一个真善美相统一、内涵美与形式美相统一、演奏技巧与艺术表现相统一的榜样，这是我们在研究闵惠芬表演创造时要特别予以关注的一个非常重要的方面。无疑，音乐有它形式美、声音美，也有它非常讲究的演奏技巧，否则就不能称其为音乐艺术。闵惠芬的演奏实践生动地表明，她对二胡艺术的形式美和声音美是非常重视和十分讲究的，她对二胡演奏技术与技巧的几近挑剔的刻苦练习和刻意追求，是有目共睹、有口皆碑的，可以毫不夸张地说这是构成闵惠芬二胡艺术成就的一个非常重要的方面。然而，闵惠芬的可贵之处在于她并不止于此，她对二胡艺术精神内涵和艺术表现的追求同样是不遗余力的，我们甚至可以说，她是用自己的全部情感和生命在与二胡艺术进行神交，她所体验与创造的二胡艺术的精神内涵的美是与生活的真与道德的善紧密地结合在一起的，她对二胡演奏技巧的讲求是与艺术表现的需要密切联系在一起的。闵惠芬曾向她的学生特别推荐刘文金先生在一封信中对演奏《长城随想》所提出的要求："学习《长城随想》重点应放在表现整体上所要求的气度和'神韵'。……在所有的行板和慢板中，应当细致地研究最佳的速度布局和情绪变化布局，而这些段落所要求的韵味更多。还应注意到，《长城随想》中所有的快板部分、垛板部分和过渡句，没有'纯技巧'的表现性，而只能把技巧融会存音乐表现力——包括气度和神韵的处理中。"[14]在随后的文章中，闵惠芬从表现内涵与演奏技巧相结合、内涵美与形式美相结合的高度，详细分析了她演奏《长城随想》四个乐章的艺术构思和演奏处理，突出地体现了她的音乐表演美学思想，值得每个学习音乐表演的学生认真阅读和仔细研究。

三

从表演美学的观点来看，闵惠芬二胡艺术的杰出成就之一是，她通过二胡的演奏鲜活地塑造出多种性格的音乐美，给听众提供了丰富多彩的审美愉悦与感动，其中优美、欢乐美、崇高美与悲剧美给人的感受尤为鲜明和突出。

优美：在音乐美诸范畴中最具普遍性。人们从社会生活与大自然中感受到种种美好的事物，获得种种愉快的心理体验，生出种种诗情画意的遐想，这些在音乐中就表现为优美。它与崇高美、欢乐美密切相关，然而却又与之不同。优美具有更加温柔、平和、纯净与细腻的特点，舒展流畅的旋律，平稳有序的节奏，适中的速度与力度，以及均衡的结构形式等，构成优美的基本特征。闵惠芬在《春诗》中为人们展示的就是这种优美的音乐境界。其他如闵惠芬演奏的《闲居吟》《渔舟唱晚》《高山流水》《春江花月夜》等乐曲也都各具特色地展现了音乐的优美境界。

欢乐美：欢乐是人类最基本的情感形态之一，它不同于诙谐与幽默，它是人类乐观主义精神的正格表现。人们在获得斗争胜利时所感到的欢乐，在审视自己创造成果时所感到的喜悦，这一切构成了欢乐美的现实源泉。中国传统乐论所说"乐者乐也"，表明了欢乐美在音乐中的突出地位。闵惠芬二胡艺术中对欢乐美的表现甚为突出。她演奏的《赛马》活泼生动，妙趣横生。主旋律的欢歌，中间段拨弦的活泼跳荡，节日里蒙古族人民的赛马场面和意气风发、欢乐昂扬之情，被表现得极具感染力，因此成为音乐舞台经常上演的保留曲目。作曲家雷雨声的杰作民乐三重奏《春天来了》，是一首在国际国内获得广泛好评的民乐重奏作品。闵惠芬在这首重奏作品中的高胡演奏，欢畅流利，热情奔放，与筝的巧妙配合，把春天来临给人们带来的欣喜与欢乐表现得惟妙惟肖，给人留下经久难忘的印象。

崇高美：崇高是音乐美的另一个重要范畴。它与优美、壮美虽有相通之处，但它比优美更壮丽，比壮美更伟岸，并且更深刻，更富于理想性。崇高具有巨大的感召力，音乐所具有的影响人的精神世界的巨大力量，在崇高美中得到充分的体现。二胡协奏曲《长城随想》正是这样一部表现崇高美的音乐史诗。如同闵惠芬所说："大千世界有各种各样的美，而伟大的艺术则往往具有一种崇高的美，壮丽的美。《长城随想》的艺术价值主要即在于此。"闵惠芬在这部作品的演奏中，宛如一位博古通今、饱经风霜的民族诗人与歌手，用她手中那把具有深沉抒情气质和丰富表现力的二胡，纵情讴歌了万里长城的雄伟气势和壮丽景色，演绎了中华民族在长城内外浴血奋战、前仆后继的英勇战斗画面，并以深沉凝重和悲壮激越的格调表达了对为同捐躯的无数英灵的怀念和赞颂。闵惠芬对这部作品的演奏大气磅礴，极具张力，发自肺腑的激情，恢宏豪迈的气势，庄重深沉的抒发，把这部作品的崇高、壮丽的美演绎得惊天动地、感人肺腑。此外，在《洪湖主题随想曲》等作品的演奏中也都有崇高美的表现。

悲剧美：人类在创造历史、开辟未来的斗争中，经历了无数的艰难困苦与奋斗牺牲，先进人物为探索真理而经受磨难，仁人志士为正义事业而献身捐躯，人民大众饱受压迫和痛苦，这一切都是悲剧美取之不尽的生活源泉。悲剧美是在悲剧性的艺术表现中对美的肯定，并且与崇高与壮美相联系，使人产生深沉而巨大的同情共感和心灵共振。二胡的音色柔和而偏于暗淡，尤其擅长于演奏悠长而深沉的旋律，因而特别适于悲剧美的表现。闵惠芬演奏的二胡曲《江河水》《二泉映月》《悲歌》《宝玉哭灵》以及《新婚别》《洪湖主题随想曲》等乐曲中，悲剧美得到充分的展现。她的一曲《江河水》感天动地，竟使得音乐指挥大师小泽征尔伏案痛哭，对闵惠芬的演奏发"诉尽人间悲切，使人听起来痛彻肺腑"的感言。她的《二泉映月》

重现阿炳苍劲有力与凄凉辛酸的琴声，仿佛使人听到"孤独的夜行者步履之声"，深刻展现出悲剧美的感人力量。

美的魅力是永恒的。闵惠芬作为一位杰出的二胡表演艺术家所创造的多种形态的美，在当代中国音乐舞台上放射出夺目的光辉，并将长久地留在广大听众的记忆中。

闵惠芬的艺术成就是多方面的，她的音乐表演美学思想也是丰富多彩的。笔者所记述的只是一个梗概，一个剪影。难能可贵的是闵惠芬现在虽已60多岁，但仍精神矍铄地活跃在音乐舞台上，奋斗在教学和研究工作的第一线。笔者谨以此文表达对闵惠芬的敬佩之情，并由衷地祝愿她艺术青春永驻！

参考文献：

[1] 傅建生，方立平：闵惠芬二胡艺术研究文集 [C].上海：上海音乐出版社，2004 年，第 40 页。

[2] 同 [1]，第 55—57 页。

[3] 同 [1]，第 77 页。

[4] 同 [1]，第 227 页。

[5] 同 [1]，第 63 页。

[6] 同 [1]，第 71 页。

[7] 同 [1]，第 72 页。

[8] 同 [1]，第 228—229 页。

[9] 同 [1]，第 176 页。

[10] 同 [1]，第 82 页。

[11] 同 [1]，第 72 页。

[12] 同 [1]，第 46 页。

[13] 张前：音乐表演艺术论稿 [M].北京：中央民族人学出版社，2004 年，第 77—78 页。

[14] 同 [1]，第 73 页。

刊于《音乐与表演》2010 年第 4 期

张前：中央音乐学院教授、博士生导师。

琴 弦 上 的 梦 幻

——论闵惠芬二胡艺术成功之道

刘再生

目前时代是一个期盼大师、缺失大师，乃至于称呼大师被认为是调侃与不恭的时代。任何时代大师总是某一文化或学术领域精英中之精英、既出类拔萃又屈指可数的顶尖级人物。它难以量化，无法公选，却在人们心目中具有极为完美的形象象征。大师是人类文化追逐的梦幻。梦幻出自于现实，现实出自于奋斗，奋斗出自于追求，追求出自于动力，动力出自于精神，精神亦谓之"道"。"道也者，视之不见，听之不闻，不可为状。""道也者，至精也，不可为形，不可为名，疆为之，谓之'太一'。"[1]同时，"道"还泛指道路、途径、方法、技艺、主张、规律、道德、宇宙万物之本原，等等。闵惠芬二胡艺术之"道"，几乎渗透在她艺术生涯的方方面面，是一个值得重视并探讨的文化现象。本文从"人道""出道""变道""得道"四个部分切入，探求闵惠芬二胡艺术时代高度之成因及其对现代中国音乐文化做出的贡献。

一、"入道"——"上海之春"二胡比赛

闵惠芬在二胡艺术领域的"入道"，无疑是 1963 年在第四届"上海之春"二胡比赛中力压群雄、一举夺魁在音乐界引起轰动，其知名度逐步在全国家喻户晓为标志的。①这是中华人民共和国成立后第一次重大的二胡赛事，获奖者多数其后成为享有盛誉

---

① 1963 年 4 月 7 日—14 日，第四届"上海之春"二胡比赛获奖名单如下：一等奖：闵惠芬、蒋巽风；二等奖：萧白镛、汤良德；三等奖：吴之珉、宋国生、王国潼、沈凤泉、沈正陆、黄海怀、果俊明；四等奖：王少林、孙忠俭、倪志培、李振荣；鼓励奖：赵克礼、熊正林、张寿康、鲁日融、吴素华、周根芦、刘平安。新作品演奏优秀奖有：王国潼演奏《三门峡畅想曲》、宋国生演奏《河南小曲》、萧白镛演奏《红军哥哥回来了》、陈茂坚演奏《牧人乐》、黄海怀演奏《赛马》、蒋巽风演奏《赶集》、鲁日融演奏《秦腔主题随想曲》。

的二胡名家，闵惠芬以一等奖第一名金榜题名。第一轮演奏《病中吟》（刘天华）、《春暖花开》（马绍常）、《听松》（华彦钧）三首曲目；第二轮演奏《二泉映月》（华彦钧）、《空山鸟语》（刘天华）、《春诗》（钟义良）、《灿烂的五月》（陆修棠）四首作品，时年不足17岁，为上海音乐学院附中高二学生。一个"黄毛丫头"初登舞台，在场观众并不看重，打哈欠者有之，伸懒腰者有之，起立准备退场者也有之。但是，当她《病中吟》第一弓奏出不同凡响的乐音时。全场顿时鸦雀无声，安静了下来。在强手如林的角逐中，闵惠芬以出色的音乐表现和良好的心理素质征服了听众，感动了评委。《病中吟》内心的苦闷、挣扎；《听松》的刚柔相济；《空山鸟语》快速的意境处理；《二泉映月》深沉的感情抒发；《春诗》充满青春的活力；仅仅练了三天就背谱演奏《灿烂的五月》……使评委毫不吝啬地给她打出了所有选手中的最高分。担任评委会主任的贺绿汀赞扬说："别看她年龄最小，她的演奏最有音乐！"在场聆听的二胡前辈张韶激动不已，兴奋地表示："我恨不得上台把她抱起来。"一脸稚气闵惠芬的获奖，拉开了中国二胡艺术进入一个崭新时代的帷幕！这一佳绩的获得，大致归结于如下原因：接受家庭传统艺术文化的熏陶和难以言状的智慧基因链，① 个人的天赋、颖悟与勤奋，② 江南水乡音乐人文地理环境之间有形或无形的息息相通，③ 在闵季骞、王乙、陆修棠三位名师指点打下扎实的基本功和演奏技艺。④ "上海之春"二

---

① 闵惠芬祖父闵南藩为江苏省宜兴人，曾任当地小学校长和中学语文教员，擅长书法，喜爱吹笛。有三子一女。长子闵伯骞擅长国画和胡琴，后为南京师大国画教授；次子闵叔骞擅长油画，学过风琴，后为南京师大油画教授；长女闵梅英喜爱民歌；三子闵季骞自幼喜爱音乐，擅长演奏二胡、琵琶、古筝等民族乐器，后为南京师大音乐教授。

② 闵惠芬8岁开始随父亲闵季骞学习二胡，最初的四首曲子为《芦笙舞曲》《感激毛主席》《摘椒》和《王大娘探病》，10天后即在丹阳艺术师范学校音乐专业举办的文艺晚会上登台演出。

③ 明代常州府下辖有武进、无锡、江阴、宜兴和靖江5县。闵惠芬家乡宜兴和刘天华家乡江阴、华彦钧家乡无锡在明清时期均为常州府行政建制所辖区域，相距在百里方圆之内。

④ 闵季骞（1923— ）民族乐器演奏家、教育家，江苏宜兴人。南京师范大学教授，南京乐社社长。青年时代求学于国立音乐院、中央音乐学院民乐系，师从杨荫浏、储师竹、曹安和、程午加、曹正等名家。长期担任南京师范大学音乐系民族乐器教研室主任，教授二胡、三弦、琵琶等民族乐器。王乙（1919—2002），江办吴县人。原名王寿南，号祖慰。著名二胡演奏家、教育家。1956年调入上海音乐学院任教，1957年任附中民乐科主任，1978年任上海音乐学院民乐系副主任。闵惠芬1958年考入上海音乐学院附中后即随王乙先生学习。陆修棠（1911—1966）江苏昆山人。著名二胡演奏家、作曲家、教育家。青年时代曾随张季让先生学习二胡，1933年考入国立音专，随朱英学习琵琶等民族乐器，随应尚能学习声乐。1952年由华东师大音乐系特聘为副教授。1958年调入上海音乐学院民族音乐系任教研室主任。培养了王乙、项祖英等二胡名家。创作二胡曲有《怀乡行》《孤雁》《风雪满天》《农村之歌》等。出版有《二胡曲集》《中国乐器演奏法》《二胡独奏曲八首》等。闵惠芬在参加二胡比寒前即经陆修棠指导，1964年跳级进入大学本科后师从陆修棠教授。

胡比赛是中国二胡音乐由传统向现代转型的时代缩影，闵惠芬在比赛中显露的才华与光彩，标志着她二胡艺术独特风格倾向和美学基调的确立。20世纪六七十年代，也是她"人道"时期大量积累二胡传统曲目和现代作品两者并行不悖的阶段。录制《空山鸟语》唱片，学习《江河水》（1963）；苦练《豫北叙事曲》《三门峡畅想曲》《怀乡行》（1964）；创作二胡与古筝《老贫农话家史》（1965）；创作二胡练习曲《忆江南》（1973）；调入中国艺术团并在外事演出中演奏《江河水》《喜送公粮》《赛马》（1974）；录制《卧龙吊孝》《逍遥津》《李陵碑》等8首京剧唱腔音乐（1975）；创作《洪湖主题随想曲》（1976）；改编移植《阳关三叠》（1977）；演奏《战马奔腾》（1978）；调入上海民族乐团，演出《宝玉哭灵》（1979）；首演《新婚别》（1980）……闵惠芬以近二十年时间的磨炼与积淀，融汇了丰富的舞台实践经验，极大扩展了艺术视野，吸取民族音乐元素，在二胡演奏艺术领域更加走向成熟。这一阶段，她的二胡演奏艺术具有鲜明"情韵"特征，以情带曲，以情出韵，以情感人，以情制胜。《江河水》是最具影响的演奏曲目，大幅度的感情起伏，鲜明的力度对比，浓郁的民间音韵，歌唱性的出色发挥，将乐曲深沉悲愤的情感抒发得淋漓尽致。美国费城交响乐团指挥大师奥迪曼观看演出后说："美丽的闵惠芬小姐，是位超天才的演奏家。"世界著名指挥大师小泽征尔听后伏案恸哭，并说："诉尽人间悲切，使人听来痛彻肺腑。"[2]尤其电影舞台艺术片《百花争艳》于1975年底拍摄完成在各地放映后，在艺术影片奇缺的年代使人们争相观赏。影片中她演奏《江河水》和《赛马》也随之成为全国观众品评热点，其影响力之广，具有极大辐射性效应，学习二胡、琵琶等民族乐器的女性儿童数量急遽增加。当今一些优秀的女性二胡演奏家就是在观看《百花争艳》中闵惠芬演奏感人至深的《江河水》后，立志学习二胡，走上二胡艺术之路的。① 上述"上海之春"二胡比赛的23名获奖选手中（重复者不予计算），女性选手只有闵惠芬、吴素华二人，占男女选手总数不足5%，目前从事于民乐演奏的演奏家和演奏员虽未有精确的性别统计数据，但几乎在所有专业文艺团体演出中，女性演奏家和演奏员占据了绝大多数。一种社会风气之形成，自有其复杂的深层社会原因，但诚如白居易诗所云："遂令天下父母心，不重生男重生女。"闵惠芬在二胡艺术领域的"人道"，以其光彩夺目的艺术形象和感

---

① 青年二胡演奏家于红梅小时候随爸妈看电影《百花争艳》中闵惠芬演奏《江河水》后，回家兴奋得难以入睡。她对妈妈说："'我要学二胡！长大我要成为阿姨那样的演奏家。'从那时起，闵阿姨就成为我心目中的偶像，同时也决定了我后来的生活和命运。"——于红梅.心中的偶像［M］.方立平，刘振学.闵惠芬二胡艺术研究文集（第二卷）.上海音乐出版社.2010：156.

人肺腑的音乐魅力产生了巨大社会影响，在中国艺术史上开辟了一个"闵惠芬时代"。

二、"出道"——首演《长城随想》

"人道"和"出道"是一组相对概念。"出道"原为佛教语汇，意指脱离六道轮回之苦，亦指事成功立。"人道"起点愈高，"出道"路途愈难。古今中外的器乐演奏家，无一例外以成功演奏大型乐曲为其真正成熟的标志。在中国百年二胡史上，大型二胡音乐的创作，发轫于我国社会改革开放新时期，新作迭出，风格迥异，争奇斗艳，光彩四溢，迎来了二胡音乐多元化的时代潮流。① 刘文金创作的二胡协奏曲《长城随想》则是一部具有里程碑意义的作品。笔者曾著文评价："刘天华在二三十年代创作的'十大二胡名曲'，奠定了我国二胡音乐事业的第一个里程碑。刘文金在继《豫北叙事曲》和《三门峡畅想曲》之后创作的大型二胡协奏曲《长城随想》，则将中国二胡音乐创作推向了一个登峰造极的境界，具有第二个里程碑的地位与作用。"[3]同样，作为《长城随想》首演者闵惠芬，也将中国二胡演奏艺术的时代高度推向了一个里程碑境界。

《长城随想》的创作动机和形式选择，是刘文金和闵惠芬几乎在同一瞬间"心有灵犀"萌发而出的灵感。1978 年夏末，中国艺术团赴美国访问演出之际，在纽约联合国大厦参观一个专为各国代表中显赫人物开放的休息厅里，一幅巨大的万里长城彩色壁毯几乎覆盖了大厅正门的整个墙壁。它气势雄伟，光彩夺目，一种强烈的民族自豪感注入了人们每一根血管。刘文金说："当大家带着沉思缓缓走出大厅时，我和同行的闵惠芬同志几乎不谋而合地想到，应该用我们自己的民族器乐形式，去抒发当代人们对于古老长城的感受，讴歌中华民族光辉的历史和未来。出于专业的敏感和本能，天才的二胡演奏家闵惠芬竭力主张采用二胡协奏曲的体裁。我同意了，

---

① 二胡协奏曲在中国的诞生，20 世纪 40 年代，美籍俄裔作曲家阿隆·阿甫夏洛穆夫曾创作二胡协奏曲《贵妃之歌》，由卫仲乐演奏，上海工部局交响乐队协奏，但曲谱和录音目前下落不明。由中国作曲家创作的大型二胡音乐作品，我国社会改革开放后，主要作品有《红梅随想曲》（吴厚元，1980），《长城随想》（刘文金，1982），《八阕》（唐建平，1985），《第一二胡协奏曲》（关乃忠，1987），二胡套曲《如来梦》（刘文金，2000），《第二二胡协奏曲——追梦京华》（关乃忠，2003），《雪山魂塑》（刘文金，2007）以及王建民创作的《第一二胡狂想曲》（1988）、《第二二胡狂想曲》（2001）、《第三二胡狂想曲》（2003）、《第四二胡狂想曲》（2009），二胡协奏曲《幻想叙事曲》（1998）等。

并达成了将来由她担任主奏的'君子协定'。"[4]《长城随想》四个乐章《关山行》《烽火操》《忠魂祭》《遥望篇》结构着眼于以现代人登临长城时从几个不同侧面的"随想"，抒发内心涌起的冲动激情，以慢板与快板的交织和二胡擅长于抒情性和歌唱性的特色，在展开与变化之中表现中华民族精神永恒不灭的灵魂。乐曲塑造长城形象追求"神似"而非"形似"，"大象无形"使之达于音乐创作的极高境界。来源于多种传统音乐元素又多为原创性的音调听来犹如"天籁之声"，显示了作曲家精深的艺术构思和创作功力。同时，刘文金在乐曲中为演奏家的二度创造留下了宽阔的艺术空间。正如闵惠芬所说的一句极为耐人寻味的话语："这部作品把我心中对二胡所有的一切，全都解放出来了！"所有演奏家均极为珍视自己的"首演"作品，"首演"意味着从无声到有声的艺术创造，尤其是驾驭难度极高的大型器乐作品，演奏家更有着决定作品成败命运的使命。《长城随想》的成功演出，在中国乐坛再一次引起轰动。闵惠芬在与病魔搏斗期间用生命铸造了辉煌的千古震撼！

　　1980 年秋，闵惠芬陆续得到《长城随想》的二胡旋律谱，并开始投入刻苦练习。次年 8 月参加全国政协会议期间患病，医生检查确诊为"黑色素纤维瘤"，1982 年元旦进行第一次手术。5 月，带病坚持在"上海之春"音乐节首演《长城随想》，获得巨大反响。7 月，随上海民族乐团赴山东、天津、北京巡回演出，笔者有幸在济南山东剧院观看了她的演出，那是一次令人终生难忘、刻骨铭心的记忆。诚然，演奏家的演出，往往会因时、因地、因情绪、因状态而异，从而留下许多不同的演出音响版本。这次出演，下午连排时笔者即前往观摩，并看到一个惊心动魄场面：《长城随想》引子刚开始不久，舞台前一支照明灯突然爆炸，玻璃片哗哗下落，有的在场观众发出惊异的尖叫声，但是，独奏者闵惠芬似乎感觉什么也没有发生，聚精会神地等待着乐队旋律引出定弦在 C 音上的惊世绝唱第一弓，她的镇定自若使乐队与观众立即恢复了平静。笔者也惊诧于她何以有"泰山崩于前而色不变"的大将风度！随着音乐的进行，我们听到了二胡上创造性地运用古琴的滑音，使得人们在登临长城时的漫步和咏叹增添了几分历史的沧桑感；糅入隐隐约约的京剧音调是那样富有传统韵味；高把位上的大段柔美旋律是那样沁人心扉、令人陶醉；"银瓶乍破水浆迸，铁骑突出刀枪鸣"，第二乐章表现古战场硝烟弥漫的烽火连天场面吸收京胡演奏的甩弓技法使得半音阶进行的快弓段落别有一番强悍风味；跳弓段落一气呵成却让人有心胸回荡之畅然；《忠魂祭》中二胡的泛音滑揉犹如钟磬敲击出金石之声的袅袅余音；如人声哼鸣的弹拨乐滚奏下二胡深情演奏呕心沥血的旋律，听后催人泪下；华彩乐段二胡运用具有爆发力的音头强奏，模仿琵琶扫弦与战鼓的音响，奇峰突现，气势雄伟；第四乐章《听松》特性音调的若隐若现，吸取戏曲中剁

170

板式的快速节奏，在板鼓的烘托下，二胡的粗犷气派将全曲推向高潮，展现了人们坚忍不拔的攀登意志。所有这一切，既是二胡演奏艺术中令人耳目一新的技法创新，又以超一流的大家风范塑造了浑然天成的整体艺术形象，可谓作曲家和演奏家之间难得一见的"珠联璧合"，亦是笔者现场聆听的深切感受，近30年来依然余音袅袅，不绝于耳。这一境界与品格兼而有之的"意韵"，是闵惠芬二胡演奏艺术美学品位在"情韵"基础上进一步的升华，和她自己所概括的"情"、"气"、"格"、"韵"四字表演原则[5]不无相通之处。哲人说：音乐是流动的建筑，建筑是凝固的音乐。闵惠芬首演大型二胡协奏曲《长城随想》，在她的艺术生涯中犹如一座造型宏伟、高入云霄的标志性建筑。"高山仰止，景行行止。"她的"出道"如人们仰望着高山，奔驰于大道。"人道"之厚积，导致"出道"之厚发，两者之间有着直接的因果关系。可以毫不夸张地说，至今所有优秀青年二胡演奏家演奏的各种《长城随想》版本，尚无一人超越闵惠芬大气磅礴、精妙绝伦的艺术高度！"虽不能至，心向往之。"中国二胡艺术事业之发展期待于后人超越的意义，亦在于此。

三、"变道"——"二胡演奏声腔化"
的创意与实践

任何艺术大家之道，均有风格之变。国画大师齐白石（1864—1957）自20余岁开始学画，精于画像、花草、虫鸟、诗词、书法、篆刻，1919年赴京，决心变法。自云："余作画数十年，未称己意。从此决定大变，不欲人知。"（《白石诗草》）后画作愈精，成为世界级名人。闵惠芬自1982年至1987年的5年时间内，相继动了6次手术，15次化疗，多次与"死神"擦肩而过。她是个从不安分守己的人，即便在医院里、病榻上，也从未停止学习、思考，恢复体力，朝思暮想的依然是她的二胡艺术事业。1987年病情奇迹般恢复之后，"二胡演奏声腔化"（以下简称"声腔化"）的一批作品逐渐成为她登台演奏的主流曲目。"声腔化"理论创意与艺术实践是闵惠芬二胡之道的再一次飞跃，这一"变道"，在二胡艺术史上具有极为重要的美学意义与价值。闵惠芬二胡艺术表现的"情韵"、"意韵"和"神韵"，既是她"人道""出道""变道"三个阶段艺术之韵美学特征的大致概括，三者之间又难以截然分割，而是"你中有我，我中有你"的相互渗透，总括说来，是闵惠芬二胡艺术之道螺旋形上升的重要标志。"神韵"既指人的神采、风度，亦指艺术创造的凝重致远、情趣韵致，可以说是她的二胡演奏艺术达于最高境界的象征。"声腔化"使她二胡艺术之道更加凸显出"神韵"之丰采。但是，对于"声腔化"的理解，即便二胡界也有人存在误解，认为不过是用二胡"拉戏"而已，未能真正从理论与实践上认知其对于二胡艺术发展的重要现实意义和历史价值。我们不妨对"声腔化"研究课题作一番透析，审视这一命题所具的深层时代意义和历史突破。

闵惠芬"声腔化"理论与实践有着一个从不自觉到自觉、从潜意识到显意识的过程。早在"人道"阶段，由于一个"天将降大任于斯人也"的政治性任务，1975年3月，她开始录制二胡演奏京剧唱腔音乐。① 中央派著名京剧艺术家李慕良先生为她的京剧艺术指导教师。在随李慕良②学习过程中，闵惠芬真正认识到了中国传统音乐中最为深层的精粹——尤其是名家唱腔之神韵。李先生不仅京胡技艺精湛，他的教学方式也融传统与现代于一炉，先一句一句地教唱，随后拉琴示范，再从音乐表演角度讲解，使一度找不到感觉急得哭了的闵惠芬豁然开朗。如言菊朋唱《卧龙吊孝》的二黄导板"见灵堂不由人珠泪满面"为诸葛亮吊周瑜、英雄惜英雄之唱段，虽声泪俱下，却放悲声而不动声色，不单摹拟言派唱腔之高亢，更需刻画作为军事谋略家诸葛亮内心之感情与神态。《逍遥津》中高庆奎饰汉献帝之唱段，同样是二黄导板"父子们在宫院伤心落泪"却是撕心裂肺的亡国之恨，是动真格的全身心感情投入。高庆奎演唱时气韵连绵不断，对曹操的痛恨有咬牙切齿之悲愤。闵惠芬对京剧音乐中西皮二黄唱腔表述的千变万化有了深不见底的认识和体会，"二胡演奏声腔化"也开始进入了状态。同年初夏，为金日成来华演出，闵惠芬在人民大会堂接待厅演奏了《江河水》和《赛马》，接着，台下突然传上一张纸条，要她演奏《卧龙吊孝》，一曲既毕，全场喝彩。金日成带头起立兴奋地鼓掌。当时还是"文革"期间，在场著名数学家华罗庚特意到后台小声地说：小闵，你怎么敢拉这个曲子啊？铁道部长吕正操将军也疑惑地问：是不是开放了啊，老戏也能听了？金日成当场宣布，邀请中国艺术团赴朝鲜访问并演出。闵惠芬"声腔化"的学习与实践初露锋芒，即非同凡响，由此作为"变道"之出发点，同时，她也将之定为终生研究二胡艺术之道的远大目标。

"声腔化"的实验由京剧扩展至歌剧领域是在1976年10月粉碎"四人帮"之后，闵惠芬出访演出回国，在举国上下欢庆胜利的喜悦中，她十分怀念老一辈革命

① 1974年7月，中国艺术团正式成立，闵惠芬由上海音乐学院调入，正准备赴美国访问演出，在节目单已经印出的情况下，1975年3月接到中央通知，闵惠芬需要留下为毛泽东录制二胡演奏京剧唱腔音乐的任务，由此标志了开拓"二胡演奏声腔化"的新的艺术领域。

② 李慕良（1918—2010），湖南长沙人。字孟鄂。幼年学京剧老生。1940年后长期为马连良操琴。新中国成立后任北京京剧团琴师。曾为《海瑞罢官》《赵氏孤儿》《赤壁之战》《沙家浜》等戏设计唱腔。因操琴风格独具匠心、自成一格被誉为"李派"，为一代京胡泰斗。

家周总理、贺龙等对中国革命事业所作出的巨大贡献。《洪湖赤卫队》是以歌颂贺龙在洪湖闹革命的事迹而创作的歌剧,"文革"期间曾被定为"反党黑歌剧"禁演,贺龙又被"四人帮"迫害活活饿死在狱中。所有这一切,使闵惠芬产生改编一首二胡曲的强烈欲望。她把自己关在屋子里用了七天七夜时间,根据《洪湖赤卫队》中女主角韩英大段唱腔《看天下劳苦大众都解放》为基调,并贯穿歌剧音乐的主题动机,以慢板、快板、散板结构,构思了二胡曲《洪湖人民的心愿》(后定名《洪湖主题随想曲》),旋律委婉动人,情思跌宕起伏,"声腔化"理念使乐曲情绪发挥得酣畅淋漓,具有沁人心扉的艺术感染力。1977 年元旦起,在上海文化广场连演 6 场,六千余人座位座无虚席。她在台上用二胡完美地"唱"奏,台下全场甚至随着琴声歌唱,有的观众禁不住泪流满面。"声腔化"的现实意义和美学价值得到观众如此巨大的反响与认可,或许是她本人也始料未及的。

1979 年春,上海民族乐团重建,闵惠芬正式调入。上海民族乐团 10 月赴浙江演出,浙江是越剧的发源地,越剧是当地观众最为熟悉与钟爱的地方戏剧剧种。为此,闵惠芬决定将越剧《红楼梦》中《宝玉哭灵》移植、改编为二胡曲。这是著名越剧艺术家徐玉兰①的经典唱段。闵惠芬非常爱听徐玉兰的唱腔,晚上钻在被窝里还听录音,揣摩唱腔韵味有半年之久,并两次请教徐玉兰和她的琴师李子川先生。徐玉兰告诉闵惠芬,贾宝玉对林黛玉爱情是刻骨铭心的,得知黛玉命归西天后哭灵的感情似火山一样喷发而出。开场道白"林妹妹……我来迟了!我来迟了!"即让人痛彻心扉。慢板唱腔一句句"妹妹呀……"的往事追忆以及对紫鹃的唱段,都浓缩了越剧《红楼梦》中最为令人断魂的歌唱。闵惠芬更加进入了创作状态,将模拟越剧唱腔和借鉴越胡表现方式移入二胡演奏处理之中,"声腔化"的演奏有着出神入化的韵味,快弓段落则表现对封建礼教的抗争。在浙江演出时她在台上演奏,观众在台下跟唱,二胡演奏引起听众情绪的强烈共鸣,将越剧音乐柔美中激越的悲情发挥到了极致,尤其在二胡高音区的高回低旋,将"声腔化"的神韵表现得声情并茂,入木三分。再一次证明"声腔化"并非仅是模仿,而是呕心沥血的艺术创造。闵惠芬的"声腔化"艺术又进一步渗透到越剧音乐之中。

1986 年秋,"潮州国乐团"假座上海市文联礼堂举行恢复活动大会。闵惠芬得

---

① 徐玉芝(1922—),浙江新登人。12 岁即登台演戏。1944 年在上海正式唱小生。她的唱腔独树一帜,为越剧小生唱腔三大流派之一,演唱以高亢洒脱,奔放流畅,刚柔交融,声情并茂著称。表演俊逸潇洒,动情传神,代表作有《西厢记》《春香传》《红楼梦》《追鱼》。尤其在《红楼梦》中塑造的贾宝玉形象极富有艺术魅力,受到人们高度赞誉。

知消息后，拖着虚弱的病体赶到会场聆听排练并发言。她曾向郭鹰先生[①]学习潮州音乐，在"上音"上学时琴房就在郭先生隔壁，经常"溜"进去听课，郭鹰也非常热情地为她讲解并示范，可谓得其真传。她产生了将潮州筝曲《寒鸦戏水》改编为二胡曲的意念。《寒鸦戏水》是潮州弦诗《软套》十大名曲之一，旋律幽雅，格调清新，色彩明快，韵味独特，描绘了寒鸭在水中互相追逐嬉耍的悠然情趣。闵惠芬演奏二胡曲《寒鸦戏水》，在潮州弦诗特有的打击乐器伴奏下，轻巧自如，意趣昂然，创造性地运用了许多新的二胡弓、指法。它并不直接摹拟筝曲技法，而以快慢弓结合表现"中州古调"的委婉音韵与色彩变化，使人们对"声腔化"理念有了新的认知。"声腔化"并不是对传统戏曲或现代音乐作品"唱腔"的单纯模仿，而是融入更深层次的中国"音腔"与"音韵"元素，开拓二胡技法的新领域，因此，即便在器乐作品之间，同样能够互相借鉴和吸收，有着无穷尽的艺术创造前景。

1991年5月，闵惠芬在第十四届"上海之春"首演了刘念劬[②]创作的二胡协奏曲《夜深沉》。乐曲由《夜深沉》《南梆子》《乌江赋》三个乐章组成，分别采用京剧曲牌《夜深沉》《南梆子》和琵琶古曲《霸王卸甲》为素材而创作的恢宏之作。笔者新近方得以观赏"上海之春"首演录像（夏飞云指挥，1991）和聆听CD唱片《凤吟》录音（刘炬指挥，2007）。看录像，兴奋无已；听录音，不觉潸然泪下。就演奏角度而论，这是闵惠芬艺术生涯中可以和《长城随想》相媲美的又一次里程碑式亮相。"圈内人"皆知，经典性乐曲在演奏艺术上极难突破，缘由在于人们在审美方面已经有一种固定的惯性思维。京剧曲牌《夜深沉》音乐本体即令人百听不厌，诸多京胡名家演奏各种音响版本又给人留下了深刻印象，用二胡演奏无论在技巧运用或乐曲诠释方面都是一种创新的挑战。闵惠芬演奏第一乐章"夜深沉"以悲凉的美感和神来之笔的京腔韵味创造了前所未有的《夜深沉》意境，将人们引入"霸王别姬"的历史遐思；第二乐章以慢板（《南梆子》）——快板（《剑器

①　郭鹰（1914—2002）广东朝阳人。13岁学习椰胡。16岁学习潮筝。1931年赴上海谋生，参加"岭东丝竹社"及"新潮丝竹会"等社团。1951年在上海创建"潮州国乐团"，任团长。1979年上海民族乐团成立后，任古筝独奏演员，1960年兼任上海音乐学院古筝教师。项斯华、范上娥、王昌元、张燕等古筝演奏家均出自他门下。曾录制潮筝《寒鸦戏水》，出版《郭鹰演奏的潮州筝曲》。

②　刘念劬（1945—　）上海人。1969年毕业于上海音乐学院作曲系。1972年至上海歌剧院任创作员。后任上海市文化局局长。主要作品有歌剧音乐《多布杰》《血与火》，舞剧音乐《凤鸣岐山》大提琴协奏曲《漫步》，交响诗《啊，祖国》，管弦乐曲《帕米尔风情》，歌曲《金梭与银梭》等。

舞》）——慢板（《午夜吟》）的对比性结构，表现霸王和虞姬生死不渝的悲剧性爱情。闵惠芬将《南梆子》唱腔"看大王和衣睡稳，我这里出帐外且散愁情，轻移步走向前荒郊站定，猛抬头见碧落月色清明……"演奏得极为传神，二胡歌唱性的发挥情意绵绵，听来柔肠寸断；《剑器舞》抑扬有致、从容自如的快弓塑造了虞姬翩翩起舞的优美艺术形象；《午夜吟》中《南梆子》音调的部分再现，犹如霸王和虞姬的生离死别。第三乐章则以激烈战场的描绘和抒情音调的穿插交代项羽乌江自刎，失去江山与美人的千古遗恨。闵惠芬在二胡协奏曲《夜深沉》中以极为出色的演奏再一次创造了二胡音乐的经典，将"声腔化"艺术推向了一个前所未有的境域。

闵惠芬"二胡演奏声腔化"的代表性作品，还有《阳关三叠》（闵惠芬改编，1977）；《渔舟唱晚》（筝曲，曹正、朱郁三改编，1978）；《新婚别》（张晓峰、朱晓谷曲，1980）；二胡协奏曲《川江》（杨宝智曲，1984）；二胡与乐队《音诗——心曲》（闵惠芬、瞿春泉曲，1986）；《打猪草》（黄梅小调，钱苑改编，1992）；《游园》（昆曲，闵惠芬移植，顾冠仁配器，1995）；《昭君出塞》（粤曲，房晓敏改编配器，1995）以及京剧曲牌《逍遥津》《卧龙吊孝》《珠帘寨》（闵惠芬移植，20 世纪90 年代公演）等一批人们所熟知的作品，这些乐曲，为"声腔化"的理论创意奠定了坚实的演奏实践基础。

"声腔化"是闵惠芬长期在二胡演奏艺术实践感悟中提出的理论概念，其本质在于对中国传统音乐精华的深刻体验与认知。我国传统音乐的神韵保存在戏曲、说唱、民歌、民族器乐等活体传承的"声腔"之中，这是一个取之不尽用之不竭的艺术宝库。有一事使闵惠芬铭记终生：1974 年左右她去拜访父亲闵季骞的三弦老师杨荫浏先生，在谈话中，杨先生说起采集《二泉映月》的经过，并说阿炳用粗弦（老弦、二弦）拉琴是功夫，是神韵。他采集《二泉映月》后最早传授的就是张韶和闵季骞。阿炳的肚子里有成千首民歌和民间曲牌，你会吗？这三个字，闵惠芬记了一辈子。同样，她刚入上海音乐学院，附中校长金村田在全体学生会议上说：学习中国民族民间音乐要学深、学透、学到家！这些话，她至今依然记得。1975 年又开始为京剧唱腔录音。因此，对中国传统音乐精粹之理论和实践的双重性认识，是她提出"声腔化"理念的最有美学价值的创新。

"声腔化"和"声腔摹拟"既有一定的关联，又有本质之区别。后者如"大擂拉戏"、"唢呐吹卡"等音乐表演形式均以模拟为主，惟妙惟肖地将戏曲唱腔或人声呈现于观众听觉，显示了民间艺人的精湛技艺和才华。但是，正如杨荫浏所写，"阿炳能在胡琴上模仿鸡鸣狗吠、各种禽鸟的歌声、男女哭笑叹息和用无锡土白讲话的声音。但这些，都不是他所重视的。他以为这些玩意儿，不能算作音乐，讲不上什么好坏，只能偶然用来'凑凑趣儿'；在他所认为'音乐内行'者中间，他是不愿意弄这些的。有时在某一位'音乐内行'者要他玩这些时，他似乎觉得是轻视了他的音乐，往往现出失望和不高兴的神情，而加以无情的拒绝，他说：'你要听这些东西干吗？我希望你赏识的，是功夫（指技术）和神韵（指表达力量）啊！'[6]同样，闵惠芬提出"声腔化"理念是在二胡演奏中借鉴并融入传统戏曲音乐名家（包括著名琴师的演奏）以及各种传统音乐声腔之"神韵"，使器乐演奏具有更为浓郁的民族韵味与音乐意蕴，这是一种极为传神的艺术创造。因之，"创造"与"模仿"之差异，说明"声腔化"理论高度的重要标志，其实质在于一个"化"字。不妨说，"声腔化"中真正渗透的是闵惠芬用"功夫"和"神韵"表现出来的中国传统音乐之魂！

"声腔化"和"炫技"具有一种反悖性的理念。当今二胡界存在着"炫技"的演奏倾向。不可否认，西方小提琴演奏也有"炫技"的表现成分，二胡借鉴小提琴演奏技法，尤其是高难度的快弓炫技技巧，对于提高二胡艺术的表现力无疑十分必要。但是，单纯"炫技"却往往流于形式之空洞，对二胡艺术事业之发展产生一种导向性的弊端，对于青少年学习二胡利弊皆有。笔者曾见过一些很有才气的青少年二胡演奏，拉《野蜂飞舞》等乐曲技术上毫无障碍，灵巧自如，一旦演奏如《良宵》《听松》一类技巧并不复杂的传统乐曲时，却茫然不知所措、索然无味。二胡音乐之前途，症结在技巧耶？在韵味耶？抑或是两者之统一耶？因此，闵惠芬的"声腔化"理论实际上提出了一个极其严肃的学术课题。"声腔化"实质是建立在表现民族音乐内涵基础上的技巧运用，尤其在大型二胡协奏曲中"华彩"段落的演奏，均有极高超的技巧表现，却又与感情的抒发丝丝入扣。所以，"声腔化"理论和实践还有着对于二胡艺术发展道路的指导性意义。诚然，二胡音乐多元化时代潮流并不排斥"炫技"手法的合理运用，相对而言，"声腔化"更多地具有群众喜闻乐见、雅俗共赏的"中国元素"，值得二胡界加以高度重视。

"声腔化"的外延还在于强调充分发挥二胡艺术歌唱性的特色。它的指向不仅对于中国传统音乐意蕴的发掘与外化，同时，对于原创性的现代二胡作品而言，同样也需要充分发掘其歌唱性特色。旋律美感始终是中国音乐的灵魂。闵惠芬无论演奏《长城随想》《春诗》《新婚别》《音诗——心曲》等现代作品，音乐歌唱性特色的发挥都极为出色，具有灵魂倾诉的震撼和魂牵梦绕之魅力。感人至深的音乐，与其说来自先天的"乐感"，不如说对于音腔内核的深入领悟。因此，闵惠芬的"声腔化"理论与实践为二胡艺术发展的前景展现了无限广阔的天地。"声腔化"理念在传统与现代之间有着一脉相通的规律。中国独特的弓弦乐器二胡之所以在国际乐坛上引起越来越广泛的关注与认可，缘由即在于它具有传统韵律和现代技法。中国二胡刚柔兼备的特色，以"两根琴弦"和西方小提琴"四根琴弦"之间的"较量"，充分显示了中华民族的智慧及其弓弦乐器之特色。"声腔化"在歌唱性方面也将越来越彰显出其深沉的民族特性。总之，闵惠芬在"变道"阶段提出"声腔化"的理论和实践，对于中国二胡艺术事业的发展做出了极为重要的贡献。

四、"得道"——闵惠芬的二胡艺术境界

"得道"之谓，乃是一种至高无上的境界。古代道家以顺应自然、与天人合一为境界。佛教则以修行戒、定、慧三学发断惑证理之智为得道，然后可以成佛。艺术之道，苦海无边，面壁十年，不过得其皮毛而已。闵惠芬以一个甲子的苦行与修炼，迎来了二胡艺术大师级的境界。大师之分量，在人格魅力方面常常以完美高尚为其形象；事业成就方而往往以"无出其右者"为其标志。闵惠芬乃是两者兼而有之的二胡艺术大师。

音乐与生命合二为一是闵惠芬作为艺术大师最为显著的特征，她是一个为音乐而生的人。1985年正是她和病魔搏斗、身体极为虚弱的岁月。11月16日—26日，她赴京参加"北京二胡邀请赛"担任评委。在数百人盛会上宣讲论文《博大境界中的民族神韵——论二胡协奏曲〈长城随想〉的演奏艺术》[3]（由肖兴华代为宣读），并亲自示范演奏《长城随想》。超极限的体力透支，使她当场晕倒，由飞机送回上海，病情日益严重，整日昏迷不醒，医院给家属下了"病危通知"。闵惠芬曾经有过这样的"遗嘱"：在"追悼会"上不要放"哀乐"，要播放她演奏的《长城随想》。这样的精神使闻者莫不感动。音乐是她的生命，她的生命就是音乐。为二胡艺术事业而将生死置之度外，伟哉！

闵惠芬二胡演奏艺术的时代高度人所共知。凡艺术大师的演奏总有一种出神入化的气质和震撼人心的魅力。她驾驭二胡艺术的功力，小至一指一弓、一音一韵处理之讲究，大至整个乐曲诠释之精到，兼有"情韵""意韵""神韵"的美学特征，成为"音乐之化身"。聆听她的演奏，观赏她的录像，给笔者最深刻的印象是大家风范。器大而大气者谓之"大"，凡大师均以"大气"为标志。闵惠芬二胡演奏艺术形成了淡定从容、激情四溢的个性风格。她的演奏，有悉心投入之状态，音质饱满，气息连绵，力度多变，感情充沛，格调高雅，韵味精美，无论演奏传统曲目或现代作品，都有深厚的文化底蕴，给人以高度的美感享受。大师之誉，当之无愧！

凡大师均有谦逊好学之品格。闵惠芬曾说，在她的艺术成长过程中，有几位老师对她的帮助是难以忘怀的。李慕良是引导她学习京剧艺术的引路人，对她认识

"国粹"之精华大开眼界；蓝玉崧①先生上课时，对音韵节奏的处理让她了解传统音乐的独特韵味原来包含在恰到好处的"弹性"之中，而非规规矩矩地按谱演奏。更加体会到中国音乐文化的博大精深；张韶②老师是她父亲的终生好友，对她的成长关怀备至，每去北京，张老师家中二胡界名人总是高朋满座，学习与交流之中，极大地开阔了她的艺术视野；刘明源③先生则对她作品演奏处理有极大帮助，尤其在中国艺术团时经常听她的演奏，提出许多精到见解，使她悟出"艺无止境"的深刻含义。在她学习京剧音乐期间，昆曲名家傅雪漪教蔡瑶仙唱古典诗词歌曲时，她也跟着旁听，极为着迷，竟然学会许多古代歌曲，至今还能背唱。"有容乃大"，她从不放弃点滴学习机会。大师之道，始于积累，垒土成山，滴水穿石。闵惠芬二胡演奏艺术达到时代高度与深度之所以然，以此可见一斑。

对中国音乐传统的高度认知与追求，是闵惠芬二胡艺术生涯中最为闪光的亮点。在二胡音乐的多元化时代，无论二胡音乐创作或二胡演奏艺术，多元化的风格乃是其最为显著的特色，既是二胡艺术发展的新趋势，也是值得加以肯定的文化现象。究其本质，在于传统元素和现代元素两者之间的平衡、侧重或游移。渗透中国传统音乐之神韵，在传统基础上创新，则是二胡演奏多元化风格中最具魅力、也是最难达到的境域。闵惠芬的"四道"之中，"变道"是最为重要的环节。我国百年二胡艺术史上，20世纪的华彦钧和21世纪的闵惠芬在追求传统神韵方面是最具典型意义的代表人物。闵惠芬二胡艺术的时代高度及其对现代中国音乐文化之贡献，显矣！

笔者与闵惠芬的交往，记忆中仅有4次。20世纪70年代末期，经张韶先生引荐，赴上海时曾去她家中"交流"二胡演奏之技艺；去北京时，又在张韶老师家中和她以及刘长福等共进午餐，交谈甚洽；1982年上海民族乐团来济南演出时，观看

---

① 蓝玉崧（1925—1996），北京人。著名音乐史学家、二胡教育家和书法篆刻家。自幼即笃好音乐，曾学习古琴、琵琶、筝、笛等多种乐器，尤擅长二胡。1950年调入中央音乐学院研究部。1957年被错划为"右派"。他培养的学生有王国潼、闵惠芬、刘长福、孙奉中、黄安源、田再励、冯志浩、林聪、许可、姜建华、于红梅等一批二胡演奏家。

② 张韶（1927— ），江苏武进人。1946年考入国立音乐院（南京）国乐组，师从储师竹学习二胡。1953—1975年在中央民族广播乐团任乐队首席和独奏演员。1975年在北京广播学院任教。1980年调至中央音乐学院，任教授。培养了甘柏林、蒋才如、刘长福、张强、孙奉中、张连主、于红梅、王颖等一批优秀二胡演奏人才。曾任中国音乐家协会二胡学会会长。出版有《二胡讲座》等著作。

③ 刘明源（1931—1996），天津人。自幼随父亲学习板胡、京胡。1953年任中央新闻记录电影制片厂乐团首席、独奏演员。1982年调入中国音乐学院，后任教授。享有"弓弦大师"之声誉。培养了宋国生、宋飞、沈诚、刘湘、刘继红等一批优秀的演奏人才。

了她的两场演出，并邀她至寒舍进餐。她提出想拜见山东艺术学院郭承薪教授（陈振铎先生弟子），当时还是"自行车时代"，我从山东剧院用自行车带她一路上坡东行，还清楚记得她背着二胡，双腿跨在自行车座位后面，扶着我后腰，直到郭先生的住处。那天，她演奏了刘天华《月夜》，这也是我平生听到过的最为宁静与优美的版本。自此之后，由于笔者忙于教学与研究等原因，与二胡界联系日疏，只是偶尔得知她的行踪及成就。2010年4月，阔别近30年后，在北京一次会议上相见，我已是两鬓苍苍之老者，问她还记得我不？她说：让我想三秒钟，接着，马上脱口说出了我的名宁。使我更钦佩于她惊人的记忆力和乐观豁达，珍视友情之人品。回沪后，她和刘振学先生陆续给我寄来《闵惠芬二胡艺术研究文集》（第一卷、第二卷），《刘天华记忆与研究集成》，CD唱片《风吟》《天弦》《江河水》和《闵惠芬二胡艺术》（VCD四集，内部资料）。在聆听和拜读之余，极为震撼。一位二胡艺术家将自己一生毫无保留地献给中国音乐文化事业，自"出道"之始，直至"得道"之今，为名耶？为利耶？或为无可名状之"道"耶？笔者深有感悟。由此，以点滴之印象，作此拙文，与读者分享，并就教于学界同行。

参考文献：

［1］吉联抗：吕氏春秋·仲夏纪·大乐［M］. 吕氏春秋中的音乐史料，上海：上海文艺出版社，1978：2

［2］傅建生，方立平：闵惠芬二胡艺术研究文集［M］. 上海：上海音乐出版社，2004：318—320

［3］刘再生：根植传统　求新求变——听"刘文金民族音乐作品音乐会"有感［J］. 人民音乐，2006（5）：71—82

［4］刘文全：《长城随想》创作札记［A］. 中国民族管弦乐学会，华乐大典·二胡卷. 乐曲篇（中），上海：音乐出版社，2010：396

［5］闵惠芬：《长城随想》演奏札记［A］. 中国民族管弦乐学会，华乐大典·二胡卷·乐曲篇（中），上海：上海音乐出版社，2010：400

［6］杨荫浏：阿炳小传［M］. 中国艺术研究院音乐研究所阿炳曲集［C］. 北京：人民音乐出版社，1983：1—4

刊于《音乐表演艺术研究》2011年第4期

刘再生：山东师范大学音乐学院教授。

诗因乐起　诗中有乐

——记二胡演奏家闵惠芬的诗乐人生

张　丽

二胡演奏家闵惠芬先生是位诗词艺术的爱好者。她多年热衷背诵、朗读古典诗词，醉心于古典诗词的意境。由于常年行走在世界各地，因此一路走一路背成了她旅途中最有意义的事情。她充分利用各种机会，记忆了大量的唐诗宋词：如白居易的《琵琶行》，王维的《阳关三叠》，辛弃疾的《南乡子》，陆游的《咏梅》，苏东坡、洪浩等人的大量诗词作品。同时毛泽东的大部分诗词、中国戏曲唱腔的大部分唱词她也都能如数家珍。

古人云："熟读唐诗三百首，不会作诗也会吟。"近年来，她又倾心于诗词的创作，这给她的业余生活增添了无穷乐趣。

一

闵惠芬的诗词创作始于 20 世纪 80 年代，《答友人》作于 1987 年 9 月 17 日，这是一个特殊的记忆。这一年，演奏家走出 6 年 6 次手术 15 次化疗的漫长的生命危机，应中央民族乐团的邀请赴京参加首届中国艺术节。临行前，友人孙逊、孙菊园伉俪置酒为闵惠芬壮行。6 年噩梦终已远去，闵惠芬再续凌云壮志，赋诗一首：

> 沉疴六载如梦魇，
> 朝吟悲歌夜叹月。
> 几度意冷愁千结，
> 艺魂一缕难泯灭。
> 断翅重振入青云，

长啸万里抒壮烈。

请君为我举大白，

击节高歌壮远行。

诗文的上阕写了大病期间的苦闷心境，下阕写了演奏家战胜疾病后的雄心壮志。了解闵惠芬的都知道，她是一个视艺术如生命、视舞台如生命的人。重病期间，她还多次不顾家人的牵挂多次参加艺术活动。她对爱人说："你要支持我去抢时间，能抢多少就抢多少。"一个"抢"字反映了在"艺术与生命"的天平上她所秉持的"艺术第一、生命第二"的崇高信念。现在重返舞台、重返音乐，她要张开双臂迎接"第二个艺术春天"。这首诗写出了她走进第二个艺术春天时的兴奋、激情、理想、抱负。

之后，她的诗词创作随着她的一系列轰轰烈烈的演奏活动而展开。在《闵惠芬二胡艺术研究文集》第一辑中，刊印了闵惠芬的四首诗词，除上面一首外，还有她于20世纪90年代创作的《他们的神灵》《无题》及《乐志随想》。

这四首闵惠芬早期的诗词，是闵惠芬艺术思想的表露，体现了"音乐在她生命的中央"的艺术情怀。

二

虽身为演奏家，但闵惠芬会把自我的演奏感悟变成文字，以较明确的语义性传达她的美学追求。

在她的多篇文论中，有一篇是了解她演奏美学思想很重要的文献，即1985年11月她于病榻中完成的《博大境界中的民族神韵——论二胡协奏曲〈长城随想〉的演奏艺术》一文。这篇文章不仅从亲历者的视角写出了她首演《长城随想》的演奏体验，更重要的是此文传达了她的美学追求，即"情、气、格、韵"。对这一演奏美学思想，她自我的阐释是："情：指演奏时情感要真切，要有分寸感，要情动于中，声情并茂，自然流露。气：要气韵通达，气质纯正，心随弓运，意到声发，隐迹立形地树立起丰满的音乐形象，生气远出，从而达到传神之妙境。格：要有一个高尚的格调。韵：指音乐的韵味，要在传统的基础上，寻求我们民族的神韵，着意于民族音乐的语言美和器乐声腔化。"[1] 这一演奏美学思想并没有因这一总结而停止

---

① 闵惠芬:《二胡艺术研究文集》，上海音乐出版社2004年版，第72页。

思索，9 年后，它凝练为一首六言诗。

《乐志随想》作于 2004 年 3 月 30 日清晨，是闵惠芬艺术思想的集中体现。全诗如下：

> 神接天宇之气，
> 韵含山河之光。
> 情寄万物之灵，
> 乐映千古之源。

"神"是音乐的灵魂，也是一种气质。闵惠芬常说，音乐没有了"神"，就如同白开水，也就取消了音乐。"韵"是中华民族的韵味，作为一个民乐演奏家，具有民族韵味是她毕生的艺术追求。对于"韵"的追求，即闵惠芬于 1975 年明确提出的"器乐演奏声腔化"理念，这一理念是她音乐中浓郁的"民族神韵"语言的细胞、出发点。"情"是情感，从演奏美学上讲，闵惠芬是一位具有典型"情感美学"倾向的演奏家，而从另一个层面上讲，闵惠芬二胡艺术的"情"是一种更多地与民族历史、民族未来相渗透相关联的大爱，博爱之情。"乐"是音乐，她的音乐是有根基的，这个根深深扎在上下五千年深厚的民族传统文化之中。

三

2008 年，一次偶然机会，闵惠芬与诗词家吴震启①先生相识，写诗的兴趣顿时被点燃了，从不放过任何学习机会的闵惠芬随即主动拜师学艺，不足半年，连连创作多篇诗词向老师交作业。

本人于 2008 年夏在南京采访闵惠芬先生时，有幸听到她已完成的多篇诗词。可以看出，闵惠芬在短暂的时间创作了数首诗词，这些诗词涉及二个层面：一是演奏家对童年生活的回忆，显露了演奏家童心未泯的一面，具有"诗画"性质；二是演奏家对自己演奏艺术的诗化再现。

古今中外，但凡大家，总会对童年生活场景记忆犹新。演奏家由于自身就是记忆力超好的人群，闵惠芬在这方面的表现更是突出，但是能把童年记忆变成言简意

---

① 吴震启（1952— ），诗人，书法家，现为中国书协办公室主任，北京文化学院、联合大学和中国书法培训中心教授。

赅的诗词，并不是人人都能做到的。

闵惠芬的家乡江苏宜兴是典型的江南水乡。在这里她度过了快乐的金色童年：游泳、爬树、采菱、挖野菜、放羊。儿时生活的点滴随着时间的流逝在她的记忆之河里汇成诗、化成乐①。

采桑

红兜兜，竹篮篮，田埂轻踏路串串。
一阵春风一路歌，姑姑采桑云端端。
晨采桑，午摘果，叶儿甜甜果酸酸。
喜听家家蚕儿唱，沙沙如雨丝丝缠。
兜儿装，篮儿满，春风如缕云团团。

这首诗不仅对仗工整，而且富有意境，写出了景、写出了情，景美、人更美。如梦如幻，如诗如画，这是童年无忧无虑、快乐生活的诗篇。

童趣

绿萍波掩红菱羞，
顽童逐浪盆舟游。
曲项白鹅呷呷问，
哥哥弄潮哪条河。

闵惠芬虽是南方人，但其个性及其艺术印象却更像一个豪爽的北方人。上述这首诗可以印证闵惠芬和她的音乐给人的这种印象。这首诗是闵惠芬忆起自己五六岁时生活的一个场景。幼年的她像个男孩子，所以诗中她把自己写成"哥哥"，胆子又很大，五六岁的小孩不惧怕身边没有大人保护，她模仿大人们坐上他们采菱常用的水上工具"洗澡的大木盆"下河采红菱。小河在孩子的眼睛里是彩色的"绿萍波掩红菱羞"，小河在小孩子的眼睛里也是有生命的"羞"，"羞"字拟人化地写了红

---

① 《忆江南》又名《慢长弓练习曲》，创作于1973年，当时闵惠芬应人民音乐出版社之邀而创作的一首练习曲，全曲是复三部曲式：由引子（散板）、呈示部（单二13小节＋24小节），中部（中心Ⅰ30小节＋中心Ⅱ15小节），再现部（单二13小节＋4小节）组成。乐曲中部由两个中心组成，其中第一中心即乐曲中标［二］的部分是儿时家乡生活的音画。

色的菱角儿躲在绿萍下面的容颜。小小的顽童，听到河中的"白鹅"问她，哥哥要游向哪里？童趣横溢，让人忍俊不禁。

闵惠芬在说起童年的情景时，常常提到她坐在母亲怀里，像袋鼠一样，听母亲给她唱民谣。下面这首诗展现给我们的是一双清澈的孩子的眼睛。

　　　乡景
　　牛饱清池寐，
　　犊儿寻母归。
　　巧妇织朗月，
　　稚子数星辉。

在音乐体裁中有"音画"，上面这几首诗可称为"诗画"。这几首"诗画"给我们描绘了一幅江南水乡的清爽、温馨景象。

这是闵惠芬对诗词文化的爱好多年后结出的果实，童年的快乐生活汇成她的首批练笔之作。然而她却说这不能算作诗顶多算是"练习曲"。

闵惠芬不仅写自己的童年，还写别人的童年情景。自20世纪80年代，闵惠芬的足迹几乎遍布全国，她的舞台不仅在音乐厅，更在田野、学校、工地、兵营等基层。其中她最热心的音乐会是为中小学生们举办的普及讲座音乐会。有一年，闵惠芬来到江苏金湖县高邮湖小学，这是一个特殊的水上小学，位于高邮湖湖心，几十首大船象连环计那样连在一起形成一个渔村，居中的一艘即是高邮湖小学，周围的船是一个个三口之家，音乐会开始之前，远处一艘艘小船飞驰而来，竹竿轻舟、白鹭麻鸭，宛如仙境。闵惠芬和孩子们共同表演，乐声、笑声、琴声回荡在仙境上空。闵惠芬诗兴大发，赋诗一首《高邮湖上小学音乐会》。

　　　童谣唱和琴歌弦，
　　麻鸭鸥鹭绕舱欢。
　　鱼跃和拍湖上跃，
　　萧吟吹奏水中天。

这首诗如一幅水墨画，诗、画、情、景交融，即写出了高邮湖的特殊的环境之美和特色，更写出音乐带给孩子们的快乐。

四

闵惠芬出生在民乐之家。母亲周凤珍女士是家乡宣传队的好歌手，父亲闵季骞①先生当时就读于国立音乐院（当时院址设在天津）国乐组，师从一代宗师杨荫浏先生研习乐理、兼习三弦；师从曹安和先生学习琵琶；师从储师竹先生主修二胡；师从程午嘉先生学习打击乐器；师从曹正先生学习古筝。由于会多样国乐器，他在当时有"国王"之美誉。从那一件件乐器中传出来的声音总能深深吸引着小小年纪的她，音乐引起她的好奇与遐想，音乐在她幼小的心里落了根。

闵惠芬不仅生长在民乐之家，更生长在民乐之乡。1945年11月23日（农历）闵惠芬出生于江苏省宜兴县和桥镇万石乡弯斗里。这个只有6户人家的小村子，却是民乐之乡。从这些人家中经常传出悠扬的江南丝竹乐、苏南吹打乐、民歌滩簧；乡间小径上常常行走着诸如"出法会"等民俗性的丝竹乐队；庙会里也常飘荡着和尚道士彻夜的乐声。闵惠芬常常为身边的音乐痴迷，五六岁时，曾为听乡间的丝竹乐跟着行进的乐队不知不觉行走了十多里。

60多年过去，闵惠芬对家乡的风俗仍记忆犹新，特别是每年的三月二十六至二十八的庙会，常有菩萨出会，鼓乐齐鸣，声势浩大，甚为壮观。2008年7月，闵惠芬把多年对故土风俗的美好追忆化成一首长诗。全诗如下：

出　会

八抬大轿佛祖坐，庄严随行众神傩。

钟磬鼓乐百戏舞，丝竹笙簧伴佛歌。

忽而法号沉锣起，煞时阴风鬼吟哦。

黄童掩耳不敢哭，白叟合十念佛陀。

轿里菩萨心头火，口不能言奈若何。

普度众生法教化，何必施威扫阳和。

---

① 闵季骞（1923—　），民族音乐教育家，南京师范大学教授，江苏省文史研究馆馆员，南京乐社社长。三弦、二胡、琵琶、筝、箫等民族器乐演奏俱佳。著有教材：《三弦弹奏法》，上海文艺出版社，1963；闵季骞、杨其铮编：《二胡教材》，北京：音乐出版社，1956；《少年儿童琵琶教程》，上海音乐出版社，1995。记谱整理了多首"十番锣鼓"和"苏南吹打"等民间乐曲，出版《梅花点脂——闵季骞音响点滴》唱片等。

丝竹细乐徐徐来，驱散乌云阴霾过。

纯纯雅韵碧空净，唯看江峰映春波。

　　音乐家写诗像写音乐作品，如第三部分有音乐体裁"音画"的因素在里面。上面这首诗《出会》却有曲式结构逻辑在里面，像一部对比结构的三段体，前两句是A段，相当乐曲的"呈现段"，交代出会的仪仗队、佛祖、众神及随行的乐队；中间四句是"对比性中段"，主要是音色、情感上的对比，音色上"忽、煞、火"一波三折，情感上观会的黄童"不敢哭"、白叟"念佛陀"、出会的菩萨"心头火"，波中有对比；后两句是A段再现，一切归于开始的平静。

　　《出会》是闵惠芬对家乡风俗的追忆，虽然她在家乡弯斗里仅生活到6岁，没有像诗中的黄童被吓得"不敢哭"，相反小小年纪的她却超越了出会表象的"可怕"，痴迷于传统文化、民族艺术。这种痴迷随着阅历的增长，发展为她对中国传统文化的有意识的追求和喜爱。这种被康德视为"无目的的有目的性"的痴迷，更使她的艺术与民族传统文化紧紧相连。

五

　　二胡协奏曲《长城随想》是作曲家刘文金先生为演奏家闵惠芬量身定做的一部作品。创作于1979年，历时三年，是一部饱含爱国主义深情、具有民族气质和民族神韵的民族画卷，现已成为我国民族器乐比赛最高奖"金钟奖"的指定曲目。

　　《长城随想》不仅是一部民族画卷也是一部生命之歌，作品首演于1982年5月的第十届"上海之春"音乐节。首演之前，闵惠芬做了一次手术，但为了不耽误首演正常进行，她在手术后三四个月刀口不愈合的情况下，待医生查完病房后，用纱布缠着像打游击那样溜出医院在家练琴，首演前后的6年，闵惠芬经历着人生的低谷，但她以顽强的毅力战胜病魔重返舞台。《长城随想》拉开她"第二个艺术春天"的帷幕，对她来说这是一首有着特殊生命意义的作品。

　　作为首演者，闵惠芬对此部作品倾注了太多的感情。20多年来。闵惠芬与多家乐团合作演奏此曲，录制了近20个音像版本。① 2008年，闵惠芬又将"长城随想"作为其持续近30年的普及讲座音乐会之名，使《长城随想》由一部器乐作品升华

---

　　①　上海音像资料馆2006年11月数字化保存的闵惠芬的音像资料。

为她艺术理想、艺术追求的完美载体。文学家说"文学的尽头是音乐",对于音乐家来说,"音乐的尽头是文学"。闵惠芬为《长城随想》赋诗如下:

> 山海关,天下第一关,龙头掀浪渤海湾。
> 八达岭,雄踞入云端,北国霜天红烂漫。
> 关山重,故城万里远,龙尾横扫大漠边。
> 噫!阅尽千古兴亡,凭吊世代豪杰。
> 吁!咏怀捐躯英魂,悲苍疆场泪血。
> 呜呼!感叹华裔汉胄,力创丰功伟绩。
> 巨龙腾飞,长啸万里,大展宏图伟业。
> 金蛇狂舞,天地共震,势同电闪霹雳。

这首诗作于 2008 年,距闵惠芬首演已过了 26 年。这 26 年中,她演奏过无数次,也写过此曲演奏的心得文字,① 却未尽兴。

闵惠芬的诗作《长城随想》由四段组成,两句一段,分别对应二胡协奏曲的四个乐章。第一段"龙头掀浪""红烂漫"是诗人眼中长城景色,对应第一乐章《关山行》,表现诗人漫步关山看到的景色;第二段"凭吊世代豪杰"与第二乐章《烽火操》相对应,以表现诗人对历史沧桑的回顾;第三段"咏怀捐躯英魂"与第三乐章《忠魂祭》对应,表达对英魂祭典的缅怀;最后一段"大展宏图伟业"与第四乐章《遥望篇》对应,表达对未来生活的展望。闵惠芬的诗作同乐曲一样展现了赤子之情、民族之怀。

六

1977 年 5 月,在上海交响乐团排练厅,世界著名指挥家小泽征尔听了闵惠芬演奏的《江河水》后,感动得伏案恸哭许久,并说"诉尽人间悲切,听起来痛彻肺腑"。这一事情报道后,引起乐坛上的震撼。小泽征尔对闵惠芬演奏《江河水》一曲的评语是中国文艺评论中被引用得最多的一句。报刊中也多有人把这一评语与小泽征尔评姜建华演奏的《二泉映月》为"跪着听的音乐"的评语误引的情况。

---

① 闵惠芬 1985 年的文稿《博大境界中的民族神韵》。

1977 年，闵惠芬 32 岁。她用一件传统乐器"二胡"和一个中国年轻艺术家的魅力征服了世界。后来，闵惠芬随芭蕾舞团去法国演出，和小泽征尔相遇，14 场演出中只要有闵惠芬演奏，小泽征尔每场都坐第一排。闵惠芬回忆说："我的二胡一响，他就不看芭蕾舞了，把头伸向乐池，每次演完总是第一个鼓掌。"

《江河水》是闵惠芬在 20 世纪 70 年代的成名曲，也是闵惠芬的代表作之一，几十年来闵惠芬的演奏已是经典版本。在闵惠芬不同时期发行的《江河水》版本中，有一个版本是经典中的经典，那是 2001 年闵惠芬在美国录制的一张以《江河水》命名的专辑。闵惠芬回忆这次录音时说："那是一遍成功，没有一个音是败笔，情感极其投入，手法的把握……完全忘我，半天都拔不出来，自己内心痛彻肺腑，很长时间都浑身颤抖，无法平静，我超越了自己……这个曲子以后再也不录了，原因很简单，想着要如何超过它的信念将使自己无法再专注拉这首《江河水》。"当时的录音师马潘在后来的回忆中写道："我还清晰地记得当收录《江河水》一曲时，从控制室的窗，看到她闭目全神，恍如已与乐曲及她的胡琴融汇为一体。每个拉出来的音符都充满着世纪的忧伤，人间的苦痛，使人戚然于其中，当时几个美、加籍的录音师，虽不懂中乐，欲不期然地站起来，肃穆地聆听，曲终良久，仍然黯然无声，当闵女士走进控制室，重听录音时，每个人都不约而同地鼓掌，对她致敬。"①这张 CD 因为闵惠芬的倾情演绎于 2001 年获"世界万张唱片十佳"之荣誉。

闵惠芬对此曲的演奏理解已逾三十载，也因为她在感性认知方面的充盈，为她的诗词创作打下了坚实的基础。2008 年，闵惠芬以乐曲《江河水》为蓝本，赋诗如下：

> 江水呜咽，凄厉声声，
> 夫君归啊，泪祭亡魂。
> 塞外大漠，遍野荒坟，
> 尸骨血泪，筑成长城。
> 征夫边愁，思乡泪尽，
> 妇盼夫归，望穿星辰。
> 乌云翻卷，电闪雷鸣，
> 江河咆哮，万千阴灵。

---

① 马潘《江河水——绕梁十日》见 CD《江河水》Made in U.S.A All rights reserved by copyright holders. （p) 2008 FIM inc.

这首因乐而生的诗作凝聚了演奏家闵惠芬 30 多年的演奏心得，不仅闪烁出闵惠芬浑厚的文字功力，更是演奏家几十年的艺术磨砺。诗中人物从一个弱女子对夫君的"泪祭亡魂""望穿星辰"发展到这个弱势群体"万千阴灵"。情感上层层推进，从"江水呜咽""泪祭亡魂到""思乡泪尽""望穿秋水"最后发展到"乌云翻卷，电闪雷鸣，江河咆哮"；闵惠芬的这首诗给我们的感受如同她的演奏，让我们从最初的"入心入肺"经历着"揪心揪肺"，以至于掀起我们"撕心裂肺"的情感狂澜。

七

《二泉映月》是阿炳创作的三首曲子中流传最广、影响最大的一首，它是阿炳历绎苦难的心曲。

闵惠芬还未入学时就听到父亲演奏的《二泉映月》，"记得我父亲从中央音乐学院放假回乡下掏出各种乐器练习时，我被吸引得寸步不离，呆听呆看的感觉，手指飞快舞动的是《空山鸟语》，最长最悲哀的是《二泉映月》，最激烈的是《十面埋伏》。"[1]

闵惠芬在 1963 首届全国二胡比赛中演奏过此曲，但对闵惠芬来说，对《二泉映月》最刻骨铭心的经历是 1972 年。当时"文革"尚未结束，一位同学偷偷给她一张阿炳的原版录音，此后，她便趁排练之余，在上海电影乐团的一间储藏室里，伴着 25 瓦的电灯，偷偷练了半年，她从原版乐声中捕捉到阿炳心曲的真髓，她视这段经历为"得阿炳真传"。闵惠芬以该曲为蓝本，赋诗如下：

> 苦韵悲冷月，寒音裹残雪。
> 指颤心凄楚，魂飞泪枯竭。
> 骨枯神傲倔，身脾气难咽。
> 目暗清泉洗，崎岖向天阙。

此诗作于 2008 年。文中"苦、悲、冷、寒、残、凄、枯"道出了阿炳凄苦的身世，"傲倔、清泉、向天阙"写出了阿炳不屈的精神。这是闵惠芬半个多世纪演奏《二泉映月》的语义学的升华，是闵惠芬多年来对《二泉映月》"达摩面壁般的修炼"和"终生的感悟"转化成的文学语言。

---

① 傅建生、方立平主编：《闵惠芬二胡艺术研究文集》，上海音乐出版社 2004 年版，第 85 页。

八

自 20 世纪 80 年代后，二胡艺术处于快速发展时期。二胡受业人数与日俱增，影响范围遍及大陆、港、澳、台及海外，参与二胡考级的人数曾大幅上扬，一系列国际性二胡大赛红红火火举办……二胡正走向发展的黄金时期。

由于闵惠芬长年致力于民乐及中外民乐的普及、教育、交流、传播，2005 年她被选为日本二胡振兴会的名誉会长。2008 年 6 月 26 日，闵惠芬赋诗一首贺日本二胡振兴会庆典。全诗如下：

> 千年奚琴我国粹，音韵清闵品如梅。
> 梅吐幽香山河醉，乐含芳华天地辉。
> 枝繁挺秀园丁培，曲雅高风润雨催。
> 长吟江梅梦里诗，久弄丝竹乡音美。
> 而今琴迷百万众，洋洋大军随前辈。
> 又闻东瀛芳菲舞，喜上眉梢泪欲飞。

闵惠芬难掩二胡艺术走出国门、繁荣发展的喜悦。诗中融二胡千年历史和现实、艺术美学、文化内涵于一体，字里行间透露出以她为代表的一代二胡大家对二胡未来的美好憧憬，特别是诗尾"喜上眉梢泪欲飞"一句饱含的情怀与"诗圣"杜甫初闻收复河南河北时"涕泪满衣裳"的情怀如出一辙。

闵惠芬的诗词创作多半是从乐中来。从二度创作的角度上看，这些诗作是建立在对演奏艺术炉火纯青的功底之上，是从"非语义性"的器乐作品转化而成的"语义性"的文字。因此这些诗作是闵惠芬理解二胡音乐的"文本"，也是我们了解、欣赏闵惠芬二胡音乐的"文本"。

希望她的诗词作品如她的音乐作品，成为我们永恒的记忆，也盼望她有更多更好的诗乐佳作问世。

刊于《乐府新声》2012 年第 2 期

张丽：博士，周口师范学院音乐舞蹈学院副教授。

永 远 的 闵 惠 芬

李肇芳　岳　峰

2014 年 5 月 12 日 10 时 05 分，海内外音乐界一场突如其来的震波，不亚于当年的 5·12 汶川地震——中国著名民族音乐家、一代二胡艺术大师闵惠芬女士的心脏骤然停止跳动，生命永远定格在了 69 岁。

　　江河悲恸　一代琴魂弓弦空
　　长城默哀　万世英灵浩气存

闵惠芬，江苏宜兴人士，自幼近乐，少时入上海音院附中。17 岁时震惊第四届"上海之春"，在第一届全国二胡大赛中一举夺冠，自此成为中国二胡艺术半个多世纪行程的引领者。其一首二胡独奏《江河水》，诉尽了人间的悲切；一曲二胡叙事《新婚别》，吟咏了千古的悲情；一部二胡协奏《长城随想》，铸造起民族的魂魄；而一生执着的追求，成就了民族乐史上的一座丰碑。

有关闵惠芬的卓绝功绩和传奇人生，历时九年相继出版的三册《闵惠芬二胡艺术研究文集》中，已有详细的描述、精辟的论道和高度的评价。而令笔者深深缅怀的是，在一代名家光鲜辉煌的背后，那些令人难忘的凡人小事，印证着一种品格的高贵，诉说着一代二胡传奇的形成轨迹……

人们从 30 几年前起，就在这位二胡艺术家身上看到了不屈的生命、不倒的精神和不息的艺术之光。虽然，这些年来由于身体某些指数的失调，闵惠芬的精力日渐趋弱，但顽强的意志，不灭的精神支撑着她仍不时光彩照人地出现在音乐舞台上。然而，马年元宵节降临的前日，一场突发的脑溢血，虽经医务专家及她本人的努力，短短三个月之后，苍天还是无奈，无情地带走了她，致使音乐圈内外一切见过，乃至没见过她的千万黎民百姓无不扼腕痛惜。呜呼！也许是上苍不忍，想让这位奋斗一生的艺术家得到一次长足的休息吧。经历了短暂而又漫长的 69 年人生和艺术的征途，闵老师您辛苦了！回望红尘，您无愧于曾呕心沥血的二胡音乐艺术，无愧于恋恋不舍地至亲家人，无愧于先后同行的艺术同仁，您可以坦然安息了！

闵惠芬逝世后的追悼会上，所有的花圈、挽联级别层次之高，涉及范围之广可谓备极哀荣，这是上至朝堂、下达乡野的国人对自己在民族艺术上鞠躬尽瘁、奉献一生、贡献卓著的人民艺术家所给予的最崇高的致敬！

当我们面对那静卧于万花丛中的闵惠芬，眼泪便随着思绪倒流了 54 年。1960 年，在那个饥肠辘辘、基本生活物质极度匮乏的年头，12 岁的本文作者李肇芳认识了不满 14 岁的闵惠芬。也因为没有一切的外界物质诱惑、分心，质朴纯真的同学少年唯一能如饥似渴得到满足的就是对音乐艺术的追求。尔后又是上海民族乐团的亲密合作的同事，直到 54 年后的这次永诀。

54 年，发生了太多太多造就日后历史的鲜活事情：无论数十年来作为乐团首席和她几乎所有大小经典名作的合作，从墨迹未干的乐谱开排到首演、录音、出碟彼此的不遗余力；无论作为独奏家身背乐器一起走南行北，使人现在以至今后永远挥之不去的，都是一个活生生的闵惠芬。历史无法复制和再现，只能永远地珍惜和怀念，我们更希望的是，更多的同仁和后人能从闵惠芬的艺术和人生中得到宝贵的励志和深刻的启示。

人生没有成功学，但却有走向成功之路的要素。

闵惠芬出生和生长在风清水绿、温山润水的苏南宜兴村落，和其他小村姑一样，田里嬉戏，河里扑腾。按她的说法就是接过地气，因此也留下了与生俱来阳光无邪的秉性。她无不自豪地赞美家乡："自古素有'无宜不校'的美谈（即没有办学校是没有宜兴人的）。"还经常如数家珍地说："宜兴出过很多大教育家、文学家、音乐家，如清华大学校长、教育部长蒋南翔、大科学家周培源、大画家吴作人，还有刘天华弟子二胡大家蒋风之、储师竹先生等。"的确，正是这块物华天宝、人杰地灵之地，各界名流俊杰不一而足，当然更孕育出了天资聪慧的闵惠芬。儿童时代的她，定居在有虎踞龙盘之称的石头城南京，常常俯瞰奔腾到海的浩浩江水，聚集了一股浩然大气。少女时代又进入科学文化高度密集的大上海，由此迈入中国现代教育中的第一高等音乐学府——上海音乐学院（附中和本科）接受系统严格的音乐文化教育。在面向浩瀚大海的大都市上海，她除了"贪婪"地汲取各种现代和民间文化艺术养分之外，更是开阔了视野，1963 年在全国大赛中增长了二胡艺术的志气。作为少女的她，自幼毫无忸怩作态的小女子之习，时常展现的是巾帼英雄般的女丈夫之气。平日里她说话办事干脆利索，意思表达鲜明扼要从不虚伪含糊，但又以一个女人特有的敏感和细腻，真诚友好地对待相处的家人和同行、朋友。在大大小小的频繁演出中，她的节目往往安排在压轴的位置，但她几乎总是第一个到后台报到，调琴试音，酝酿情感。若与乐团一起外出，她一定放弃自己全国人大或政协代表可享的待遇，和大家同行同餐，言行中极力淡化一切和艺术无关的头衔、身份。有一次演出之后，听说当地一个贫瘠孤岛上只有三户渔民很想听到她的演奏，就毅然冒着寒风搭乘摇橹小船前去，如同为国王元首演出一般，全身心地投入为这些渔民演奏，这是何等的情怀！闵惠芬的心里永远装着人民大众和民乐艺术，所有这些看起来并不起眼的生活经历和工作细节所体现出来的秉性和特质，一旦融化在音乐和艺术上，就成为事业成功和造就奇迹的基石。

大凡潜心艺术有所成就的人都会明白，事业和职业的区别在于有无仅仅是上下班的概念。闵惠芬的夜以继日和刻苦用功、用心的最大原动力并非名利所趋，而是对音乐艺术无以复加的着迷和酷爱！对多数人来说，真要做到为民族音乐二胡艺术呕心沥血、生死度外谈何容易，特别35年前还是一个谈癌色变的时期。二胡协奏曲《长城随想》长达25分钟的鸿篇巨作，对于一个正常人在演奏上尚需付出极大的精力和体力，而闵惠芬在未和乐队合乐之前，就已经对着墨迹未干的乐谱精心苦练了几个月，仅就那坚如磐石的《长城随想》第一弓C音，就苦苦磨炼了一个月有余。外人更不知道的是，此时的她已被确诊为毒性极强的黑色素癌并已实施了手术。合乐开始了，排练的工作量惊人的繁重，闵惠芬的独奏位置正好在乐队首席位置（李肇芳）的右侧，在没有空调、电扇的艰苦条件下，只见她汗流浃背，紧缠于腰间伤口的纱布亦时有淡红色血迹渗现……

1982年，二胡协奏曲《长城随想》终于在第十届"上海之春"音乐会上首演大获成功，随后的第一次录音至今仍被海内外奉为最佳范本。作为亲历者之一，深知这其中闵惠芬投入的是生命和血肉，上海民乐团全体队员也投入了最大的感动和激越，使《长城随想》这部作品焕发出摄人魂魄的民族之魂和生命之光，振聋发聩、激荡人心。只可惜的是，紧接着闵惠芬应盛邀赴苏州演出后坐火车回沪，因没有座位途中站了两个小时。积劳成疾，淋巴结又出现了癌性肿瘤……

也许由于自助（自身的坚毅和镇静）、人助（医务专家和亲人们的尽心尽力），同时也感动了天助，在闵惠芬经历了九死一生的磨难之后重返了舞台，常会有主持人在演出前介绍她的病经历过的感人过程，但她总是正色地提出，她是来为大家演出的，希望大家把她当作一个正常的健康人，不想再提那段极其痛苦不堪的经历。所以，复出后的25年间，她总是以乐观健康的心态投入到精品迭出的第二个演奏艺术的春天。待人处事万分地珍惜天时、地利及人和。

"在她大病初愈之时，体质还相当的虚弱，每天下午一至三点半午休时间雷打不动。但在一个炎热的上午，她赶到了我家和我提起要圆学生时的一个梦，想把当年我们在上海文化广场看粤剧名宿红线女演唱的粤剧名曲《昭君出塞》改编成二胡独奏曲，曾听我说我家可能'文革'后还幸存有红线女的原版录音，特地前来登门求援。经我母亲翻箱倒柜后找到这张碟片时，她如获至宝，爱不释手，一起用过午饭之后，便兴致勃勃请教起粤剧的行腔艺术以及自己如何器乐化的设想，一直聊到下午四点半方才罢休。一周之后，当我演出结束到晚上十点多时，接她来电连夜冒雨赶到她家中，一边吃着她烧的夜点，一边听着她咿咿呀呀用粤语背唱出长达十几分钟的《昭君出塞》，顿时令我这个老广东目瞪口呆。'不会唱我怎么能拉好?!'她说道 。喜背爱唱是闵惠芬自幼的一贯习性，也是她独树一帜二胡声腔化艺术体系的基本功，这种与民间音乐融为一体的练习方式，已被当下的民乐演奏者们渐渐遗忘。后来，这首作品还得了广东音乐比赛新作品一等奖，她不无自豪地第一时间向我这个广东籍同学报了喜。真可谓天道酬勤啊!"（李肇芳忆道）

闵惠芬大病初愈的另一首经典之作，是她多次赶往潮州国乐团观摩学习，并虚心向该团团长、著名潮州音乐大师郭鹰先生就教，移植改编的《寒鸦戏水》，这也成为她最为得意而经常上演的保留曲目之一。

也许是冥冥之中的天意，2013 年 12 月 21 日至 24 日，闵惠芬在"郭鹰先生 100 周年纪念音乐会"上，坚持以虚弱之躯登台演奏了《寒鸦戏水》，借此向郭鹰先生致敬，更表达一种深深的感恩之心。岂料这竟成了闵惠芬最后一次登台表演的绝唱，她满怀谦恭之心向观众深深鞠躬谢幕的影照，成了闵惠芬二胡演奏史上最后的永恒。恰好那天也是她 69 周岁的生日。虽然一个对艺术、对前辈、对观众无比真诚，无比敬畏和敬重，生命的闵惠芬已渐行渐远，但一个艺术精神和人格力量无比高大的闵惠芬却在众人心里愈走愈近。虽然由于突然昏迷直至去世也未及给至亲好友留下片言只语，但她已把一生的艺术心血和爱永远留在了人间。她不仅留给了后人极其丰富的演奏艺术经典范本，她在民族音乐艺术生涯中始终目不斜视的浩然正气，更是世人用之不尽的精神财富。

令人欣慰的是，闵惠芬一生强烈的民族音乐使命感和精益求精的艺术精神，感召和影响了一代又一代的民乐后人，不断涌现的中青年演奏名家和民乐专家，正义无反顾地在民族音乐的大道上不断前行。

　　　　一念在地　一念在天　多少知音在人间
　　　　一生持琴　终生敬艺　篇篇经典永流传
　　　　　　　　　　　2014 年 6 月 12

参考文献：

［1］傅建生、方立平主编：《闵惠芬二胡艺术研究文集》（一），上海音乐出版社 2004 年出版。

［2］方立平、刘振学主编：《闵惠芬二胡艺术研究文集》（二），上海音乐出版社 2008 年出版。

［3］刘振学主编：《闵惠芬二胡艺术研究文集》（三），上海音乐出版社 2013 年出版。

刊于《中国音乐》2014 年第 3 期

李肇芳： 上海民族乐团国家一级高胡演奏员。

岳　峰： 南京师范大学音乐学院教授。

世家 专家 杂家 大家

——从音乐人才学探析闵惠芬的大师成功之路

施 咏

中国当代不乏优秀的二胡演奏家，但能够称得上且得到公众高度认可并冠以"大师"者却佼佼无几，女性者更为罕见。诚如有学者感叹，当前所处在的是"一个期盼大师，缺失大师，乃至于称呼大师被认为是调侃与不恭的时代"①。然，无论是作为"二胡大师"，还是"民乐大师"，闵惠芬则都是毫无争议、当之无愧者。无论是其大气磅礴的气势、令人叹服的技巧与艺术感染力，还是论其对二胡乃至中国民乐的重大开拓贡献，乃至其高尚的人品、乐品，都令人无不敬佩有加。

姑且不去评论学界有关的"闵惠芬时代"、"闵惠芬现象"等提法，但毫无疑问，闵惠芬是独特的，其成功之路源于其独特的心理结构与情商，深厚的艺术修养与开阔的艺术视野，并与孕育其生长、发展的家庭，后天的教育，自我发展都有密切的关系。

本文拟从"世家——专家——杂家——大家"四个阶段切入，探悉闵惠芬的大师塑就之成因，并逐一分析与阐释，以期给后人更多的启示。

一、世家

众所周知，任何音乐家的成才都要具备一定的先天条件，良好的先天条件也为音乐人才的塑造培养提供重要的基础。虽然中外音乐史上也有着为数不少的音乐家并未都出自世家而难以支持"遗传决定论"，且我们亦看到美国心理学家西肖尔（C. E. Seashore）所提出的认为人的音乐能力全部是与生俱来的"音乐天赋论"的

---

① 刘再生：《琴弦上的梦幻——论闵惠芬二胡艺术成功之道》载《音乐与表演》，2011年第4期。

片面性，但我们亦并不能因此而否定遗传因素在音乐先天因素中的重要地位。

就这一点而言，同样出生（出身）于江南民乐世家的闵惠芬，与她的两个20世纪中国民族音乐家中最杰出的先贤，也是乡邻——分别出生于无锡的道教音乐世家的阿炳，以及江阴文化世家的刘天华一样，在音乐与文化方面的确拥有得天独厚的先天条件。

就音乐人才成长而言，环境的熏陶与影响作用至关重要，在家庭环境、社会环境、地域环境之中，对人影响最早也是最大的首推其家庭环境。从闵惠芬的家世来看，其祖父闵南藩曾为宜兴的小学校长和中国语文教员，长于书法竹笛。父亲闵季骞曾师从杨荫浏、曹安和、储师竹先生就读于国立音乐院国乐组，精通二胡、琵琶、古筝、三弦等多样民族乐器，后为南师大音乐教授。大伯、二伯亦长于绘画、音乐，后分别为南师大国画与油画教授。所以，无论是从先天遗传的角度所给予的良好音乐基因与文化基因链，还是从早期浓厚民族音乐文化氛围的家庭环境对闵惠芬成长所带来的潜移默化的熏陶来看，闵惠芬都有着得天独厚的优势。

其次，从文化地理学视阈的地域环境来看，闵惠芬的出生地江苏宜兴也是江南文化之沃土，良好的人文地理环境提供了丰富的民间音乐财富。当地的民歌、苏南吹打、弹词、滩簧无不令幼年的闵惠芬痴迷，表现出对民间音乐的浓厚兴趣与突出才能。她自幼学唱昆曲《游园》《春香闹学》等戏曲，8岁开始学习二胡，积极参加各类音乐活动。

江南民间沃土与音乐世家的良好早期环境，给予了闵惠芬早期以丰富的民族音乐语汇的熏陶，也为其日后事业发展奠定了重要的基础。

二、专家

在音乐人才的成就过程中，先天因素固然是重要的基础，但也不是人才成功的唯一因素，只有当具有音乐天赋这种先天性的音乐才能的苗子在与后天多种其他条件有机结合时，才能成长为音乐人才。

音乐人才成长的后天因素是多方面的。其中，后天的勤奋与刻苦无疑是音乐人才成长中首要且必备的品质与条件。现代意义上民族乐器演奏亦是一门技术性很强的艺术，在其学习的过程中，唯有勤学苦练方能进入音乐的自由王国。阿炳自幼练习二胡、琵琶，常常练到指尖出血。冬天迎着寒风练笛子，手冻僵了就捧起一把雪擦热了再练；刘天华夏天为了躲避蚊虫的叮咬，就把双腿放在水桶里彻夜练习二胡。

而对于闵惠芬来说，热爱自是最好的老师，一旦确定了以弘扬中国民族音乐为其终生奋斗的理想后，便形成了其坚定不移的追求，理想和信念转化为巨大而无穷的动力，促使其事业的成功。在闵惠芬跨越了大半个世纪的二胡演奏生涯中，对于二胡演奏，除了那些卧在病榻的日子，她都是几十年如一日，几乎天天琴不离手。即使她已经成名成家之后，也保持了这种勤奋的状态。哪怕是在一场面对大众普及性的演出讲座，她在后台准备也常常是一拉几个小时而忘记时日与周遭。

从 1958 年 13 岁只身投考上海音乐学院附中起，闵惠芬就开始了她二胡演奏专业的求索道路。先后在主科老师王乙、陆修棠的指导下，研修二胡演奏。1963 年，读高二的闵惠芬参加了第四届"上海之春"首届全国二胡比赛，对着诸多如鲁日融、黄海怀、王国潼等高手云集的赛事，出人意料却又令人心服口服地在这一重大赛事中摘取了一等奖第一名的桂冠，也一举奠定了她在二胡演奏专业生涯的良好开端。后来作为二胡演奏家的闵惠芬还完美地演绎了《江河水》《喜送公粮》等经典曲目，并首演了《新婚别》《长城随想》等一批新作。

天才加上勤奋，自然会造就某一领域一流的专家。在这个层面上，闵惠芬当之无愧地跻身于中国当代一流二胡演奏专家的行列。

三、杂家

成为著名二胡演奏家的闵惠芬，并没有满足而止于此，而是一直积极地思索如何去进一步开阔其音乐的视野，拓展新的领域。这一思想的源头应该还是始于 1974 年杨荫浏先生论及阿炳时对她说的一句话"阿炳的肚子里有成千首民歌和民间曲牌，你会吗？"三个字"你会吗"成为闵惠芬立志将中国民间音乐学深、学透的终身激励的动力源头。

于是，当大多数二胡演奏家还都在忙于演奏作曲家新作，乃至热衷于外来移植炫技的二胡曲时，闵惠芬则独辟蹊径，一头扎进民间，广泛向各个民间乐种的音乐家和艺人学习。其实，这样的学历，自闵惠芬在附中学习时期就开始并一直未有间断，她除了学校安排的《民族民间课》，还先后学习了沪剧、二人台、京剧打击乐，向师兄陈大灿学习了一年的四胡演奏。而 1975 年在著名京剧琴师李慕良先生指导下在二胡上演奏八段京剧老生唱腔，则成为闵惠芬进一步全面深入学习中国民间音乐历程的新开端。

从此，闵惠芬广泛学习昆曲、越剧、沪剧、黄梅戏、潮州音乐、广东音乐、江南丝竹、苏南吹打等乐种，一发不可收。她"北到内蒙古、南到海南、西到新疆、东到台湾，行走在祖国大地上，蜂采蜜，她采关。足迹走到哪儿，都要尽力去听当地的传统音乐。她到海南岛演出，听说当地有个琼戏院，就跑到人家的办公室，鞠个躬，自报家门，请听琼戏。到湖南演出，听说公交车上的售票员会唱花鼓，她即拜人为师请教。到青海演出，为听"花儿"，三天三夜与百姓同吃同住兴奋未眠。到内蒙古演出，听到台上演唱二人台，完全忘记吃饭。在重庆治病期间，她常溜出医院去听当地的高腔、清音……只要碰到彰显民族特性的音乐，不论是同辈还是晚辈她都不会放弃任何学习的机会"①。

此外，她还向潮乐传人郭鹰先生学习潮州音乐、椰胡演奏；前赴广东随余其伟学习"五架头"；向越剧表演艺术家徐玉兰学唱《宝玉哭灵》；《昭君出塞》得红线女真传……

在演奏相关姊妹乐器移植改编的二胡曲时，闵惠芬也总是要去寻根问底，以求在演奏中做到形神兼具。在习奏由管子曲改编的《江河水》时，不仅反复地聆听管子演奏家谷兴善的唱片，揣摩原管子曲中的技法与韵味，还不止于此，找到谷兴善本人，当面向他了解双管涮音手法。在演奏南唢呐曲改编的《一枝花》时，也把任同祥先生"缠"得"唉声叹气"。拉《长城》时，考虑到乐曲的博大精深与沧桑之感，以及与古琴的关联，她又拜古琴家龚一为师，数月期间忘返沉迷于琴乐的世界之中。

在丰富的民间音乐文化的滋养下，闵惠芬把玩其韵味，徜徉其间，还进一步运用这些民间音乐素材改编创作了来自歌剧唱腔的《心愿》、来自京剧的《逍遥津》等八个唱段，越剧的《宝玉哭灵》、粤剧的《昭君出塞》、黄梅戏的《打猪草》、锡剧《双推磨》、琴歌的《阳关三叠》、二人台的《打金钱》等大量的各地风格的民间音乐改编曲。

回溯闵惠芬的艺术历程，我们发现，闵惠芬虽然不是现代西方语境下的专业"作曲家"，但她的确运用了中国传统的方式，"创作"了一大批具有浓郁民族风韵的乐曲；闵惠芬不是民族音乐学家，但她对中国传统音乐形态深层结构的研究，乃至其"田野"采风工作量之大，恐怕亦不在多数民族音乐学家之下。而且，闵惠芬不是专事教学的"音乐教育家"与"活动家"，但她亲力亲为热衷于民乐普及工作，其量之大、受众面之广、受欢迎之热度，恐怕也是少有专门的教育家能出其右。从闵惠芬所行的乐事来看，已俨然超出了一个纯粹二胡演奏家的身份范畴。或换言之，

---

① 张丽：《闵惠芬"器乐演奏声腔化"艺术理念的考察与分析》载《交响》，2012年第1期。

闵惠芬已不是一个单一身份的二胡演奏家，而成了一个涉及多个领域的"杂家"，而这个意义层面上的"杂家"，也正是走向大家的重要必备阶段与条件之一。

其实，我们在与阿炳、刘天华的人才模式比较中也会发现如出一辙的规律。如阿炳的学习亦并不限于道教，凡是有民族音乐演奏，他总要去聆听和学习，曾到无锡演出，他在无锡戏院大门口聆听著名宙琴艺人王殿玉的演奏，苏州评弹艺人张步蟾在无锡演出时，阿炳也总要在书场入口处聆听。他还三次登门，向无锡滩簧艺人袁仁仪学习演奏《梅花三弄》。还经常和无锡的民乐爱好者祝世匡、俞志成、黎松寿等探讨民乐的演奏技巧。没有进过音乐学院的阿炳却在没有围墙的学校里，学高为师，博采众家之长，而使其成为了民间音乐的化身，戏曲说唱等民间音乐的因素都"化"入到他的音乐之中。

无独有偶，立志学贯中西的刘天华更是举凡中西乐器、钢琴、西洋作曲理论均加以学习：向周少梅学习二胡及琵琶，向沈肇洲先生学习崇明派琵琶的演奏，与票友红豆馆主溥侗切磋京剧，学习昆曲、三弦拉戏等，和澈尘和尚探索研究民间音乐及佛教音乐，赴河南学习古琴，沿途还一路寻访民间艺人，采集各处民间音乐。

三人共同之处在于，都广拜民间艺人与各派名家为师，师承多家多派，博采众长，而成了吹拉弹唱全面把握，集民乐演奏与创作一体化，而具有中国传统音乐整体经验的大"杂家"。

四、大家

可见，凡成大器、大家者，多是在先成为某一方面专家的基础上，而又不止于此，再将自己变成了一块全方位开放的海绵，把古今中外的艺术精华都吸纳个够，再加以筛选、整合。所谓大家者，有容乃大，始于积累，成为大师之所以然。

闵惠芬出身世家，长在江南，在家学渊源基础上又接受了良好的现代学院派的专业教育之后，问师于全国各声腔剧种、民族民间音乐，从而形成了学院和民间的结合，同时亦是西方乐谱文本教育和中国传统口传心授传承方式的融合，造就了闵惠芬新时代的民乐大师的模式，同时也是对阿炳、刘天华模式的共同继承与发展。在当今二胡发展趋工业化、竞技化之际，闵惠芬更是以其大师开阔的历史视野，深入思考中国民族器乐文化之源的深层问题，积极实践其"器乐演奏声腔化"的理念。

就闵氏二胡的演奏而言，淡定从容、激情四溢、大气磅礴，而成大师风范。但二胡大师之成就亦又绝非独技巧超群使然，还须因"其奇高的悟性、敏感的审美心灵和精湛的演奏技艺将作品意境的本质内核生动地表现出来"①。

值得强调的是，除了上述的条件与原因，闵惠芬大师的成就还受到其他多方面的影响及其共同的合力作用下而为之。如她还同时具备了高水平的 SI（成功智力）、EQ（情商）与 AQ（抗逆境商数），并实现了三音的高水平协调。就闵惠芬而言，其中 AQ 的作用则尤为举足轻重，即人处于逆境中应对的态度、对策，如何化解、逆水行舟，顽强前行。闵惠芬先后 6 次大手术，15 次化疗后，能够再次顽强走上舞台，完成新曲《长城随想》的首演，这些无不显示了她远远超越常人的抗逆境商数，也是其成就大师的重要潜质之一！

此外，闵惠芬在对待中国民族音乐事业方面的敬业精神，也无不显示了一位真正的大师的风范。如 1977 年元旦在上海文化广场首演《洪湖人民的心愿时》时，连演 6 场，场场引起观众的齐声大合唱。另一次在江苏的一个文化广场演唱现场，观众们还自发打出了"爱民乐、就爱闵惠芬"的横幅，将闵惠芬与民乐同名，不仅可见闵惠芬强大的群众基础，也显示了人民大众对闵惠芬民乐大师的高度认可与尊重。

大师者，大气磅礴者，深入人心、永存不朽者。

> 滔滔江水逝者去，
> 长城万里忠魂祭。
> 忆得江南哭灵时，
> 再表心愿泣天地。

谨以此文、此诗题献给人民的艺术家闵惠芬大师！

刊于《中国音乐》2014 年第 3 期

施咏：南京艺术学院教授。

---

① 方立平：《二胡艺术的闵惠芬时代——论闵惠芬二胡艺术及其对中国民乐发展的历史贡献》载《中国音乐》，2011 年第 3 期。

情·深·意·长

——闵惠芬印象

王建民

　　闵惠芬的人生是传奇的人生，奋斗的人生。许多光环在她头上熠熠闪光："20世纪最伟大的弦乐演奏家""中国当代胡琴大师"、"德艺双馨的艺术家"等等。的确，在中国当代二胡发展的历史进程中，闵惠芬起到了积极而又巨大的推动作用，她的一生就是二胡的一生，民族音乐的一生。

　　她的音乐如同一杯醇厚的佳酿，饮后回味无穷；

　　她的音乐如同扑面而来的春风，令人精神振奋；

　　她的艺术魅力摄人心魄，

　　她的音乐表演独具一格。

　　在我看来，闵惠芬之所以是闵惠芬，可用以下几点来描绘。

情

　　音乐是情的产物，

　　表演是情的抒发，

　　有情才能动听，

　　有情方能感人。

　　闵惠芬的音乐充满了激情，每个音符栩栩如生，每根线条伸展自如；

　　闵惠芬的音乐洋溢着热情，如同火一般的热烈、阳光般的温暖；

　　闵惠芬的音乐散发着柔情，似江南溪流那样清澈、蓝天白云那样无瑕；

　　闵惠芬的音乐显现出真情，这是对民族音乐的热爱之情，对祖国和人民的赞美之情……

深

在艺术表演中，"深"是一种境界，一种内涵，更是一种层次。

同样的技艺，常因不同的表演而有深浅之分。闵惠芬演奏的音乐很"深"。在她50余年的艺术生涯中，练就了深厚而扎实的基本功底，才使她的表演洒脱飘逸，奔放自如。

同样，由于她不断深入学习、汲取民族民间音乐的养料，才形成了她的鲜明风格、独特韵味。

她善于挖掘音乐之深层，表达出音乐之实质。她对艺术的追求永无休止，对自己的现状永不满足，努力拓展并深化自己的二胡语言，酝酿出"器乐演奏声腔化"的命题，并为之付出大量的努力与心血，于是《卧龙吊孝》《逍遥津》《洪湖主题随想曲》《宝玉哭灵》等系列作品应运而生，这种艺术上的嫁接与融合为我们开辟及扩大民乐之路提供了有益的经验和成功的榜样。

意

凡事意在先，无意则无行。

闵惠芬是一个意志坚强的人。人生的坎坷，病痛的折磨都没能摧垮她的信念。如严冬之后的春天、暴雨过后的彩虹一样，闵惠芬的演奏经过生命的洗礼，几番轮回，几度升华而达到了大彻大悟、炉火纯青的境界。她的表演充满了意境：《江河水》的如泣如诉；《二泉映月》的惆怅柔婉；《赛马》的灵动欢悦；《长城随想》的荡气回肠等，无一不是一幅幅生动的画卷展示在面前，使人身临其境，流连忘返。

她的表演充满着意韵：有江南情的缠绵，有北国风的粗犷，有老生的厚重，也有花旦的华丽。她对民间韵味的把握表现，常使我们的青年演奏员相形见绌，自叹不如。

我听闵惠芬演奏的乐曲，许多精妙之处，常常觉得只能意会而无法言表。她那苍劲有力的行弓，纯厚丰满的音色，悠长通透的气息以及端庄大气的台风，综合起来的印象，这就是闵惠芬，独一无二的闵氏风格。

长

山高水长。

中华民族的传统音乐文化源远流长。

在我国音乐历史的长河中，涌现出许多耀眼的明珠和绚丽的浪花，闵惠芬就是其中的一个。她是我国乐坛的常青树，长流水。她的艺术生命之所以长久，是因为她具有长远的理想和信念，并付诸于长期不懈的努力和实践而形成的。

不管风吹雨打还是气候多变，她始终是一个坚强的勇士，长时间地捍卫着我们民族音乐的纯洁和尊严。

民族音乐的振兴之路长又长。让我们以闵惠芬为榜样，一步一个脚印地努力向前！

刊于《中国音乐》2011 年第 3 期

王建民：上海音乐学院民乐系主任、教授、著名作曲家。

生命的旋律——闵惠芬的艺术道路

刘长福

2010 年的 11 月下旬，我应邀出席了上海音乐学院主办的"2010 全国高等音乐艺术院校二胡教学创作学术论坛"。这期间，恰逢《闵惠芬二胡艺术研究文集（第二卷）》的首发式，我出席并欣获由闵惠芬女士本人题签的精装本"第二卷"。当我拿到这本"研究文集"（第二卷）、看到封面上那熟悉的闵惠芬操琴的照片时，似乎体味到了从未有过的感悟。说实话，这是我第一次那么认真地凝视这张早已看过多次的照片，但都没有这一次感到那么地震撼。这是一幅人琴合一、浑然天成的、表现着生命旋律的照片。那凝重而传神的双眸、那充满音乐内涵的面部表情和潇洒大度的演奏姿态，似乎是在借助琴声向人们诉说着人间的悲欢离合与无尽的沧桑。我真的被感动了……说心里话，这些年我也一直想写一篇关于闵惠芬艺术成就的文章，但几次开头却都中途辍笔。原因是她所取得的成就早已为世人所瞩目，为她写文章的人也太多了，尤其是在她的前两卷"研究文集"中，许多专家学行和二胡界的名人们都已经从多个角度，全方位地对她的艺术思想、艺术成就、演奏方法、演奏风格等方面结合社会学、人文学、民俗学、音乐美学和演奏艺术等方面做了非常细致的研究和详尽的阐述。由于她太优秀、经历又太特殊了，因此对于要写的这篇文章我却反而心存忐忑、辗转起来。

我是一名职业的二胡教师，几十年来几乎每一天埋头教学，可谓"教书匠"是也。由于教学工作的特殊性，与外界的接触很少，主动的对外交往也并不多。但在我所熟识的同行朋友中，闵惠芬却是最令我钦佩的一位伟大的女性，说她伟大不光是因为她的琴拉得好，更是在于她勇敢坚毅地以自己的生命捍卫了毕生追求的事业，不但为我国的民族音乐事业做出了巨大的贡献，而且她所钟爱的事业又奇迹般地赋予了她更新的生命！我曾为她的"研究文集"（第二卷）题过字——"华夏奇葩丝弦圣手"，我认为这是对她高超的演奏技艺和传奇般生命历程的最好概括。应该说她是一个伟大的战士和著名的民族音乐家，她的足迹几乎踏遍了神州大地和国际乐坛。她用音乐给人们带来了美的享受和心灵的启迪，同时也以顽强的毅力战胜了病魔。她的经历向我们展示了她非凡的、超乎常人的毅力、誓死不渝的追求和辛苦勤耕耘所获得的辉煌成就。

早在1963年当我还在中央音乐学院附中高三读书时，就听说了闵惠芬这个名字，那是在第四届"上海之春"的全国二胡比赛落幕之后得到的信息。当时听说她在那次大赛中技压群雄、过关斩将得了第一名，我和同学们（孙奉中、黄安源、蒋才如、张强等）对她获得了这么令人瞩目的成绩都感到既惊讶又佩服，要知道我们那时和她也是同龄人啊！从那以后，我一直怀着好奇的心情关注着她的消息，再后来我到内蒙古艺校工作后也就没有她的信息了。由于换了环境、信息又不灵通，那些年我就只专注于自己的教学工作，由于年轻精力旺盛和浓厚的兴趣使然，我同时也对蒙古族音乐，马头琴和四胡的演奏以及二人台和晋剧等有当地特色的音乐进行了较为深入的学习。为了教学的需要，我也经常编创些练习曲和小曲作为学生们学习和训练的教材，就这样既辛苦又充实地度过了十几年的时光。一直到"文化大革命"中，当闵惠芬演奏的《红旗渠水绕太行》和《喜送公粮》等乐曲响彻了华夏大地时，她的名字又一次在我心中掀起了波澜，同时又一次唤醒了我内心深处对于丰富多彩的二胡音乐疯狂的热爱（我经常废寝忘食地拉琴）。由于那时的资讯极不发达，手头上也没有任何新的乐谱和音响资料，所以我只有通过收听收音机里播出的二胡曲来进行粗糙的记谱和初步的学习。1972年以后，闵惠芬的一系列演奏录音：《赛马》《江河水》《空山鸟语》《洪湖人民的心愿》《阳关三叠》《新婚别》等终于陆续通过唱片的形式问世了。这些乐曲就像磁铁一样地吸引着我，它们不但充实了我的演奏，而且也成了我教学的极好教材。那时我与闵惠芬还不曾相识，自己也常常想：什么时候能够见到她、能够当面聆听和学习她的演奏，这无疑对我的专业生涯是更有裨益的。果然机遇来了：1975年，我有幸以二胡独奏《草原新牧民》的节目参加了由文化部举办的全国独唱、独奏和独舞的"三独汇演"，并被选中代表内蒙古自治区（同时选上的还有拉苏荣的男声独唱、德德玛的女声独唱和齐·宝力高的马头琴独奏）参加当时盛行的"演艺界"的特殊演出形式——"游园演出"（国庆节在中山公园和劳动人民文化宫演出，中央首长出席活动）。那一年，我们参加游园演出活动的各省市和各大军区的代表队与当时的"中国艺术团"共同住在老的"西苑旅社"（大院内一共十座楼）内，一住就是两个多月的时间，这期间大院里热闹非凡，各地的同行们如鱼得水；演出之余大家既互相交往又互相交流学习，甚是亲切热烈。我就是在那时不但认识了许多同行和二胡界的前辈同仁，而且也有幸认识闵惠芬。就在写这篇文章的前几天，在一次聚会活动中，二胡学会的秘书长李滨先生给我看了当年（1975）在西苑大旅社我们参加游园演出的全国的同行和闵惠芬在一起照的一些照片，顿时又勾起了我对往事的回忆和内心的激动之情……一晃几十年过去了，往事历历在目。回忆起来这段经历是我终生难忘的，我不但从同行们那里学到了很多东西，也结识了许多新的朋友，尤其是闵惠芬那对二胡发自内心的热爱、广博的兴趣、执着的追求、敏而好学的精神和精益求精的演奏技艺更是我学习的榜样。她在艺术上以极高的标准要求自己，从来不满足于已经取得的成绩，这一点是大家所公认的。

1981 年，闵惠芬不幸罹患癌症，那一年我研究生毕业，在陪同蓝玉菘先生去上海招生期间听到了她患病的消息，我非常的担心和难过，也曾到医院看望过她。她那段时间表现得异常坚强，在与病魔进行长期博斗的同时仍然坚持着《长城随想》《川江》及《夜深沉》等协奏曲的练习和演出，这在一般的常人是根本做不到的。在患病 7 年期间，她以惊人的毅力和必胜的信念与疾病博斗，终于战胜了噩梦般的病魔。尔后在 1988 年，她以大病初愈之身在"香港艺术节"中进行了四场个人独奏会的演出，除了许多她的保留曲目之外，还演奏了刘文金的《长城随想》和关乃忠的《第一二胡协奏曲》这两部协奏曲，获得了巨大的反响和香港观众热烈的欢迎。记得也是那年，闵惠芬在北京演奏《长城随想》二胡协奏曲获得了巨大的成功。我那时第一次当面聆听闵惠芬演奏这首协奏曲，在乐队的烘托和协奏中，那种震撼的效果真让人激动不已。她在舞台上时而凝重、时而活跃、时而大刀阔斧、时而细腻入微，潇洒自如的演奏动作和着流动的旋律把人们带入了音乐的意境当中，真称得上是乐的享宴和灵的震撼……嗣后，闵惠芬又以饱满的热情和执着的追求投入了新的改编创作和不懈的演出活动之中。除了原先演出的著名京剧选段之外，她又改编和演奏了一系列如越剧、黄梅戏等各种戏曲唱段和《寒鸦戏水》等民间音乐风格的乐曲。在这期间，闵惠芬根据二胡音色醇美、酷似人声、宜于以述说式的演奏技巧表现细腻的情感等特点，在自己长期的实践和探索中，特别是在移植京剧和其他地方戏曲以及改编唱腔的过程中最大限度地发挥了二胡的独特魅力。她经过深思熟虑后，终于提出了"器乐演奏声腔化"的美学命题。这一命题的提出，对当今部分二胡演奏者片面追求"大、响、快"（曲子大、音量响、速度快）的趋势，忽略了演奏中富于细腻音色变化和以情感人等特质是个极好的提示，也是对这种演奏方式的充实和补充。在包括外国音乐在内的所有器乐演奏中，虽然尚未提到"声腔化"这一名词，但歌唱性、语感、述说式等演奏中所需的表现方式几乎是共通的。在一段时间里，有些人把"声腔化"片面地理解为只是用二胡来模仿戏曲唱腔或是歌曲，显然这种理解是非常偏颇的。"声腔化"是内涵非常丰富的演奏方法和演奏技巧，它有着极其广博的音乐表现空间，几乎囊括了人的所有表情范畴和内心复杂的情绪变化，是音乐表演艺术中器乐演奏技巧的高级阶段，同时也是器乐和声乐（包括戏曲和曲艺等说唱音乐）语言韵律的有机结合。可以说"器乐演奏声腔化"是一个结合器乐演奏与人的内心情感、以第一人称的方式进行述说式演奏的学术命题，它不但拓宽了二胡的演奏领域，而且赋予了二胡更加鲜明生动的表现力和更加旺盛的生命力。在闵惠芬的演奏中几乎充满了"声腔化"的表现，因为她的演奏是发自内心的，也非常真挚地体现了对人生的深刻感悟。这两年龚琳娜演唱的《忐忑》非常受人们的欢迎，究其原因与"器乐演奏声腔化"的提法刚好相反，她是用演唱的方式结合器乐演奏的语汇和语感来表现特殊的情绪，因此才产生了那样轰动的效应。这说明了无论是器乐还是声乐，最终都是表现人的情感和人对大自然的感知。因此，互相借鉴是理所当然的，也是最自然的过程。闵惠芬的演奏时而大气磅礴、气势恢宏，时而细腻如微、如泣如诉。她的气场总是像磁铁般地吸引着听众和观众，现场的气氛也总是那么地凝重和热烈，这一切都离不开在她心目中"二胡演奏声腔化"的理念和体验。她的演奏是心灵的感悟，也是寄托着生命的旋律。从闵惠芬的生活经历和艺术道路、从她的演奏足迹中我们不难看出：她虽然是以著名的二胡演奏家行诸于世，但她的贡献已经远远超出了一个演奏家的范畴，说她是人民音乐家是毫不为过的！

当我每次看到她的诗、她的文章，看到她以诗明志、看到她《天梯》的部分文字时，总是抑制不住地感慨和钦佩：她有着那么坎坷的人生经历却又有着这么博大的胸怀，她用生命谱写了民族音乐的华章，民族音乐又赋予了她新的生命。这是一个世纪的传奇，也是我们民族音乐界的骄傲。我衷心地祝她身体健康、艺术青春永驻！

刊于《中国音乐》2013 年第 1 期

刘长福：中央音乐学院教授、音乐教育家。

闵惠芬老师演奏艺术的三个里程碑

程秀荣

千年胡琴，没有古琴般在悠久的历史长河中成为中国传统音乐文化的杰出代表，也没有如琵琶般在伟大诗人白居易的《琵琶行》中成为千古传诵的主角。因为刘天华，沉沦这片古老土地，千余载前的异族传入乐器终于焕发新的生机！

近百年来，自刘天华起，又有了陆修棠、华彦钧（瞎子阿炳）、孙文明等数代人的不懈努力，不断为这件古老乐器注入新的活力，二胡遂开始了百年维新与变革。时至今日，二胡已成为中国民乐中发展最神速的一种乐器，成为中国现代民族音乐的一颗璀璨明珠。

我们在缅怀和敬仰刘天华这位音乐改革先驱的同时，不应忘记为二胡艺术的发展创造一次次奇迹的后继者们。这里面，有一个闪光的名字——闵惠芬老师！

如果说，因为有了刘天华，二胡才开始了新生；那么可以断言，若非闵老师，二胡就不会有今天的辉煌！

每一位杰出人物的出现，都离不开其所处的特定历史背景。新中国的诞生，无疑是 20 世纪人类社会的重大事件，百废待兴的新中国也给包括二胡在内的中国民族乐器的发展带来了千载难逢的历史机遇。在特定的社会环境下，民族音乐空前繁荣，佳作不断，新人辈出。二胡在 60 年代初已初步形成拥有可观专业队伍的独立界别——二胡界。闵老师就是在这一历史背景下成长，并于 1963 年上海之春首次全国二胡比赛中脱颖而出的佼佼者。从那时起，二胡演奏艺术的每一长足进步都几乎与闵老师的名字相联系。她的每一次具有历史意义的成就创造了二胡一次又一次的辉煌。

笔者认为在闵老师诸多的贡献中，《江河水》《新婚别》《长城随想》这三首作品具有特殊的历史意义。

一、《江河水》与闵惠芬独特演奏风格的形成和确立

当闵老师 1968 年从上海音乐学院毕业时，史无前例的"文化大革命"开始两年了，社会秩序和人们的思想都受到前所未有的冲击，青年时期的闵老师置身这一史称"十年浩劫"的特殊年代，从激情到彷徨，从迷茫到反思。特殊的时代必然造就不一样的艺术风格，而这一切又往往因个人的内在因素而呈现不同的特质。从《老贫农话家史》到《红旗渠水绕太行》，从《喜送公粮》到《江河水》及《赛马》，恰恰反映了青年闵惠芬在这一混沌时期的探索和追求，正当大多数人还在因前途而困惑，她就以天赋的艺术触角和近于率真的乐观在两根琴弦之间上下求索。

在"文革"特殊的历史背景之下，音乐传播的主要媒介是广播电台和为数甚少的二胡独奏曲唱片，这时期几位前辈演奏家包括闵老师演奏的作品一经传播，几乎无例外，迅即在全国流行。在《江河水》之前，闵老师已是全国知名的、出色的演奏家之一。有人说，在一曲成名的年代，这多少有时势造英雄的意味。问题是在当年成名的二胡演奏家并非只有一个闵老师，但是，随着她逐渐形成的富有激情且具感染力的个人风格越来越引起人们的关注和喜爱，情况不同了，历史终于选择了她。《江河水》一曲近乎石破天惊地演绎，宣告了具有强烈震撼力和非凡魅力的"闵惠芬演奏风格"的确立，也标志着超越同时代演奏家而成为二胡界的代表人物或称之为闵惠芬时代的到来。以后几十年的历史表明，当年貌似偶然的事件其实有其必然性。

在此之前，此曲已有多位演奏家演奏过，这些前辈艺术家为二胡的发展做出了不可磨灭的贡献，然而，由于种种缘故，包括历史条件所限，此曲从黄海怀先生移植成二胡独奏曲直至 70 年代初叶，其影响仅限于二胡专业工作者，充其量是在为数尚不太多的二胡爱好者中流传。1973 年闵老师在演绎此曲的重大突破彻底改变了此曲的命运，尤其在经 70 年代中期拍摄的艺术影片《百花争艳》在全国传播后，尘封多年的《江河水》几乎成为二胡和闵惠芬的代名词，她超凡脱俗和极具悲剧美的演绎撼动了亿万人的心灵深处，也为二胡艺术创造了前所未有的辉煌。

40 年过去了，当人们探求这个中奥秘时，不免有着种种疑问。要知道，在《百花争艳》中担任各种乐器独奏的音乐家都是当年全国首屈一指的名家，他们的艺术

造诣同样是不容置疑的，况且，二胡当时在这些中西独奏乐器中并不引人注目。为何独有闵老师所演奏的《江河水》能产生如斯的巨大感染力和社会影响力？除了大家都能理解的技艺精湛之外，一定有着某种人们只可意会而不能言传的奥秘存在其中。当然，不能不提到闵老师独具慧眼及毅然选择《江河水》作为演奏曲目是成功的先决条件，难以想象当年存世的二胡曲目中还有哪一首比《江河水》更能攻克"文革"时期人们的精神桎梏和情感堡垒！悲剧性永远是最具感染力的！但是再伟大的悲剧作品总是只感动某个特定的人群，更何况此曲作为二胡作品问世之后并不曾有过辉煌的经历。闵老师的过人之处就是能于平凡之中见伟大，她非凡的艺术触角让她意识到此曲能给她的二度创作提供无限的发挥空间。她的演绎摒弃了前人幽怨有余却悲切不足，一改号啕大哭的直白和单一，从而使悲切的情感得以更深层的抒发……闵老师在 31 年前教授此曲第二段时对我曾多次语重心长地启发：伤心有好多种表达方式，人到悲痛之极是哭不出来的，表情呆滞木然，气若游丝。这时最贴切的表达就是没有表情……她善于把对人类生活、情感的细微观察与艺术创造紧密联系，更重要的是，她把一个古代弱女子的苦难演绎成为对中华民族千百年来遭受的巨大苦难的控诉和火山般的感情喷发。与之相适应，她创造性地采用爆发性的开弓和左手快速滑音相结合，在运弓上开创性地把弓速的频繁变化与跌宕起伏的情感相结合，最终她成功地"拉出了人世间的悲切"……

在此曲中，二胡技巧与乐曲内容的融合达到了艺术的极致；在此之前，二胡从未有这样鲜明的层次感，从未有这样直达人们心灵深处的震撼力量。这源于她有着深厚的民族民间音乐素养和与之相适应的驾驭技巧的非凡能力，源于她对作品内容具有极其敏锐的触觉和感悟，源于她具备一种独特的人格魅力——这是伟大艺术家不可或缺的特质……此外，对真善美的强烈追求及通过手中的二胡表达自己的艺术理想一直贯穿闵老师整个艺术人生。这一切，通过《江河水》这首当时还不那么为人所知的优秀作品充分地展现在世人面前，并宣示以闵惠芬为代表的二胡新时代的开始。

其后不久，《红旗渠水绕太行》这一充满时代感的小品，经过她的天才演绎，竟蜕变成对人类不屈不挠精神的讴歌和预示新时代即将到来的进军号角，激励和影响了无数的人们。这时期及其后的作品都充分体现了这种特点，也表明了闵惠芬独特演奏风格的确立是以《江河水》作为重要标志的，在闵老师的艺术道路上乃至当代二胡发展进程中，《江河水》一曲是具有特殊象征意义的作品，是具有里程碑意义的经典之作。

二、《新婚别》——当代二胡音乐创作、演奏的一次重要尝试与突破，也是闵惠芬演奏艺术步入成熟期的重要标志

20 世纪 70 年代末，"文革"结束后不久，闵老师作为全国著名的青年演奏家加盟上海民族乐团。这个时期，是闵老师创作力最旺盛和多产的时期。她改编、移植或创作的多首作品《洪湖人民的心愿》（现名《洪湖主题随想曲》）《阳关三叠》《宝玉哭灵》等曲，由她首演之后，都成为二胡经典，也是我们这些"文革"后首批艺术院校学生竞相学习的重要曲目，而闵老师的演奏版本自然也是揣摩的典范。然而闵老师并没有满足于已有的成就和殊荣，她的可贵之处就在于视已有成就为前进的动力而不是包袱。强烈的社会责任感促使她思考一个更深层的问题，那就是二胡发展需要有一个突破。

从刘天华开始划时代的二胡创作到那时，60 余载春秋，二胡曲目从无到有，初步繁荣。然而，几乎所有的曲目篇幅都不长，刘天华的《病中吟》等十首二胡独奏曲；华彦钧的《二泉映月》《听松》；陆修棠的《怀乡行》；刘文金的《豫北叙事曲》《三门峡畅想曲》；王竹林的《金珠玛米赞》；陈耀星的《战马奔腾》等及上述提及的闵惠芬老师创作、改编及首演的一系列曲目都是二胡宝库中的经典之作，然最长的二胡曲也没超出十分钟。经过几代人的努力，尤其是在闵老师演绎《江河水》的划时代成功而使得二胡一跃成为我国最令人瞩目且最具代表性的民族乐器，其现状与其地位相比是极不相称的，二胡曲目体裁多元化是亟待解决的重要课题。此外，二胡作品不仅篇幅较短，而且演奏形式也较单调，大多是无伴奏、一件或数件乐器伴奏为主，即使有少数几首采用大型乐队伴奏，也都是独奏加伴奏的创作思维，这些都难免限制了二胡的发展。

命运又一次选中了闵老师，在 1980 年的"上海之春"音乐会上，张晓峰、朱晓谷根据唐代伟大诗人杜甫的叙事诗诗意创作的同名二胡叙事曲《新婚别》成功首演，为二胡发展填补了一个重要空白。这首长达 17 分钟的乐曲在雷鸣般的掌声中宣告二胡创作又一次春天的到来，历史永远记得那激动人心的一刻，二胡创作从此拉开了多元化、大型化及交响性的序幕。

众所周知，音乐作品不是一次完成创作的，在作曲家完成其作品（一度创作）之后，必须通过演奏家的二度创作把乐谱上的音符演绎成声音才算最终完成作品。而首演往往直接关系作品的成败，音乐史上由于首演失利而令作品蒙尘，甚至无疾而终

的个案屡见不鲜。其中一个最令人难忘的实例莫过于如今公认最伟大的小提琴协奏曲之一的柴科夫斯基的《D大调小提琴协奏曲》，由于当年担任首演独奏的俄国知名小提琴家不理解甚至曲解作品导致演出失败，结果尘封多年几被人们忘却……可见，首演《新婚别》对闵老师是一次严峻考验，更何况，她面对的是一首堪称前无古人的二胡与乐队协奏的大型作品。正因为前车可鉴，闵老师极其重视和积极参与《新婚别》的创作过程，独奏旋律从初稿到定稿的全部视奏工作，每一个音符都倾注了她的所有心力，并从演奏家的角度给作曲家提供宝贵的意见，为作品的最后成功奠定了基础。

在《新婚别》首演成功之后，这首具有创新意识的佳作成为当时二胡新的标杆，30余年过去，此曲已成经典。几乎所有的专业二胡演奏者都曾学习过《新婚别》，也有不少演奏家曾将其列为音乐会常备曲目，但是，至今能成功演绎此曲的仍寥若晨星。个中原因是复杂的，非三言两语可道明，也非本文讨论的课题。可以肯定的是，《新婚别》至今都是一首颇有难度的作品。难以想象，若当年首演者不是闵老师，《新婚别》将是怎样的命运？二胡其后的发展又会是什么景象！

以复三部变奏曲式创作的《新婚别》，是二胡创作体裁的一次大胆尝试，也是一次重大突破。

此曲诸多特点与难度并存。如旋律结构非常之简练朴素，对于弦乐器一族的二胡来说，独奏主题旋律线条越简单则越难；情况如同中国传统书法，笔画越简则越难写得好。在乐曲第一部分开首，清新明朗的主题要刻画出唐代一位待嫁少女羞涩而期待的心情，变奏的主题音乐在第一部分中段则要求独奏二胡渲染古代乡村抬花轿迎亲的喜庆场面及亦景亦情在一晃一悠的抬轿律动中表现出新嫁娘忐忑而喜悦的心境，同样的音调经过变化在乐曲第三部分却要表达"暮婚晨告别，无奈太匆忙，君今往死地，沉痛迫衷肠"那种生离死别的无奈与悲痛，最后还有尾声的惜别与眺望……相近的旋律要到位地把握不同的艺术形象，准确地表达如此巨大的情感变化和落差，对任何一位弦乐演奏大家都是极具挑战性的，而于只有两根琴弦的二胡，难度之大不言而喻。同时由于内容的需要，乐曲频繁地转调和离调成为当时二胡作品之最，此外，开拓性地运用协奏创作思维——独奏与乐队有机地紧密结合共同完成艺术形象塑造和表达乐思，把戏曲中的紧拉慢唱用于此曲的华彩段以及大胆运用大段落急板等，都使得此曲成为当时不仅篇幅最长、情感变化幅度最大、技巧难度最高的二胡作品。闵老师却能够在30余年前的首演中就如此精彩绝伦地完成《新婚别》的二度创作，不仅做到了一人千面，更展示了一曲千姿。实际上此曲总结了自江河水以来到那时闵老师的全部艺术实践，在她那富有强烈感染力的演奏风格中多了一份深沉与内敛，多了理性与内涵，这是艺术成熟的重要标志。

正因为她的演奏艺术当时已达至炉火纯青的境界，才能使《新婚别》如同杜甫原诗那样，能够以音乐表现形式体现出"真善美"这一最高艺术审美准则，于平凡之中见证伟大。借着二胡叙事曲《新婚别》这一具前瞻性的作品，闵惠芬老师不仅仅在世人面前更全方位地展示她那日趋成熟而丰富多彩的演奏风格，更重要的是首次展现她在二胡发展进程中的超前意识，从而进一步确立她在二胡界的领军地位。毫无疑问，二胡叙事曲《新婚别》是闵老师演奏艺术迈向成熟期的代表之作和重要标志。

三、《长城随想》——二胡史上的一座丰碑、闵惠芬演奏艺术生涯的巅峰

20 世纪 80 年代是中国民乐及二胡发展史上可喜可贺的年代，改革开放冲击国人的思想也极大激发了人们的艺术创造力，民乐界也不例外。处于民乐界焦点的二胡延续了六七十年代闵老师及其他前辈共同创造的辉煌，尤其是延续了她传奇般演绎《江河水》所创下的辉煌，《新婚别》的成功更为二胡的发展注入新的动力和启示，二胡创作呈现百花齐放的新局面。1982 年，由中华人民共和国文化部主办的"全国民族器乐独奏观摩演出"比赛，是自 1963 年"上海之春"音乐比赛以来，近20 年全国最隆重的一次音乐盛会，也是中国民乐界有史以来规模最大、层次最高的一次风云际会，当年全国的老中青专业民乐艺术工作者（或为评委，或为演奏嘉宾，或为年青的参赛选手，或为观摩者……）欢聚一起，共同畅想、规划更灿烂的民乐未来……此景此情，虽 30 年过去，至今仍激荡在当年和我一样参与其中的所有民乐人心中。可以说，是闵惠芬、刘德海、俞逊发等前辈大师们所创造的中国民族器乐的辉煌催生了这一历史盛会。大型二胡协奏曲《长城随想》就是在这样的历史背景下诞生的。

《长城随想》是闵老师和作曲家刘文金 20 世纪 70 年代初随中国艺术团一起参观联合国总部时，从大型长城壁毯获得的灵感和创作冲动而达成"君子约定"的产物。作品从构思到完成，几经易稿，历时逾 10 年。这首构思在《新婚别》前，完稿在其后的作品，无论从题材、体裁、形式的运用或和声、织体、旋律节奏等诸方面都有着更为大胆也更为全面的实践，其后的历史证明了这部空前巨作在二胡发展史上具有划时代的意义。没有人能想象得到，1980 年首演《新婚别》所创的辉煌尚记忆犹新，作为与凡人无异的闵惠芬老师，又能在短短的两年中创造出怎样的奇迹？

然而，奇迹却出人意料地发生了！1982 年的《上海之春》这部具有里程碑意义

的二胡巨作又一次通过闵惠芬之手获得爆炸性的成功。虽然当时全国二胡界已习惯了她不断出新，从她无穷的创造力中得到启发，等待着她带领二胡征服新的高峰。但《长城随想》带来的震撼毕竟太巨大了，连我这位当时在她身边学习并见证她在病魔的威胁下仍顽强而忘我（准确说是玩命）地为二胡事业拼搏的弟子，听到首演的实况时也有目瞪口呆之感……在高远悠长而沁人肺腑的韵律中蓦然想起闵老师数月前对我说的一句话："可能这是我生命的最后一首曲，无论如何也要完成……"我终于明白其中的含意，中华民族的先民们用血肉之躯筑起万里长城，她则以自己生命续写了音乐的万里长城！

诚然，到1982年《长城随想》成功首演之前，尤其是在《新婚别》成功首演后，二胡创作已开始呈现多样化的趋势，其中也不乏佳作；但绝大多数作品仍然以中小型为主，不论演奏形式还是创作意识、规模及内涵都没能超越《新婚别》的水平。如果说，《新婚别》作为二胡首部具协奏曲意义的单乐章作品问世，那么，仅隔两年问世，时间长度近半小时、四个乐章组成的大型协奏曲《长城随想》则是第一部以完整的多乐章协奏曲形式创作的、交响性的二胡巨作。更重要的是，曲式或乐曲形式的突破只是构成此曲的创作基础，令人折服的是作品形式与内容的高度统一。形式的革命性突破是乐曲内容所必需的，协奏曲形式是西洋的，曲式结构是中西合璧，而音乐语言及内容则完全是中国式的，这是刘天华倡导的"西为中用"在民乐创作领域又一次成功体现的重大成果。

古老二胡给人们的印象是质朴而富人性化，其特有的音色适合表现幽怨、柔美、悲情，虽然自刘天华的《光明行》《空山鸟语》到新中国成立后在民乐界诸多前辈的努力下使二胡表现力又有了许多显著的拓展，然而选择以二胡表现长城这样一个伟大的题材，仍是极为大胆且近乎不可思议的创作理念；要把这一理念付诸实现，不仅挑战二胡表现力的极限，也是在挑战音乐家（作曲家和演奏家）的创作极限。如果说《新婚别》在诸多方面具前瞻性及突破性成果还是在大家的思维可及的范围，那么，《长城随想》在拓展二胡表现力上的成就则远远超出人们的想象力。《长城随想》不仅囊括了当年二胡所有的技巧，而且由于乐曲的容量和内涵的需要而使得技巧有更高的要求及拓展。除了上述种种挑战，对闵老师而言作品还有一个难以逾越的难关在等着，这就是与以前绝大多数二胡作品不同，《长城随想》具有鲜明的男性特征。在闵老师过往获得巨大成功的佳作中，如《江河水》《洪湖主题随想曲》《新婚别》等，所塑造的形象恰恰都是女性。艺术上最难的是超越自己，在完成此曲的二度创作时，她不仅仅要超越自己的技巧极限，还要超越自己的女性性征。闵老师在这里把二胡的表现力及艺术想象力发挥到空前极致，再一次在世人面前展示了她善于塑造不同艺术形象的非凡能力，而善于驾驭不同角色及准确表达人类各种复杂情感这种"一人千面"的特质正是所有伟大表演艺术家的共通标志；我们很自然会联想到京剧大师梅兰芳的《贵妃醉酒》、越剧名伶徐玉兰所塑造的贾宝玉……

闵老师之所以能够一再超越自我，除了天赋的因素外，更重要的是她从小立志，把二胡事业视为自己毕生的追求，看得比自己的生命更为重要。无论是少儿时期（附小）的天真无邪、少女时代的理想憧憬、还是中青年的功成名就；无论是太平盛世、还是政治和社会生活风起云涌，乃至于死神的威胁……几十年如一日，荣辱不惊！除了二胡本身，她还不间断、孜孜不倦地从传统戏曲、民歌及各类民族民间音乐中，从浩瀚的中国传统文化中汲取养分。思维决定人生，闵老师很早就意识到民族性及世界性这一艺术理念，并身体力行。尤其是早在"文革"中后期的1972年，她拜师于著名京胡演奏家李慕良先生，悉心学习四个多月，用二胡成功地演绎了著名言派创始人言菊朋的代表作《卧龙吊孝》、高派老生创始人高庆奎的重头戏《逍遥津》等十个京剧老生的经典唱段。从她当年的录音微妙维肖、几可乱真的演绎可以感受到，闵老师异于常人的驾驭角色、把握情感的能力及非凡艺术魅力源于她对中国传统文化的无比热爱、潜心学习和深层次领悟。可以说，这段经历及其后对民族民间音乐、戏曲音乐等各种艺术形态更广泛的涉猎和坚持不懈的探索，引导她对中华文化传统追根溯源……为她"架起了攀登中国民族音乐艺术高峰的天梯……"；也让她强烈感受到"器乐声腔化"的必要性并为自己定下了"情、气、格、韵"的重要演奏指导原则；从而为闵老师在二胡领域屡创辉煌并最终在《长城随想》的艺术实践中登上当代二胡的巅峰打下了坚实的基础！（引言详见：《闵惠芬二胡艺术研究文集》上篇《天梯》，第83页。）

作为一首标题性的协奏曲，《长城随想》的四个乐章各有标题，乐曲不是企图用二胡直接去描写长城，而是另辟蹊径、独具匠心地从四个侧面表现长城。

第一乐章《关山行》，乐曲着眼于"观"与"感"，破天荒地以大量的长音和徐缓的节奏构成悠长的旋律线，旨在表现以第一人称的我登临长城、目睹如巨龙般蜿蜒起伏于丛山峻岭的长城时的强烈观感。在现代二胡近百年的创作史上，至今《关山行》的特殊旋法仍是独一无二的。其中大篇幅的长弓仅从技术层面而言在当年已足以令人却步，其难在于缓慢而不失于流动，庄重而不失于舒展。更困难的是，独奏二胡不但要做到情景交融，而且此景要恢宏大气、体现出长城的壮丽；此情要沁人肺腑、演绎出长城的崇高之美。此乐章30年来一直是检验演奏家功力的试金石，闵老师却能在1982年的首演已赋予二胡长弓如此丰富的内涵，赋予二胡从未拥有的厚重大气、高远。而同样可贵的是，本乐章独奏二胡从第一个非同凡响的空弦

216

长音开始，闵老师把二胡的"绰、注、吟、揉、顿、挫、滑"等传统技法恰到好处地运用在糅合着京剧和京韵大鼓风格的旋律之中，展现了中国传统音乐文化独特的风骨、气势和韵味。这充分证明闵老师演奏的非凡神韵是从源远流长的民族民间文化中汲取养分的，不是无源之水，因此具有无穷的魅力和恒久的艺术生命力。

第二乐章《烽火操》，急板在二胡创作史上第一次独立成章，完成对古代战场的再现。如果说《新婚别》的大段快板的成功运用是二胡创作的一次重大突破，那么，急板乐章《烽火操》则是为全面性突破二胡局限划上具有历史性的句号。它证明了二胡如同世界上其他重要乐器那样，有能力在炫技性的乐章中完美地表现乐思，这样的乐章是大型协奏曲必不可少的组成部分。二胡终于拥有真正属于自己的多乐章协奏曲并因此从不起眼的乐器发展为最成熟的一种民族乐器，某种意义上，《烽火操》突破二胡技巧的瓶颈功不可没。这乐章是当年二胡技巧的全面检阅，而且由于这是一部交响性的协奏曲，独奏与乐队协奏之间的配合要求极高，两者合作务必做到天衣无缝，稍有不慎和差错，后果不堪设想。闵老师不仅成功挑战了当时二胡技术及个人生理机能的极限，且做到急而不乱、快而有序。30年来，二胡技术长足进步，纯从技术层面来讲，《烽火操》如今似乎已不再是艰深的，大多数专业二胡演奏者都能胜任；然而可叹的是，多年来，我们听到不少演奏者不注重挖掘乐曲的内涵，只为炫技，一味求快，把这乐章奏得草率、平淡而无味。反观闵惠芬老师的演奏不仅没有给人炫技的印象，甚至没有轻易放过一个转瞬即逝的音符，没有让一个乐句流于平庸和粗糙，她在此乐章中把高难度二胡技巧与乐曲内容完美地糅合，生动塑造了跌宕起伏和波澜壮阔的古代战争的宏伟画面。快而有情，快不气短，快而有格调，快而不失韵味的演绎，证明了闵老师订立的"情、气、格、韵"的演奏原则不仅仅适用于抒情性的慢板，在诸如《烽火操》这般快速乐章也应得到充分的体现，她永远把艺术形象和乐曲内容置于首位的演奏实践为后继的二胡协奏曲快板乐章的二度创作树立了成功典范。

第三乐章《忠魂祭》是全曲最感人至深的抒情性乐章。这个慢板乐章从一个全新的角度来描写长城，创作者循着由表及里的思路，在此乐章记录了从长城的漫长历史引发的心灵感悟。与前两乐章既紧密联系又形成强烈对比。乐章充分发挥了二胡擅长抒发人的内心感受的特点，但与《江河水》《新婚别》等以往所有的二胡作品不同之处在于，它不仅仅表达个人的喜怒哀乐，而是把对中华民族千百年英烈的缅怀和追思浓缩其中，同时透过琴声发出对人生哲理的思考和探索。

乐章从远山传来的深沉的钟声开始，当闵老师在独奏二胡上模仿钟声的回响时，我们的思绪仿佛穿越时空，窥探宇宙之隐秘。随之而来的主题深邃而神秘，发人深思，闻者心灵不禁为之颤抖。笔者至今还清晰地记得首次听到这一乐章的那一瞬间，在音乐进行中，你的灵魂有一种被净化、升华的强烈感受，超越生死……人类的生与死，是让无数帝皇贵胄以及伟大的历史人物都束手无策的终极课题，透过琴声，可以感受到闵老师在这里从艺术家的角度与切身体会表达了对这一课题的独特思考。她在这乐章里力图表现"天人合一"的艺术理想，是出于她对人生有了新的体会和顿悟，因而终于把二胡的抒情性及表现力发挥到更高的层次——感性与理性的完美结合，不仅感人肺腑，而且能净化心灵，"把人们引向崇高的艺术境界"。30年来，许多后继演奏家都曾在音乐会上演出过这部大作，然而时至今日，鲜有人能达到当年闵老师首演时给予人们的那种感动和震撼，鲜有人能达到那样一种尽善尽美的艺术境界。正如著名作曲家刘文金所评价的那样："闵惠芬二胡演奏艺术的主要成就与特征，在于其将技术与艺术融会贯通的全部过程中始终包含着她所追求的出神入化的腔势、韵律和丰厚的民族文化底蕴。"（《品格与品位——代序》载《闵惠芬二胡艺术研究文集》第2页）在此乐章中，闵老师不仅做到了"情、气、格、韵"的高度统一，而且奏出了乐魂！当独奏二胡富有灵气的琴声伴随民族交响乐队的唱和声在耳边响起，我们会情不自禁地惊叹：此曲只应天上有！

第三乐章通过下半部分以华彩段构成的连接部，二胡由柔至刚，乐思也由肃穆沉思逐渐转为宽广激越，与紧随其后带有再现性质的第四乐章《遥望篇》浑然一体，旨在表现背负历史责任的中华民族的博大胸怀及其由于长城所激发的对未来前途的无比信心和坚定信念。第四乐章主题是第一乐章主题的变化再现，却罕有地采用了$\frac{2}{2}$节拍，独奏二胡悠长的旋律在乐队来自古老民间书鼓的舞蹈性节奏衬托下，性格蜕变为矫健爽朗、春意盎然，闵老师又一次展示了"一人千面""一曲千姿"的演奏特点，一反第一乐章的厚重与沉思，她的演奏显得轻快而愉悦，富有朝气、充满生机，象征着如长城一般古老的中华民族迎接新时代到来的喜悦和不为历史包袱羁绊的伟大胸襟。乐章第二部分采用垛板节奏，音乐由慢渐快直至急板，闵老师信手拈来，借鉴了阿炳《听松》的某些特殊技法，令这段表现中华民族坚定信念的音乐苍劲挺拔、掷地有声，成功突破了二胡音量及气势的极限，这完全得益于闵老师在此处采用了看似不经意却是神来之笔的技法。过去多年，笔者曾反复试验能否有另一种技法和弓法演绎此段，结果发现闵惠芬老师采用的技法及弓法是唯一最佳之选。正因为闵老师善于从浩瀚的民族民间音乐中汲取养分，活学活用，勇于尝试和创新，使她在高潮迭起的第四乐章凯旋式终曲中不断冲刺，奏出了长城的博大，用手中的乐器再一次吹响了中华民族奔向新世纪的进军号角，二胡在这里表现出空前的磅礴气势和浩然正气，为这部杰作画上了完美的句号。

无论是第一乐章的 Grave，第二乐章的 Presto，第三乐章的 Adagio Maestoso，抑或第四乐章的 Andante Comodo，闵老师通过《长城随想》给予古老的二胡演奏以全新的面貌和诠释，二胡因此展现出前所未有的神韵、张力、浓淡对比、格调和气势，二胡艺术也因能表现重大的题材、深邃的内涵、民族性与交响性熔于一炉而可以毫无愧色地跻身世界音乐之林，实现了刘天华"国乐当与西方音乐并驾齐驱"的近百年宏愿。

综上所述，闵老师之所以能无懈可击几近完美地实现这一历史性巨作的二度创作，不仅仅是她具备高超的技巧，更因为民族民间的丰富素养已渗入她的血液中，使得她在处理糅合着大量民间音乐素材和特殊演奏手法的第一、四乐章时真正做到气吞山河、挥洒自如；使得她在跌宕起伏的第二乐章能把高难技巧与乐曲内涵天衣无缝地结合在一起，游刃有余；使得她在天籁般的第三乐章中情气贯通，惊天地、泣鬼神……她演绎的《长城随想》，是她所倡导的"二胡艺术声腔化"及"情、气、格、韵"演奏原则的最佳注解。"乐由心生"，除上述因素外，闵老师之所以能于30年前以一个女子之躯成功塑造了《长城随想》的崇高之美，展现了《长城随想》的威伟雄风，其根本原因在于她对祖国、人民怀有大爱，她把自己的生命系于二胡事业，把自己的人生系于时代和社会，与祖国命运共呼吸！这是她在二胡领域屡创辉煌的原动力。所有这一切形成了闵老师独一无二的综合艺术素质，使她的演奏艺术能兼具女性的阴柔和男性的阳刚，使得她最终征服自己的极限，借着《长城随想》，闵惠芬二胡艺术巅峰矗立，铸就了 20 世纪中国二胡前所未有的辉煌。至今，她在1982 年首演及同时期的录音中对二胡协奏曲《长城随想》这部有史以来最恢宏的、蕴含着最大胆创意的二胡史诗所做的艺术诠释仍是最权威的版本。

不能不特别强调的是，她在其中所揭示的诸多法则应当成为二胡艺术持续发展新的起点和依据。这是闵老师对二胡事业所做出的最杰出的历史贡献，是她数十年艺术实践的智慧结晶和丰硕成果，也是她留给我们最弥足珍贵的财富。

我国著名作曲家（小提琴协奏曲《梁山伯与祝英台》的创作者之一）何占豪教授 2001 年在香港曾当笔者的面做出这样的评价："《梁祝》与《长城》相比，《长城》更伟大，艺术成就更高。如果《长城随想》屈居第二，就没有什么作品敢称第一。……"固然，这表现出何占豪老师虚怀若谷的风范及对艺术严谨求实的科学态度，却也从另一侧面证明了《长城随想》的非同凡响和崇高的历史地位。历史不应忘记，正因为当年闵老师运用她那超乎常人的勇气和艺术创造力近乎完美地在两根琴弦之间完成《长城随想》的二度创作，确保了首演的巨大成功，并以此催生了大型二胡作品创作的新局面。20 世纪的最后十几年，先后有王建民的《第一二胡狂想曲》、关乃忠的《第一二胡协奏曲》、郑冰的《第一二胡协奏曲》《第二二胡协奏曲》

及《第三二胡协奏曲——江河水的故事》等优秀交响性二胡作品问世，这一切无不得益于《长城随想》的启迪。中国二胡再一次在闵老师的引领下以从未有过的辉煌迈向 21 世纪!《长城随想》是她艺术登上巅峰的象征，也把千年二胡艺术推向历史的巅峰，从此确立了她在二胡领域不可争辩的领袖地位。中国二胡因她而辉煌!

当我们回首审视历史时不难发现，从《江河水》始，每一次二胡发展的重要时刻都是以她及相关作品为标志的，每一次二胡艺术的辉煌都是与她的名字相连的。她从二胡的杰出代言人到当然的精神领袖，是一步一个脚印走出来的，是用自己的生命谱写的艺术人生之必然。

有人说，闵惠芬是幸运的，以笔者 32 年来对闵老师的深入了解，我愿意负责任地说，幸运应该是：当机遇来临时，闵老师能紧紧抓住和把握。幸运应该是：在上述的三个艺术发展阶段，她不是孤军作战，每一时期，都有一批杰出的演奏家和闵老师一道在为二胡发展做出不可磨灭的贡献，这里面有蒋巽风、黄海怀、王国潼、许讲德、肖白墉、鲁日融、周耀昆、蒋才如、陈耀星等，他们以各自的艺术实践共同创造了 20 世纪 60 至 80 年代二胡的繁荣与辉煌。幸运应该是：在她面临死神威胁时，没有选择逃避和屈服，没有被厄运所击败! 最大的幸运是，在她艺术创造力最旺盛的时期，尚是尊重艺术基本价值、对中华民族传统道德规范还心存敬畏的年代! 即使在史称"十年浩劫"的"文革"时期，有许多出色的音乐家因政治原因遭受迫害，但能在那个非常时期幸运地活跃在音乐舞台上的绝大多数表演艺术家，40 余年历史证明了他们的艺术造诣和人格是经得起时间考验的。相对目下盛行的艺术造假、以次充好，音乐界低俗浮夸、无序竞争、以权谋私、"劣币驱逐良币"的乱象时有发生，不能不令人担忧市场经济浪潮冲击下的民族音乐将何去何从? 自刘天华起经历数代人艰苦卓绝的努力，并经由以闵惠芬为杰出代表的一代二胡宗师们发扬光大所创下的当代二胡的辉煌将如何在新世纪得以延续并持续发展?"无德不成艺"，这不能不引起二胡界、民乐界的警惕与深思。

以史为鉴，可知兴衰。本文撰写的目的，是希望通过个人研究闵惠芬二胡艺术发展轨迹的一些体会和心得，启迪自己，并与广大同行和热爱中国二胡的人们共享与共勉，共同探索二胡发展的光明之路!

刊于《中国音乐》2013 年第 1 期

程秀荣：著名二胡演奏家，现为中国民族管弦乐学会及中国音乐家协会二胡学会名誉理事、北京现代音乐学院客座教授、香港城市中乐团艺术总监。

刘天华道路的卓越践行者
——闵惠芬（代序）

张　前

刘天华先生在 20 世纪的 20 年代，怀着一颗赤诚的爱国爱民之心，以他艰苦卓绝的努力和睿智远见，开拓出一条振兴与发展中国民族音乐的道路。在当时众多探索中国音乐发展之路的音乐界前辈之中，刘天华的道路产生了非同寻常的影响。在先生辞世之后的 80 年间，许多音乐界同仁，特别是民族音乐界的同仁在先生开辟的道路上披荆斩棘继续前行，在民族器乐音乐的创作、表演和乐器改良等方面进行了坚持不懈的努力，获得了前所未有的重大成就。而在这些众多践行刘天华道路的民族音乐家当中，闵惠芬的名字尤为引人瞩目。纵观闵惠芬自 20 世纪 50 年代开始的半个多世纪所走过的艺术道路，人们不难发现，她是刘天华道路在 20 世纪后半叶和 21 世纪初叶最富创造性和最卓越的一位践行者。

第一，刘天华振兴民族音乐之路，正如先生本人所说："一方面采取本国固有的精粹，一方面容纳外来的潮流，从东西的调和与合作之中，打出一条新路来……"[①] 闵惠芬的经历和业绩充分表明，她所走的正是刘天华先生开辟的这样一条道路，而且她是在这条道路上学习得最勤奋，拼搏得最顽强，取得的成就最卓著，进而使她成为继刘天华先生之后振兴与发展民族音乐事业的一位旗帜性的人物。这也正如闵惠芬在纪念刘天华先生的文章《永恒的朝圣》中所说："我们可以以此告慰刘天华先生，在您打出的新路上我辈继续在'打'，而且要世世代代'打'。"[②]

闵惠芬在新中国的高等音乐学府——上海音乐学院系统地接受了现代高等音乐

---

① 刘天华：《改进国乐社缘起》，载《新乐潮》第一卷第一期，1927 年 6 月。

② 傅建生、方立平主编：《闵惠芳二胡艺术研究文集》，上海音乐出版社 2004 年版，第 7 页。

教育，以更开阔的视野，更贴近的距离，从作曲理论、音乐分析方法、弦乐演奏技巧等方面深入学习与借鉴西洋音乐的理论和实践经验，用于发展和提高二胡等民族器乐的演奏技巧和艺术表现力。在"容纳外来的潮流"方面走在前列，而在"采取本国固有的精粹"方面，闵惠芬更是终生孜孜不倦地在学习和探究。她不仅自幼受到江南水乡传统丝竹乐的熏陶，在小学、中学和大学学习阶段，受到多位二胡名师正规而严格的指导和教育。她还自觉地广泛学习与吸收多种民族乐器的演奏技艺和多种民族民间音乐的营养，借以丰富和充实二胡音乐艺术。早年一曲《迷胡调》使她魂牵梦绕，从此与高亢沉郁的秦川音乐结缘；到海南岛演出她跑到当地琼剧院去观听琼剧；到青海为听到花儿的演唱竟使她兴奋得三天三夜难以入眠；去内蒙古听二人台把她感动得热泪盈眶；在重庆治病期间他还从病房偷偷溜出去听高腔和清音；后来的一个机缘使她迷上了京剧，她如痴如醉地跟着名师和老唱片练唱和模奏京剧名家的经典唱段。长年的学习和丰富的积累，使得闵惠芬不仅比较透彻地掌握了中国民族民间音乐的行腔、韵味和演奏的基本规律，而且对滋生民族音乐的人民生活和民族文化心理也有了深切的体会。正是在忠实地践行"从东西调和与合作之中，打出一条新路来"的刘天华之路，使得闵惠芬在振兴与发展民族音乐的道路上取得了卓越的成就，成为一位影响重大的民族音乐家。

第二，闵惠芬作为一位当代杰出的二胡艺术家，她忠实继承和践行刘天华先生发展与提高二胡艺术的道路，无论在二胡的演奏技巧与表演艺术上，还是在推动二胡新作品的创作上，都把中国的二胡艺术提高到了一个前所未有的新的水平和境界之上。闵惠芬在二胡演奏艺术上取得的成就举世公认，她是中国当代最杰出的二胡表演艺术家之一，与其他当代二胡演奏家不同的是，她二胡演奏艺术的民族民间根基扎得更深更牢，她的演奏更具中国风格、中国气派和民族韵味。她的二胡演奏还鲜明地展现出新的时代特色，蕴含着更深更广的精神文化内涵。她首倡并力行的"器乐演奏声腔化"，在刘天华先生的基础上，进一步倡导在中国戏曲以及民歌、说唱音乐等声腔艺术和伴奏音乐的基础上发展二胡音乐，这样就把发展二胡音乐的种子播撒在更广阔、更丰厚的民族音乐的土壤之中，为二胡等民族器乐音乐的发展开拓了一条更加宽广的艺术道路。

闵惠芬与众不同之处还在于，她在认真研究、深入理解与体验刘天华、华彦均、刘文金等杰出音乐家创作的二胡作品，努力进行二度创作的同时，还积极参与二胡音乐的第一度创作，几十年来与多位作曲家进行竭诚的合作。由于她的参与和推动，使得许多在当今音乐舞台上经常演奏的二胡作品的精神内涵与艺术水平得到很大的提高和完善，对二胡音乐的原创起到积极的推动作用。她参与创作和改编的一些二胡作品,如《江河水》《赛马》《洪湖主题随想曲》、新编古曲《阳关三叠》、叙事曲《新婚别》、大型协奏曲《长城随想》等都已成为家喻户晓、深受群众喜爱的经典性曲目。这些二胡曲目,代表了一个新的时代,在刘天华十首二胡经典名曲的基础上,把二胡音乐推向了一个更高水平、更具艺术表现力和更为群众喜闻乐见的新的艺术境界。

第三,闵惠芬学习与发扬刘天华的精神,践行刘天华先生"把音乐普及到一般民众"的志向,为把二胡艺术普及到现代中国民众之中,做了许多努力,创造了多种演出形式,为使二胡成为具有广泛群众性的民族乐器做出了突出的贡献。半个世纪以来,闵惠芬作为一位二胡演奏家,以高度的热情,极大的爱心,背着她的二胡,走遍祖国的山山水水,不仅在大中城市的音乐厅演奏,而且还经常去农村、厂矿、学校和兵营,为工人、农民、学生和士兵举行多种形式的音乐会。她特别把振兴民族音乐的希望放在青少年身上,努力在青少年中培养民族音乐的知音。她在一些高校采用讲座式的演出形式,用一把二胡,一架扬琴,再请一位音乐学家,把讲解二胡艺术的特点,作曲家的创作意图与作品的演奏欣赏融为一体,生动活泼,很受青年人的欢迎。她还到过一些少年宫和幼儿园,为少年儿童举行问答式的音乐会,边演奏边讲解,与孩子们有问有答地进行面对面的交流,把民族音乐的种子播撒在幼小孩子的心田里。闵惠芬用她长期坚持不懈的努力,切实地践行了刘天华先生普及民族音乐的愿望。

第四,闵惠芬努力践行与发扬光大刘天华先生的理想,在新的时代条件下,走出国门,在世界许多国家和地方,演奏和传播中华民族的音乐艺术。闵惠芬以她高超的二胡演奏技艺、浓烈的情感抒发和丰富而深刻的精神文化内涵,为二胡艺术赢得了世界性的声誉,使二胡不仅在东南亚各国华侨聚集的地方得到普及,而且她还远赴欧美许多国家举行音乐会,使得二胡艺术的影响遍及世界许多地方和国家,使二胡成为一件具有国际影响的乐器。闵惠芬的出色演奏,受到许多国际友人的交口称赞。1974年费城交响乐团指挥大师奥曼迪听了闵惠芬的演奏后说:"美丽的闵惠芬小姐是位超天才的演奏家"[1];1977年5月在上海乐团排练厅内,世界著名指挥大师小泽征尔听闵惠芬演奏《江河水》后,感动得伏案痛哭,称闵惠芬的演奏"诉尽

---

[1]　傅建生、方立平主编:《闵惠芬二胡艺术研究文集》,上海音乐出版社2004年版,第318页。

人间悲切，使人听起来痛彻肺腑"①。就是其中著名的两个事例。闵惠芬为实现刘天华先生改进国乐、弘扬中华音乐文化的理想做出的贡献，也为音乐艺术越是民族的，也就越是世界的，提供了令人信服的例证。

第五，闵惠芬之所以能取得这样卓越的艺术成就，和她具有常人难以企及的精神品质密切相关，而这些也是与闵惠芬对刘天华先生的崇敬，受到刘天华先生的深刻影响有关。首先是她对她所从事的二胡艺术与民族音乐事业，对一切她所未知的文化艺术和美好事物的热爱、向往和追求，以及随之产生的极其顽强和刻苦的学习和钻研精神令人感佩；第二，闵惠芬顽强的拼搏精神和战胜一切困难的无畏气概更是难能可贵。她曾经历过大灾大难，即使面对死亡，她也从未屈服，她以惊人的毅力和勇气，战胜了前进道路上的种种艰难与困苦，克服了常人难以逾越的沟沟坎坎，从而在艺术上，在事业上取得常人难以企及的卓越成就。第三，闵惠芬具有一颗炙热的爱心，她对生活、对事业、对她的音乐听众始终怀着一颗热烈而纯真的爱心，她对老师、对亲人、对曾经关心过她，帮助过她的人永存一颗感恩的心，而她对她的学生、对后辈则永存一颗关爱和促其向上的心。正是这种极其可贵的爱心，成为闵惠芬终生为振兴与发展民族音乐事业而奋斗不息的动力之源。

闵惠芬作为一位从艺者，是一位成就卓著、才艺超群的二胡音乐艺术家，是刘天华艺术道路的富于创造性的卓越践行者；作为一个人，她是一位品德高尚、纯正善良，具有爱心的人。在她的身上集中地体现了中国当代音乐艺术家的优秀品质，并当之无愧地成为新时代民族音乐艺术家的楷模。

《闵惠芬二胡艺术研究文集》第三卷在前两卷的基础上，又增收了一些知名作曲家、音乐理论家、演奏家和音乐艺术院团领导者们撰写的文章，其中有些是从事二胡演奏、教学与研究的专门家，以及曾受教于她的学生。三卷文集百余篇文章的作者与题词者，无论是德高望重的长者与名家，还是她的同辈友人或后辈学子，都异口同声地对闵惠芬的崇高品格和风范表示出由衷的敬意和感佩，对她在二胡艺术上取得的卓越成就予以充分地肯定和赞扬，一个人能够达到如此"有口皆碑"的境界是很不容易的，说明闵惠芬的精神和业绩感人之深。同时，作为对闵惠芬二胡艺术的研究文集，这些文章和题词的价值更在于它们画龙点睛的精辟见解，在于其中所蕴含的对闵惠芬的艺术道路，以及她在二胡艺术上取得卓越成就的深刻而细致入微的学理研究和艺术分析，文集在精神上所具有的巨大感召力和在艺术上所具有的

① 傅建生、方立平主编：《闵惠芬二胡艺术研究文集》，上海音乐出版社 2004 年版，第 320 页。

224

深刻启示性正是其独特价值之所在。需要特别指出的是，文集里还收录了闵惠芬自己所写的一些文章，这些文章不仅文风质朴，而且饱含深情，表述了闵惠芬在人生道路上、在二胡艺术探求上的经历和感受，其中不乏她对人生富于哲理性的思考和艺术经验的探讨和总结，这些文章既闪现着闵惠芬的文学才华，又能够在思想上和艺术上给人以深刻的启迪和教示。

在《闵惠芬二胡艺术研究文集》第三卷即将付梓之际，仅以上述感言权作代序。

2012 年 6 月写于北京寓所

刊于《中国音乐》2013 年第 1 期

张前：中央音乐学院教授，博士生导师。

三个高峰　三座丰碑

——赏析《江河水》《新婚别》《长城随想》，
走进闵氏博大境界的二胡艺术

季维模

"神接天宇之气，韵含山河之风，情寄万物之灵，乐映千古之源。"这是闵氏二胡演奏艺术体系中高尚的表演美学观念。基于这一观念，闵氏在数十年的二胡音乐创作，演奏艺术实践中（包括二度创作），以其独特的个性风格、轩昂的气度神韵、精湛的艺术造诣笑傲乐坛。

《江河水》《赛马》《喜送公粮》《红旗渠水绕太行》……一些雅俗共赏的乐曲经演不衰。《新婚别》《洪湖人民的心愿》《逍遥津》《宝玉哭灵》《昭君出塞》《寒鸦戏水》……以其器乐演奏声腔化理念创作、移植、演出的作品深受各界人士的欢迎，深得不同层面听众的青睐。其首演成就的《长城随想》《川江》《诗魂》《夜深沉》《第一二胡协奏曲》……大型二胡协奏曲更是令国乐界仰止、震惊乐坛。闵氏演奏的这些硕多题材，博大境界的二胡曲作品荟萃为闵氏璀璨的二胡演奏艺术的珍奇宝典。

其中，《江河水》《新婚别》《长城随想》，深深地镌刻着闵氏身型的作品被业界公认为是近半个世纪来，闵氏二胡演奏生涯中的三个表演艺术高峰，是闵氏以三重不同路径，而成就的中国二胡演奏艺术史上的三座丰碑。

《江河水》淘悲天泪　弓指弦　憾断肠情

闵惠芬自 20 世纪 60 年代初，一举夺得上海之春全国二胡比赛一等奖的桂冠后，青春年华的她便作为民族音乐的希望之光，勃然跃入振兴民族音乐的前沿。（贺绿汀说：闵惠芬二胡演奏中最有音乐……）《江河水》的演绎，是闵惠芬在"文革"期间顶风而上的醒世之作，是闵惠芬贡献与中国音乐艺术宝库中的一具绚丽的二胡艺术珍品，其深刻的诠释和精湛的演绎，即刻化作一个音乐文化时空中的亮丽风景线，并留驻永恒。

同眸当初闵惠芬二胡演奏《江河水》的场景，这一曲响彻祖国大江南北的"哀歌"，曾骤然掀起中国亿万民众的情感波澜。闵惠芬那开张天岸，起承跌宕的弓指操行，映合着气足神完的演绎情态，将这首并不太长的二胡乐曲，以其特有的音势、气度、神采，勾画成了鞭挞黑暗、邪恶旧社会的一篇慷慨、愤怒陈词的"音乐檄文"，亦是悲悯、呼号、抗争世事不平痛彻肺腑的"现场控诉"。那个年代只要闵惠芬演奏的《江河水》二胡旋律响起，人们的脑海里会自然地浮现出旧中国地主庄园中"收租院"里的景象，以及在黑暗统治下的旧中国的穷苦人被贫闲、不公所迫不得不卖儿卖女、洋人举鞭抽打备受凌辱的码头劳丁的凄惨场景……这些在中国人民的心中挥之不去的苦难和悲惨的记忆，愤慨的情绪，常由闵惠芬《江河水》那如泣如诉、激愤呼号的琴声得以极度的情感宣泄！

不同国度的历史文化背景各有不同，而惨遭外来恶势力的侵略和被奴役的愤懑、抗争不平的心境是相同的！ 3 …… 3 …… 6 …… 2 …… 3 …… 闵惠芬这一记大幅度的回滑，一音点题。看似寻常的音符、乐句，随着她那神行合一（紧锁眉宇），开张激扬（弓指撼颤），音势愤懑（律动激越），天大的悲情，随闵氏激昂的情态，愤慨的陈述、奋力地挥戈，浑然惊现……曲至 5 …… 、…… 3 5 6 1 2.3 5 | 4/4 6 …… 哪里有压迫，哪里就有反抗。随低回、激荡，忽发上扬的音型，闵氏以其弓指，抑扬、张弛倾情地渲染，蓄力暴发，急剧愤然下滑，冲切、抖颤，让音势和合江河之水的浪涛，激荡起惊天动地的呼号和咆哮……

乐曲至此，激起了苏丹总统尼迈里这位非洲国家政要的强烈的共鸣，听了《江河水》说："中国人民的苦难和非洲人民的苦难是一致的。"

日本著名的指挥家小泽征尔听了闵惠芬《江河水》的演奏，被感动得热泪盈眶，伏案恸哭了许久，感叹说："拉出了人间的悲戚……听起来痛彻肺腑"，赞扬她"是个伟大的演奏家"。何以得此感慨和赞誉？据闵惠芬回忆当时的情景：那是20世纪70年代，在上海音乐学院排练场，在接待指挥大师小泽征尔来访的音乐活动上，特别安排为他演奏了《江河水》。直面这样一位音乐指挥大师，闵惠芬《江河水》的演奏，并没有在揉、滑、颤音的装饰手法上简单套用和模仿管子的气颤技法来表现哭泣、凄苦乐句的音色，而是以自身特有的技法随旋律线的起伏，起

227

承转合的节奏律动，准确把握乐曲的内涵，将气息、气势、气度的调节，把握得细微至极。揉弦的幅度、滑音的虚实、颤指的力度，随乐句情态的需要，时显柔肠寸断的凄苦，间或痛彻肺腑的悲戚。愤慨时，二弦锁不住无限张力的收放，喷薄出内心正义的呼号与呐喊！难怪著名指挥大师小泽征尔失态地奔至青春年华的闵惠芬面前，捶胸顿足，在她的头上揣摩搓揉，冲动得难以自制。这不单是被感人肺腑的悲戚所感动，也是因闵惠芬能把这二根弦乐器操行得如此精道和深刻而倍受震撼！

费城交响乐团指挥大师奥曼迪说："闵惠芬是一个超天才的二胡演奏家。"这位指挥大师又何尝不是以交响乐的音乐织体来对比这二根弦的中国民族乐器二胡，能由闵惠芬操奏得如此张弛跌宕，情绪起伏，神态愤慨昂扬，琴声或暗晦凄凉，或激越高亢。$\overset{5}{3}$ - $\overset{5}{6}$ -曲首的前倚音，食指展抬抑按的虚实张力无限，音效如奔雷坠石，$\overset{i}{2}$……急剧而下的冲切，由浅入深的压揉，直抵内心的痛楚，一种"美好被撕碎"的悲情色彩骤然而生，撼人心扉。三个乐段，无须标题，闵惠芬以其精湛的技术法度，强烈的个性风格，独到的深刻诠释，将东北民间乐曲《江河水》的故事：丈夫服劳役惨死在外乡，妻子闻讯到江边对着滔滔的江水诉说自己的哀痛。闵惠芬演绎的音乐色彩块面妥帖，章法结构严谨，乐句、音符生动，音势、律动的张力无限，正是这卓尔不群的诠释，引发了这位指挥大师由衷、诚恳的赞叹！

法国报纸评论她的演奏具有"不可抗拒的魅力"。耳闻目睹闵惠芬那落落大度的舞台风采，随其弓指的起落：气息、气韵、气度、音色、音韵、音势、技能、技巧、技法与情感在这几分钟时空中激化出的"风骨神采"，这一曲强大的悲情波澜，使这些富于欧洲艺术文明素养的法兰西人，深深地感受到了这位来自东方的音乐文化使者，在听觉、视觉、联觉上给予的强烈冲击和震撼！

"连休止符也充满音乐"，"世界上伟大弦乐演奏家之一"。《江河水》乐曲的第三、第四个"句读"，谱面上九个音为："$\overset{2}{3}.\overset{}{5}\,\overset{}{3}\,\overset{}{2}$ $\overset{}{i}$ …… 0 $\overset{6}{5}$ 3 0"闵惠芬将此乐句演奏成为："$\overset{32}{3}.\overset{}{5}\,\overset{}{3}\,\overset{}{2}$ $\overset{}{i}$ …… 0 $\overset{676}{5}$ 3 0"，以其极其个性的疏密、虚实的"定把滑弦"，显露出强烈的戏剧性揉滑，二指把"$\overset{}{3}\,\overset{}{5}\,\overset{}{3}$"三个音符的滑弦刻画为女性凄凉的抽泣，连同紧随出现的"$\overset{}{i}$"音，迅速用小指对其压弦，控制力度后"尾滑"至"7"音到休止前以"盖"为"收"，以"刹"住的指法，使润饰的效果产生为凄惨的哽咽直至为气噎声绝！（作者注：在这样对乐曲装饰音的增减，声音的强弱、虚实、疏密、松紧、抑、扬、顿、挫随台上台

228

下音乐气场的即兴调度，闵惠芬在其二胡的演绎和诠释中比比皆是。）西方的音乐同行们，被闵惠芬二胡音乐演绎中充满东方音乐美学意蕴的"有、无"、"虚、实"、"大音希声"及"此处无声胜有声"、"于无声处听惊雷"的音乐哲理思考折服了！

朝鲜领导人金日成听了《江河水》握住闵惠芬的手说："你的演奏把我迷住了，我除了自己听外，还叫我的家人听，中国的民族音乐走在我们朝鲜民族音乐的前头。"友好邻国的政要，领袖陈其赞语，是出于对闵惠芬二胡演奏艺术中充分体现的民族音乐气节的首肯。

"人民的不幸，被压迫者的反抗，历来是一切文学艺术重复表现的重大题材。《江河水》正是表现了这一主题。"（闵惠芬语）闵惠芬紧合时代跳动的脉搏，精心地将这首根据双管移植的二胡曲，打磨成为我国优秀的民族音乐——二胡艺术领域里一支内在动人，并能掀起观众感情波澜的经典好乐曲。为能把握好《江河水》的内涵真谛，闵惠芬曾在1966年"文革"期间，有别于他人冲冲杀杀闹而优则仕，趁大串联的机会去四川，有志"读万卷书，行万里路"，去她久已神往的长江三峡和四川大邑县大型雕塑"收租院"体验生活。

闵惠芬沿途饱览了江水浩渺、奇峰凸突、千山竞秀的长江盛景。当轮船驶进了三峡，直逼眼底的是汹涌旋回的江流，绕过重重暗礁险滩，千回百转、滚滚东流。时值阴沉的天际，乌云沉沉遮天，蒙蒙雾气锁胸，两岸山头被浓浓的云层笼罩，说不出的压抑之中，她发现沿江巨大的岩石上，显现着一道道深深的凹痕，原以为是大自然风吹雨打的痕迹，抑或是冥冥之中鬼斧神工的造化，百思不得其解。请教了站在身边的一位船工，他说："这是拉纤人的纤绳千百年磨出来的，我过去就是一个川江纤夫，每天拉着沉重的货船，不管酷暑严寒，也不管刮风下雨，一代一代人，一步一滴血，一步一滴汗，行走在川江边。"

闵惠芬的心灵被深深地震撼了，顿时掀起了思绪的波澜："《江河水》这首乐曲不正是表现了此情此景吗？滔滔东去的大江，为我展开了此曲的生动画面，船工的寥寥数语，揭示了这首乐曲的深刻内涵，我对《江河水》一曲的理解在加深。山峰在排排后移，在几处漩涡处，我又看到了几块巨岩上深凹的纤痕，我的心潮涌动了。……我仿佛感觉到了一种律动，是纤夫拉着长长的纤绳一步一跌，挣扎向前的律动，也是江河水千年涌流，看不尽人间辛酸。诉不完天下不平的律动；$\overset{5}{3}$……$\overset{5}{6}$……$\overset{\dot{1}}{2}$……它难以言状，犹如人的心潮一浪压一浪……一浪冲击一浪……"［摘《闵惠芬二胡艺术文集》（一）诉尽人间悲切］。

琴操千年江河水涌流的律动，弦诉万民辛酸泪不平的悲怆。

生活体验是创作的源泉。《江河水》的诠释：表述的是民族遭受的苦难，彰显的是民众不屈强暴的气节！闵惠芬音情并茂、愤慨激越的演绎将这首《江河水》构创为惊世之作，成为了一个历史时空下的音乐文化背景。打动了上至国家总统、元首、国际乐坛的专家、大师和音乐界翘楚，下至平民百姓和社会基层的各界人士。撼人心扉的演绎所引发的轰动、震撼的社会效应，以一首二胡曲的演奏来说是绝无仅有的。

"一名音乐人士、音乐爱好或音乐听众，通常一生中都会听到不少好的音乐奏、唱，且其中会在脑海中留有久不淡薄、终生难忘的奏、唱之音，定很有限。30 余年前，闵惠芬用她的二胡拉出的那首《江河水》，是我生平听到过无以数计的中、西曲音中，最令我毕生不能忘怀，至今记忆犹新的感人肺腑的很少数乐音之一"［摘刘诗昆贺《闵惠芬二胡艺术研究文集》（二）］。

《江河水》的演绎和诠释是二胡演奏艺术史上一次灿烂的日出，是闵惠芬享誉中西乐坛，践行刘天华先生国乐要与两乐并驾齐驱意愿的扛鼎之作。《江河水》演绎和诠释是闵惠芬数十年二胡舞台表演艺术的第一次高峰，是闵氏二胡表演艺术体系中凸显的第一个里程碑式的经典，是中国二胡演奏艺术史上一座光彩夺目的丰碑！

《江河水》成就于"文革"特殊时期，其时，是中国人文精神和民族传统音乐颠沛、困厄的年代，闵惠芬以"独鹤决云"的气度韧性坚守民族音乐气节的自尊，并以其超凡脱俗的艺术造诣，坚韧的艺术精神，倾心塑造着民族优秀的音乐文化——二胡艺术。

时代选择了闵惠芬的二胡艺术，同时，亦是闵惠芬的二胡艺术彰显了一个崭新的民族音乐时代精神。艺术影片《百花争艳》、中国艺术团头牌花旦闵惠芬的身姿倾倒了亿万观众，《江河水》石破天惊的演绎，具有强烈震撼力和不可抗拒的魅力的"闵惠芬演奏风格"的确立，标志着对同时代二胡演奏的超越和中国民乐闵惠芬时代的到来，并欣然昭示民族音乐艺术的强大生命力！

闵惠芬作为一个时代二胡艺术的标志、"民乐的一面旗帜"，在当时二胡界的多数人士，还是处在偏执于二胡演奏技术与表现孰重孰轻？炫技与传统风格如何对接的困惑之中时，闵惠芬已早早地把敏锐的艺术触角投入到"一人千面"、"器乐演奏声腔化"的二胡艺术表演美学命题的成就之中，步入一个二胡表演艺术创作的辉煌历程。

诗在弦上吟　悲泪千古流

20 世纪 80 年代初，"上海之春"音乐会上，闵惠芬首演了张晓锋、朱晓谷两位先生创作的大型二胡叙事曲《新婚别》，产生了强烈的社会反响，并有二胡版"梁祝"之美誉。

此曲立意高古，根据唐代大诗人杜甫的同名诗意创作，是当代二胡一度"文本"、二度创作"首演"的一次重要突破和超越。以复三部变奏曲式创作的二胡叙事曲《新婚别》，是曲目体裁的多元化的一次大胆的尝试。为了能妥帖地用二胡语汇表达发生在"安史之乱"中的这一生死离别的故事，闵惠芬刻苦用功吃透了《新婚别》的主题曲意，闵惠芬对杜甫的"三史"、"三别"六首唐诗进行了深刻的研究。对《新婚别》中的诗情、曲意，时代背景、人物情感和二胡语汇润饰认真对接构创。再者，并能与《新婚别》曲作者真诚热情地合作，且介人部分乐段的修改和补充，悉心地拟定弓指法……所以，这部撼人心扉的二胡叙事曲《新婚别》，当是闵惠芬"成竹在胸"的首演和诠释。一个艺术家的个性、学养、才情，都会由一个有个性的创作而显露。

首演的巨大成功与呕心沥血的二度创作必然是正比。闵氏版《新婚别》的演绎和诠释：将推陈出新、兼收并蓄、融会贯通的学术理念与超凡脱俗的技术法度逻辑性地链接，使声腔语韵、诗情画意、乐映千古的美学视域与出神入化的演绎风格结构性的吻合。闵氏这般以诗情、声腔人韵的《新婚别》问世，拉开了多元化，大型化及交响性的二胡演创序幕，揭开了中国二胡表演艺术的新纪元。撼人心扉的首演博得了雷鸣般掌声的喝彩，精妙绝伦的诠释让二胡界为之振奋，也让浮华、骚动一时的音乐空间清醒了下来。自此，闵氏那练达不苟浮华，深刻不拒时尚，苍朴兼具典雅，绮丽相随委婉的二度演创理念，被二胡界竞相追崇。

闵氏版《新婚别》这一成功的演绎和诠释，被作为二胡演奏艺术又一新的标杆树立，至今，几乎所有的专业二胡演奏者都曾学习过，也被众多演奏家作为二胡独奏音乐会的常备曲目。

在中国书法艺术的发展过程中，"兰亭序"虽只是个临摹本，但这天下第一行书对书法艺术的学术架构已弥足珍贵，闵氏绚丽多姿，广博的二胡艺术经典，作为为后学的学习范本，其深远的学术价值和贡献，足以显矣！

唐代张怀瓘《文字论》强调："文则数青乃成其志，书则一字已见其心。"

《新婚别》主奏二胡演奏曲先声夺人的"$\overset{\frown}{6}$"音上滑润饰一奏出，只见闵惠芬右手的运弓迟涩徐缓，音韵柔美恬静，应合着这位农村少女，初为嫁娘时那羞涩喜悦的心情，此后，各乐句的音韵、气息，或似轻盈摇曳的步履，或显秋波莹润、恬静羞涩的神情。第一部分《迎亲》乐段中，一位纯洁、善良的村郭嫁娘，对美好未来充满期盼、幻想的清纯情怀与时俱现。这一乐段充分体现了闵惠芬"声腔化"二胡演奏美学理念中"角色感"之演奏者心中有人物，刻画的人物形象和内心即自然而生动，情景交融，栩栩如生。

暴烈的《惊变》部分，闵惠芬极尽右手运弓力度和左手展指法度的变化，滑揉、冲切、断句、气息、律动繁而有致，整合出崎崛陡峭的音势色彩。揪心惨烈，骤变的二胡音势把温情脉脉的新婚之美撕得粉碎。

尤其是该乐段的两处下滑音：$\overset{2}{7}\cdot\underline{6}$ 和 $\overset{1}{3}$ － ，闵惠芬将下滑的过程放得很慢，大大加深了悲哀的情绪。至该乐段收尾处的：2 － － ｜ $\overset{tr}{\overset{\frown{232}}{1}}$ － － 0 ｜，真乃是神来之音，标在小节线上的 ｜ 空隙，只见闵惠芬着意地稀疏空开，伴以"屏气"，表现出"气噎声绝"的巨大痛苦。$\overset{\frown{232}}{1}$ － － 0 ｜ 三连音倚后的"1"音，闵惠芬奋然发力，掷弓弹指，峭然休止，此时的音势效果，拟是新娘愤懑倒地，又似晴天霹雳，振聋发聩，休止后的临场、剧场、气场的空气在闵惠芬的操控下顿时凝固了，人们此时的心境和情绪，如同新娘和新郎一般，瞬间陷入茫然。

类似这样演奏实况的实际音效，是闵氏独特的润饰技巧：以丝丝入扣的二胡语韵将人们带入规定的情景，自然地随从音乐形象的情感彼起此伏，人们的内心情绪常被撼动得难以承受！

跌宕起落的诗情，冷暖交替的画意，声腔更迭的润饰，随着闵氏的弓指艺术、情态神采、乐思心智，倾情地辗转，撼人心扉。

著名高胡演奏家余其伟说："闵惠芬的琴艺与风采，笔墨言辞难述其妙。"

"与诗的内在联系，音乐获得了新生"（〔匈〕李斯特语）。

这首富于叙事性、戏剧性以及紧扣千年上古之诗情画意的二胡叙事曲，对独奏二胡的二度创作要求很高，"诗在弦上吟，悲泪千古流"（闵惠芬语）。由此语可见闵惠芬对二度创作，二胡语韵色彩润饰特征的悉心定位，实际演奏时所要操持、把握的基调和宗旨。每每回观、聆听闵惠芬《新婚别》的演绎和诠释，总要为其深切、严谨的乐思而感慨！撼人心扉的音韵而感叹！丝丝入扣的语汇而感染！其严谨深刻的二胡音乐章法结构，丰满妥帖的语韵色彩，难能复制的气度神采，将当代琴圣的这首二胡叙事曲《新婚别》和合着唐代诗圣的史诗《新婚别》流芳千古、永远定格。

"一切艺术都是生长在繁茂的知识之树上的艳丽的花朵"（〔匈〕李斯特语语）。

确立了器乐演奏声腔化的二胡艺术美学命题，闵惠芬由于自身长期的二胡艺术实践中对中国博大精深的传统文化广泛的学习，对古典诗词歌赋醉心浸润、吟咏，对国粹京剧、地方戏曲、民间说唱、琴曲等民族音乐文化的全面修养，大量积累，使其二胡音乐艺术创作能左右逢源、融会贯通。

"声腔化"是闵惠芬终生艺术追求。"不似欺世，太似媚俗"（齐白石语），闵氏"声腔化"的许多创作，酷似声腔而胜于声腔。著名越剧表演艺术家徐玉兰曾对越剧院的人说："闵惠芬的二胡比你们有味道"。"声腔化"的外延不仅强调充分发挥二胡艺术歌唱性的特色。我们亦可以在《阳关三叠》《长城随想》《诗魂》等一些闵氏演绎的版本中咀嚼出诗韵的吟咏、对仗，辞赋的格律、平仄……

《新婚别》的演绎亦是将闵氏"声腔化"系统的"角色感、性格感、润饰特征感、语韵特征感"体现得既严谨细致，又意蕴多姿，她用其丰富色彩的二胡音韵，合理、妥帖地导演这一幕"思接千古、悲喜交集"的音画史诗大剧。"诗在弦上吟，悲泪千古流"（闵惠芬语）。"诗是寄寓于文字中的音乐，而音乐则是声韵中的诗"（福莱）。闵惠芬《新婚别》的演奏即是撼人心扉，悲泪流千古的二胡音诗。

首演《新婚别》时的闵惠芬35岁，正当艺术中年精力充沛时期。在其"器乐演奏声腔化"的命题、"一人千面"的二度创作理念的二胡艺术美学观念的观照下，相继创作、改编、移植、首演了《新婚别》《洪湖人民的心愿》《宝玉哭灵》《逍遥津》《阳关三叠》《昭君出塞》《川江》《夜深沉》《寒鸦戏水》等大量的二胡艺术珍品。这些在中国传统文化、中国传统音乐、中国传统美学烘托下，集结出的光耀夺目、千姿百态的艺术硕果，对20世纪80年代受流行音乐冲击、陷于低迷的中国民族音乐而言，不啻是掀起了一股强劲的艺术狂飙。从那个时期起，闵惠芬深蕴声腔化的二胡音乐艺术响彻祖国大江南北，民族音乐的知音遍及海内外。闵氏以其独特个性的二胡艺术造诣、不可抗拒的舞台风采和魅力，融汇古今中西音乐众美，推陈出新、雅俗共赏的二胡音乐艺术理念，在这些作品中得以充分的展现。其中，大型二胡协奏曲《新婚别》的首演，当是闵惠芬二胡演奏艺术的又一次高峰，是其二胡表演艺术体系中又一经典，是中国二胡演奏史上的又一座丰碑！

《长城随想》　一曲祖国颂歌高唱
关山行吟　华夏民族风流华章

"理解我们这一代人最崇高、最美的心灵","我要用我的二胡高唱一首伟大祖国的颂歌"(闵惠芬语)。这一使命与重任,始终维系在唯我国乐独尊,二胡唯我此生的闵惠芬心头。中国民族音乐先驱刘天华先生曾在改进国乐的实践中陈其观点:一方面采取本国固有精神,一方面容纳外来的潮流,从东西的调和与合作之中,打出一条新路来。

二胡协奏曲《长城随想》即是以外来协奏曲的体裁,与民族乐器二胡、中国音乐结构相结合,来表达中华民族的新精神的一个杰出范例。其宏伟的表述性、辉煌的音效、磅礴的气概,表达出一种博大境界的崇高美,接通了新时代的审美崇尚。

二胡协奏曲《长城随想》的创作成就,引发出现代中国音乐史话中一段传奇佳话:

1978年夏,刘文金、闵惠芬二位国乐巨擘于美国联合国大厦里的长城壁挂前不约而同,燃烧起艺术创作灵感的火焰。此后,两人数次登临长城共商创作计划。刘文金在北京为这部宏伟、壮美史诗般的音乐画卷构图谋篇,"三年磨一剑",闵惠芬在上海为独奏二胡旋律部分的二度创作润饰着色,"案牍劳形"。曲作和演创高度默契、珠联璧合。

二胡协奏曲《长城随想》的演创期间,闵惠芬被查患上黑色素瘤,她搏死神、祛病魔,用纱布缠紧不愈合的手术刀口溜出病房,偷偷回家练琴,并和刘文金、瞿春泉及上海民族乐团全体都经历了20世纪80年代初那个时代风雨的洗礼,生活、艺术艰辛的考验,风雨同舟,终于创造出当代民族音乐的恢宏画卷,同时,也创造了一部感人肺腑的友谊之歌、生命之歌。

以二胡艺术承载和显现中华民族博大深邃的传统文化艺术文明是闵氏对中国民族音乐艺术文化的巨大贡献!《长城随想》的诠释即是最集中地体现了闵氏二胡表演艺术的精髓和成就。

闵氏《长城随想》这樽二胡表演艺术的大器的凿造,骄傲地向世界乐坛呈示了中华民族文化艺术文明大国这一优秀的音乐文化——二胡艺术所能承载的巨大的文化内涵。

我们欣慰地看到,《长城随想》二胡协奏曲的首演成功、震撼问世,其艺术、学术及美学价值不仅是划时代的，并有其深远厚重的历史意义。从此，有了一首以"身本卑微"的乐器能和任何一种中西乐的织体协和奏鸣中华民族新精神的乐曲鼎立于世界音乐之林。闵氏以她那绚烂辉煌的二胡语汇首演，诠释这首曲作后，可以说：闵氏化合的天籁之响已是任何其他乐器不可置换的，试想小提琴、大提琴、琵琶或古筝……它们亦是不得不仰叹让贤！

闵氏《长城随想》的首演：以气韵浩茫、浑然天成、超凡脱俗的技术法度，琴人合一、撼魂摄魄的表情风格，神接天宇、乐映千古的二胡表演艺术美学视域和气度，高度确立了二胡表演艺术学术价值的取向，科学严谨地介入了哲学思辨的理念，浪漫感性地拓展了美学审视的空间，琴外功夫，弦外之音的精彩神妙的参与，将《长城随想》这樽二胡表演艺术大器的凿造高达仰止的境界，登峰造极！

1982 年的 5 月，历史定格了"上海之春"音乐节上闵惠芬首演《长城随想》给人们带来的震撼，那时她正在患重病期间，刚刚动过一次大手术，身体还很虚弱，在演奏前，人们还都担心她能否坚持下来，但是，听完她的最后一个音符时，全场掌声经久不息，热情高涨到了极致，人们早已忘了她曾经与死神紧紧纠缠在一起，而从音乐中感受到的是她对生命的渴望。

涅槃的凤凰以生命的力量驾驭了这史诗气概的《长城随想》，数十年积淀的闵氏二胡艺术操行、民族的风骨神韵，绽放出了璀璨辉煌的艺术光华。从此，中国民族音乐史册上载入了这闪烁璀璨光环的名字：闵惠芬·二胡·长城。

现让我们随着二胡协奏曲《长城随想》的：一、关山行，二、烽火操，三、忠魂祭，四、遥望篇四个乐章的几个剖面，来聆赏闵惠芬是如何用二胡这个原本十分平凡的民族乐器，营造出不同凡响的音韵效果，从不同的侧面来描绘人们漫步关山，赞颂长城内外的万千气象，回顾深远自豪的民族历史；是以什么样的二胡语汇来表现中华儿女在烽火年代，前仆后继浴血奋战的壮烈场面和对无数民族英雄们的怀念和祭奠；又是以什么样的二胡润饰特征来抒发人民高瞻远瞩，对祖国未来充满信心的胸怀。

一、"关山行"吟　诗情画意

一弓"C"音先声夺人，震颤出恢宏的气势，撼动肺腑的绰、注感天动地……独奏二胡曲首的1音 *mf*，闵氏略带音头的这一弓遒劲、坚实，以力拔千钧的牵带之势，弓行至前半段时蓄力提顿挥就，弦颤气震，真乃匠心独运，这一"生气运出、意气声发"的音效，顿显坚定如盘的气势。这一弓激发出的质朴厚重的音色，气质、神韵，顿显上古商周青铜铸器的古朴、凝重、沉稳之大气，先秦、楚汉文化的雄浑、浩茫，豪放之气度。这一弓，亦有"心事浩茫连广宇、于无声处听惊雷"之感的音效。随后，闵氏以沉、稳、深、长的"气息"，整合着抑、扬、顿、挫的走弓操行和严谨风雅的吟、揉、绰、注，将人们带入了华夏民族千秋风云，万世沧桑的回望。

闵氏的二胡音韵如诗性的浪漫气度，时而以徐缓沉稳的操行，登临眺望、极目天舒，吟哦上下千古之风流华章；时而以凝重萧瑟的顿挫，独步高台、壮怀人生，感叹风云变幻的世事沧桑。望长城内外，山川浩瀚，壮丽万千气象，二胡语韵，层层推出，霞蔚叠嶂；仰人文精神，风流激越，豪迈坚韧自强，琴声气度，句句流露自尊高尚。丝丝入扣的律动，应合时时惊艳的韵致：冲切陡峭的弓指彰显跌宕的情殇。诗情映画意：闵氏遒劲的走弓，苍朴的音势直逼"大漠孤烟直、长河落日圆"的塞外苍茫；灵动的落指，飘缈的音韵，勾画着"落霞与孤鹜齐飞，秋水共长天一色"的幻然遐想。 $\frac{2}{4}$ 1·6 | 3·2 3 5 | 7 2 6 7 2 3 | 5·6 1 | 这四小节"清词丽句"从连绵不断、极富诗韵平仄的抑扬顿挫、铿锵音律中悄然而显露，被闵氏绮丽、妩媚的润饰特征描述得犹如一只典雅隽秀的青花丽瓷显露于硕重沌厚的钟鼎青铜铸器中，对比出其轻扬、典雅的音韵美和醉人的清馨。

"关山行"诗人主题的曲意：登长城眺望、起伏跌宕，仿佛驻足北国塞外青山无垠，群峰叠翠，天苍苍、野茫茫……

"弓指弦"韵致：闵惠分操行的气度轩昂，古淳博雅，屹然如浪漫诗情豪迈激越，神接天宇，惊天地，憾魂魄……

在"关山行"乐章中，闵氏以其博大诗情的襟怀，将自己心灵中最生动、最真挚、最富内涵的思绪，化作为琴声：乐句的韵致时显古琴式的绰、注那古朴高雅的神韵；时显高亢激越的京剧声腔。闵氏落落大度的神态，和合着自然入微的"抑扬顿挫"，吟诵着上下千古的风流华章。

二、"烽火操"演　金戈铁马

急促、强劲、激越而富于变化的音型，节奏，表现了烽火冲天、硝烟弥漫的气氛，曲意以烽火台象征古代烽火，概括地表现了中华儿女前仆后继、浴血奋战的壮烈场面。

闵氏别具一格的快弓技巧在这一乐章中得以充分的展现：只见闵惠芬神形兼备，扬眉挥弓、操戈腾跃如刀光剑影，飞指点弦、上下舞动如龙腾虎跃……

在充斥激战气氛的"烽火操"乐章独奏二胡操行中：闵氏如腾鲛翻江的右手操弓形态恣意挥洒、似鱼跃龙门的左手运指姿势随情飞动；端坐如钟、神充气足、眉宇飞拔、气势轩昂；忽显鸿飞兽骇、鸾舞蛇惊的惊艳技巧，忽似燥烈秋风、陡岩飞瀑的凛冽音势。节奏铿锵、情绪激越，一派金戈铁马纵横驰骋、千军万马逐尘酣战的场面尽显台前！

第二乐章"烽火操"闵氏以超凡的技法操戈挥洒，显以气吞山河的神态而胜之。

三、"忠魂祭"奠　英名长存

闵氏将第三乐章《忠魂祭》视为全曲中最为动情的乐章，"我的表现方法是'以情如入曲，以曲传情'，重在感情的表达。"（摘闵惠芬语）

康有为在提到情感与艺术的关系时说："天下最神圣莫过于情感，情感是宇宙间大秘密，情感教育的最大利器是艺术：音乐、美术、文学这三件法宝把情感秘密的钥匙掌住了。"此时，闵氏持掌着二胡音乐艺术这把最易打开感情思绪闸门的钥匙，倾情地以其浑然、肃穆的二胡语韵色彩，虔诚地嗟悼祭奠万千英灵的悲情乐章。

"未成曲调先有情"，当闵氏将《忠魂祭》乐章二胡旋律的开头两个慢滑揉接近泛音的：$\underset{mf}{\overset{6\ 0}{6}}\ -\ 6.\ \underline{0}\ |\ \underset{mf}{\overset{6\ 0}{6}}\ -\ 6.\ \underline{0}\ |$ ……虔诚地由左手食指端肃然、清扬地拂送出弦，这似古钟叩击的袅袅余音，像清香点燃升起的缕缕青烟，和风渐远、缥缈逝然……随后，闵氏润饰的每个音符，乃至乐句间断中的气息都是那样的沉静、肃穆。这深长如丝的气息，平缓沉稳的运弓，精微入至的应指，营造出幽远缥缈的音色，显现出静穆遥想的意境。

闵氏此刻旋律线段操行的音韵、律动厚重幽沉；润饰、色彩箫疏悲冷；情感、意念深沉肃静。

《乐记》中说："乐者，音之所由生也。其本在心之感物也。"这里所指的"人心之感于物"就是音乐家对生活的情感体验。《长城随想》的"忠魂祭"乐章，闵氏流注的情感之流是蕴含着哲理性思考和精神性内容的高级情感。我们每次聆听，都要被闵氏撼魂摄魄的音韵震撼得热血沸腾，灵魂升华，进入了脱俗的、绚烂忘我的境界，继而引发起各种艺术的理性思考。《长城随想》的演绎带给我们的是一种高级艺术审美情感。

纯器乐曲（也称绝对音乐）被认为是最纯粹的音乐，既没有歌词的参与，又没有戏剧的综合。"忠魂祭"乐章中华彩段落的音乐内容更是流动于闵氏二胡独白的音韵之中，给听（观）众留下了广阔的再创造空间。

这是"以曲传情"呈现二胡音韵神采的大段独白。散板结构的诠释，是闵氏卓尔不群的二胡演绎中最使人心醉神往的重彩之笔。每及此处，时空被无限展开，音符随情徜徉。只见闵氏将不同的感情、节奏、语气频繁地变化；弦韵、律致、技法倾情地更迭，把如泣如诉、激越浩然的情形与顿挫铿锵、抑扬悲凉的律动有机地结合。

此时、此刻、此情，万籁俱寂。闵氏二胡独白的润饰：时而慎独严谨、时而练达疏朗；走弓激昂叩心，运指抑扬牵魂；操行的琴韵音势憾魂摄魄、流注的润饰特征揪心悲凉。将二胡这件乐器的语韵特质、技术空间，演绎格调、诠释视域、提升到二胡演奏史上前所未有的高度，拓展至璀璨辉煌的境界。闵氏这一时刻化合操行的神接天宇的音韵、气度、情势和合着先烈们的忠魂、英灵、图腾重霄，尽显壮怀人生！随后，闵氏神态凝重激昂，气势飞扬高亢，一记激越的挥弓击弦声如雷霆发聋振聩，势如蛟龙腾云翻江，引出乐队全奏，将音乐情绪推向全曲最高潮。"忠魂祭"奠，群情虔诚悲怆。大哉：惊天地；悲哉：泣鬼神；美哉：撼人心。

四、"遥望篇"章　高歌猛进

闵氏将第四乐章"遥望篇"分为四个层次抒发人们高瞻远瞩，对祖国光辉的未来充满坚定的信念。对每一层次的独奏二胡的旋律、音型、句式结构，闵氏都将其润饰特征、音韵色彩和表情风度与演绎的曲意内涵高度统一吻合。

其中第三层次初始的音型，渐强且渐密，闵氏的走弓连贯遒劲，"不显山、不显水"却紧在急促中骤发着音强的张力，将这一层次的二胡音韵、格调、律致的幅度最大化地拉开，突出随后垛板段落旋律浓郁的京韵、京腔"吐字"、"喷口"的弹性律动。闵慧芬嘱言：此时此段，吸取了瞎子阿炳《听松》的某些技法——即在第三把位内外弦上反复巧妙地运用回滑音，使该段音乐显得坚韧不拔、生机勃勃。

由于有"器乐演奏声腔化"命题的成就作基底，这段"垛板"曲意的诠释可以说是闵氏信手而就的佳句。依其语韵感及润饰特征感的潜心、精心、悉心的体会，赋予这一乐段"闵氏标致"的二胡民族音韵的"风骨神采"，是"遥望篇"这一乐章的重彩之笔，亦是《长城随想》全曲中几处显赫，迷人的精彩乐句回味无穷的琴法弦韵。每及此处，闵氏右手强劲的运弓迎应左手频繁"圆和迟涩"的多种揉滑：或重，或轻，或虚，或实；圆和的润饰恬纯柔润、迟涩的语韵苍辣遒劲。流注出纤华绮丽的音色：时或至以密不透风、风驰雷霆似的急促气势；时或呈现激烈凌厉、变幻无端的飞腾律动。闵氏以这一民族传统润饰声态的弦韵技法，纵情挥洒出沸腾起来的音势，令人情绪高涨、欢欣鼓舞。曲至三小节抖弓起，主奏二胡引领着乐队昂扬起不可遏止的气概，将四小节跌宕起伏的音型乐句织造的声响、气势，犹如大江之潮，汹涌奔腾、一泻千里。

"大千世界有各种各样的美，而伟大的艺术则往往具有一种崇高的美、壮丽的美。《长城随想》的艺术价值主要即在于此。""一个从事演奏艺术的人，应该追求什么呢？我认为，把写在谱纸上的音符，把作品的意蕴情趣，把作曲家的乐思和在作品中倾注的情感，把自己心灵中最生动、最真挚、最富内含的思绪，化作琴声，再现出来，从而激起人们心灵的回响"［摘自《闵惠芬二胡艺术研究文集》（一）72页］。在此二胡艺术志向和二胡艺术美学审视的基础上，闵氏将《长城随想》的二度创作、诠释和二胡演奏原则凝练为四个字：情、气、格，韵。这四个简要的二度演创理念始终弥漫于《长城随想》四个乐章的演绎之中，这四者凭审视而彰显，密不可分。

其一之"情"：情感真切，情动于中、声情并茂。闵氏此曲的演绎，诠释中以人本之真挚、真切的情感，倾诗情之豪迈的气度，莽苍激越、流转奔放、心悦神驰、自然流露。

其二之"气"：气韵之通达，无雕琢之痕，自然流美；气度之行止，若长天之阵云，草草渺渺，或连或绝；气势之无垠，忽如瀑之溃泄、忽如海之倒灌。心随弓运、生气运出，意到声发、生动浩茫。

其三之"格"：格调高尚，使音乐具有"人格"、"性格"和"角色感"。闵氏二胡声情格调的特点之一是其"同能不如独诣、众毁不如独赏"的创新个性和审美向尊。其追求的"一人千面"的二度创作理念，通过其独特的轻重疾徐、抑扬顿挫、吟揉绰注有机化合的二胡音韵，描绘的对象因环境的迥异而"千姿百态"，诠释乐曲意蕴的品位、格调高尚，表现出人们丰富多彩的各种思想和情趣。

其四之"韵"：在韵味的追求上，闵氏植被于传统、民间音乐的基础。寻求我们民族音乐的风骨神韵，着意将民族音乐的语韵美，诗词歌赋的格律美以及戏剧曲调的声腔美，化合于二胡的"绰、注、吟、揉、顿、挫、滑……"传统技法之中，铸就成为独特、灿烂、自我的"韵"。

"艺术是要以一个完全整体向世界说话的"（德国诗人、思想家——歌德）。

回观闵氏《长城随想》四个乐章的演绎和诠释，是那样的绚丽烁目：以其"神接天宇之气，韵含山河之风，情寄万物之灵，乐映千古之源。"这博大的二胡演绎情志和二胡表演艺术的审美视域，铸就出气宇轩昂、雄浑浩茫气势的闵氏特质的二胡音韵、语汇，应合着这博大、壮观、苍劲、深远、壮丽境界的二胡协奏曲杰作。四个乐章独奏二胡的音韵、色块分明而又气势贯通。每个乐章的音势、基调清晰、层次分明而又富于变化。每个音符的色彩、气度、声效都演绎得那么严谨、扣人心弦。随着闵氏独奏二胡那极具强烈个性魅力的第一个音，人们自然而然地随着她的演绎进入规定的情景。不仅于此。此时，即席的乐队、听众及闵氏自身也都随之撼人心魄的琴声，穿越时空，神游于壮丽的"长城"。

在一次同场聆听闵氏演绎《长城随想》的几位不同艺术专业的朋友感言：我从闵氏的二胡艺术中发现了有音乐意蕴雕塑的流动美。

一位书法家欣言：我忽然开朗，从闵氏走弓突变与遒劲，咀嚼出散之老书大草之沉郁顿挫，变起伏于锋杪，寓衄挫于毫端，其精品不让前贤，或有过之的妙韵来了。

画家感慨道：黄宾虹水墨山水的浑厚华滋、博大雄浑之气韵，闵氏的二胡演奏艺术中皆有之。有得："功深学粹"之艺术内涵显矣，浮躁不得！

众言滔滔："同源"而入，"异彩"而出，闵氏二胡艺术的"器乐演奏声腔化"亦是在继承传统、外师造化、兼容并蓄后自成一家，难怪闵氏的二胡艺术能独树一帜，一听即识，象《黄梅小调·打猪草》这首安徽黄梅戏移植创作的二胡曲，演奏得比我们安徽人唱的都出味。

在中国书法艺术的发展中，从时间上讲，曾有晋尚韵、唐尚法、宋尚意、元明乃至清尚态之别。我们现代书家的作品也大多各取其所崇尚，难于皆能，而闵氏的二胡艺术的韵致、才情、形态、神采皆至佳境，其超凡脱俗的技术法度、炉火纯青的艺术造诣登峰造极、令人仰止。中国二胡演奏艺术发展的起点之高、幸矣！

从容的神态、轩昂的气度、高尚的格调，闵氏《长城随想》的演绎和诠释，给不同层面的听（观）众带来崇高壮美的审美享受、博大境界的精神升华，亦给予人们多元视角的艺术启示。《长城随想》成功的首演，使二胡的表现力、精神气质、力度内涵达到了前所未有的高度和境界，是闵惠芬二胡演奏艺术的最高峰，是其二胡表演艺术体系发展中辉煌的经典，是中国二胡演奏史上令人仰止的丰碑。

闵氏《江河水》《新婚别》《长城随想》这三首不同二胡曲式的诠释、首演和二度构创是在我国二胡演奏艺术发展的不同历程中，极富闵氏标志性的三个二胡演奏艺术高峰，是其博大境界的二胡艺术体系中绚丽烁目的三首二胡表演艺术经典，是中国二胡演奏史上令人仰止的三座丰碑。

这三个演奏高峰、三个艺术丰碑是闵惠芬二胡艺术达到时代高度与深度的显然标志。闵惠芬的二胡艺术是建立在对中国艺术总体的认识和把握的基础上，吸纳了博大精深的传统文化，放眼于自然造化的大气磅礴、万千气象，站在本土文化立场，从传统的内部寻找超越的动力，并将其散发在硕多题材、博大境界的二胡艺术的创作之中，这些熠熠炫目、各得风采的二胡艺术珍品是贡献与中国二胡音乐艺术宝库的硕果。

作为刘天华先生的第四代传人，闵惠芬在二胡艺术语言求索和二胡表演艺术实践中，秉承刘天华先师专业演奏学派融汇中西、通达的学术思想观念，对中国传统音乐高度的认知和追求，倾心揣摩华彦钧（阿炳）音乐的风骨韵致，广纳民间音乐精粹，同时将二胡艺术视角延伸于哲学、美学范畴的思考；其"一人千面"的二度创作理念、"器乐演奏声腔化"的演奏艺术美学命题，"情、气、格、韵"，"神接天宇之气，韵含山河之风，情寄万物之灵，乐映千古之源"等一系列二胡表演艺术思想观念，形成闵惠芬博大的艺术境界和高尚的艺术精神。闵惠芬博大艺术境界的魅力，充满民族风骨神韵的二胡音乐艺术在一个时代的音乐时空中弥漫，其博大精神境界的人格魅力在一个时代彰显，时代造就了这位二胡表演艺术天才，在这个以闵惠芬为二胡艺术文化符号的时代"打出了一条新路"，铸就了一座灿烂辉煌的"二胡艺术文化长城"！

刊于《中国音乐》2013 年第 1 期

季维模：安徽省音协民族弓弦乐委员会理事会刊《二胡艺术》主编。

手挽明月做长弓　足遍天涯奏心弦

——闵惠芬先生演奏艺术感怀

邓建栋

　　童年，从家中有线广播中第一次听到了二胡声，并伴随着《二泉映月》一天天长大；儿时，"吱吱啦啦"学起了这件不太容易拉好听的"玩意"；一路上，拉着"她"走进了专业院校，拉着"她"走上了职业道路，拉着"她"走遍了祖国的大江南北，拉着"她"迈上了全国比赛的最高领奖台，拉着"她"登上了世界音乐殿堂……回眸过去的人生岁月，二胡与我结缘，已然成为我生命中不可或缺的重要部分，成为我一生永不离弃的"伴侣"。而这一切都要感谢一个人，正是因为这个人的影响，才让我认识了二胡，也让我喜欢上了二胡，更让我选择二胡作为终生的职业。她，就是闵惠芬先生！可以说，我们这代人是听着闵先生的琴声成长起来的。从《喜送公粮》《红旗渠水绕太行》到《江河水》《忆江南》《赛马》，再从《阳关三叠》《洪湖主题随想曲》到《新婚别》《宝玉哭灵》《寒鸦戏水》《长城随想》……半个世纪来，她演奏和编创的每一部作品，都引领着二胡的发展潮流，彰显着先生对二胡的追求。

　　寻着先生艺术生涯的轨迹，进入其创造的音乐世界，学习着先生的演奏艺术，尤其近些年来与先生一同参加各种演出和其他的活动机会较多，有更多观看和聆听学习的机会，无论先生在正式场合或平常交流的片言只语中，有许多闪光的思想和观点，都值得我们学习和思考。本文所涉及的内容，就是其过程中留下的些许记忆。

一

　　情感的表达是所有艺术作品中最根本也是最重要的部分。艺术作品寄寓艺术家的个人情感体验，通过艺术载体来表现作品深刻的内涵和内在精神，并且反映一个时代、一个社会的文化精神和内容。

每次欣赏闵惠芬先生的演奏，都会被她那发自心灵深处的感情表露所打动，所折服。而且每一次都有新的感受，都有一种无法抑制的感动。近来在撰写这篇拙文时，又观看了先生不同时期的影像资料，体会更加深刻。如《江河水》的处理：引子及第一段略带控制的"哀情"，中段用一种近似于呆滞、木讷的声音，表现女主人公压抑着的"思情"，直至第三段那火山一样的"悲情"，在"6……"的颤弓后，终于无可逆转地完全、彻底地爆发，"奏出感天动地的悲愤之情……把情感淋漓尽致地倾泻出来，似江涛汹涌澎湃，似怒潮冲决千里，达到诉尽人间悲切之意"［闵惠芬《诉尽人间悲切》（二）］。闵先生几个版本的演奏，在三种不同情感的分寸把握以及力度分配、声音安排等方面都极其讲究、到位，毫不做作，真正达到了形神兼备、虚实有度的完美统一。又如《赛马》中歌唱舒展的四句"简单"的旋律，在闵先生的演奏中，你可以看到好似骑在骏马上那种威风凛凛的神情，傲气十足，令人叹服！再如著名作曲家刘文金先生的《长城随想》，这部充满爱国主义情感，表现中华民族象征——长城其博大、宏伟，有着厚重历史感的鸿篇巨作，在先生的演奏中，结构把握稠密而有序，音乐处理大气而简洁，用自己的心灵去感知中华民族的品格，追忆无数英魂，感知伟大时代的脉搏。其深刻的演奏，兼容广大，出入古今，在追求刚劲雄浑中又不失秀丽圆润，雄中寓秀，秀中含俊，把对民族的深情，对祖国的豪情，对历史的抒情，对未来的激情表现得淋漓尽致。

艺术是心与物共鸣的产物，缺少了对外物与心灵自我感应的忠诚，你所表现出的也许就只能流于一般化的"技术"，而不能称之为"艺术"。有人这样形容闵先生的演奏："当她刚刚奏出第一个音，你立即就被音乐的魅力所吸引，用第一个音就能抓住你的注意力，你将自然而然地跟随着她的演奏进入'规定情景'。"（杨易禾《情、气、格——闵惠芬演奏艺术印象》）是的，她真正做到了"未成曲调先有情"，以情带声、以声传情、声情并茂，"连休止符也充满了音乐"。其实，一切外物都来自于心灵的反映，景与情、物与心的交融，构成了一种境界。《乐记》说得好："凡音之起，由人心生也。"闵先生演奏的作品，无论是《长城随想》的豪情，还是《江河水》的悲情；无论是《新婚别》的柔情，还是《阳关三叠》的离情；无论是《洪湖主题随想曲》的深情，还是《赛马》的激情；无论是《春诗》的诗情，还是《宝玉哭灵》的哀情，都是闵先生发自内心的真情。

二

"艺术来源于生活又高于生活",这是大家都知道的名言。纵观古今中外有成就的音乐家,都会自觉地深入学习各国各地方各民族的民间音乐和戏曲音乐,从中吮吸丰富的养料,从而创作出具有浓郁民族风格和鲜明地方特色的音乐作品。我国现代民族音乐的奠基人、开拓者,民族音乐作曲家、演奏家、教育家刘天华先生,在他短短的一生中,向各地的民间艺人学习二胡、琵琶、古琴、三弦拉戏,学习京剧、昆曲、地方戏曲,还学习中国传统音乐和佛教音乐。他的不幸早逝,也是因赴北京天桥收集民间锣鼓谱,患病不治所致,在他留下的作品里,我们可以清楚地感受到民族民间音乐对他创作的影响。闵惠芬先生也十分重视对中国民族民间音乐和戏曲音乐的学习,印象深刻的一次是她接受采访时说:"杨荫浏先生曾经问我,'阿炳脑子里有近千首民歌,你有吗?'这句话给了我极大的震撼。"所以多年来,她专门跑去青海听"花儿",到海南岛听琼戏,去四川看川剧高腔,听扬琴、清音,到广东看粤剧,去福建学潮州音乐,到台湾学当地民谣,去陕西学秦腔,在江苏、浙江、上海、安徽流行的昆曲、沪剧、越剧、锡剧、黄梅戏及苏州评弹等更是"全部"拿下,并随李慕良先生学京胡,去内蒙古学四胡。为了更好地演奏好《长城随想》,她又专门学习古琴。还学习京韵大鼓名家小彩舞的表演等等。从先生演奏的《长城随想》《阳关三叠》《迷糊调》《卧龙吊孝》《寒鸦戏水》等作品中,以上所学的知识和手法都在作品中得到了很好的运用,把演奏家的二度创作发挥到了极致,把作品和作曲家所需要的内涵最大化地得以表达,也为作品的推广和流传提供了最佳的演奏范本。同时,正是她长期坚持学习民族民间音乐和戏曲音乐,不断努力付诸实践,并首创了"器乐演奏声腔化",先生创作和改编的作品得到了观众的欢迎和专家的好评,许多作品都已成为音乐舞台上经常演奏的曲目,也在各类大赛中被选手广泛使用。这些成功的实践,都是她长期根植于民族民间音乐和戏曲音乐的土壤之中,取其精华、科学运用的必然结果。

这几年,有幸几次与先生一起以重奏的形式上舞台表演,没想到我俩在完全没有谱子的情况下,用即兴的演奏合作了《二泉映月》《良宵》等作品,效果之好简直可用"妙不可言"来形容。而这些似乎是"手到擒来"的简单"活儿",如果没有以上所学的功底,恐怕是无法完成,甚至会是"难于上青天"的结果。

同时,她还把学习民族民间音乐和戏曲音乐的理念贯穿在她的教学中,以自身的体会教导后辈。当学生学习江南丝竹乐曲，她亲自带着与演奏江南丝竹音乐的老艺人一起"玩"，她认为，学习民间音乐一定要深入其中，"泡"在其中，"要学深学透学到家"（先生借用原上海音乐学院附中金村田校长语）。她还经常教学生唱戏，那种韵味，那股子认真劲儿，那种时刻闪现出的热爱和激情，让学生们学到的不仅是音乐的艺术，更是一种人生境界！正可谓高山可仰止，徒此揖清芳。

记得京剧表演艺术大师梅兰芳先生曾称自己的艺术个性就是没个性，他认为有个性的东西就必定有自己的弱点，因此，他吸取传统京剧艺术及其他艺术门类中最精华、最优秀的内容，形成了梅派博大、圆融、中正、经典的艺术风格。人们常把特有的性质和品质称作"特质"，正是闵先生长期坚持和努力进取的成果，形成了其演奏艺术"看似寻常最崎岖"而不同于他人的特质，也是先生在继承传统中不断创新的成功之路。

三

作品的"雅俗共赏"是艺术创作者共同的创作追求。刘天华先生主张音乐"要顾及一般的民众"，"音乐应该走进寻常百姓家"。也就是说，音乐作品要考虑到普通观众群体。二胡，是一件在各个阶层广为流传，并深受广大群众喜爱的乐器。刘天华创作的十大名曲成功之处，便是它具有雅俗共赏的艺术魅力，稚与俗的融合相渗，达到雅俗相通的艺术境界。闵先生常说的一句话：我们的音乐是要拉给老百姓听的。从她创作和改编的作品一览表中，就能对她的追求一目了然：《老贫农话家史》《忆江南》《宝玉哭灵》《游园》《卧龙吊孝》《洪湖主题随想曲》《阳关三叠》《寒鸦戏水》《逍遥津》《红旗渠水绕太行》《珠帘寨》《音诗——心曲》。表中可以清楚地看到，作品均采用群众喜闻乐听的音乐语言，表现各个时代的现实生活，选取最富于时代意义的题材，结合时代特征，并认真从丰富多彩的民族民间音乐、戏曲音乐中吸取营养，将其发展变化成特有的二胡音乐语音。

先生在她的文章里提到："人民需要艺术，而艺术更需要人民。"她用雅俗共赏的作品，秉承紧贴人民群众，服务老百姓的力向，真正把二胡拉进了"寻常百姓家"。

四

闵惠芬先生是一个懂得感恩的人。她曾说："我是个九死一生的人，是党和人民把我从死神的魔爪中一次次抢夺回来，在政治上，我光荣地加入了中国共产党，在艺术上我迎来了第二个春天。我要为党的文艺事业、为弘扬民族文化而竭尽全力。"她把党和人民的关怀，观众对她艺术的热爱，都化作实际的行动。她每一年的演出，平均都近 100 场，"田头、兵营、校园、工地都是我的舞台。天南海北、国内国外高等艺术殿堂，都有我的足迹，留下我的乐音"（闵惠芬《我的第二个艺术的春天》）。我想，也正是由于先生一直怀揣着这种感恩之心，才将自己的二胡演奏事业达到了在二胡发展史上的旗帜性高度。窃以为，演奏的最高境界，其实是在诠释自我灵魂。心地纯净的人，他的音乐势必不染尘杂；拥有高尚风骨的人，他的音乐必定予人以醍醐灌顶；而一个懂得感恩的人，他的音乐必将充满大爱！

写到这里，我又情不自禁再次聆听了先生的《长城随想》，再一次地被先生那种豪迈如英雄武将，细腻如文人骚客的演奏张力所折服。每一个音甚至不用经过耳朵就可以直达内心最深处，这似乎已经是先生演奏的特色之一了。此时，我非常想称呼先生一声：闵老师！论文过程中，这个称呼一直呼之欲出。无论是我的演奏生涯，还是整个人生，闵老师给予了我很大的影响和帮助，她是我最重要的老师！而纵观整个二胡史，闵惠芬这个名字也永远教育和影响着一代又一代的二胡人。她代表了一种精神，一种品格，一种风骨，在二胡演奏发展的历程中，写下了最为浓墨重彩的一笔——辉煌！

刊于《中国音乐》2012 年第 4 期

邓建栋：空政文工团二胡演奏家。

二胡艺术的闵惠芬时代

——论闵惠芬二胡艺术及其对中国民乐发展的历史贡献

方立平

在中国二胡艺术发展史上，1963 年无疑成为以闵惠芬为标志的现当代二胡艺术一个新流派的开端。这倒并非是仅仅因为在这一年闵惠芬夺得了第四届"上海之春"二胡比赛（中国首届）的"状元"（第一名），而是因为纵观整个近代二胡发展史，1963 年的这一赛事，是有史以来二胡界的头一次"大展演"，它具有"总结经验，继往开来"的历史意义，中国二胡由此将进入一个新纪元。而此后的二胡艺术的发展轨迹，很大程度上又是与闵惠芬的艺术发展走向相关联的。闵惠芬的艺术境界之追求、演奏风格之呈示、发展成果之灿烂、历史功绩之超群，直接导引着二胡艺术发展轨迹的走向。可以说，闵惠芬以其独特的演奏艺术风格和推动当代民族音乐（包括二胡艺术）发展的卓越功绩而载入史册；并宣告了她在执着继承刘天华"改进国乐"遗风的同时，将二胡艺术"与时俱进"地引领进一个新的时代：闵惠芬时代。

一、奇峰突起：闵惠芬少年夺冠，意味着二胡
"闵惠芬时代"的开端

1963 年的这一"赛事"，无论是站在百年二胡发展的跨度上，还是对当年竞逐的回顾或对二胡未来发展的展望上而言，均是"意味无穷"。站在闵惠芬当年参赛者的角度回顾，可以看到她所面对的对手阵营之强大：鲁日融、黄海怀、萧白墉、汤良德、沈凤泉、王国潼、蒋巽风、吴之珉、宋国生等高手均无缺阵，可谓"群贤毕至"。从参赛的角度看，他们各自带着能展示他们个性化演奏风格、足以"一剑封喉"的优秀曲目，如鲁日融以其创编演奏的《迷糊调》闻名遐迩——闵惠芬戴着

红领巾还曾向他求教过；黄海怀创作了《赛马》《江河水》，证明了他是一个才干非凡的角色；蒋巽风出身于"将门之家"，其父蒋风之将多年研究的《汉宫秋月》"精雕细琢"地传授于他；王国潼携着刘文金为他"量身定做"的两首划时代的二胡曲《豫北叙事曲》《三门峡畅想曲》风尘仆仆南下，自然也意在折桂……可以看得出，所有这些人均身怀"独门武器"。而闵惠芬则尚是一个"未成年人"（仅17岁）的"花季少女"，准备演奏的也都是大众早已熟悉的《空山鸟语》《二泉映月》等。拉这些"大众熟悉的曲目"，很容易让人"熟视无睹"，也易被视为"一般化"。没有出众的表现力和独具魅力的演奏风格，很难在如此强大的参赛阵容中脱颖而出。

比赛为两轮，初赛规定曲目《病中吟》与新作一首、民间乐曲一首；第二轮曲目为《二泉映月》《空山鸟语》及新作《灿烂的五月》一首。结果是闵惠芬取胜，获得了一等奖的第一名。

这一结果是让整个社会始料不及的；却又是让人"心服口服"。从此后半个世纪的二胡艺术发展走向看，这一比赛结果仍然无可置疑。

从中国音乐界的一些泰斗级权威人士——当时的主评委们的反映看，闵惠芬获得"第一名"，让很多人兴奋了好长时间。贺绿汀先生由衷地发出赞词：别看她年龄最小，演奏却最有音乐。张韶前辈还吐出了"忘形"之音：我真想上台去把她抱起来。这些前辈是有识之士，他们是真正的"识宝人"，一眼就认出了"国宝"，如识别出了"和氏之璧"。

闵惠芬少年"夺冠"，其取胜之道内涵丰富。是其演奏技巧超群使然？这一点自然是突出的。就"演奏技能与风格"而论，从此后她舞台上所展现的看，确是超凡脱俗、卓越超群的。但从后人对当年比赛中闵惠芬的演奏录音研究后曾作的分析看，远不仅仅在于技巧。胡志平就曾说：以闵先生当年演奏刘天华的《空山鸟语》为例，"刘天华先生所书的座右铭'抱朴含真，陶然自乐'，反映的是中国文人在艺术方面的志趣和追求，他的作品中有一大部分反映出这一特点，这一类作品是以中国传统文人的审美情趣为基调的。中国文人酷爱山水自然，把内心深处的情思融化在山水景物之中。追求的是情在景中，景在情中。愈义于情情愈至，愈情于景景愈深。并且对于自然的描写不是简单地模拟，而是万物进入心中，化为胸中的意象，已不同于自然的原始形态，即所谓'外师造化，中得心源'。刘天华的《空山鸟语》正是这类作品，它不是一般的模拟曲调，更不是为了表现某种鸟语的，它刻画的是'空山不见人，但闻鸟语声'那种清远的意境，在乐曲意境结构及表现技巧的安排上讲究的是静中有动，动中有静"。应该说乐曲中透着的这种"抱朴含真，陶然自乐""外师造化，中得心源"的心境与意趣是一种高层面的艺术境界，同时又暗伏着一种人与自然超然的谐和哲理，通常悟及这些需靠丰厚的学养和生命的觉悟，也就是说需要依仗人生经久的经验和超脱。但令人惊叹的是，当时的闵惠芬尚不满18岁，就以其奇高的悟性、敏感的审美心灵和精湛的演奏技艺将作品意境的本质内核生动地表现出来了。听"闵惠芬先生当年演奏的《空山鸟语》，在乐曲引子的表现上"就"可以感受到一种空旷、淡雅、幽静和一种清气，从乐曲第一段到五段，令人感受到一种清新，一种泼泼然的灵动。表现出一种动静交融、生动的景象。其中寄托着作者和演奏者对大自然的情感，跳动着作者和演奏者的心灵……一开始即展现出一个'超天才二胡演奏家'的内涵品质"[1]。这些评估是有道理的。

闵惠芬当年能荣获"第一名"，还有一点是成功地演奏了比赛的共同曲目《二泉映月》。

对于闵惠芬演奏《二泉映月》之出类拔萃，亦可以从后来同样成为二胡演奏名家的朱昌耀充满激情与感恩的回忆略见一二。虽已事隔许多年，朱昌耀记得很清楚：那天，朱给闵老师演奏了他正在学习的《二泉映月》，因为那个学期，朱的期末考试的曲目就是《二泉映月》。当时的朱昌耀少年气盛，自认为已仔细听了"很多版本的演奏，音准、节奏及音乐处理上已比较到位"，考试时老师也给了他较高的分数，但有些老师在对他的演奏此曲的不足时认为是"深度不够"，他对此不以为然，也不服气。所以，朱想让闵老师来给他鉴定一下。听完朱的演奏，闵笑而不答。信手拿起他的琴，也拉了一遍《二泉映月》，然后讲起她对乐曲的理解：一声长叹，在木然之中透露出沉重及压抑，表达了阿炳"望断天涯路，何处是归宿"的内心；速度开始徐缓，随着情绪的推进而渐紧，音韵要刚柔相济并衔接贯通，既有哀叹忧伤，更有愤而不平，既有凄婉心酸的感慨，也有激情冲天的荡气。这就是《二泉映月》，这就是阿炳！听了闵的演奏，朱不仅为之折服，更为自己的不以为然和不服气所羞愧。"受闵老师的影响，我演奏的《二泉映月》在很多地方的理解和处理都和闵老师相似，就连经常演出的版本、删节的长短，都和闵老师一样。后来，我读到闵老师《孤独的夜行者》一文，我才知道她在当时给我上课的许多年前，就已深深地研究过《二泉映月》和阿炳了，正是有这样刻苦的研磨，演奏上才能够有如此的'深度'，理解上才能够有如此的'深刻'。"可以看得出，朱昌耀对闵惠芬近似崇拜的回顾是由衷的，很能说明些问题，也是对当年闵惠芬能少年夺桂、技压群英的一个历史性注释。笔者也曾细细地聆听过闵惠芬当年比赛时演奏的录音，当《二泉映月》第一弓长音一拉出，我就大为感叹：那种日后被人们视为闵氏演奏风格的"气势"与"气度"和对音乐深刻的掌控力分明已经呈现。在闵惠芬日后的艺术生涯中，她追求的是"一人千面"，但我却仍能从她"千面的演绎"中感受到"出于一人"，那种唯大师才具有的入定、哲思和神来之音，17岁时的闵惠芬已以她特有的气质宣告了"闵氏时代"的到来。

二、千里疾驰：为中国二胡艺术屹立于世界
艺术之林而奋斗不已

假如将20世纪七八十年代视如一片原野，那么，闵惠芬则是这片土地上的"一骑绝尘"。这段日子里，二胡发展史大约其中大半部是由闵惠芬书写的。这么说，并无夸大之意，而是这段独特的历史中的独特的艺术现象。

查索一下二胡传播史，可以发现在这一时期，影响最深、传播最广的二胡乐曲，如《江河水》《赛马》《二泉映月》《喜送公粮》《红旗渠水绕太行》《洪湖主题随想曲》《宝玉哭灵》《逍遥津》《阳关三叠》《昭君出塞》《新婚别》《川江》《夜深沉》《寒鸦戏水》及大型协奏曲《长城随想》等，均是闵惠芬或首演或兼带创作、改编，而成为最受大众喜爱的乐曲。特别令人惊讶的是，她像一个威力无比的磁场，尚能将原来是他人创编或首演的曲目，经她处理演绎后，成为一个时代最经典的版本。这足以证明她是二胡史上最伟大的二度创作者，诠释大师，同时也说明她的演奏风格所独具的魅力。

就《江河水》《赛马》而言，毫无疑问是原创者黄海怀演奏在前。闵惠芬在之后演奏了它们，并于20世纪70年代中期参加中国艺术团演奏并被拍摄纪录片（《百花争艳》放映。据当时尚在南京艺术学院学习的朱昌耀回忆说："记得是1975年的一天，我在观看《百花争艳》电影时看到了闵老师的精彩演奏，那如诉如泣的《江河水》，那奔腾热烈的《赛马》，使我受到非常的震撼！"[2]而世界著名指挥大师小泽征尔当年来中国，仅听了闵惠芬排练《江河水》，便伏案恸哭许久，称闵的演奏"诉尽人间悲切，使人听起来痛彻肺腑"（据有关方面反映，此举是小泽征尔在中国乐坛上所表现的第一例，也是世界乐坛上之罕举。中外报刊相继对此做了报道，引起了世界乐坛的震惊）。还有更多的人，是被闵的舞台风采感染，从而喜爱二胡艺术，将其视作偶像。

产生这些现象是因为闵惠芬在二胡演奏时施展出了他人无法相比的"二度创作才能"，或者也可以说是因为她独特的演奏风格使她的弓下流出的音乐更具深度，也更具感染力和听赏价值。

再从《江河水》说开去，此曲原本为东北民间婚丧喜事乐队吹奏的曲牌音乐。

20世纪60年代音乐舞蹈诗史《东方红》中作为"夜沉沉啊，路漫漫，长夜难明赤县天"的主题朗诵词和"与江河岸，码头边，一块木牌'华人与狗不得入内'的民族屈辱的时代背景同步奏出的双管独奏音乐"，黄海怀将之移植到二胡上，主要表现出这种屈辱背景下的"妇人之怨"。因此，通常人们是将《江河水》演绎成妇人的"哀怨"之情，悲情有余。轮到闵惠芬演奏了，她便对乐曲做了情绪上的"改造"，也就是说做了极重要的"二度创作"，她在演奏上主要添加了更加明确的时代内涵，变"小我之悲"为"大我之悲"。这就让乐曲从一般地说"情"，变得具有"哲思"，更具情感张力。这种"改造"决非凭空而起，这就需要提及她的一段特殊的阅历："1966年深秋，她搭船去四川欲去参观大邑县大型雕塑'收租院'。船入三峡，峡间惊涛拍岸，又见漩涡、暗礁、险滩不断。这时沿江巨大的岩石上显现的道道深深的凹痕吸引了她。是风吹浪打的痕迹？还是冥冥中鬼斧神工的造化？她百思不解。这时，船工却告诉她：这是拉纤人一代一代从远古走来，一步一滴血、一步一滴汗地在岩石上留下的痕迹……闵惠芬由此顿悟出历史某种真谛，并将这首乐曲演绎成'似乎江浪千年万年滚向前，她是中华民族世世代代苦难的见证，念天地之悠悠。俱往矣……'。"于是她"将古往今来一代代纤夫的命运与民族世世代代的（苦难）命运糅合在一起来表现《江河水》"，这"其实已寻搭上了'民族之魂'的某些脉搏，这也是闵氏演奏的《江河水》特别具有震撼力的一个前提"[3]。"民族之魂"，这是何等有分量的词组，渗入二胡艺术，便是"乐魂"！

　　《赛马》的闵惠芬版与黄海怀版，则不仅有着"二度创作"上的不同，还涉及到"一度创作"上的变化。这些变化与不同，与特定的时代"机遇"有关联，更与闵惠芬演奏风格的独到有关。有关此曲与闵惠芬的典故堪称是二胡演绎史上的一则佳话：1974年7月，中国艺术团成立，闵惠芬从上海音乐学院调入中国艺术团。进京后，文化部安排了几场外事演出活动中就有蒙古客人来观看的，为此，闵惠芬的演出节目除《江河水》《喜送公粮》外，就添上了《赛马》这首曲子。谁料到，《赛马》中有一段落已成蒙古国人民军的军歌。蒙古国外交部照会我国外交部说：不能把他们的军歌用于二胡曲。为此，闵惠芬请来了好友、著名女作曲家沈利群，让她把那段音乐拿掉，重新写了一段全新的。岂料，新写的乐段，不仅丰富了艺术情趣，也增强了乐段之间的对比，让乐曲更显活泼、明快、一气呵成。换句话说，这也使演奏时更加凸显出闵氏演奏风格。从此以后，社会上一直广泛流行的正是这一版本，闵惠芬走遍海内外，所到之处，已必加演这首《赛马》。

　　闵惠芬的演奏风格以耳目一新的时代感和崭新的风貌成了后来者广泛仿效的样板。她像一匹快骑，1974年携着《红旗渠水绕太行》，1975年携着《卧龙吊孝》，

1976 年携着《洪湖主题随想曲》，1977 年携带《阳关三叠》，1978 年携带陈耀星创作的《战马奔腾》，1979 年携带《宝玉哭灵》，1980 年携带《新婚别》，1981—1982 年携带《长城随想》，1984 年携带《川江》，1986 年携带《音诗——心曲》，1988 年首演关乃忠的《第一二胡协奏曲》和自己改编的《寒鸦戏水》，1991 年又首演刘念劬二胡协奏曲《夜深沉》……这些曲目几乎无一例外，诞生时犹如一道闪电划过夜空让人惊叹，又如焰火撒下万花似锦，弥漫开新的艺术气色。它们一路过来将闵氏演奏风格一路撒出去。撒于绿野，如沃土培育起下一代的"幼苗"（邓建栋、于红梅、刘光字、程秀荣等一大批二胡俊才均撰文说起过，当年就是听了闵惠芬的演奏才喜爱上二胡，并追随着她成长起来）；撒于天空，如彩霞映照出艺术发展的未来征程。现代二胡演奏艺术，由此在刘天华开辟的传统的基础上，又拓展开了新的里程。

上述曲目串联起，大概可以划出一条二胡这么多年来发展、推进的主干线。令人惊叹的是，除了《战马奔腾》，其余基本上是闵惠芬或首演或创意改编或参与创作的。闵惠芬和这些曲目的影响力涉及海内外，打动了各个不同阶层人的心。1974 年，费城交响乐团指挥大师奥曼迪听了闵惠芬的演出，对李德伦说："美丽的闵惠芬小姐是位超天才的演奏家。"美国艺术家集体为她的演出长时间鼓掌。叶剑英元帅生前经常邀请闵惠芬去家里作客，也是为了能零距离欣赏到她的二胡。朝鲜领导人金日成听了闵惠芬演出（《卧龙吊孝》《江河水》《赛马》）后握住她的手说："你的演奏把我迷住了。""某某同志送给我很多磁带，其中有《江河水》，我非常高兴。我除了自己听外，还叫我的家里人听，中国的民族音乐走在我们朝鲜民族音乐的前头。"（第二天，朝鲜国家艺术团的弦乐演奏家还前来拜访闵惠芬，向她学习二胡。）苏丹尼迈里总统听了闵的演出后感慨地说："听了《江河水》，我才知道中国人民的苦难与苏丹人民的苦难是相同的。"[4]

闵惠芬的演奏之所以能打动千千万万的听众，与她演奏艺术的追求有关，具体表现在她对曲目的选定和演绎的方式的独到性上。她所选定的演奏曲目往往有几个鲜明的特点：其一是往往蕴含着"时代的呼声"；其二是往往具有"史诗的成分"；其三是乐曲本身富有潜的感情张力。而她演奏时，往往又能将乐曲的这些"内在的质地"——给予富有感染力的表现。由此，我们可以看到这么一个现象：她所选定并演绎的乐曲，往往就成为当时那个时代（时期）的"二胡第一曲"而得到社会大众最广泛的认可。同时，这些乐曲一路过来，连成一段，又仿佛串起了一部用其二胡之声表述的宏大史诗。《江河水》一吐一个民族几千年来的悲愤；《红旗渠水绕太行》宣扬了 20 世纪 70 年代的一种时代奋斗激情；《洪湖主题随想曲》既忆革命传统又宣泄了粉碎"四人帮"时人民的喜悦;《宝玉哭灵》能让人们听之感动一辈子(闵惠芬就是被收音机中越剧名家徐玉兰的演唱感动得不能自己才将之改编成二胡曲);《新婚别》本身就取材于伟大的史诗,杜甫的名作;《长城随想》更是一部划时代的巨作。通观中国乐坛,能如此这般进行"二度创作"的,独闵氏一人耳!

三、独领风骚:实践并创设了"二胡演奏声腔化"的先进理论

是"独领风骚"!它指出了这么一个历史现象:在当代二胡艺术发展史上,特别是进入"闵惠芬时代"后,闵惠芬的演奏风格成了同时代的"风向标",大量的后来人狂热地追求并模拟着她的风格;闵惠芬成了二胡界的一面旗帜,导引着二胡艺术发展的主流方向。

但仔细分析一下,闵惠芬的艺术风格又分二个层面:一种是她的演奏情态,从她的运弓方式、指法应用、乐曲与情感的处理安排以及她演奏时的肢体语言。这是从她当年拍摄了《百花争艳》后便为广大二胡学习者所模拟与仿效的。另一种则是她的演奏原则,所谓演奏原则,是指她演奏的根本法则,按笔者的看法,就是她之所以几十年"不衰"(也可说"不败"),在乐坛上"独领风骚"的根本,即她演奏艺术中的"绝招"——"二胡演奏声腔化"的理论与实践。有关这一点,后人似乎至今也跟不上她的步伐。

"二胡演奏声腔化"是闵惠芬独创的理论。根据闵惠芬对笔者的介绍:它萌发于 20 世纪 70 年代,具体的时间是 1975 年。本来中国艺术团要出访美国,节目单都印好,闵惠芬是"头牌花旦",第一个。但突然宣布不去了,要她关起门来练"传统京戏"。后来才知是"重大政治任务":毛主席因患白内障,不能看书。于是有关机构就调集各地有关艺术家,录制毛主席喜欢听的传统曲目。闵惠芬是第一个被荐之做这一"奇事"的人。这是个艰难的"活",一开始,对着京戏谱子拉唱,刘诗昆、刘德海等一大批艺术家在门外听得慌,冲入门叫道:"小闵哇,你在里面呜哇呜哇哭什么呀?"后来京剧一代表演大家、杰出的京胡演奏大师李慕良先生被派来指导。具体的"教与学"的过程是这样的:他(李慕良)手操京胡先教闵唱,让闵先学唱片上言菊朋的唱腔,唱的尺寸对不对,节奏布局对不对,装饰润腔、吐字气息对不对都由李慕良先生鉴别,而后指点闵。"实在找不到感觉的时候,他亲自像教小学生唱歌般反复示范。"闵称李慕良先生"做出的尺寸就是真理",说也奇怪,

"只要照他的布局，顺着他做的暗示做，大轮廓就出来了"。

这是一段史学家和"闵学"研究者必须给予充分重视的史料——

此后三个月，李慕良先生针对大量京剧唱段，对闵作了艺术分析和技术剖析。闵惠芬讲到这段"国粹京剧"对她的"改造史"时，对李慕良先生对她指导的意义说得更直接："李慕良先生非同小可，音乐感觉太好了，他的音乐感觉就是'圣旨'（现在我的节奏，'铁板钉钉'准确，就是来源他教的京戏），而且一讲就懂。有错，只有我自己错，没有李老师错的——我们民族音乐节奏，'奇异'啊，可以松松紧紧，如才'松'了，一个转变，立马又还原了；但又是最稳定的。其中有着'欲强先抑'的辩证法和博大境界。"[5]

现在我们必须认真地想一想了：这段经历在闵惠芬身上甚至对二胡艺术发展推进中究竟产生了怎样的"化合作用"——闵惠芬直接的收获就是对乐曲的"角色感""性格感""润饰特征感""语韵感"有了明确的认识，从而对演奏的"自主性""整体感"等有了良好把握，形成她"还未出弓，就已进入角色"，从拉出的第一个音始，就让人对她的整体演奏有了了解。

再听听她自己是怎么说的：闵在《天梯》一文中，对自己跟李慕良学拉京戏后的一些体会做了如下表述：

"经过四个月的刻苦练习，我体会到，要演奏好这些传统戏曲唱腔，在解决熟悉谱子、制定了指法后，最重要的是树立音乐形象，模拟是初级阶段，而奏出活生生的音乐形象，包括有角色感、性格感、润饰特征感、语韵感，才能达到音乐表演的高层次，达到音乐艺术的真谛。"

什么叫角色感呢，就是"心中有人物，人物有形象有内心，彼时彼地，此景此情人物之表现"。

什么叫性格感呢，就是"戏曲由于不同艺术家的本人素质、文化程度、人生经历不同，艺术审美统统有较大差异，人情性格也统统有较大差异，因此我们要认真比较，加以区别。我追求'一人千面'"。

什么叫润饰特征感受呢，就是"我认为它是'韵'的另一种说法，任何中国的民族音乐都含有浓郁的'韵'味，它是由艺术家的修养、知识而产生的精妙微细的艺术手法或歌喉技巧，它是中国音乐的精髓。万分宝贵，失去了它将使我们听这些音乐时味同嚼蜡"。

而说到语韵感，闵惠芬则自豪地说，"只要一开始学唱这些戏曲音乐，语韵感立即融入我们的乐感，它是由中国人的四声形成，中国地域辽阔，各地方言浓重。从而形成的乐曲、说唱、民歌等语韵变化万千，这就要求我们的手做到意到声发，什么韵味手都能表现出来，而且要顺意到毫无操作痕迹，什么微妙的音韵都能流泻出来，这需要何等样的功夫啊！而练就这种功夫对我们这一辈从事民族音乐演奏的意义是何等重大啊！"也正是由此发端，闵惠芬从此一发不可收地迷上了中国戏曲音乐，先后把中国11个戏剧中的经典唱段移植到二胡上。移植过徐玉兰的越剧《宝玉哭灵》，移植过红线女的粤剧《昭君出塞》及昆剧中的《游园》等等。

从此，一股中国戏曲音乐的浩然之气浸入了闵惠芬的二胡艺术的"肌体"。

从后来闵惠芬的《博大境界中的民族神韵》一文中"我的追求"一节里，她对上述学拉京戏的经历对自己的演奏风格的改观、起的作用之大又作了补充说明：

一个从事演奏艺术的人，应该追求什么呢？我认为，把写在谱纸上的音符，把作品的意蕴情趣，把作曲家的乐思和在作品中倾注的情感。把自己心灵中最生动、最真挚、最富内涵的思绪，化作琴声，再现出来，显示其内在的美和灵气，把人们引向崇高的艺术意境，从而激起人们心灵的回响。这是我的艺术志向。

在进行演奏的时候，我为自己定下了一些表演的原则，集中起来可简化为四个字：情、气、格、韵。"情"：指演奏时情感要真切，要有分寸感，要情动于中，声情并茂，自然流露。"气"：要气韵通达，气质纯正，心随弓运，意到声发，隐迹立形（指演奏过程中不露处理痕迹）地树立起丰满的音乐形象。生气远出（指具有生命力的气韵贯穿和传送），从而达到"传神"之妙境。"格"：要有一个高尚的格调，使音乐具有"人格"、"性格"、具有"角色感"，音乐应该通过轻重疾徐、抑扬顿挫的音响描绘对象和特定环境，表现人们的各种思想和情趣。当我们演奏时，要努力进入"角色"，除了留下一根审视自己正常发挥技巧的神经外，应该不遗余力地投入音乐。"韵"：指音乐的韵味，要在传统的基础上，寻求我们民族的神韵，着意于民族音乐的语言美和器乐声腔化，把二胡的"绰、注、吟、揉、顿、挫、滑"等传统技法发挥得更具有魅力。这四者实际上是不可分的，是为了同一个目标——准确生动地为音乐形象服务。

这里的"进入角色"、"民族的神韵"等明显源起于李慕良的教诲。——是的，我断言，正是闵惠芬学习京剧演奏，特别是得到李慕良先生演奏艺术的真髓，使她悟到了演奏艺术中应该有的"角色感""性格感""语韵感""润饰特征感"等等性格特点，从而使她能驾轻就熟地驾驭《卧龙吊孝》等高难度的戏曲音乐演奏；——不，事实上闵惠芬独创的"二胡声腔化"理论，其超常的能量还远不只是让她能演奏戏曲或歌剧等"声腔"唱段，如她在"第二届闵惠芬二胡艺术研讨会"上开的"敦煌之韵——闵惠芬二胡演奏声腔化"专场音乐会上列出的《宝玉哭灵》（越剧唱段）、《游园》（昆剧唱段）、《昭君出塞》（粤剧唱段）、《洪湖主题随想曲》

（歌剧唱段主题），《逍遥津》《卧龙吊孝》《斩黄袍》《珠帘寨》（此三首为京剧唱段）等曲目，我以为，如将闵氏的"二胡声腔化"之演奏艺术功能仅停留在"戏曲或歌剧及其他声乐曲"的演奏层面上，那还只能说停顿在"初级阶段"，或说是仅停留在"表象"上；闵氏提出的"二胡演奏声腔化"具有极大的"潜质"，可以让我们进行再研究——我以为，闵氏的"二胡演奏声腔化"是对传统二胡演奏法所做的一次本体上的"大突破"，是一种类似于"革命性"的创造，她的最巨大的价值是在二胡界刮起日趋表象化的浮夸演奏风时，找到了"人格化"、"性格化"的路径，这就有了深度，使艺术多了"深刻性"——而"深刻性"是一切艺术首要的原则。在世界文学领域，据说，诺贝尔奖评选的唯一标准即是看作品的"深刻性"；或者说，正是闵老师二胡声腔化演奏中感悟到的"角色感"、"性格感"、"语韵感"、"润饰特征感"等使之产生了某种前所未有的艺术"合力"，从而使闵惠芬的演奏艺术以鲜明的个性"腾空而起"，超越于整个二胡界同仁，超然于整个时代，直至演奏出"惊天地，泣鬼神"的《长城随想》。是的，根据笔者的分析，觉得后来闵惠芬一定是自觉或不自觉地将这些心得用到了演奏《长城随想》中去了，《长城随想》成为了她把自己的志向、意愿在演奏技术上，即是"二胡演奏声腔化"所做的一次最具创造性的、具有深刻意义的实践和探索，从中提高了整个演奏的艺术格调。这也是之所以至今二胡界演奏《长城随想》依然无人能望闵氏项背之原因吧。

四、一面旗帜：将闵惠芬视为"中国民乐的一面旗帜"已成民乐界人士共识

程秀荣在一篇追述自己艺术成才过程的文章中记载过这样一个片断：1982年"全国民族器乐独奏观摩演出"，"我发现一大半的选手拉的都是闵老师首演并广泛传播的曲目"。而也是这一年5月，闵带病在第十届"上海之春"上首演《长城随想》，从而将二胡艺术推至登峰造极的高度。而在这前后，她在民族音乐尚陷入"低潮"时期，还出入各高等院校开"讲座音乐会"，硬是把原本迷恋在"迪斯科"中狂欢着的大学生，吸引到她的讲堂里来。难怪当年同样也是"伟大的"高胡演奏家余其伟就对病中的闵惠芬说，你不能倒，你是中国民乐的一面旗帜。

"中国民乐的一面旗帜"——这其实已是中国民乐界人士的共识。这面旗帜，30余年来，因其特有的表率意义，一起被选为全国人大代表或政协委员，并担任中国音协副主席与中国音协民族音乐委员会主任。

我们可以从下面的一份《1982年至今闵惠芬的主要艺术活动表》中可以看到"闵惠芬的二胡艺术及其对中国民乐发展的贡献"及其表率意义：

1982年至今闵惠芬的主要艺术活动表

（一）开展独奏讲座音乐会概况

从1982年至现在，闵惠芬用大量的精力、时间和各种方式开展普及工作。力图使遭受"文革"极大破坏，而后又受到经济大潮、港台流行音乐冲击的民族音乐走出低谷：

1982年12月，她已癌症手术后复发，但仍坚持在北京五所高校（清华大学、中央音乐学院、人民大学、北京师范大学、中央民族学院）和"日本人爱好中国音乐者协会"和一个企业单位举办了7场以独奏讲座音乐会为形式的普及型音乐会，引起强烈的反应。因音乐会配以深入浅出、通俗易懂的讲解，因此效果非常好，这为以后开展的大规模普及音乐会摸索了经验。

1987年3月，她六年大病初愈，化疗还未结束，即进入大、中、小学进行以独奏讲座音乐会为主要形式的普及工作。下面的记录为上海民族乐团资料室提供：1995年参加团里普及音乐会91场，其中独奏讲座音乐会21场。1996年参加演出75场，其中独奏讲座音乐会25场。1997年上半年参加演出45场，其中独奏讲座音乐会19场（此资料为闵惠芬赴北京参加第15次党代会发言时提供）。

1995年2月起，在江浙沪皖四地，闵惠芬还动员了老父闵季骞先生（琵琶独奏）一起举办独奏讲座音乐会，由闵惠芬自己讲解，丁言仪或王珑扬琴伴奏，仍是三人组合。曾去师范大学、镇江、丹阳艺术师范附小、吴江教育委员会、南京晓庄师范、徐州师范大学。1999年起曾在泗阳实验小学及影剧院、金湖影剧院及金湖水上小学，南通师范学院、海门市少年宫、江苏省中小学教学研究室、江苏省建湖县实验小学、江苏省森达集团公司、江苏省东台市人民剧场、安徽中国科技大学（3场）、安徽艺术学院、南京工业大学、东南大学、安徽大学……而上海40个高校和大量中小学的普及音乐会，她都是乐团的领头人、主力军。她在中共十五大面对江总书记的发言受到江总书记的表扬，称赞"闵惠芬的发言是诗的语言。"1998年在嘉兴为四省一市（安徽、浙江、江苏、上海等）百名基层民乐教师举办进修班。同去的有：古筝老师王蔚，琵琶老师李景侠、叶绪然，笛子老师俞逊发、张九斤，二胡老师郑丽华、周德荣。

（二）策划各种大规模的民族音乐活动概况

20世纪90年代，闵惠芬与上海音协、上音共同举办两届海内外江南丝竹比赛，不仅大大提高了演奏水平，起到了播撒推广的作用，还诞生了一批优秀新作品和演奏新人。后她又于2006年6月9日以中国音协民族音乐委员会和杭州市文化广播新闻出版局名义主办，在杭州策划组织了国际性的江南丝竹比赛。来参赛的有江浙沪各江南丝竹团体以及中国台湾、日本、新加坡的团体，展现了令人吃惊的水平，推出了新作新人。2007年11月3日以中国音协刘天华研究会的名义与江阴市政府和江阴音协联合主办江苏民族音乐节、江阴江南丝竹音乐会，使江南丝竹这一民族音乐之花绚丽盛开。

自2004年至2009年年初，每两年一次与徐州市政府、工会、二胡学会共同策划州市国际胡琴节。第一届于2004年主办，内容之一，12辆二胡历史人物花车组成与二胡1500人齐奏大游行，整个队伍拉长有四里路长，在徐州街道和风景区巡演，全城万人空巷声势浩大，极大地推动了该市民族音乐的发展。之二，邀请了60位中外知名的二胡演奏家担任独奏和伴奏，中央广播民族音乐团坐台，成功举办了7场大型二胡演奏会。之三，举行了《闵惠芬二胡艺术研究文集》首发仪式和"马友德先生新唱片《江河水》《霓裳曲》"的捐赠仪式。

自2005年起与上海音协、二胡专业委员会、上海市艺教委组织连贯五届举办长三角地区民族乐团汇演。第一届400人，20支队伍在上海音乐学院贺绿汀音乐厅举办，第五届发展到2500人参加，共65支队伍，该汇演以学生乐队为主体，大、中、小学校乐队唱主角，并邀请全国各地、世界各地民族乐队参加。特别是邀请各地的民间乐队，如福建厦门"南音"、莆田的"十番"、古老乐器"文枕琴"、浙江的"浦江乱弹"、广州的"情境广东音乐联奏"、松江的"十锦细锣鼓"、上海的"江南丝竹"、"潮州音乐"、城隍庙的"道家音乐"等等。他们的精彩演奏引起了专家学者的高度重要，为此又特别为他们举行专场演奏会（城隍庙的"道家音乐"和松江的"十锦细锣鼓"）进行专题讨论。每次参加汇演的学生乐队都表现出明显的进步，这使人感到策划这样的文化艺术活动意义深远。它鼓励青少年积极投入高雅艺术民族音乐的活动，培养青少年积极参与集体活动重视集体荣誉，通过互动观摩，大大促进了各乐队的上进心，对弘扬民族音乐起到了极大的推动作用。现长三角地区民族乐团汇演已形成了品牌，极大地提升了群众的民族音乐活动热情和水平。

在中国音协的领导下，于2005年11月2日成立了"中国音协刘天华研究会"，闵惠芬任会长，周巍峙部长亲自参加开幕式和揭牌仪式，会上通过了研究会名单：名誉会长、顾问、会长、副会长、正副秘书长，通过了研究会章程。开幕式当晚，由她和吴玉霞演奏了刘天华全部作品（地点：江阴群艺馆小剧场、江阴天华艺术学校伴奏、合奏，闵乐康指挥）。

于2006年在徐州国际胡琴节期间第二次举办了刘天华作品音乐会。

于 2007 年在太仓（江苏音乐节分会场）举办第三次刘天华作品音乐会并新辟了以刘天华为主题的演讲会（由方立平等演讲），宣传了刘天华为民族音乐奋斗的业绩、理念。

于 2008 年 10 月，在祖国台湾与台北市立国乐团联合举办以刘天华为主题的系列音乐活动：1.二胡比赛；2.刘天华作品音乐会；3.刘天华演讲会；4.二胡万花筒；5.二胡巨星音乐会。反应强烈，票房极高。

出版刘天华纪念册，重版以前的纪念册内容，新增新中国成立后至今纪念刘天华的活动内容、文选、成立扩建刘天华纪念馆的图文资料。

2008 年为上海民族乐团策划四场不同形式和内容的音乐会：1.“话说胡琴”；2.“声腔觅韵”；3.刘天华作品音乐会；4.诗与乐——“长城随想”闵惠芬二胡独奏音乐会。尤其是“诗与乐”创造了诗歌朗诵和民族乐器演奏结合的新形式，立即被邀请到马鞍山与镇江演出。马鞍山把该音乐会列为艺术节的开幕式，镇江把该音乐会列为文心剧场正式启动为高雅艺术剧场的首开音乐会。

（三）2000 年后对自己在艺术总结概况

2004 年在徐州国际胡琴节首发了《闵惠芬二胡艺术研究文集》。

自 2001 年至 2007 年出版四张 CD 唱片，收录了大部分经典重要曲目。其中《江河水》（六首乐曲）获香港“音响天地”杂志社举办的世界万张唱片比赛“十佳之最”（即第一名）奖；《霓裳曲》（十首乐曲）、《天弦》（八首乐曲）获中国十大发烧唱片奖，闵惠芬个人获音乐成就贡献特别奖；《风吟》（四首乐曲），四张唱片均为最新录音设备（环绕声）大制作。

配合上海艺术档案馆，把终生的艺术资料汇集，制作了六十张数码唱片，收藏于上海艺术档案馆恒温室。2003 年 12 月 26 同举办了“艺海春秋五十载”大型二胡独奏音乐会，并举办了全国性的学术研讨会。

2006 年 7 月 25 同举办“器乐演奏声腔化”闵惠芬二胡演奏会，并举办了全国性的学术研讨会。2006 年 11 月在南京首届江苏艺术节举办闵惠芬独奏音乐会。（以上三次大型音乐会总结和概括了她的终身艺术成就）

（四）为广大二胡爱好者总结了“二胡演奏法要领”概况

1. 总原则

科学和规范化的演奏法符合物理与生理条件，以最自然的感觉，以最少的力达到最好的效果。

2. 具体技术

（1）坐姿：端正坐，勿塌腰，双肩平，勿低头。

（2）左手持琴注意要领：

① 三个 45 度：前臂与琴杆、上臂与体侧、身体与琴杆各保持 45 度状态。

② 食指：第一指节与第二指节形成 90 度直角，食指右侧面靠近琴弦（指连系虎口处的侧面）。

③ 虎口持琴点与食指触弦点形成同一高度（从空弦音至同一弦的高八度任何把位）。DA 定弦固定音高外弦 2 以后则虎口在上，各手指在下。

（3）持弓要领：

① 食指第一指节为支点，拇指指肚为力点，两者成为力的反作用，切忌使劲捏弓杆。

② 拉外弦时拇指、食指低于手腕，拉里弦时拇指、食指高于手腕，拉外弦时弓杆搭在琴筒外侧，拉里弦时弓杆抬起离开琴筒。

③ 拉外弦时中指第三指节向外抵住弓杆，拉里弦时中指无名指肚抵住弓毛。

（4）运弓要领：

① 慢弓：

a. 出弓时肘部从腰间出发，进弓时肘部先回到腰间。

b. 上臂先行，前臂随行，出弓至弓尖时手心渐转成朝前方向（自照镜子时本人可见手心），进弓至弓根时，手背渐成朝前方向（自照镜子时本人可见手背），手腕均要放松，弓杆与身体正面成平行，弓毛与琴弦成 90 度直角。

② 快弓：

注意弓段位置基本上放在弓的中部，速度越快，用弓幅度越小。进出弓要平，切勿绕圈子。

③ 强、弱在运弓时的区别：

强时，手心转朝下方向；弱时，手心转朝上方向。强时，加宽运弓的幅度和压力；弱时，减少运弓的幅度和压力。特强音时强调弓根的运用。

（5）揉弦要领：

上臂、前臂稳定，自然产生支持左臂功架的力，揉弦时整个手掌上下扇动，各按弦指第二指关节放松，不按弦的指亦放松。上下颤动要形成惯性，各手指的压弦力，上下波动的幅度密度均要统一。强调连贯揉弦，按指时一触即发；若有特殊需要，才要迟到揉弦。

（6）换把要领：

① 慢速换把时手腕先行，快速换把时直上直下。

② 树立把位概念，勿孤立找音，换把时心中要有切把位置（"切把"即指食指

的把位位置），先换至切把点（如不是同一指，切把音要隐去不发声），再按所需音位。

（7）音准练习要领：

① 切把音要准。

② 严格区别大小二度、大小三度。

③ 七声音阶和五声音阶的练习同等重要，五声音阶时，有两个小三度音程需重点注意。

④ 研究乐曲的调式，在练习之前先练该曲的调式音阶。

结　语

"闵惠芬小姐是位超天才的演奏家"——这是国际上众多艺术大师对闵的至高评价，针对的主要是闵惠芬特有的演奏风格，包括她"二度创作"的超人才华。闵惠芬是"中国民乐的一面旗帜"——这是中国国内同仁对闵的至高评价，针对的是闵惠芬对中国民族音乐发展的突出贡献。

这两个评价基本上较完整地概括了闵惠芬的历史贡献和艺术品位，后人理应将之记载入史册。

"人民音乐家"，这个称呼在我国是种特定含义的指认，细想起来，大约有"时代歌手"和"人民最喜爱的"成分，当然还需要政府的认定，如聂耳、冼星海、贺绿汀。

闵惠芬无疑具有"时代歌手"的属性（这在民乐界少见），又扎扎实实被人民大众喜爱（这一点在民乐界属罕见），但如简单地将她与聂耳等同论，又恐怕会令人心生疑虑。但笔者在想，一个伟大的民族，其不同历史时期就应该有各具特色的"人民歌手"，或说是"人民音乐家"。可以这么说，如要从"时代性"及"最受人民欢迎"视角选择，闵惠芬又绝对称得上是"人民音乐家"的。是的，在我眼睛里，闵惠芬就是"人民音乐家"。

从年少时看电影《百花争艳》，为闵惠芬舞台风采折服，到之后几十年，一直被闵氏风采打动。特别是随着年岁之"老到"，格外追求事物的本真和深刻性，便愈发感到闵惠芬的二胡音乐之不可多得：往回看，"前无古人"是也；往后想，也不知何时能再造就出如此伟大的演奏家来。曾与一位友人设问：你对闵惠芬的评价？这位同样称得上是"伟大演奏家"的朋友沉吟片刻后缓缓道出的恰如我所思的答案：如纯谈技术，技术总会发展；但要讲到演奏的深刻性，那么，可以这样说，闵惠芬艺术的深度，过去没有人有过，以后恐怕也不一定再会有。自那以后，七八年来，这次非正式的"讨论"一直激励着我展开对闵的研究与思考，并已有系统的收获——那将是二个具有崭新视角的研究课题，而本文只是拉开了序幕的一角。

参考文献：

［1］胡志平：对闵惠芬二胡艺术的学习和认识［A］.傅建生、方立平（主编），闵惠芬二胡艺术研究文集［G］.上海音乐出版社，2004，198.

［2］朱昌耀：尊师·楷模·丰碑——记著名二胡演奏家闵惠芬［J］.人民音乐，2010，（3）.

［3］方立平：闵惠芬二胡艺术与她的"大中华心结"［A］.傅建生、方立平（主编），闵惠芬二胡艺术研究文集［G］.上海音乐出版，2004，262.

［4］傅建生：闵惠芬年表［A］.傅建生、方立平（主编），闵惠芬二胡艺术研究文集［G］.上海音乐出版社，2004，319.

［5］方立平：闵惠芬二胡艺术与她的"大中华心结"［A］.傅建生、方立平（主编），闵惠芬二胡艺术研究文集［G］.上海音乐出版社，2004.267.

刊于《中国音乐》2011年第3期

方立平：中国音乐协会刘天华研究会秘书长、上海文艺出版社总社编审。

闵惠芬演奏艺术审美创造的三个飞跃

——论《江河水》《新婚别》《长城随想》演奏的艺术境界

林 聪

闵惠芬先生作为世界弦乐大师、"超天才的演奏家"，在她的演奏艺术中充分体现出创造性思维活动，所产生的审美创造的飞跃，盛开出最美妙的艺术创造之花。从音乐表演美学角度分析闵惠芬二胡演奏艺术中的审美创造活动，可以体会到在审美创造活动中艺术形象塑造的感觉、注意、记忆、联想、想象、理解、移情等因素的审美心理过程，以及由审美心理过程所形成的审美心理机制的个性特征和演奏艺术的独特性。

闵惠芬二胡演奏艺术给我们带来最深刻的印象——心灵之感动！！

闵惠芬二胡演奏艺术体现出一种基于演奏主体的气质、人格、个性之上的，倾注了全部对人生、对社会深刻与丰富的体验和感受，有着丰满生动之趣，带着真挚的情感，形成蓄势于心、汪洋恣肆、磅礴而发的审美创造之"势与韵"！

闵惠芬的二胡演奏艺术具有强烈的磁性感染之魅力！！

闵惠芬二胡演奏艺术体现出一种审美创造力，表现出历尽沧桑之中华民族伟大魂魄和民族精神，表现出溢于天地之间、生机盎然、充满灵性、绚丽之极的艺术形象创造之"大美"！

闵惠芬先生的艺术之路上创造出那么多灿烂多姿的艺术之花！从宏观的高度来观察闵惠芬艺术创造的丰硕成果，可以发现这是一个多维、多变量和多层次的结构整体，是一个互相联系的艺术系统，充分反映出闵惠芬艺术思想的整体轮廓，表现出审美创造上的整体特色。《江河水》《新婚别》《长城随想》正是闵惠芬二胡演奏艺术中审美创造的三个飞跃，是审美创造的三个标志性成果，是审美创造中的精华之作。

审美创造的飞跃，来自于演奏主体在社会实践与艺术实践过程中所产生强烈的探求欲望和百折不挠的意志力；来自于演奏主体提出的创造性课题；来自于艺术表现灵感激发系统的诱发势态。闵惠芬演奏艺术将感性形象与审美意图相统一，进而生成审美意象，由循轨思维转化为转轨思维，产生飞跃性的艺术创造。

王国维在《人间词话》中论述道："古今之成大事业，大学问者，必经过三种之境界：'昨夜西风凋碧树，独上高楼，望尽天涯路。'此第一境也。'衣带渐宽终不悔，为伊消得人憔悴。'此二境也。'众里寻他千百度，暮回头，那人正在灯火阑珊处。'此第三境也。此等语非大词人不能道。"学贯中西受到近代科学文化熏陶的王国维的"三种境界"之说，概括了"养兴"来自于长期积累，苦苦追求。"感兴"来自于顿悟之灵感激发，触发感会的道理。闵惠芬先生的审美创造之路正是这"三种境界"的真实反映。闵惠芬先生在审美创造之理想指导下，经过"望尽天涯路"的艺术积累，"消得人憔悴"的艰苦求索，终于在"灯火阑珊处"发现了"伊"，实现了审美创造的飞跃。

审美创造的飞跃是演奏主体演奏艺术的质的飞跃；

审美创造的飞跃为艺术创造活动开启了新领域之门；

审美创造的飞跃引领着艺术创造活动的前进方向……

闵惠芬先生审美创造的飞跃，标志着将艺术创造活动——二胡演奏艺术提升到一个崭新的层次。

闵惠芬先生审美创造的飞跃，体现出具有鲜明时代特征，完美体现演奏主体审美理想、审美情感，"唤醒——民族的灵魂"的艺术表演的新境界。

一、《江河水》——大写意之悲壮美的审美创造

说到二胡曲《江河水》，引起我一段难忘的回忆……

我对于乐曲《江河水》的最初印象，来自于20世纪60年代中期上演的大型音乐舞蹈史诗《东方红》。《东方红》第一场"苦难岁月"，表现出在"长夜难明赤县天"的背景之下，在帝国主义、封建主义、官僚资本主义三座大山的压迫之下，劳苦大众忍辱负重、挣扎反抗、奋斗前行的真实状态。双管演奏的《江河水》成为该场配乐中的经典，如泣如诉的旋律使欣赏者为之动容。记得那时在观看艺术影片——大型音乐舞蹈史诗《东方红》之后，年少的我第一次被深深感动！彻夜未眠、辗转反侧，一幕幕史诗般的画卷再现在心中，特别是那《江河水》的配乐与人物场面具有张力的配合，使我产生那样强烈的感动！使我充满了那样充沛的激情……

60年代中期（1967年）我开始学习演奏二胡，凭着一本普及版的二胡演奏教

程，开始了自学成才的历程……当时，我有幸得到一份手抄本的二胡曲《江河水》，真是欣喜万分！由于处于"文革"时期之初，在"横扫四旧，荡涤一切污泥浊水"的狂风之下，根本不可能拥有学习民族音乐的音响资料。所以，我仅凭着对《东方红》之中双管演奏的《江河水》的印象与记忆，开始了自学演奏之路……后来登上了天津一中演出的舞台，为忆苦剧配乐，在演奏《江河水》时感动得自己热泪盈眶！……

1972 年我报考了天津音乐学院，这是"文革"后期第一次招收音乐专业插班学生。在专业复试中我演奏了自学的《江河水》，居然被选中录取了，并直接插入大学三年级学习，这对我来说真是喜从天降！进入天津音乐学院学习之后，我备感学习机会难得，夜以继日，发奋图强的刻苦练琴，学习状态可谓如饥似渴。特别是在观看了艺术影片《百花争艳》之后，为闵惠芬先生演奏的《江河水》而深深打动！非常敬佩闵惠芬的演奏艺术与卓越风采！第一次从专业的角度审识与解析《江河水》这首乐曲的演奏艺术，第一次对闵惠芬的演奏风格产生如此浓厚的学习志趣。闵惠芬的演奏情感真挚、热切而浓烈。悲愤之情如江河波涛汹涌、摧枯拉朽、一泻千里！我深深地思考：为什么闵惠芬先生演奏的《江河水》有如此光彩的艺术魅力？闵惠芬先生如何塑造出如此鲜活、生动、呼之欲出的艺术形象？闵惠芬先生的艺术创造如何使《江河水》这首乐曲展现出如此深刻的艺术境界？

情感是人作为主体对客观世界的一种特殊反映形式，是客观现实所激起的主体的内在心理反应。生理情感是审美情感的基础，而审美情感则是主体的审美需要、审美理想的满足。人的丰富情感是需要在外倾中充分表现出来的，"在自己心理唤起曾经一度体验过的情感，在唤起这种感情之后，用动作、线条、色彩、声音以及言辞所表达的形象来传达出这种感情，使别人也体会到这种感情——这就是艺术活动"（列夫·托尔斯泰《论艺术》）。艺术活动是情感表现的特殊形式，情感表现是艺术活动的核心内容。

在几十年艺术实践与二胡专业教学的过程，我一直在思考与研究闵惠芬二胡演奏艺术，特别是攻读硕士学位期间，较系统地学习了音乐表演美学、艺术心理学等专业理论，从学术研究的新的高度，来分析研究闵惠芬二胡演奏艺术之精华所在，发现闵惠芬先生提升二胡抒情性与感染力所做出的卓越贡献。

由于本人与《江河水》的特殊情缘，所以对闵惠芬先生在《江河水》演奏艺术审美创造更加着重研究。闵惠芬先生演奏《江河水》的审美创造过程中体现出：对音乐主题内涵定位的提升；情感表现诸因素的多方位扩展；润腔技法与二胡音色魅力的完美展现等方面的审美创造，这些审美创造的特征形成了审美创造的飞跃。

1. 提升音乐主题表现内涵定位

音乐以时间上流动音响作为物质手段来塑造艺术形象，主要通过人的审美感受来反映现实生活。首先，音响系统本身具有模糊现象。一个单音即是明确音，又暗示着无穷的可能性，音乐形象没有精确模拟的可能性，作曲家只能选择与人的各种情感状态近似的音响和节奏表达富于激情的感受与联想。音乐的力度符号只能表现一个相对的状态，存在模糊现象。音乐语言表达的逻辑重音变化，往往也要靠主体情感表现的需要决定。音乐语言表达中的音势与声形，要靠演奏主体情感表现的需求而主导实现。而闵惠芬先生出色地把握了音乐艺术的特性，集艺术积累与生活体验之大成，在审美创造中充分体现出主体的审美理想与艺术形象塑造的新高度。

《江河水》由东北民间乐曲到双管乐曲，再由双管乐器移植为二胡曲，在这个过程中乐曲题材、体裁、情感类型、表现手段等方面均发生了诸多的变化。闵惠芬演奏的二胡曲《江河水》所产生的感染力和影响力达到了前所未有的程度，其中主要的原因，就是乐曲表现主题内涵层次定位的提升。作为东北民间乐曲《江河水》原本是一首轻快乐曲，被应用在民间喜庆吹奏场面。双管曲《江河水》则将音乐表现情绪转变为悲情主题，将双管曲移植为二胡曲之后，《江河水》的悲情主题又成为了有着古代妇女具体形象的音乐表现定势。闵惠芬先生为了进一步拓展《江河水》的演奏张力，使乐曲的感染力达到最佳水平，对乐曲表现主题内涵进行了新的审识思考，进而提升定位的层次。

为此，闵惠芬先生曾经乘船沿长江三峡而上，感受江河之丰富势韵，寻觅中华民族不屈不挠的精神所在。当闵惠芬站在船头看到江边千百年来长江纤夫们逆水拖舟，多少代人与风雨搏斗，肩负重任，血汗流涕，在巨岩上留下的深凹的纤痕时，心灵受到强烈的震撼！一股激情涌上心头，突然感到穷苦大众坚韧不拔、坚强不屈的伟大力量之所在，感到《江河水》中内涵意蕴之魂魄。闵惠芬先生参观了大型泥塑《收租院》，被其中挣扎在饥寒交迫的生死线上的人物形象所震颤，那说不尽诉不完的人间辛酸与天下不平，使闵惠芬心中涌起一种强烈的抗争力量。"不在沉默中爆发，就在沉默中灭亡"，此时闵惠芬的心中"于无声之处听惊雷"，一种要为劳苦大众呼唤与呐喊的音乐表现主题跃然而生！……

闵惠芬先生将二胡曲《江河水》音乐主题表现内涵的定位提升的体现：

A. 突出了不屈抗争的民族精神

闵惠芬演绎的二胡曲《江河水》，将音乐表现主题内涵实现了突出对万恶的旧

266

势力的抗争精神的跨越定位，将悲哀与无奈之情，升华为悲愤而抗争的情感表现内涵，使音乐形象丰满而具有鲜活的生命力，具有民族精神鲜明的特征。使演奏主体的激愤"君临"江河，使"狂飙为我从天落"，表现出浓烈的悲壮美。

B. 塑造出"大我"之悲愤的音乐形象

在闵惠芬的实践与体验中，无论是长江纤夫们负重前行、坚韧不拔的群体形象，还是《收租院》中身背婴儿、手拉幼子，挣扎在饥寒交迫的生死线上的妇女之个体形象，都在她的心中留下深深的印象，这些形象留存在演奏家的潜意识中，体现在审美创造中。在闵惠芬先生《江河水》的演奏中，我们可以体会到音乐形象塑造已超越了"小我"之悲情，体现出具有劳苦大众整体意识的"大我"之悲愤。如在《江河水》的再现部演奏中，我们更多感受到一种抗争呐喊！这时的反抗与斗争，更多地表现出普天下广大劳苦大众的心声！表现出民族精神之魂魄！闵惠芬先生在《江河水》音乐形象的塑造中展现出一幅空前宽广而浑厚的音响画卷。

C. 情感表现的多维度体现

情感作为一个整体结构，反映出主体的生活积累、情感体验、审美情趣、人格因素、文化修养，不同主体的情感整体，反映出在丰富性、深刻性的不同层次。闵惠芬先生演绎的《江河水》，由于提升了主题内涵与音乐形象塑造的定位，从而产生了情感表现的多维度拓展体现。

情感强度：表现出由低弱到高强的变化幅度的拓展。

情感复杂度：表现出悲伤、愤怒、惊愕、恬静、爱恋、痛苦、激昂等情感形式。

情感的紧张度：表现出由松弛到紧张的宽幅强力变化的拓展。

情感的节奏模式：以情感的扬、抑、强、弱、长、短、连、断，形成富于变化，并有一定规律的有序组成，形成独特的、有效的情感节奏模式。

闵惠芬先生对于《江河水》音乐主题表现内涵的独到定位，使演奏艺术得到了全面的提升。闵惠芬演奏的《江河水》感动了几代音乐专业人士与广大观众，产生了广泛而深刻的轰动效应。著名世界级指挥大师小泽征尔欣赏了闵惠芬演奏的《江河水》之后，被感动的伏案恸哭，给予极高的艺术评价，盛赞闵惠芬二胡演奏艺术的感染魅力。

2. 润腔技法与音色变化魅力的完美体现

润腔技法是民族歌唱艺术为了突出民族风格与韵味，对唱腔加以各种润色、美饰的技法。主要润腔方法有连音润腔法、断音润腔法、装饰音润腔法、音色变化润腔法、声音造型润腔法、力度变化润腔法、节奏节拍润腔法等。

二胡演奏实际上是一种歌唱功能，是将内心歌唱通过演奏而外化表达的独特方式。二胡因其乐器构造对音色特性的定位，在演奏中能够通过运弓产生摩擦而使琴弦不断震动，能够通过左手不同的激发手段造成音色变化多元组合的优势特征，从而具有了对人声的模拟功能，具有独特的音色魅力。闵惠芬先生出神入化的发挥了二胡的歌唱功能，"琢磨如何在二胡上完美地'唱'好这首歌"，在艺术实践中使二胡音色的魅力发挥到了极点。

闵惠芬先生在《江河水》的演奏中为了表达丰富的情感层次，运用了多种润腔技法，通过发音的共鸣焦点变化，使音色的表情得到富于磁性感染力的变化：

A. 提音的共鸣位置靠后，产生的音色含蓄、缥缈、恬淡、深远。闵惠芬先生在演奏《江河水》中间乐段若有所思的旋律时，就非常出色地运用提音的音色变化手段，准确、生动地表现出音乐形象之凝思、回忆、爱恋等情感形态。

B. 穿顶音的共鸣坚固、通畅、高亢、振动充分，使音色具有坚实、敦厚、丰润而具有穿透力的特征。闵惠芬先生在演奏《江河水》再现部乐段中就充分运用了穿顶音的音色变化，淋漓尽致地表达出胸中江河之波涛汹涌，将音乐形象的抗争精神转化为向旧势力控诉的呐喊咆哮！

C. 声音造型润腔法在声音形象的塑造上，采用俏音、哭音、泣音、笑音等表现手段，来渲染情感氛围，表达情感特定形态。闵惠芬先生在演奏《江河水》第一段与再现部时，就运用了这种润腔技法，充分发挥了二胡无指板的演奏特色，运用重压揉弦与不揉弦音的强烈对比，形成哭音的音响效果，以极富弹力的变化力场，达到了扣人心弦的感染效果。

D. 装饰音润腔法运用倚音、滑音、直音、颤音等手段，使唱腔韵味浓厚，声音色彩变化丰富。闵惠芬先生在演奏《江河水》中，独到而丰富的运用了这种润腔技法，如垫指滑音、回转滑音、倚音、上下滑音独具个性的恰当运用，使声音形象生动，音色极富韵味。闵惠芬先生装饰音润腔技巧在疾、徐、轻、重、刚、柔、明、暗、虚、实、润、涩等体现出具有符合音乐形象塑造要求、极富创造力的运用特征，使音色表情与音乐形象塑造高度完美统一。

E. 闵惠芬先生对中国民族民间音乐、戏曲、曲艺有着非常深厚的积淀，认为要树立润腔特征感和语韵感，在演奏中要"依字行腔"。在《江河水》的演奏中，闵惠芬先生在运弓方面更有独到之处。在演奏每个音时，讲究运弓在弓头、弓腹、弓尾的变化，使运弓如行腔，注意每个音符发音时声母、韵母的特征，使发音有了字头、字腹、字尾之丰富变化。闵惠芬先生在字头发音的迟、速、软、硬，字腹延音的圆、尖、阔、狭，字尾收音的急、缓、强、弱、锐、钝等变化，使运弓如有神，产生了幅度宽阔的张力变化，形成如泣如诉的音响效果。闵惠芬先生的运弓是极具声腔表情的，在《江河水》的演奏中体现得尤为突出，非常高妙的充分发挥了二胡竹质弓杆的弹性特征，使演奏弓法形态变化百千，这是闵惠芬先生二胡演奏艺术魅力的所在。

闵惠芬先生《江河水》演奏艺术的审美创造，实现了审美理想的目标，产生了具有特殊意义的飞跃。这个飞跃将突出民族精神主题、"大我"之悲愤的音乐形象塑造、情感的多维度表达、民族音乐语汇韵味体现、二胡音色魅力张显等都提升到一个前所未有的高度。这一飞跃使闵惠芬《江河水》演奏艺术达到感人肺腑、惊心动魄的悲壮美境界，使闵惠芬二胡演奏艺术独领风骚。

二、《新婚别》——意境创造的独特体现

古人曾把艺术创作分为"从天籁来"和"人巧得"。认为"人巧"产生艺术次品，但同时指出，"虽云天籁，亦须从人功求之"，"人功未极，则天籁亦无因而至"。概而言之，审美创造的自动性依然源于艺术家的生动实践和主动的艺术探索。"既然人天生就是社会的生物，那他就只有在社会中才能发展自己的'天性'。"①

二胡音乐的特定内容是非常丰富的特定音乐。纵看，表现中国几千年的文明史；横看，表现不同地区、风格、民族的音乐语汇。演奏主体要准确、适度、充分地表现在这纵横交错的焦点之中的特定音乐情感，这成为审美创造的核心内容。闵惠芬先生演奏艺术的审美创造充分反映出在生活实践、审美活动实践中，经验积累与创造性课题的提出，反映出对音乐作品内涵直接准确地把握能力，反映出大师的审美创造之卓越风采。

20 世纪 80 年代初，我作为天津音乐学院的青年二胡专业教师，在中央音乐学院师从蓝玉崧先生进修深造。记得有一次专业课上，蓝先生让我欣赏了闵惠芬《新婚别》的演奏录音，特别推荐了闵惠芬的演奏艺术。当时，这部二胡协奏曲刚刚问世，《新婚别》的音响资料和乐谱尚未正式发表，所欣赏的《新婚别》是由闵惠芬独奏、上海民族乐团协奏刚刚录制的音响资料。这对我来说真是有一种捷足先登的欣喜。欣赏闵惠芬那感人的喜悦、恬静、柔美、舒广、幻想、激昂、

① 引自《马克思、恩格斯全集》第二卷。

依恋、悲愤、壮烈等多种情感交织，具有文学性、戏剧性的精湛演奏艺术之后，使我非常感动！感慨！这是第一次欣赏到如此大型的二胡音乐作品，其叙事性、文学性、戏剧性的音乐语言和结构布局，标志着二胡音乐创作走向一个崭新的领域。而闵惠芬先生的二胡演奏艺术将这部大型音乐作品诠释得如此鲜活、生动，音乐表现力如此宽广而具有冲击感，如此扣人心弦！我惊喜于欣赏到这样一部精湛的音乐作品，更惊喜于欣赏到闵惠芬先生的审美创造之佳作。于是马上复制了《新婚别》的录音资料，又将乐谱手抄收藏，从此开始了对《新婚别》的研究实践与专业教学的历程……

　　一部音乐作品的诞生渗进着作曲家的丰富情感、审美知觉、审美理想，形成了具有特定表现形态的意象。但是作为人类精神的感情化的音乐艺术作品，是不能用绝对精确严密的思维方式和数学式精确控制做出解释的。音乐作品作为符号系统，其中的音乐符号和演奏符号都只能表达出一种相对的状态，具有一定的模糊特征。这就为演奏家提供了审美创造多样性的可能。演奏家将符号变成鲜明艺术形象的音响结构，这里必然有在一个由表象到意象再到艺术形象的变化过程。郑板桥提出画竹的过程有着"眼中之竹""胸中之竹""手中之竹"三个不同的阶段，认为推动这三个过程的是"变相"和"化机"。对二胡演奏主体来说，这三个过程就是将二胡音乐作品通过审美二度创作，实现"知觉化""审美化""音响化"的三个步骤，这就是二胡演奏主体独特性体现的内涵。

　　《新婚别》这部大型音乐作品是作曲家根据唐代诗人杜甫的同名叙事诗而创作的。表现唐代的"安史之乱"、刀兵四起给人民带来的深重灾难。为了平息叛乱，朝廷四处征兵，使一对新婚夫妇"暮婚晨告别，无乃太匆忙"，"君今往死地，沉痛迫中肠"，"人事多错迁，与君永相望"，由"迎亲"到"惊变"、"送别"的感人故事与凄美的情感过程。闵惠芬先生对杜甫的"三吏"、"三别"的诗作进行了系统的研究，查阅了唐代"安史之乱"的大量历史资料。站在历史的制高点，俯视苍茫大地、莽莽九派，如身临刀兵剑戈、乱世纷杂，体味民不聊生、艰难挣扎的生存状态，明晰民族与国家利益之大义。闵惠芬先生准确把握二胡曲《新婚别》内在深层情感内涵，完美阐释音乐符号意义和关系，把握艺术风格、演奏技巧，在艺术表现中体现出主体的独创性，将审美创造的"眼中之竹""胸中之竹""手中之竹"连成一个完整过程，出色地完成音乐形象的塑造。

　　闵惠芬先生在《新婚别》的审美创造主要体现在"意境"的创造。"意境"是中国古典美学的一个重要范畴。唐代诗人王昌龄的《诗格》中论述道："诗有三境，一曰物镜……二曰情境……三曰意境。"关于"意境"的研究将追溯到先秦时期的哲学思辨。"意境"理论研究在唐代出现了第一个高峰。清代王国维在《人间词话》中提出："境非独谓景物也。喜怒哀乐，亦人心中之一境界。故能写真景物，真感情者，谓之有境界，否则谓之无境界。"在"意境"两个字中，意，指的是"意象"，境，指的是"境界"。"意境"是艺术家所追求的高级层次。意境美给人以丰富的审美想象和审美感受，是心境应合神形兼备的艺术境界。对于"境界"的追求，体现在艺术实践中深刻揭示人生真谛，表现对于自然之美的特定感受，让心泉中喷涌而出的真实情感，将"意象"美进行升华，充分表现出二胡演奏主体的艺术追求，营造出瑰丽而闪烁着崇高审美理想之美的艺术境界。对"意境"的创造表现出典型的中国音乐特征和中国音乐气派。

闵惠芬先生《新婚别》演奏艺术中的审美创造有如下特征：

1. 独具特色地发挥了情感形态对艺术知觉的唤情作用

"意境"的创造要靠演奏主体的艺术知觉经验，在审美创造中激发起情绪的记忆和情感的回忆，激活往昔的艺术体验，产生对过去审美评价的再现，来创造出新的艺术境界。情感对艺术知觉有着重要的唤情作用，体现出对主体自我实现的情感形态的艺术需要。

在情感对艺术知觉的唤情作用中，分为静态唤情结构和动态唤情结构。

A. 对静态唤情结构的把握应用

静态唤情结构，由声音、线条、色彩、静态关系等组成，这些因素与情感有着密切的联系。《乐记·乐本篇》云："是古其哀心感者，其声心希；其乐心感者，其声以缓；其喜心感者，其声法以散；其怒心感者，其声粗以厉；其憎心感者，其声直以廉；其爱心感者，其声和以柔；六者非性也，感于物而动也。"在不同情感表现方面，呈现出不同的声音特征。再如，线条的长短、曲直、粗细等形态都是具有不同情感表现的倾向。帕克在《美学原理》中论述："水平线传达出一种恬静的情感；垂直线表示庄严、高贵与向往；扭曲的线条表示冲突与激励；而弯曲的线条则带有柔软、肉感与鲜嫩的性质。"音乐旋律线条变化同样呈现出这些情感与感受。不同色彩的变化也会给人带来不同的感受：红色体现出热情，黄色使人感到幸福，绿色充满生机与希望，蓝色呈现出深沉与平静等等。

闵惠芬先生在《新婚别》的演奏中充分发挥了静态唤情结构的功效。诸如在音色变化方面的体现：为了表达"迎亲"中少女欣喜与羞涩的音乐主题，在音色表情上呈现出柔美、润泽而具有细致的浓、淡、厚、薄变化起伏的独特形态，使乐曲演奏在开始部分就拨动了欣赏者的心弦！使音乐形象生动而鲜活！在旋律线条表现方面也具有突出特点：在"迎亲"后半部"幽静的慢板"的演奏中，闵惠芬先生将十小节的慢板形成一条长长的旋律线条，在换弓、换把中场保持了线条的连贯性，又稍加微微地起伏，营造了恬静而温馨、微波荡漾、恋心相依的音乐"意境"。为了实现连贯演奏的长线条表现，对演奏技巧提出极高的要求，突现了演奏技术技巧的拓展。

B. 对动态唤情结构的把握应用

动态唤情结构，由动作、姿势、表情、动态关系等因素所构成。苏珊·朗格在《情感与形式》中提出："姿势是生命的运动。对它的表演者来说，非常明显。它就是一种动的感受。""是什么控制实际动作的表演呢？是一个真实的人的情态。它类似于音乐表演（即用适应的物理形式把想象中的情态细腻地表现出来）中控制音调创作的人的情感。"动态结构表现出主体情感表现的需求，动态因素根据一定方式组合起来，就构成动态唤情结构。

闵惠芬先生在《新婚别》的演奏中，在肢体语言的运用，运弓的多种变化形态，左手按弦的方向、角度、力度、速度、触弦面的不同变化，多种装饰音技法的综合运用，双手配合技术动作的对标性与非对标性变化等方面表现出演奏主体强烈的情感表现需求。例如在"惊变"这一段戏剧性冲突非常突出的乐段表现中，闵惠芬在紧打慢唱的段落中，弓头发音刚强，冲击力大，弓腹、弓尾具有多种变化形态。在弓速变化方面时疾、时徐，表现出宽广的张力。左手的重揉弦、滑颤音等技巧的应用，表现出惊愕、呼嚎的音乐表情。在快板部分运弓颗粒性极强、八分音符与十六分音符的快弓组合，三连音的疾风暴雨般运弓的表现，使音乐达到极高的紧张度。闵惠芬先生通过运弓在速度、角度、弓毛擦弦位置和压力的变化，左手快速变化指距组合与大跳换把的应用，造成音乐声形的大、小、阔、狭、圆、扁，音势的流动宏大、纤细、硬、软、锐、钝等变化形态，产生了强烈的音乐渲染效果，形成悲壮之意境。闵惠芬先生演奏艺术中还有一个重要特点：就是肢体语言的运用。欣赏闵惠芬先生的演奏，那舞姿迁翮、行云流水、刚柔相济、实虚相映的肢体动作语言的艺术感染力，使我们感受到闵惠芬先生演奏魅力之所在！感受到情感表现的"意境"之所在！

2. 创造了多元的"意境"类型

闵惠芬先生在《新婚别》演奏艺术中的审美创造，构成了与乐曲特定情感模式的"知觉同构"，将艺术经验、生活经验的积累升华为对人生、对社会的感悟，使内心情感活动达到高潮，进入"意境"创造的最佳状态。

A. "造境"的艺术体现

"造境"是二胡演奏主体按照审美理想来创造出的"意象"与"境界"。"造境"中更突出地体现主体的感情趋向，更加体现出主体的主观性。在二胡演奏的审美创造中，当主体情感抒发占主导时，即是创造审美理想世界的开始，体现出一种新的质。例如，月亮本是客观存在，没有任何感情意义，但当演奏主体的情感作为主导时，演奏主体心中的月亮就变得多情多义，而具有生命活力。闵惠芬先生《新婚别》的演奏审美创造中就典型地体现出"造境"之创造。在"迎亲"中为表现出一对新婚夫妇之间的温柔多情、缠绵悱恻，以及对新生活的向往、憧憬，通过旋律线条的形象体现和音色表情的柔婉、甜美、圆润、清亮，营造出月光皎洁、微波荡漾、红烛洒暖、轻帐婀娜的意境，使欣赏者产生审美联想，完美地表达了音乐特定的内涵。

B. "有我之境"与戏剧性的音乐表现

王国维提出"有我之境"就是"壮美之境"。"有我之境"的艺术表现特点是"以我观物，故物毕着线之色彩"。演奏主体的情感可以"君临"万物。在"有我之境"的审美创造中，定向、推动、结构均由一种强烈的情感贯穿始终。"当其感不至，则情不深；情不深，则无惊心而动魄，垂世而运行。"闵惠芬先生在《新婚别》的审美创造中，体现出情感真挚、有感而发、由衷而发的特点，将"有我之境"创造中的情感作用发挥到极致。在乐曲的"送别"一段表现了"君今往死地，沉痛迫中肠"，一对新婚夫妇之间凄婉悲愤、撕心裂肺、难分难舍的悲情场景。人生得意之"洞房花烛夜"，但新婚别离却是如此的悲烈！多少倾诉在心中，多少真情在心头！"风萧萧兮易水寒"天亦垂泪，江河呜咽……闵惠芬先生如泣如诉的演奏，层次清晰，丝丝入扣，表现出在 Mi－Si 弦最佳音区里音色特征，在音乐主题的第一次呈示时，运弓中特别注意在长音上的变化。如第一个音的进入，弓头缥缈、弓腹圆阔、弓尖虚幻的演奏，即刻将欣赏者带入"意境"之中——引人入胜。不揉弦音与压揉弦音的张力对比，原把的三度滑音运用、单音有实音、泛音与揉弦音之变化。揉弦又有揉、压、抠、滑等多种变化，从微细的吟音到大幅度的揉颤，随心所欲、张弛有度、扣人心弦！在"送别"的高潮部分，闵惠芬先生将音乐层层推进，会当凌绝顶，飞瀑而下！运弓力度如力拔山兮、鞭抽斧砍，运弓的势态如江河奔涌、摧枯拉朽，音乐惊心动魄、淋漓尽致！使"故物毕着我之色彩"，创造出"有我之境"，汪洋恣肆之情感表达满于山川，溢于江河！

闵惠芬《新婚别》演奏艺术实现了审美创造之飞跃。在审美创造中精湛诠释与展现了二胡发展史上第一部具有叙事性、文学性、戏剧性的大型音乐作品，充分、准确地表现在历史风云与人间真情纵横交错之焦点。在二胡演奏艺术的审美创造中实现了中国古典美学重要范畴的"意境"创造，体现出艺术家审美创造的高级层次，营造出瑰丽而闪烁着崇高审美理想之艺术境界，表现出典型的中国音乐特征和中国音乐气派。

三、《长城随想》——表现史诗画卷 的二胡演奏张力场

　　情感作为主体对客观世界的反映，整体包括由单一到复杂的丰富内涵，体现出人的精神。情感作为一个结构整体，各组成元素间体现出一种"力的结构"的特征。格式塔心理学认为：任何结构整体都存在着一个力场，各元素间相互作用感觉为力的作用，并在整体力场的制约之下形成一种有机的力的结构。

　　对于情感整体结构各元素之间力作用和各元素力的结构关系的解释，可以从心理学家鲁道夫·阿恩海姆的论述中得到启示。在《艺术与视知觉》一书中，阿恩海姆举出了这样的例子：在一个正方形中画一个小的黑色圆面，当将这个黑色圆面从中心位置移动到其他不同位置时，观察者看上去这个圆面就好似"向着一个特定方向运动的趋势"，"显示出一种相对于周围正方形的内在张力"。结论①由于圆面运动具有一定的运动方向和量度"就合于物理学家对'力'的定义"。②由于这种力产生于人的内心深处，是主体的心理感觉。"虽然这些力的作用是发生在大脑皮层中的生理现象，但它在心理上都仍然被体验为被观察事物本身的性质"。③这是人的心理活动的知觉力的体现。相对于物理性质的力场，人的大脑也存在有一个相应的具有场的属性的系统，情感的各种状态的兴奋与抑制的过程，也体现为心理力。经科学证实，这种力是存在的，由大脑中生物力场所引起并决定的。中国古代文学家司空图在《诗品》中指出：诗贵在离形得似，深化无迹，妙景独造。关键作用在于诗人的"情性"。诗的佳作即是"只见情性，不著文字""涵盖万有"的心理场的具体体现。西方格式塔心理学派也提出艺术活动就是创造一种心理知觉上充满张力的"心理场"。在这个"心理场"中充满左右冲突，上下通达的张力形态。例如在艺术活动中画家创造"楔形"图像，会使欣赏者感到一股上升的力量；创造"椭圆形"图像，会使欣赏者感到一种向前流动的力量；创造"五角星形"图像会使欣赏者感到星形的每个尖都放射出冲击的力量。这些就是"倾向性"张力的具体体现，是体现一定情感倾向的现象。

二胡演奏艺术作为艺术创造性活动，是情感表现的外倾形式。二胡演奏存在由"心理力"到"物理力"的张力场，是一个独特结构的有机系统。在这系统中首先是情感的"力的结构"，包括：①情感类型（喜、怒、哀、乐、爱、恶、惧），②情感层次（情态、情势、情境），③情感节奏（情感的时值、高度、语调、语势），④情感维度（情感的强度、复杂度、紧张度、快感度），⑤情感动力（平稳力与运动力）。演奏的"力的结构"包括：①音乐语汇（曲式结构、旋律线条），②音色状态（刚、柔、浓、淡、厚、薄、明、暗、实、虚、华、朴、圆、尖），③律动织体（节拍、节奏、力度、速度），④演奏特性形态〔各专项演奏（唱）技术、技巧〕，⑤演奏的综合形态。

主体情感的"力的结构"与二胡演奏的"力的结构"组成二胡演奏的张力场。在这个张力场中各种张力之间相互渗透、制约、反补、争抗、因依、联结、转化，使二胡演奏中体现出丰富的"力的趋向"，如同箭在弦上、水积渊中，向着即定的方向进发、飞动，形成充满张力变化的运动感，使二胡演奏的张力场呈现出生机勃勃、波澜壮阔的态势。

作曲家刘文金先生创作的二胡协奏曲《长城随想》，全曲由"关山行"、"烽火操"、"忠魂祭"、"遥望篇"四个乐章构成了一幅内涵博大、气势磅礴，表现中华民族伟大魂魄和光辉历史的画卷。《长城随想》这部经典作品，包涵这基本语义信息，更重要的是还叠加审美信息。当人们站在长城那巨大的身躯上，体验到"望长城内外"的情景时，能够联想到什么？是遥远的战争？是艰难的工程？是民间动人的传说？还是从它身旁流过的漫长岁月？……可能每一位登临者心中的联想都有独特的内容，根据不同的文化修养、生活积累、审美感受和情绪记忆呈现出不同特征。作为二胡演奏主体如何在准确表现出乐曲的基本语义信息的同时，将审美信息充分表现出来，将主体的审美感受充分表达，表现出《长城随想》内涵中的中华民族伟大魂魄和坚强不屈、奋发图强的民族精神，这是二胡演奏主体需要认真研究的课题。

闵惠芬先生演绎的《长城随想》非常出色地回答这一个课题。闵惠芬先生的审美创造充分体现出"随想"中的创造力，以崇高的审美理想，站在审美创造的制高点，拓展审美情感的丰富形态，提升演奏层次的"力的结构"，拓展二胡演奏的张力场。

1. 情感表现"力的结构"的特征

格式塔心理学认为客观世界的物理力和人的内心世界的心理力，在形式结构上是"异质同构"的。虽然两者之间质料不同，但物理力和心理力都是力的结构。例如，海浪惊涛拍岸，在礁石上击发出千万重冲波，这种大起大伏、大张大驰的动态变换结构，与人的情感的激发、狂野、奔放的动态结构形成同构关系。同样，人的情感的"力的结构"与演奏"力的结构"也是同构的关系。在这里情感的"力的结构"起着主导的作用。

1978年中国艺术团访美之际，参观了联合国大厦，闵惠芬先生和作曲家刘文金先生走进为各国代表开放的休息厅，一幅巨大的彩色壁毯——万里长城图映入眼帘，这幅巨作气势雄伟、光彩夺目。展现着长城所体现的中华民族的魂魄，诉说着中华民族光辉的历史。此时身在异乡的艺术家产生了强烈的冲动，一种自豪之情油然而生，找到伟大祖国自立于世界民族之林的最强有力的标志，相约要创作一部以长城为题材表现中华民族魂魄的民族器乐作品。回国之后，闵惠芬先生又登临长城体验，感慨万千，动情之处泪如泉涌。在思考与创作中唤起多层次、多维度的情感体验，触景生情，想象驰骋，使心中的审美意象清晰明确，使审美创造的艺术形象磅礴而出。闵惠芬先生说："一个从事演奏艺术的人，应该追求什么呢？我认为，把写在谱纸上的音符、把作品的意蕴情趣、把作曲家在作品中所倾注的情感，把自己心灵中最生动、最真挚、最富内涵的思绪，化作琴声再现出来，显示其内在的美和灵气，把人们引向崇高的艺术意境，从而激发起人们心灵的回响。这是我的艺术志向。"闵惠芬先生站在艺术高峰之上，领略到"山舞银蛇，原驰蜡象""苍山如海，残阳如血"的壮丽之美，豪发出竞风流的宏伟创意。

从宏观的角度观察闵惠芬先生《长城随想》演奏艺术的情感"力的结构"的特征：

① 在审美创造中首先提升了情感层次，将"崇高之美"体现在情感形态、情感动势、情感境界之中。以全新的审美视野，彰显充满丰富体验与感受。将情感心理力的蓄势、强化、流动、缓冲、转向、奔放、抑制等情感形态与动势，奔涌升华到中华民族精神塑造的情感境界之中。

② "关山行""烽火操""忠魂祭""遥望篇"四个乐章的音乐表现是以"随想"性为特征的，演奏主体的艺术"心理定式"就在审美创造中产生着主导作用。其定势结构包含几种因素：a. 主体艺术与生活经验。b. 主体的需要和动机。c. 主体的政治信仰和价值观念。d. 主体的人格、志趣和文化素养。e. 主体情绪和心境。闵惠芬先生《长城随想》二胡演奏艺术，体现出一种处于积极定势效应中的知觉，一种调动了主体对于"长城"这一审美对象的全部情绪记忆和全部经验的知觉。同时又表现出中华民族社会群体实践的历史积淀，表现出审美感受的历史的人性的共通的心理基础，表现出存在于中华民族特有的审美理性、审美趣味的"集体意识"。在"随想"的审美创造中，大大提升了二胡情感表现的时值、高度，在情感的强度、复杂度、快感度等方面都表现出一种前所未有的创造力。

③在审美创造的过程中大大丰富了二胡表现的情感类型，彰显出多种存在于中华民族"集体意识"中的自豪、舒广、柔美、幻想、激昂、壮烈、沉静、慰念、深沉、坚定、向往等情感类型，创造出《长城随想》之"大美"！通过二胡演奏艺术表达这种源于中华民族"集体意识"中的，激荡于天地之间，生机盎然于壮丽的祖国大好河山的"大美"，是闵惠芬审美创造在《长城随想》演奏艺术中的重要贡献！

2. 二胡演奏"力的结构"的特征

二胡演奏作为审美创造活动，是情感表现的外倾形式，存在着由"心理力"到"物理力"的张力场，是独特结构的有机系统。音乐作品的曲式结构，旋律线条，节奏、力度、速度等，二胡演奏的弓法、指法技术、技巧，形成上与下、左与右、前与后、明与暗、强与弱、实与虚、刚与柔、疾与徐、浓与淡等对应张力，构成二胡演奏"力的结构"。

闵惠芬先生《长城随想》演奏艺术中，演奏"力的结构"特征有如下体现：

①体现出在模糊思维指导下的演奏张力场。模糊思维是现代科学领域提出的新概念。美国科学家查德在《模糊子集》中首先从科学意义提出这一概念。控制论的创始人维纳指出："人具有运用模糊概念的能力。"人运用模糊概念进行模糊思维的特点，最突出体现在艺术活动方面，形象思维有着明显的模糊特征。人类精神和感情物化形态的音乐作品，是不能用绝对精确严密的思维方式和数学式的精确控制来演绎的。音乐以在时间上流动音响为物质手段来塑造艺术形象，音响系统本身具有模糊现象，单音即是明确的音，又暗示着无穷的可能性。音乐旋律的动机、线条、结构、节奏、力度等的长短、上行、下行、顿挫、强弱变化，也只能体现作曲家所选择的描写的与人类各种情感、气质，心理状态近似的素材，体现出作曲家的感受与创意。刘文金先生创作的《长城随想》是一幅内涵中华民族光辉历史和伟大精神的画卷，在音乐符号系统中，蕴含着多层次、多方位的意义信息。闵惠芬先生出色地把握住存在于音乐作品深层的情感内涵，运用模糊思维的概念在二胡演奏艺术中体现出主体的创造性，出色运用二胡演奏艺术的张力场，将音乐符号系统创造成为以感人的音响系统为载体的艺术形象，体现出闵惠芬先生审美创造的非凡能力。

②闵惠芬先生在《长城随想》二胡演奏技术技巧运用方面，体现出对戏曲、曲艺、说唱艺术的深厚积累，特别表现出民族戏曲、曲艺、说唱中的"精神头"、"韵味"之特点，着力表现存在于旋律、律动中的民族民间音乐的典型特征。如在运弓中所体现出来的"大气"和"骨气"，左手技巧的运用能准确把握民族民间的韵味特征，在装饰音与揉弦技法的运用上体现出器乐演奏声腔化的典型特征。特别体现

出了声音的"角色感"，突出了声音形象的重要作用，达到以声传情，形象鲜明的高端层次。例如，在《长城随想》第一乐章"关山行"的演奏中，模拟京剧老生音色的苍劲与浓郁。第二乐章"烽火操"中又模拟奏出京剧铜锤花腔的音色的遒劲与深厚，体现出极强的感染力。运弓中连、分、断、顿、抛、击、颤的不同张力形态运用。指法技术技巧中的按弦的方向、角度、接触面积（特别在演奏有戏曲韵味旋律时）的变化张力，揉弦技巧中的滚揉、压揉、滑揉、扣揉，迟到揉弦、先现揉弦、波形揉弦等张力变化，滑音与装饰音技法，打音、撇音、上下滑音、回转滑音、垫指滑音、压弦滑音、倚音的张力变化都体现在二胡演奏"力的结构"之中，体现出张力场中的"力的趋向"。

闵惠芬先生《长城随想》演奏艺术中审美创造的飞跃，体现在首演二胡发展史上第一部表现中华民族光辉历史和中华民族精神魂魄史诗画卷的大型二胡协奏曲。闵惠芬先生情感"力的结构"与演奏"力的结构"的同构，以及所形成的威力巨大的张力场，发挥着磁性感染功能。闵惠芬先生把握各种张力因素，使情感的"力的结构"与演奏"力的结构"发生丰富、凝聚、起伏、交融，形成同构共鸣，塑造出生动感人的音乐形象，表现出审美创造的"大美"！体现出民族精神之"骨气"与"大气"！闵惠芬先生《长城随想》演奏艺术中的张力场之强大，达到了前所未有的层次与功效，其审美创造中的审美理想、审美趣味达到了空前的高度，体现出一个划时代的飞跃，树立起了一座二胡演奏艺术的里程碑！

审美创造激发系统的结构模式：

第一境界	艺术实践与生活积累	→	第二境界	需求心理状态	→	第三境界	越轨思维方式	→	审美创造的飞跃
	探索欲望			循轨思维方式			触发信息		
	创造性课题			自觉意志行为			顿悟兴起		
				诱发事态					

综上所述，闵惠芬先生《江河水》《新婚别》《长城随想》演奏艺术审美创造的三个飞跃，反映出闵惠芬艺术思想的整体轮廓，体现出二胡演奏艺术审美创造的整体特色，是审美创造的标志性成果与精华之作。闵惠芬演奏艺术审美创造的飞跃，将二胡艺术的发展提升到一个崭新的高度。

刘天华先生所创作的《病中吟》《光明行》等十首划时代的二胡音乐作品，充

278

分表现了五四运动精神。为实现使"国乐与世界音乐并驾齐驱"的理想，开创民族器乐进入高等教育领域的新局面，体现出在尊重艺术的民族个性的基础上，在中、西音乐创作手段结合中"打出一条新路"来的划时代的飞跃。

闵惠芬先生作为世界弦乐大师、"超天才的演奏家"，在她的二胡演奏艺术中充分体现出创造性思维活动。《江河水》《新婚别》《长城随想》以及大量音乐作品在闵惠芬先生二胡演奏艺术审美创造中产生新的划时代的飞跃！极大地拓宽了二胡演奏艺术的表现领域，使二胡演奏艺术具有了强大的张力场，使一把二胡能够表现出中华民族光辉历史和民族伟大魂魄的史诗画卷，其审美创造成为世界弦乐艺术史上的伟大创举，创造了二胡艺术发展史上新的里程碑，标志着二胡表演艺术进入一个崭新的时代！

刊于《闵惠芬二胡艺术研究文集》（第三卷），上海音乐出版社 2013 年版。

林聪：天津音乐学院学术委员会副主任、教授、硕士生导师，中国音协二胡学会副会长。